SOTERIOLOGÍA DE LA GRACIA GRATUITA

SOTERIOLOGÍA DE LA GRACIA GRATUITA

TERCERA EDICIÓN

DAVID R. ANDERSON, PhD

Soteriología de la gracia gratuita (Tercera edición)

Copyright 2018 por Grace Theology Press.
Publicado por Grace Theology Press.

Todos los derechos reservados. Ninguna parte de esta publicación puede ser reproducida, guardada en ningún servicio o sistema de recuperación electrónico, o transmitida de cualquier forma o por ningún medio, electrónico, mecánico, fotocopiado, grabado o de cualquier otra manera, sin el previo permiso del editor, salvo las previstas por la Ley del derecho del autor en los EUA.

Primera edición 2018

A menos que se indique lo contrario, las citas bíblicas son tomadas de la Santa Biblia, Reina-Valera Revisión 1960.

Sociedades Bíblicas Unidas.

eISBN: 978-1-7336223-2-5 | ISBN: 978-1-7336223-4-9

Ventas especiales: La mayoría de los libros de Grace Theology Press están disponibles con descuento en una cantidad especial. Impresiones personalizadas y selección de extractos también pueden ser hechas para atender ciertas necesidades especiales.

Contacte a Grace Theology Press en info@gracetheology.org.

Índice de capítulos

Prefacio a la tercera edición vii

Prefacio a la edición revisada ix

El prefacio de la primera edición xi

Dedicación xv

Capítulo 1: Cómo el cambio de la escatología de Agustín
ha impactado la soteriología cristiana 1

Capítulo 2: La pecaminosidad del hombre 35

Capítulo 3: La salvación en el Antiguo Testamento 60

Capítulo 4: La cruz de Jesucristo 80

Capítulo 5: La justificación 107

Capítulo 6: Ordo Salutis 127

Capítulo 7: El arrepentimiento 135

Capítulo 8: La fe 180

Capítulo 9: La seguridad eterna 207

Capítulo 10: La certeza de la salvación 225

Capítulo 11: La regeneración 248

Capítulo 12: La salvación por señorío 279

Capítulo 13: Los infantes y los paganos 311

Capítulo 14: La soberanía de Dios y la
responsabilidad humana.. 322

Capítulo 15: El universalismo 351

Apéndice A: Sōzō y el Círculo Hermenéutico 379

Apendice B: Otro "relato de las dos ciudades" 405

Otras lecturas: Bibliografía seleccionada....................................... 435

Indice Escritural 443

Prefacio a la tercera edición

Desde los apuntes de una clase hasta la primera edición revisada ha sido necesario hacer varios cambios. Desde entonces, y debido a un gran número de sugerencias, se ha hecho necesario otra revisión de "La soteriología de la gracia gratuita". Muchos han dicho que el Apéndice A debería estar al principio del libro, puesto que muestra como las enseñanzas de Agustín establecieron el requerimiento necesario y final para que toda persona pasara una eternidad con Dios: la perseverancia de los santos. Según Agustín, una persona puede ser regenerada, salva, y un creyente genuino, pero aun así, no ser elegido si no persevera fielmente en su caminar cristiano hasta el final de su vida. Esto es lo que el día de hoy enseñan los católicos, y aún también los calvinistas y arminianos. De acuerdo a los calvinistas, si una persona no persevera fielmente hasta el final de su vida es que nunca fue de los elegidos. Y de acuerdo a los arminianos, si una persona no persevera fielmente hasta el final de su vida, pierde su salvación. De modo que, los tres grupos estacionan sus carros en el estacionamiento del Vaticano. Y eso representa cerca del 99% del cristianismo. Es tan importante entender lo que comparten en común los católicos, arminianos y calvinistas que hemos movido el Apéndice A de la primera y segunda edición al principio del libro en esta edición.

Desde que se escribió la primera edición hace ya veinte años, han surgido ciertos asuntos teológicos que no estaban contemplados durante ese tiempo. Uno de ellos era el universalismo. Más y más pastores (Rob Bell) y filósofos (Thomas Talbott y Gregory MacDonald) han cedido al universalismo. De modo que pensamos que era necesario atender este asunto.

Finalmente, la confusión que existe entre la fe y las obras se incrementa cada vez más. Algunos autores graduados de escuelas evangélicas, conservadoras, han concluido que la justificación es por fe y obras (Alan Stanley y Matthew Bates). Otros han hecho la perseverancia parte de la esencia de la fe salvífica (D. A. Carson). Si bien estamos de acuerdo que la teología de estos teólogos siendo consecuente demanda una justificación por la fe y las obras, sin embargo, esto no lo estaban admitiendo hace veinte años. Ahora lo están haciendo. De modo que, queremos tratar algunas de estas obras también.

Como siempre, no pretendemos tener la última palabra en teología. Eso corresponde a Dios. Pero continuamos investigando el sistema que tenga el más alto grado de ser consecuente, comprehensivo, congruente, y coherente.

David R. Anderson, PhD
Junio, 2018

Prefacio a la edición revisada

La primera edición de "La soteriología de la gracia gratuita" ha sido bien recibida. Con la ayuda efectiva de mi editor, Jim Teitman, la edición revisada corrige varias irregularidades menores de gramática, estilo, fuente utilizada, citas de referencia, y contenido teológico que fueron detectadas en la primera edición. Esto se debió principalmente a la variación en el texto de las notas de los apuntes usados en la enseñanza y los artículos de los cuales se extrajo el material para el libro. Con este fin los manuscritos han sido extensamente editados, actualizados, y compuestos, con un nuevo Índice temático y de la Escritura para facilitar las referencias cruzadas.

Asuntos de contenido han sido actualizados incluyendo los siguientes:

- En el prefacio de la primera edición, se observa que la gracia gratuita surge del premilenialismo, en vez del dispensacionalismo *per se*.
- En el capítulo sobre "La pecaminosidad del hombre", ya no se sostiene la posición Federal de Romanos 5:12 y esta sección ha sido modificada para armonizarse con nuestra exposición de Romanos 5-8 en nuestro nuevo libro *Portraits of Righteousness: Free Grace Sanctification in Romans 5–8* (Liberty University Press, en imprenta).

- En el mismo capítulo, la sección sobre "La mente no regenerada" también ha sido revisada con el fin de que (1) refleje la idea actual sobre que el hombre natural de I Cor. 2:14 (en contraste con el hombre espiritual) representa al no creyente en vez de una categoría animística del cristiano; y (2) distinga la conciencia del no creyente con la del creyente.

- El capítulo sobre "La regeneración" ahora incluye nuestra respuesta a un reciente argumento engañoso de 1 Juan 5:1 que mantiene que la regeneración precede a la fe en el *ordo salutis*.

- El capítulo sobre "Los infantes y los paganos", en el encabezado de "Los paganos" se ha revisado con el fin de reflejar mejor la continuidad del plan de Dios de la salvación en la revelación progresiva.

David R. Anderson, PhD
Mayo, 2012

El prefacio de la primera edición

La soteriología no es nada nuevo. Solo es el estudio de la salvación; generalmente entendida en términos de cómo es que uno vive para siembre con su Hacedor. Pero, ¿qué es la soteriología de la gracia gratuita? De hecho, es redundante poner la palabra "gratuita" al lado de la palabra "gracia". ¿Cuál es el punto de matizar la "gracia" como "gratuita", si en realidad la palabra "gracia" significa un favor inmerecido?

Aparentemente, el Espíritu Santo entendió que todos los grupos cristianos utilizarían la palabra gracia en sus teologías. Pocos teólogos cristianos han escrito más sobre la gracia que Agustín (d. 431), que estableció el fundamento de la teología católica romana. Y si dividimos los reformadores entre los arminianos y los calvinistas, vemos que ambos grupos afirman que la salvación es por gracia sin obras. Pero un protestante no desea que lo llamen católico, y un calvinista se siente insultado si lo identificas como un arminiano. De modo que, existen verdaderas y serias diferencias en estas corrientes del cristianismo. Sin embargo, todos ellos afirman la gracia. Por tanto, con el fin de aclarar lo que el Espíritu Santo quiso decir por gracia, Él matizó el término al decir que es gratuita.

Quizá el mejor ejemplo de esta matización se encuentra en Efesios 2:8-10. Allí, leemos que somos salvos por gracia por medio de la fe. Si la gracia fuera un concepto claro a sus lectores, Pablo no hubiese continuado con sus matizaciones. Pero lo hace. Por el lado negativo, él dice que esta salvación que es por gracia mediante la fe "no es de vosotros". Por el lado positivo, él dice que es un "regalo o don" de Dios. Esta palabra para regalo es una de varias palabras encontradas en el NT. El énfasis especial de la misma es que este regalo es gratuito.

Por ejemplo, si una persona ofreciera un regalo a un oficial de la policía que lo detuvo por haber excedido el límite de velocidad, tendríamos otro nombre para este regalo. Lo llamaríamos soborno. Si el oficial recibe el regalo, el chofer del vehículo está esperando que el policía haga algo por él en repuesta. Este no es el tipo de regalo referido por la palabra usada en Efesios 2:9. Esta palabra (dōrean) se encuentra dos veces en su forma adverbial en Apocalipsis relacionada con la recepción de la vida terna. Apocalipsis 21:6 dice, "Al que tuviere sed, yo le daré gratuitamente de la fuente del agua de la vida". Ese adverbio tiene la misma raíz del sustantivo que encontramos en Efesios 2:9. La única diferencia es que uno es adverbio (Ap. 21:6) y el otro un sustantivo (Ef. 2:9). Este adverbio se vuelve a usar en Apocalipsis 22:17: "Y el que quiera, tome del agua de la vida gratuitamente". El aspecto gratuito de esta agua debe de estar bien arraigado en el pensamiento de Juan siendo que este adverbio se encuentra como sustantivo en Juan 4:10 donde Jesús habla del regalo (dōrean) gratuito de Dios simbolizado por el agua que saciaría para siempre. De modo que, en Efesios 2:8-10, Pablo matizó la gracia al decir que es un regalo gratuito. Un regalo gratuito no tiene condición alguna (de otro manera es un soborno).

Una y otra vez, Pablo intenta hacer esta distinción. Es por esto que menciona "el don de la gracia" en Efesios 3:7, donde, una vez más, la palabra para regalo o don es dōrean. Y en Romanos 5, yuxtapone "la gracia" y "don gratuito" una y otra vez, usando esta palabra para "el don gratuito" tres veces (5:15, 16, y 17). En Romanos 5:17, Pablo aun habla de "la gracia y del don" de la justicia. Consecuentemente, el concepto de la gracia "gratuita" es un concepto muy bíblico. Si se les puede acusar a los maestros actuales de la gracia gratuita de ser redundantes, entonces también podría hacerlo con Pablo y Juan. La palabra "gratis" o "gratuita" sirve para matizar y asegurar que ninguna persona añada alguna condición a la maravillosa gracia. Esta es absolutamente gratuita.

¿Quién enseña la gracia gratuita? Muchas personas lo hacen, aun cuando no se esmeren en distinguir su mensaje como un mensaje de "gracia gratuita". La gracia gratuita surge del premilenialismo. Solo el premilenialismo tiene un Tribunal de Cristo para los creyentes antes del reino milenial y el juicio para los no creyentes después de éste. En cuál de estos dos juicios una persona aparecerá, no se determina por sus obras, sino por su fe en Cristo o falta de la misma. En cada uno de estos juicios la persona es juzgada por sus obras, pero no para determinar su destino en la eternidad. Eso ya ha sido determinado por su fe (con Dios para siempre) o la falta de ella (separado de Dios para siempre). En el caso de los creyentes, el juicio por sus obras es con el fin de determinar sus recompensas, no su destino. Cuando se remueven los mil años del reinado de Cristo sobre la tierra (esto hacen los amilenialistas), entonces los dos juicios se colapsan en un solo juicio simultáneo tanto para creyentes como no creyentes. Debido a que estas personas (creyentes y no creyentes) son juzgadas por sus obras en un solo juicio, la base de la salvación puede ser rápidamente distorsionada.

Debido a que Agustín cambió su escatología (la doctrina de las últimas cosas) del premilenialismo al amilenialismo, tuvo que cambiar también su entendimiento de los requerimientos de la elección. El máximo requerimiento llegó a ser perseverar en fidelidad hasta la muerte (Mt. 24:13). Ese era su *sine qua non* de la elección. Los reformadores no objetaron este requerimiento siendo que no se opusieron a la escatología de Agustín. Tanto para los arminianos y calvinistas, uno tiene que perseverar fielmente hasta el final de la vida o no irá al cielo. Los arminianos afirman que la persona que no permanece fiel pierde su salvación, mientras que los calvinistas creen que la persona que no permanece fiel es que nunca ha tenido la salvación. En ambos casos, la fidelidad hasta el final de la vida es la prueba esencial para pasar una eternidad con Dios. Cuando se requiere vivir fielmente para obtener la salvación, los maestros de la gracia gratuita afirman que las obras han sido añadidas a la fe, convirtiendo a la salvación grandiosa de Dios en un soborno más que en un regalo. Convierte a la vida cristiana en una vida de "obligación" en vez de una vida de "gratitud", lo que hace la diferencia entre un trabajo y el gozo.

En este volumen, procuramos desarrollar una posición de la soteriología que es consecuente con el énfasis de la gracia gratuita de Juan y Pablo. Al hacer esto, esperamos establecer que solo por medio de la Teología de la Gracia Gratuita uno puede realmente tener certeza en cuanto a su salvación en esta vida y la paz y el gozo que acompaña la misma. Según enseñó el mismo Agustín, si uno debe perseverar fielmente hasta el final de su vida para así demostrar su elección, entonces nunca puede uno saber si es elegido sino hasta que muera. En otras palabras, la certeza en esta vida es imposible para cualquiera que adopte la posición de Agustín sobre la perseverancia. Nosotros ofrecemos una alternativa que es consecuente con lo que Juan afirmó en cuanto a que los creyentes pueden saber que tienen la vida eterna antes de morir en base a lo que creen y no en cómo se comportan (1 Jn 5:13). En el proceso, categóricamente negaremos que esto es una gracia "barata", y pregonaremos sin equívocos que es una gracia "gratuita".

Dedicación

Deseo dedicar este libro a todos mis estudiantes que a través de los años se han mantenido firmes a las doctrinas maravillosas de la gracia gratuita. Que su gozo abunde conforme comparten este increíble mensaje a un mundo que perece, y que nunca puede vivir a la expectativa del estándar de santidad de Dios.

Capítulo 1

Cómo el cambio de la escatología de Agustín ha impactado la soteriología cristiana

En un artículo reciente[1] introducimos el concepto de una "teología tipo hoja de cálculo" al sugerir que esta pudiera ser una manera alterna de describir la Teología Sistemática. Un buen sistema es unificado, comprensivo, consecuente, y todo se "ajusta" perfectamente. Lo que esto significa es que, si hacemos un cambio significativo en una parte del sistema, esto afectará a otras partes del mismo. Mencionamos como ejemplo, el repudio que hizo Agustín de la escatología premilenial. Es decir, cuando Agustín se convirtió en amilenialista, este cambio enorme en su escatología afectó otras partes de su teología, fundamentalmente su soteriología. El propósito de este estudio será demostrar cómo el cambio de Agustín al amilienialismo aún tiene efectos en la soteriología hasta el día de hoy. Para hacer esto, desarrollaremos el estudio en cuatro partes: la escatología de

---

[1] David R. Anderson, "Regeneration: a *Crux Interpretum*", *Journal of Grace Evangelical Society* (Fall, 2000): 43-65.

Agustín, la soteriología de Agustín, la soteriología de Juan Calvino, y la soteriología contemporánea. Tengo que reconocer, que cada uno de los subtítulos pudiera contener volúmenes. Lo que procuramos hacer en este estudio es demostrar como el cambio de Agustín afectó no solo su soteriología, sino la soteriología del cristianismo del Occidente desde el Período Medieval hasta el día de hoy.

Aun cuando la escatología pretribulacionista premilenial, es a menudo criticada por tener en la teología un desarrollo "reciente", sin embargo, este no es el caso. Un asunto que no se cuestiona entre los historiadores eclesiásticos es que el quiliasmo era normativo en la escatología hasta 400 D.C.[2] De modo que, podemos decir confiadamente que los Padres de la iglesia eran premilenialistas. Pero, ¿eran también pretribulacionistas?

La defensa principal para un planteamiento pretribulacional del rapto es la posición de la iglesia primitiva sobre la inminencia.[3] Si

---

[2] En el *Diálogo con Trifón* 7 y 8, Justino Martir (d. 165) explica: "Yo y *todo otro cristiano completamente ortodoxo* se siente seguro que habrá una resurrección de la carne, seguido por mil años en la ciudad de Jerusalén reconstruida, embellecida y engrandecida, tal como fue anunciado por los Profetas Ezequiel, Isaías y otros" (itálicas son mías). El gran apologista Ireneo de Lyon (d. 200) en su obra anti-gnóstica *adversus haereses,* da evidencia de su creencia en una tribulación que precedería el reinado milenial de Cristo (V, 28, 3): "Porque como el mundo fue hecho en muchos días, en muchos miles de años será concluido.... Por cuanto el día del Señor es como mil años…. [Cuando] este anticristo haya desbastado todas las cosas en este mundo, él reinará por tres años y seis meses, y se sentará en el templo de Jerusalén; y entonces el Señor vendrá del cielo en las nubes, en la gloria del Padre, enviando a este hombre y aquellos que le siguen al lago de fuego; pero trayendo para los justos los tiempos del reino, es decir, el reposo, el séptimo día santo". Es interesante, que Ireneo era conocido como el "Hombre de Tradición" debido a su enseñanza sobre la tradición apostólica, y él declaró enseñar solo lo que había oído ser proclamado desde el principio.

[3] La creencia en la inminencia es evidente en el *Didaché:* "Guarden su vida; que no se extinga su lámpara, que sus lomos no estén sin ceñir; por el contrario, estén listos. No saben la hora en que nuestro Señor vendrá". Y Clemente (I *Clemente*, XXIII) exhorta a los Corintios: "Vean una viña: primero deja caer sus hojas; y luego surge una rama, luego una hoja, después de eso el fruto aun inmaduro, luego el racimo de uvas bien maduras. Puedes ver que en un tiempo muy corto el fruto del árbol alcanza la madurez. En verdad su voluntad será

uno es premilenialista y cree en un arrebatamiento tal como es descrito en 1 Tesalonicenses 4, entonces la única opción cronológica para este rapto, consistente con la inminencia, es un rapto antes de la tribulación.[4] De este modo, se puede argumentar contundentemente, que más que cualquier otra posición escatológica relacionada a la parusía de Cristo,[5] los primeros Padres eran pretribulacionistas y premilenialistas. Con la excepción notable de Orígenes de Alejandría, esta era la posición de la escatología que prevalecía cuando Agustín apareció en la escena.

La escatología de Agustín

Pudiera sorprender a algunos el saber que Agustín no solo era premileanista[6] al principio en su escatología, sino que también era dispensacionalista. Por supuesto, que si entendemos la teología como plantilla de cálculo y el dispensacionalismo como un sistema (plantilla de cálculo) de teología, esto no debe sorprender. Un milenio literal

---

cumplida rápidamente y de repente.... Él vendrá rápidamente y no tardará, y el Señor vendrá repentinamente a su templo...".

[4] Como demuestra la cita anterior de Ireneo, aquellos que creyeron en un milenio literal sobre la Tierra también creyeron en una Tribulación literal, que precedería, según Daniel y Apocalipsis, inmediatamente este milenio. Si el Rapto habría de ocurrir en cualquier momento durante esta Tribulación, entonces, todo concepto de inminencia asociado con la Segunda Venida de Cristo sería destruido, siendo que Daniel y Apocalipsis nos informan de la duración de la Tribulación. Si el Rapto se llevara a cabo durante la Tribulación, uno pudiera fácilmente calcular el día exacto de Su venida. Sin embargo, esto contradeciría la declaración de Cristo que nadie sabe el día y la hora sino solo Su Padre.

[5] Vea Craig L. Blomberg, The Posttribulationism of the New Testament: Leaving the "Left Behind" Behind, in A Case for Historic Premillennialism: An Alternative to "Left Behind" Eschatology, ed. by Craig L. Blomberg and Sung Wook Chung,(Grand Rapids, MI 2009) 31. Este capítulo y el libro entero es una defensa de la posición del rapto postribulacionista asumida que se encuentra en la iglesia primitiva.

[6] Agustin, *City of God,* 20.7,1; Vea también G. Folliet, *"La typologie du sabbat chez Saint Augustine. Son interpretation millénariste entre 386 et 400",* REAug 2 (1956): 371-90.

sobre la Tierra es esencial para la teología dispensacional. Agustín mantenía un modelo (dispensacional) tradicional de siete edades que coordinaban períodos en la historia bíblica con el progreso espiritual de la humanidad a la redención. Las primeras cinco etapas se correlacionaban con la historia del Antiguo Testamento y fueron demarcadas por Adán, Noé, Abraham, David, y el Exilio.[7] Las dos dispensaciones del Nuevo Testamento, de acuerdo a Agustín y, prácticamente, de todos los dispensacionalistas, eran la era de la iglesia y el Reino Milenial, "El reposo sabático" de los santos en la tierra.[8]

Sin embargo, hubo tres factores que convergieron en el Norte de África que influyeron para que Agustín tomara una nueva posición respecto al milenio. El primero fue su repugnancia a las celebraciones bacanales de los donatistas. Los católicos eran los intrusos del N. de África, zona donde imperaba el cristianismo del mundo mediterráneo. Eran la minoría hasta el siglo cuarto. Pero la iglesia donatista, que se separó de Roma debido al rebautismo de los *traditores* que sucumbieron a la presión de Diocleciano de quemar los libros sagrados, tenía una gran ventaja y eran fervorosos. Los donatistas eran la "iglesia de los mártires", los fieles que no transigían a pesar de la ferocidad de la persecución. Ellos honraban a sus muertos enterrándolos en barro fresco, con el fin de preservar cada detalle del contorno del cuerpo como para anticipar la resurrección del cuerpo que había de reinar en el milenio venidero.

Sin embargo, fueron las fiestas con borracheras celebradas por el "culto a los muertos" las que ofendieron a Agustín. Asoció este tipo de comportamiento con el énfasis apocalíptico judío de la celebración de grandes fiestas durante el reino de los santos en la Tierra. Sus inclinaciones platónicas, influyeron para que él viera de una manera

---

[7] Aun cuando los dispensacionalistas están en desacuerdo sobre los diferentes periodos administrativos (economías) en el AT, existe un acuerdo general que una dispensación es una economía distinguible en la administración de Dios en Su plan de redención para la humanidad.

[8] Augustine, *Sermon* 259,2. Vea además Paula Fredriksen, "Apocalypse and Redemption in Early Christianity", *Vigiliae Christianae* 45 (1991): 163.

prejuiciada estos atracones materialistas. La repulsión de Agustín a su propia depravación, antes de ser cristiano, lo dejó con una tendencia ascética. Por ejemplo, los hombres casados que se complacían en el placer sexual después de la procreación eran culpables de pecados veniales.[9] Para Agustín, estas parrandas por los muertos era *carnalis ingurgitatio*. Por la influencia de Platón, entendió que la carne material era defectuosa, imperfecta, defectuosa–especialmente al compararla al mundo espiritual con sus formas perfectas e ideales. El espíritu humano es torturado en su prisión carnal; anhela ser puesto en libertad. El peregrino puede apresurar su libertad por la auto-negación carnal. Por consiguiente, con su desprecio por el *laetitia* (gozo) carnal de los santos, había un deseo creciente en entender el milenio en un contexto espiritual en vez de material.

Un segundo factor que frustró al obispo de Hipona fue la creciente emoción de los milenarios al ver que el año 500 D. C. se acercaba. Los siete días de la creación de Génesis 1 eran usados como figuras de muchos conceptos, incluyendo la "semana cósmica".[10] Los siete días de la creación eran combinadas con Sal. 90:4/2 P. 3:8 (que para el Señor un día es como mil años, y mil años como un día) y con los mil años de Apocalipsis 20 con el fin de establecer las edades de la Tierra. Así como el Señor había creado la Tierra en seis días y descansó en el séptimo, de la misma manera el mundo existiría por seis eras de mil años cada una, pero encontraría descanso durante la séptima era de mil años cuando Cristo regrese a reinar desde Jerusalén. Por tanto, uno podía calcular cuando Cristo regresaría simplemente averiguando la era de la humanidad.

Hipólito y Julio Africano (al principio del siglo tercero) calcularon que Jesús nació en el año 5,500 desde la creación. Entonces, Él regresaría para establecer Su reino en el año 500 D.C. Esta fecha no causó revuelo entre los lectores en los días de Julio e Hipólito, sin embargo, conforme se acercaba la culminación del 400 D. C., la anticipación del milenio venidero aumentó el fervor y la emoción de

---

[9] Augustine, *On Marriage and Concupiscence*, 1.3.
[10] J. Daniélou, "La typologie millenariste de la semaie dans le christianisme primitive", *Vigiliae Christiane* 2 (1948): 1-16.

los donatistas en sus celebraciones. El anti materialismo de Agustín lo motivó a desinflar este globo milenial de su énfasis en lo material. Él podía hacer esto si lograba usar Las Escrituras para probar que el milenio era espiritual en vez de físico, y si podía desacreditar la cronología de la "semana cósmica" tan difundida y aceptada en su día. Y esto nos lleva al tercer factor que, combinado con los otros dos, empoderó a Agustín a borrar al milenialismo de lo establecido de la doctrina católica.

Orígenes de Alejandría es a menudo acreditado por influenciar a Agustín en usar la alegoría como una herramienta para deshacerse de un milenio literal y físico. Sin embargo, esto no fue así. Ahora, es verdad que Orígenes era un erudito de tremendos dotes e influencia y que su alegorización de las Escrituras se convirtió en el procedimiento de la interpretación. Pero, su influencia no era desconocida para cuando Agustín se hizo cristiano. Más bien fue la influencia de un teólogo laico de nombre Ticonio, quien primero impactó a Agustín en los 390s. De acuerdo a Paula Fredriksen,

> Ticonio es reconocido como la fuente de una transformación radical en África–y por tanto, finalmente, de la teología latina, y cuya reinterpretación de su cultural separatista y tradiciones milenarias proveyeron el punto de partida para lo más brillante e idiosincrático en la teología propia de Agustín. Y es Ticonio, más precisamente, cuya propia lectura del Apocalipsis de Juan determinó la exegesis del Occidente durante los próximos ochocientos años.[11]

La herramienta principal de Ticonio no era la alegorización; era la tipología. Empleó la tipología para evitar la naturaleza ahistórica de la alegoría al mismo tiempo insistiendo que el tiempo del Fin no podía conocerse. Por medio de las siete reglas de Ticonio,[12] Agustín pudo

---

[11] Fredriksen, "Apocalypse", 157.
[12] Ibid., 157-58. Regla 1: mysticae–principios composicionales codificados dentro del texto de la Escritura que obscurecen u ocultan su significado; Regla 2: *de Domini corpore bipertito*–el cuerpo del Señor, la iglesia es dividida entre los

convertir los números en símbolos, para atar a Satanás durante la sexta era de mil años en vez de la séptima, y tener a los santos reinando con Cristo espiritualmente en la sexta era en vez de la séptima. Los milagros de los santos era una prueba de que estos estaban reinando con Cristo durante la era de la iglesia, la sexta dispensación. Encontró tanto al Anticristo, a Gog y Magog, y la primera resurrección, a todo, durante la era en la cual vivió.

Agustín rechazó toda clase de *Heilsgeschichte* que fuera lineal. Para él, era una perdida imponer un marco temporal en el plan redentivo de Dios, puesto que Cristo mismo desconocía cuándo sería el fin. El medio de Dios para la salvación no era la historia, sino el individuo. Los individuos serán levantados con cuerpos corpóreos, pero estos cuerpos vivirán en los cielos y no en algún reino sobre la Tierra. No habrá comida, procreación, ni relaciones sociales en el reino de Dios. Al contrario, serán seres perfectos en sus treintas contemplando a Dios. ¿Qué, entonces, es la séptima era de mil años para Agustín? Aunque las primeras seis eras fueron en realidad históricas, la séptima era, sin embargo, son los santos mismos: "Después de la era presente

---

buenos y los malvados; Regla 3: *de promissis et lege*-La Biblia contiene tanto Ley y promesa, la primera incitando a la fe en la última entre los santos; Regla 4: *de especie et genere*-referencias a personas y eventos particulares pueden comunicar verdades generales; Regla 5: *de temporibus*-los números en la Escritura desafían la calculación debido a que son elásticos con un sin fin de interpretaciones; Regla 6: *de recapitulatione*-lo que aparece ser secuencia puede realmente ser una recapitulación; Regla 7: *de diabolo et eius corpore*-las referencias al diablo en la Escritura pudieran estarse refiriendo realmente a sus seguidores injustos. Con estas reglas Ticonio podía asignar valor histórico, pero obscurecer el significado escatológico de los pasajes milenarios/apocalípticos de la Biblia. Es fácil ver la influencia de estas reglas en Agustín y en el pensamiento escatológico posterior a través de los siglos en la historia de la iglesia: 1) "Figuras" futuras como Gog y el Hijo del Hombre aparecen en el tiempo presente en vez del futuro; 2) Las referencias milenarias pueden ser recapitulaciones en vez de secuenciales (Ap. 20); 3) La persecución no identifica a los justos de la Gran Tribulación debido a que los buenos y los malos coexisten en la era presente de la iglesia; 4) Los números apocalípticos significativos (1,000; 144,000; 1260 días; 42 meses) son alargados de diferentes maneras con cierta facilidad vertiginosa. 5) La escatología realizada.

Dios descansará, como si fuera, el día séptimo; y él hará, que nosotros quienes somos el séptimo día, encontremos reposo en él" (*De Civ. Dei* XXII.0,5).

El éxito de Ticonio y de Agustín se puede medir por la tradición de los comentarios católicos, que siguen su dirección paso a paso. Para cuando los reformadores aparecieron en el escenario de la historia, la escatología era un asunto ya muerto. Ningún erudito por siglos había reconocido al milenialismo. Pero la influencia de Agustín fue más allá de lo escatológico. Su influencia más grande pudo haber sido soteriológica. Sin embargo, antes de poder evaluar su influencia en la soteriología de la Iglesia católica romana, en los reformadores y otros, primeramente, tenemos que entender como su escatología cambió su soteriología.

La soteriología de Agustín

Hay dos características notables de la soteriología de Agustín que son un estándar razonable en cualquier discusión sobre el libro de texto de este que fue uno de los más influyentes de los Padres de la iglesia. Su planteamiento de la depravación del hombre cortó la habilidad del hombre de elevarse por sí mismo a los portales del cielo. Sin la gracia de Dios sería imposible para cualquiera poder ser salvo eternamente. La depravación total y la habilidad humana permanecieron como antípodas en los debates soteriológicos, pero la gracia sobresalió como el corolario de la depravación. La depravación destacó la exigencia de la gracia. La gracia de Dios era la única esperanza del hombre para la salvación eterna. Con relación a estas dos verdades siamesas, tanto los católicos como los protestantes están en deuda con Agustín.

En los siglos posteriores surgirían diferencias debido a desacuerdos sobre la gracia.

¿Cómo se habría de obtener la gracia de Dios? ¿Pudiera un solo depósito de gracia abrir las puertas del cielo a un pecador caído, o se requerirían durante la vida de muchos depósitos diarios? ¿Podía ganarse la gracia salvífica, o era completamente sin mérito alguno? ¿Podían los santos venerados como la Virgen María también dispensar la gracia de Dios, o era la gracia salvífica la propiedad exclusiva de Dios Todo Poderoso? Y así sucesivamente.

Entre estas discusiones sobre la obtención de la gracia de Dios, suele apuntarse que fue debido al conocimiento escaso de Agustín del griego, lo que lo llevó a malentender δικαιοω, traduciéndolo en su forma de un infinitivo presente, "hacer justo",[13] contrario a la verdad definida por los reformadores que esta palabra significaba "declarar justos". La distinción fue tan significativa que causó un cisma en el cristianismo del Occidente. Mientras que el entendimiento primero de la palabra significaba un cambio de *carácter*, el último significado se refería a un cambio de *posición*. "Hacer justo" hacía que se contemplara la experiencia de la vida, mientras que "declarar justo" hacía que se viera al tribunal del cielo. El aspecto temporal de la distinción de significados fue monumental. Agustín entendió la justificación (formar un carácter justo) como un esfuerzo de toda la vida, mientras que Lutero lo entendió como una "declaración de justo" en el tribunal de Dios en un momento.

Inicialmente, el entendimiento forense o legal de la justificación ("declarar justo") no fue una iluminación de Martin Lutero. El asunto de clavar sus noventa cinco tesis en la puerta de Wittenburg tenía que ver con la venta de indulgencias. Fue su compañero, colega y profesor de idiomas, Philipp Melanchthon, quien persuadió a Lutero de la verdad y las implicaciones de la justicia legal unos diez años después que la Reforma oficialmente empezó (1517). Pero cuando Lutero comprendió el significado de la justificación en el contexto de una "sala de tribunal", escribió una verdad que quizá ninguno otro, desde Pablo mismo, claramente entendió: *simul iustus et peccator* (justo y pecador al mismo tiempo). Esta aparente contradicción–que uno podía ser declarado justo (justificado) en su posición o postura delante de Dios, pero al mismo tiempo ser pecaminoso en su carácter y condición en su cuerpo temporal–fue una verdad que Agustín jamás comprendió. Agustín estaba convencido que el carácter de Cristo necesitaba ser infundido al carácter del pecador desde la

---

[13] Augustine, *On the Spirit and the Letter*, 45.

regeneración por agua bautismal (usualmente de infantes) hasta la muerte con el propósito que la persona pudiera ser lo suficientemente "hecha justa" (justificada) como para entrar al cielo de Dios. Aún la gran mayoría de los elegidos de Dios no serían aprobados, de modo que serían consignados al Purgatorio[14] hasta que los últimos vestigios del pecado fueran eliminados de su carácter. Solo hasta entonces podían marchar confiadamente por las puertas del cielo. Entonces, para Agustín la justificación era un proceso de toda la vida. De hecho, el Purgatorio era una provisión de Dios para aquellos que el proceso aún no se había completado. Estos elementos de la soteriología de Agustín han sido examinados por tantos eruditos que no se podrían enumerar.

Sin embargo, a mi entender, la conexión entre el entendimiento de Agustín sobre la justificación y su entendimiento de la escatología, no se ha explorado hasta ahora. Como ya hemos visto, Agustín fue expuesto a la hermenéutica de Ticonio al principio de los 390s. Para el año 400 D.C. Agustín ya se había convertido en una variación de lo que llamaríamos el día de hoy amilenialismo (no habrá un reino milenario físico, literal de Cristo sobre la tierra). También se había propuesto destruir al milenialismo en el cristianismo del Occidente. No obstante, la gran mayoría de sus escritos fueron hechos después del 400 D. C. Casi todos sus escritos correspondiendo a la soteriología se escribieron después de este tiempo. Y en los escritos soteriológicos de Agustín, hay un versículo que es central. Este versículo es esencialmente el punto de partida del entendimiento de Agustín de la soteriología. Ocurre en sus escritos más veces que Jn. 3:16 o Ef. 2:8-9 o cualquier versículo o pasaje de Romanos 3-8. El versículo es el de Mateo 24:13: "Pero el que perseverare hasta el fin será salvo".

De acuerdo al entendimiento milenario del Sermón del monte, el significado de "salvo" se refiere a la liberación de la muerte física de manos del Anticristo o de las terribles plagas al final del periodo de la Tribulación. La siguiente cita de Crisóstomo, un contemporáneo de Agustín, representa la posición premilenial de los padres de la

---

[14] Nik Ansell, "Hell: the Nemesis of Hope?" in Her Gates Will Never Be Shut by Bradley Jersak (Eugene, OR: Wipf & Stock, 2009), 203.

iglesia de entonces y se hubiera armonizado con la posición misma de Agustín:

"Y si aquellos días no fuesen acortados, ninguna carne sería salva, más por causa de los escogidos, aquellos días serán acortados". ... Si, dijo Él, la guerra de los romanos en contra de la ciudad hubiera prolongado más todos los judíos hubieran perecido (por "ninguna carne" aquí, se refirió ninguna carne judía) ... ¿Pero a quien se refiere aquí por los elegidos? A los creyentes que habían sido sorprendidos por la guerra con los judíos. Para que los judíos no digieran que todas aquellas calamidades les habían llegado por la predicación del evangelio y la adoración que se rendía a Cristo, el Señor les hace ver que no solo los cristianos no eran culpables de aquellos desastres, sino que, más bien, de no ser por ellos, hubieran sido todos exterminados hasta las raíces. Porque si Dios hubiera permitido que se hubiera prolongado la guerra, no hubiera quedado ni reliquia de los judíos; más para que no perecieran confundidos con los judíos incrédulos los que de ellos habían abrazado la fe, Dios hizo que la lucha terminara rápidamente y puso fin a la guerra. De ahí que diga: Por causa de los elegidos los días serán acortados".[15]

Por supuesto, que Crisóstomo está viendo la tribulación como algo del pasado ocurriendo en el año 70 D.C. y no en el futuro, sin embargo, es su entendimiento de la palabra "salvo" que queremos observar. En la cita anterior, él entiende "salvo" como refiriéndose a no perecer físicamente. Esto sería el entendimiento de Agustín cuando sostenía una Tribulación futura seguida por un milenio literal sobre la tierra. Pero al abandonar un reino milenial literal esto hizo que reconsiderada el significado de "salvo" en Mateo 24:13. En todos sus escritos después del año 400 D.C. Agustín entiende la palabra como refiriéndose a una salvación espiritual y eterna. Hay más de 250 referencias a perseverar hasta el fin (de la vida física de uno) para ser salvos (eternamente). Aquí hay unas referencias con el fin de aclarar

---

[15] Chrysostom, Homily 76, Number 2.

el pensamiento de Agustín: "¿Quién pudiera ser ordenado para la vida eterna salvo por el don de la perseverancia? Y cuando leemos, 'Él que persevere hasta el fin será salvo', ¿con cuál salvación sino la eterna?"[16] En otro tratado reitera el mismo pensar: "¿Quién puede ser ordenado para la vida eterna salvo por el don de la perseverancia? Y cuando leemos, 'Él que persevera hasta el fin será salvo', ¿pero con cual salvación sino la eterna?"[17] A estas alturas, Agustín en este contexto ya no entiende "salvar" como una referencia a la salvación física. Ahora es una salvación espiritual.

Para Agustín, Mateo 24:13 llega a ser el *sine qua non* de la salvación eterna. Uno puede creer genuinamente, sin embargo no ser elegido: "Es, en verdad, de maravillarse y maravillarse grandemente, que algunos de Sus propios hijos–a quienes Él ha regenerado en Cristo–a los cuales ha dado fe, esperanza, y amor, Dios no les ha concedido también perseverancia..."[18] Uno puede ser regenerado, pero no elegido: "Algunos son regenerados, pero no elegidos, siendo que no perseveran;..."[19] La única manera de validar su propia elección era perseverando hasta el final de su vida sobre la Tierra. Esta era la señal definitiva de los elegidos:

> Nosotros, entonces, llamamos a los hombres elegidos, y discípulos de Cristo, e hijos de Dios, porque así han de ser llamados quienes, estando regenerados, vemos que viven piadosamente; pero son verdaderamente lo que han sido llamados si permanecen en aquello a lo cual son llamados. Pero si no tienen perseverancia, –es decir, si no continúan en aquello a lo cual han llegado a ser, –entonces, no son realmente lo que son llamados y no lo son; debido a que no lo son ante los ojos de Aquel que conoce lo que serán, –es decir, de buenos hombres, a malos hombres.[20]

---

[16] Augustine, *On Rebuke and Grace*, 5.10.
[17] Augustine, *On Perseverance*, 4.10.
[18] Augustine, *Rebuke and Grace*, 5.18.
[19] Ibid., 5.17.
[20] Ibid., 5.22.

Por supuesto que, con esta propuesta a la soteriología, Agustín no pensaba que ninguno podía saber si era elegido sino hasta que muriera. Sin importar que tan justa y piadosa fuere la vida que el creyente pudiera estar viviendo ahora, siempre habría la posibilidad de que él cayera de la fe antes de morir (1 Co. 10:12). Tal caída probaría que este creyente, para empezar, nunca fue elegido, y también probaría que cualquier seguridad derivada de la rectitud de su vida pasada era falsa en realidad. Ninguno puede estar seguro sino hasta la muerte:

> Por tanto, es incierto si alguno ha recibido este regalo mientras aún está vivo. Puesto que si cae antes de morir, desde luego que no ha perseverado; y esto es una realidad. Entonces, ¿cómo se pudiera decir que él ha recibido u obtenido perseverancia si no ha perseverado?[21]

¿Se puede hacer una conexión entre el cambio de Agustín en su escatología con su soteriología? Esto debe de ser obvio. Como un pretribulacionista dispensacionalista premilenial Agustín debería haber entendido la salvación en Mateo 24:13 en un sentido físico, especialmente cuando los dos usos previos del "fin" (Mt. 24:3, 60) y el uso subsecuente (24:14) se refieren al "fin del siglo", y no al fin de la vida. Pero cuando Agustín cambió su escatología, es decir, cuando negó el milenio físico, literal, sobre la Tierra, que sería precedido por un tiempo de tribulación que el mundo jamás ha visto ni volverá a ver (Mt. 24:21), sus opciones para entender Mateo 24:13, fueron entonces limitadas considerablemente. La palabra "salvar" ya no podía tener un sentido físico, ni "el fin" significar el fin de la era. La única opción interpretativa disponible para él era espiritual, de modo que, entendió el significado del versículo que solo aquellos creyentes que perseveran en sus vidas cristianas hasta el final de sus vidas podrán ir al cielo (salvar).

En base a este entendimiento de Mateo 24:13, como la fuerza impulsora detrás de su soteriología, Agustín, también tenía razón

---

[21] Augustine, *On the Gift of Perseverance*, 5.1.

para pensar que la justificación era un proceso de toda la vida. Ninguno podía saber si era justificado sino hasta su muerte física, debido a que se ignoraba si perseveraría en la fe y practica cristiana hasta su muerte. Por eso, aún hoy, los miembros de la Iglesia católica romana no tienen certeza de que han de ir al cielo al morir. Nunca se puede saber si la perseverancia de sus vidas es lo suficientemente buena como para ser aceptada por Dios.

Una de las consecuencias de este planteamiento a la soteriología, es la abnegación y ascetismo con el fin de asegurar que el creyente no ha sido seducido por las sirenas de este mundo, del camino recto y angosto. Tal abnegación se convierte entonces, en un requerimiento para la salvación eterna. Como Agustín expresó: "la abnegación de cualquier índole, si uno persevera hasta el fin de su vida, traerá la salvación".[22] Si uno ama más a su esposa, padres, o hijos, que, a Cristo, no es elegido.[23] Para el observador objetivo esta clase de abnegación no es otra cosa que un enfoque en las obras para la salvación eterna. Sin embargo, no es así, debido a que Agustín resolvió la contradicción aparente entre la abnegación y la gracia dependiendo de versículos como Filipenses 2:12-13 para probar que el poder para persistir viene de Dios, no del hombre.[24] Consecuentemente, perseverar hasta el fin es un producto de la gracia de Dios, siendo que Él es el que da gratuitamente a un creyente bautizado o regenerado el poder y el deseo de hacer Su buena voluntad.

Por supuesto, que Agustín se encuentra aún en un enigma. ¿Por qué es que un Dios generosamente otorga al creyente regenerado o bautizado el don de la perseverancia hasta el fin, pero no se lo otorga a otros? Ahora solo resta recurrir al misterio en este laberinto de sofistería soteriológica. ¡Cuando el teólogo puede transformar contradicciones obvias en misterios, entonces puede explicar fácilmente lo inexplicable, resolver lo insoluble, y desenredar lo

---

[22] Augustine, *Reply to Faustus the Manichaean*, 5.9.
[23] Augustine, *City of God*, 21.26.
[24] Augustine, Homily 8; *On the Gift of Perseverance*, 33.

inescrutable! No por nada concluye Philip Schaff que la soteriología de Agustín es tanto pesimista y llena de contradicciones.[25]

El punto aquí es que el cambio en la escatología ha efectuado un cambio en la soteriología. El cambio del premilenialismo al amilenialismo hizo que Agustín reinterpretara Mateo 24:13. Completamente ignorando las tres referencias cercanas al "fin" las cuales indudablemente se refieren al fin de la era (vv. 3, 6, 14), decidió interpretar "el fin" como el fin de la vida y "salvo" como refiriéndose a la salvación eterna. Entendiéndolo de esta manera solo los bautizados, los creyentes regenerados que permanecen fieles a Cristo hasta el final de sus vidas eran elegidos. Una teología bíblica defectuosa puede conducir a una teología sistemática defectuosa.

Pero uno pudiera decir, "¿Y qué? Agustín escribió hace mil seiscientos años. Él pudo haber influenciado a la Iglesia católica romana, sin embargo, los reformadores rompieron con dicha iglesia. Mi legado es reformado, no el catolicismo romano". A lo cual nosotros respondemos, "Mi amigo, es que no entiendes la influencia de Agustín sobre la tradición reformada".

La soteriología de Juan Calvino

Como ya hemos observado, el concepto de *simil iustus et peccator* fue transmitido a Martín Lutero por Philipp Melanchthon, y Juan Calvino concordaba con Martín Lutero. Cuando Juan Calvino publicó sus *Institutos* en 1536 solo contenía seis capítulos. Defendió la justificación legal o forense solo por la fe a la luz de Romanos 4.[26] Entendió que uno podía ser declarado justo en el momento cuando la fe del pecador se intersecta con el ofrecimiento del regalo gratuito de la vida eterna por Su Hijo Cristo Jesús. Como tal, ningún

---

[25] Philip Schaff, "Prologomena", en *St. Augustine: Confession, Life, Life and Work*, ed. Philip Schaff, vol. 1, *Early Church Fathers*, CD-Rom (Dallas, Galaxie Software, 1999).

[26] John Calvin, Calvin's New Testament Commentaries, (Grand Rapids, Michigan: Eerdmans Publishing, 1975) vol. 8, 73, 83.

pecado pasado, presente, o futuro podía obstaculizar a los pecadores convertidos en santos de entrar al Reino de Dios.

Todo esto con relación a *iustus* (siendo justo). Pero, ¿qué de *peccator* (siendo pecadores)? ¿Cómo es que el pecador convertido en santo puede ser declarado justo por Dios cuando en su carácter o naturaleza se queda corto de la santidad divina, es decir, es aun pecador? Inicialmente, los reformadores observaron una separación entre lo que llamaron la justificación, de lo que muchos teólogos en el día de hoy llaman la santificación progresiva. La justificación se llevó acabo en un momento en el tribunal del cielo; la santificación era la transformación del carácter y del caminar de uno para conformarse a Cristo. Pero la justificación no garantizaba la santificación.

Sin embargo, el Concilio de Trento se formó en 1545 como una refutación de la Iglesia católica romana contra la doctrina de los reformadores. Este concilio se mantuvo reuniendo hasta 1563. Atacaron la doctrina de la justificación de los reformadores como predicando libertinaje. Decirles a las personas que sus pecados futuros ya han sido perdonados en Cristo es decirles que pueden vivir de la manera que les plazca y aun así ir al cielo cuando mueran. El concilio acusó que este tipo de predicación promoverá una vida mundana. Se necesitó responder a estos ataques. De modo que, Juan Calvino continuó escribiendo. Al terminar sus *Instituciones* en 1559, ya contenían ocho capítulos. Y bajo presión por el Concilio de Trento, Calvino reunió de nuevo la justificación con la santificación. "No puedes poseer a Cristo sin ser participante de Su santificación…. es nuestra participación con Cristo, que nos justifica, la santificación está incluida de la misma manera que la justificación".[27] ¿Cuál fue la base de Calvino para unir estas dos? La influencia de Agustín.

En efecto, los brazos extensos de Agustín se extendieron por el "oscurantismo"[28] (411-1000) al periodo medieval de la historia de la iglesia en el Occidente (1054-1500). Después del oscurantismo, los eruditos medievales retornaron a los Padres. En el Occidente, era

---

[27] John Calvin, *Institutes*, III.16.1; 11.1.
[28] "La etapa del Oscurantismo" se cree ser el periodo entre la derrota de Roma (400 D. C.) por Alarico hasta el año 1000 D.C.

normal acudir a los escritores latinos. De ahí, el punto de partida de la mayoría de los pensadores medievales era reflexionar en los escritos de Agustín. El "Gran Cisma" (1378-1418) era un tiempo de competencia entre Roma y Avignon en Francia por la silla del papado, y durante este tiempo, Agustín y Ambrosio se convirtieron en el enfoque de estudio en las universidades en Paris y sus alrededores.

Pedro Lombardo produjo *Los cuatro libros de sentencias* para sus estudiantes en París en 1140. Estos consistían en una lista tópica de versículos y citas patrísticas. Su tarea de resolver las inconsistencias aparentes entre la Biblia y los Padres dando respuestas plausibles, hizo que sus estudiantes lucharan con el pensamiento de Agustín. El libro de Lombardo era la publicación más importante de su época. Todo teólogo era requerido comentar sobre el mismo. Y con el tiempo la Universidad de Paris se convirtió en el centro más importante de educación en Europa. El Colegio de la Sorbonne llegó a ser conocido como "la Sorbonne" y sinónimo de la Universidad de Paris. Este colegio produjo a Erasmo y Juan Calvino.

Para el año 1500, el pensamiento agustiniano era dominante en los círculos escolásticos de Europa. Erasmo facilitó esto con su obra editorial de los escritos de Agustín. Sin embargo, aún antes de Erasmo "la Escuela Agustiniana" se había desarrollado en la Gran Bretaña, así como en Paris. Thomas Bradwardine reaccionó al planteamiento de Pelagio con relación a la justificación en Oxford. Para apoyarse, retornó a las enseñanzas de Agustín. No había tanta fricción entre Inglaterra y el continente debido a la Guerra de los Cien Años. Empero, Gregorio de Rímini en la Universidad de París era la contraparte de Bradwardine en Europa. Gregorio era un miembro de la orden agustiniana que Martín Lutero algunos años después afirmó. Todo esto es para decir, que para cuando Juan Calvino desarrolló su *Instituciones* él pudo afirmar que su teología era ampliamente agustiniana.

Pero si la teología de Calvino es completamente agustiniana, ¿qué podemos decir de su soteriología? Por supuesto que el entendimiento de Calvino sobre la justificación legal, era enormemente diferente al proceso largo de toda la vida defendida por Agustín. ¿O no es así? Desafortunadamente, debido la presión de la Iglesia católica romana vía el Concilio de Trento, Juan Calvino se vio obligado a responder a la acusación de libertinaje sugerida esta por su justificación "instantánea".

La Iglesia católica romana había adoptado, en su totalidad, la doctrina de Agustín sobre la justificación de por vida. En el Concilio de Trento, la Iglesia católica definió la justificación como el *proceso* de llegar a ser justo, pero aun la justificación tenía que ser aumentada si uno quería llegar al cielo.[29] Un pecado mortal podía cancelar cualquier justificación acumulada, pero por medio de la penitencia uno podía ser restaurado. La Iglesia atólica Romana continuó en la creencia de Agustín que no es posible saber si uno va ir al cielo antes de morir: "Ninguno puede saber con la certidumbre de la fe, la cual no puede admitir ningún error, que ha obtenido la gracia de Dios".[30] Lo más que uno puede llegar a lograr en esta vida, es tener la esperanza mezclada con el "temor y la aprehensión". Dios recompensa las buenas obras de Sus santos aun cuando Él es la fuente del poder detrás de estas obras, y las mismas ayudan a abrir las puertas del cielo.[31]

El Concilio de Trento puso una maldición sobre cualquiera que dijera que la justificación no es incrementada por las buenas obras.[32] Además, se puso otra maldición sobre cualquiera que creyera que las buenas obras no eran meritorias para entrar al cielo.[33] Se creía, que el concepto de justificación "imputada" era una amenaza seria al esfuerzo moral. B. Demarest resume la posición de la Iglesia católica romana al decir:

> Los católicos romanos tradicionales, en otras palabras, confían en la infusión de Dios de una nueva naturaleza y ruegan el valor de sus obras empoderadas por Dios. La justificación en la teología católica es un término comprensivo que incluye, entre otras cosas, lo que los

---

[29] *Council of Trent*, X.
[30] Ibid., IX.
[31] Ibid., XVI.
[32] Ibid., Canon 24.
[33] Ibid., Canon 32.

protestantes entienden por la regeneración y la santificación. Para Roma, la justificación no es por el lado divino un *pronunciamiento* objetivo de justificación sino por el lado humano un *proceso* de por vida de llegar a ser justo.[34]

Ante este tipo de presión, Calvino necesitó respuestas plausibles a los acusadores de antinomianismo. Su defensa fue afirmar que aquel que fue justificado verdaderamente en un instante en el tribunal de Dios continuaría con toda seguridad a la madurez en Cristo (santificación progresiva), dándole suficiente tiempo en este mundo antes de morir para poder hacerlo. En otras palabras, la justificación garantizaba la santificación o, Mateo 24:13. Solo los que perseveran en la fe hasta el fin de sus vidas serán salvos eternamente. Una vez más, el entendimiento de Agustín de Mateo 24:13 se convirtió en el criterio de los elegidos. Si uno era verdaderamente elegido, perseveraría; sino no perseveraba, no era elegido.

Desde luego, esto llevó a Calvino al mismo tipo de casuística contradictoria que Agustín desarrolló. ¿Qué podemos decir de todos aquellos creyentes que tienen todas las características de ser cristianos genuinos, pero caen de la fe antes de morir? Muchos evangélicos el día de hoy usarían simplemente la distinción "son profesantes, pero no poseedores" de la fe. Estos solo profesan ser creyentes, pero, en realidad, su fe no es una fe salvífica debido a que solo envuelve un asentir intelectual. Entonces, estos creyentes profesantes no son creyentes genuinos. Profesan la fe, pero no poseen la fe. Sin embargo, esto no fue lo que sostuvieron ni Agustín ni Calvino.

Agustín dijo que los no elegidos podían tener una fe genuina. Expresó que ellos podían ser legítimamente regenerados por el Espíritu Santo. Pero debido a que no han recibido el más necesario de todos los regalos, el don de la perseverancia, estos creyentes regenerados no eran elegidos.[35] No hay que olvidarse del hecho que la

---

[34] Bruce Demarest, *The Cross and Salvation* (Wheaton: Crossway, 1997), 350.
[35] The Works of Aurelius Augustine, vol 15, Anti-Pelagian Works (ed. M. Dods; T and T Clark, 1876). El titulo en Latin es De Dono Perseverantiae, "On the Benefit of Perseverance". 21.8.

Escritura jamás supone que aquel que es regenerado no sea también elegido (cf. 1 P. 1:1, 3 y Tit. 1:1; 3:5). Cuando fue presionado sobre este asunto, como se ha dicho, Agustín explicó esta contradicción como "un misterio".

Calvino cayó en una trampa semejante. Presionado a reunir[36] la justificación con la santificación, tuvo que tener una manera de explicar cómo algunos pueden producir todo el fruto bueno de los elegidos y aun así probar que no eran elegidos siendo que no perseveraron hasta el fin de sus vidas en la Tierra. Su respuesta a esto fue "la fe temporal". Basó su entendimiento de la fe temporal en su interpretación de la parábola del sembrador, en la advertencia de Hebreos 6, y en la advertencia a la gente que dice, "Señor, Señor..." en Mateo 7.[37] Por ejemplo, aquí está lo que Calvino dijo concerniente a Hebreos 6:4-5:

> Sé que puede ser difícil para algunos atribuir la fe a los reprobados cuando Pablo la declara (la fe) como el resultado de la elección. Esta dificultad, sin embargo, es fácilmente resuelta, por cuanto... la experiencia muestra que los reprobados algunas veces son afectados por el mismo sentimiento que los elegidos, de tal manera que, a su propio juicio, no difieren de ninguna manera de los elegidos.[38]

Por consiguiente, las personas de Hebreos 6 pudieron haber sido iluminadas, pudieron haber probado la Palabra de Dios, el don Celestial y el poder del siglo venidero, y aun así recaer y demostrar que nunca fueron elegidos. Calvino llamó a esta operación del Espíritu "llamamiento ineficaz", "una operación inferior del Espíritu".[39]

Al parecer, Calvino pensaba que permitiendo que el reprobado

---

[36] Llamamos a esto una reunión debido a que la unión original se llevó acabo en la teología de Agustín con su entendimiento de la justificación como un proceso de por vida, una justificación que obviamente subsumiría a la santificación.
[37] Joseph Dillow, *Reign of the Servant King* (Hayesville, NC: Schoettle, 2002), 254.
[38] Calvin, *Institutes*, 3.2.11.
[39] Calvin, *commentary*, Lk 17:13; *Institutes*, 3.2.12; 3.2.11.

tuviera una experiencia completa con Dios, esto justificaría Su rechazo de estos por la eternidad. Como explica Dillow:

> La pretensión central de esta enseñanza es que Dios imparte influencias sobrenaturales al reprobado que se aproximan, pero no son iguales, a las influencias del llamamiento eficaz. Él reprobado ha sido iluminado, probado, él crece, y tiene sentimientos similares al elegido. Sin embargo, al parecer, Dios está engañando a este hombre haciéndolo creer que es elegido de tal manera que Dios puede ser más que justo al condenarlo al recaer este finalmente. Después de todo, el hombre 'probó' de todo esto".[40]

Aparentemente, tales experiencias profundas con Dios hacen a los reprobados aún más inexcusables al no creer *verdaderamente*. Por lo menos, esta teodicea va un paso más allá que la evasión estándar de Agustín de una contradicción inexplicable como: "un misterio".

Pero imagínense las implicaciones de una afirmación como ésta para la certeza: "La experiencia demuestra, que los reprobados alguna de las veces son afectados de una manera tan semejante a los elegidos, que según ellos no existe diferencia entre sí". Entonces, aquí tenemos dos grupos de personas que se parecen a los elegidos, y ambos grupos "en su opinión" son elegidos. Sin embargo, de acuerdo a Calvino, algunos de aquellos que se parecen a los elegidos, no lo son en realidad y probaran esto al caer en un momento antes de morir. Esta clase de personas está compuesta de los reprobados, quienes creen ser de los elegidos, pero se auto-engañan. ¿Acaso todo esto no es evidente? Con tal enseñanza ninguno puede saber si es uno de los elegidos hasta que muera. Por supuesto, que esto es lo que precisamente Agustín enseñó y Calvino hubiese admitido

---

[40] Dillow, *Reign*, 254. Vea tambien Paul Tanner, "Hebrews 6:4-6 and the Question of Christian Perseverance: A Case for Christian Rebellion Met by Temporal Judgement and Loss of Reward", in A Defense of Free Grace Theology: With Respect to Saving Faith, Perseverance, and Assurance, ed. Fred Chay (USA: GraceTheology Press, 2017), 239.

lo mismo si hubiera sido consecuente con su propio sistema. Desafortunadamente, no fue así.

Debido a la terrible posibilidad que uno puede ser de los reprobados pensando que es uno de los elegidos, Calvino dijo, "Mientras tanto, los creyentes son instruidos a examinarse a sí mismos con cuidado y con humildad, no sea que la certeza carnal se introduzca y tome el lugar de la certeza de la fe".[41] De modo que, ahora tenemos una distinción entre "la certeza carnal" y la "certeza de la fe". Calvino está ahora haciendo todo el esfuerzo posible en mantener la doctrina reformada de la justificación instantánea en un sistema amilenial de teología, que dice, que el justo tiene que perseverar hasta el fin o jamás fue justo en primer lugar. "Solo Él implanta en los elegidos la raíz viviente de la fe, de modo que ellos perseveran hasta el fin".[42]

Aparentemente, Calvino pensó que algunos de los de la parábola del sembrador que produjeron fruto no eran de los elegidos: "… así como una árbol que no es plantado lo suficientemente profundo puede arraigarse, pero con el correr del tiempo secarse, aun cuando por algunos años no solo puede producir hojas y flores, sino fruto".[43] Calvino se ha de haber dado cuenta de las implicaciones de algunas de sus enseñanzas, debido a que respondió en sus escritos a las supuestas objeciones, que en definitiva confundieron el asunto aún más. Veamos un ejemplo:

> ¿Se debía objetar que los creyentes no tienen un testimonio fuerte como para asegurarles de su adopción? Respondo que hay una gran semejanza y afinidad entre los elegidos de Dios y aquellos que son impresionados por un tiempo con una fe que se desvanece, sin embargo, solo los elegidos tienen esa certeza completa que es alabada por Pablo, y por la cual son habilitados para clamar, Abba, Padre.[44]

---

[41] Ibid.
[42] Ibid.
[43] ibid
[44] Ibid.

Esto es de gran ayuda. ¿Cómo es que el creyente (real o no) ha de conocer si tiene una certeza *completa*? Quizá su certeza es solo en parte, ¿pero cómo ha de saberlo? R. T. Kendall reconoce aquí el problema al escribir:

> Y si el reprobado puede experimentar "casi el mismo sentimiento que el elegido", no hay manera de conocer en última instancia las experiencias del reprobado. Aún más, si los reprobados pueden creer que Dios es misericordioso hacia ellos, ¿cómo podemos estar seguros que nuestra fe en la misma cosa sea diferente a la de ellos? ¿Cómo podemos estar seguros que nuestro "inicio de fe" es salvífica y no es el "inicio de fe" que el reprobado al parecer tiene?[45]

Calvino se mete en mayores problemas al hablar de una certeza interna dada por el Espíritu a los elegidos, y luego dice que los reprobados pueden tener una sensación similar. Con este tipo de enseñanza uno nunca puede obtener la certeza de su salvación. Solo puede saber que es elegido al morir. La presión puesta contra Calvino por el catolicismo romano, lo atrapó en el mismo temor del futuro eterno que era inherente en el sistema católico del cual él intentaba escapar. Dillow es puntual al observar:

> En el análisis final, Calvino ha desechado la posibilidad de la certeza, por lo menos hasta la hora final. Al conceder que la única diferencia verdadera entre la fe de los elegidos y la fe de los reprobados es que la fe de los primeros persevera hasta el final, hace de la certeza algo virtualmente imposible.[46]

En resumen, estamos procurando mostrar una teología como de tabulación. Cuando se procura cambiar una doctrina esencial en un sistema, lo más probable es que el resto de las doctrinas esenciales dentro del mismo sistema cambien también. Cuando Agustín cambió

---

[45] R. T. Kendall, *Calvin and English Calvanism to 1649* (Oxford: Oxford University Press, 1779), 24.
[46] Dillow, *Reign*, 258.

su escatología, esto afectó drásticamente su soteriología. Mateo 24:13 (la perseverancia en la fe hasta el final de su vida como un requisito para la salvación eterna) se convirtió en la piedra angular de su sistema de salvación. El purgatorio se desarrolló como producto de su lógica fundamentada en Mateo 24:13 (¿qué hacer si uno persevera hasta el final de su vida, pero aún tiene vestigios del pecado en su carácter? ¡Voila! El purgatorio). La iglesia del catolicismo romano adaptó la teología agustiniana, tanto en la escatología como en la soteriología.

Los reformadores como Calvino retuvieron la escatología de Agustín (amilenial), pero procuraron cambiar la soteriología (justificación legal). Sin embargo, eso era como vaciar vino nuevo en odres viejos. La "justicia declarada" no cuadraba con el entendimiento de Agustín de Mateo 24:13. La unión de la justificación y la santificación, a la que tanto Lutero como Zwinglio se habían opuesto luchando contra ella arduamente, finalmente se efectuó en Ginebra. Y con la Academia de Ginebra, que entrenaba a pastores en la tradición reformada, los errores de Agustín y Calvino se han perpetuado hasta hoy.

El entendimiento de Agustín (un entendimiento amilenial) de Mateo 24:13 continúa siendo como una mosca en el ungüento de la soteriología moderna, menoscabando, por lo menos, la certeza de salvación de uno y enseña, a lo mucho, una salvación orientada en las obras.

La soteriología del cristianismo del Occidente en el día de hoy

La soteriología del cristianismo del Occidente actualmente cae obviamente en dos categorías: la soteriología de la Iglesia católica romana y la soteriología protestante. La primera categoría ha absorbido totalmente el planteamiento de Agustín sobre la justificación, dejando a la elección del creyente profesante en duda hasta su muerte. Si es necesario, el "hacer justo" a la persona elegida será algo que continuará a través de su vida y aun después de la muerte en el purgatorio. Como se discutió en la "soteriología agustiniana", basado en un entendimiento amilenial de Mateo 24:13, perseverando en la fe hasta el final de la vida fue el fundamento de su planteamiento a la soteriología en general y a la justificación en particular.

En círculos protestantes Juan Calvino marcó el rumbo de la Academia de Ginebra, la cual tuvo mayor influencia en diseminar la doctrina por el Occidente más que ninguna otra. Con su postura amilenial y entendimiento espiritual de Mateo 24:13, floreció la industria moderna de inspección de frutos espirituales. La inspección de frutos de Teodoro Beza, William Perkins, y los calvinistas ingleses ha sido bien documentado por R. T. Kendall.[47] Todos ellos adoptaron la solución de la "fe temporal" sugerida por Calvino con relación a los pasajes de advertencia en Hebreos, al interpretarlos de acuerdo a sus entendimientos de Mateo 24:13. Si uno tiene tanto el fruto y la fe del elegido pero no persevera en la fe hasta el final de su vida, entonces Dios solo le ha de haber dado la "fe temporal". Cabe señalar que esta fe no es ni falsa ni espuria. Es una fe genuina, pero lamentablemente, es *temporal*. Como tal, el que posee la fe genuina pero temporal no es de los elegidos.

Depender en Mateo 14:13 como el *sine qua non* de la salvación eterna deja muy poca diferencia entre los arminianos y los calvinistas en como entrar al cielo. R. T. Kendall comparte este sentir al decir que con respecto a la perseverancia, los calvinistas de la persuasión puritana y los arminianos tienen la misma posición:[48]

> Si Perkins mantiene que los beneficiarios de la primera gracia tienen que obtener la segunda (perseverancia) o la primera (fe inicial) es invalidada, entonces indudablemente existe una diferencia práctica entre las dos posiciones. Si el creyente no persevera (sea que lo diga Arminio o Perkins), tal persona comprueba no ser uno de los elegidos.[49]

---

[47] Kendell, *Calvinism*.
[48] Ibid., 143.
[49] Ibid., 144.

Cuando la industria de inspección de frutos cruzó el océano a América, fue aceptada con familiaridad. C Hodge tipifica esto:

> La elección, el llamamiento, la justificación, y la salvación están indisolublemente unidas; y, por tanto, el que tiene una clara evidencia de ser llamado tiene también la misma evidencia de su elección y de la salvación final ... *La única evidencia* de la elección es el llamamiento eficaz, es decir, la producción de la santidad. Y *la única evidencia* de la genuinidad de este llamamiento y de la certidumbre de nuestra perseverancia, es una paciencia de continuidad en hacer el bien.[50]

O como lo expresó J. Murray, "La perseverancia de los santos nos recuerda contundentemente, que solo aquellos que perseveran hasta el fin son verdaderamente santos".[51]

¿Y cómo es que se diferencia este entendimiento de la perseverancia del de "las Iglesias de Cristo"? R. Shank, uno de los portavoces principales escribe: "Obviamente, solo se puede saber conforme uno persevera hasta el final (o no persevera) en la fe. No hay *una certidumbre válida* de la elección y de la salvación final para ningún hombre, *aparte de una deliberada perseverancia en la fe*"[52]. Shank es un arminiano puro, que dejó la Convención Bautista del Sur por cuestiones de la seguridad eterna. Es extraño ver que tan parecidos son ciertos aspectos de estos dos sistemas (calvinismo y arminianismo), al estudiar sus doctrinas de perseverancia fundamentadas en una interpretación amilenial de Mateo 24:13.

Sin embargo, los avances modernos de la exégesis bajo el escrutinio del método gramático-histórico han esclarecido los obstáculos ocultando las inconsistencias de interpretar "el fin" en Mateo 24:13 de una manera diferente al "fin" de Mateo 24:3, 6, y 14. De modo que, tomemos como ejemplo a un erudito contemporáneo

---

[50] C. Hodge, *St. Paul's Epistle to the Romans* (1860; reprint ed., Grand Rapids: William B. Eerdmans Publishing Co., 1950), 212 (énfasis añadido).
[51] Citado por Dillow, *Reign*, 259.
[52] R. Shank, *Life in the Son: A Study of the Doctrine of Perseverance* (Springfield, MO: Westcott, 1961), 293 (énfasis añadido).

del NT que enseña en un seminario respetable y conservador: Scot McKnight.

En un artículo de 1992, McKnight trató con los pasajes de advertencia de Hebreos.[53] El primer asunto que tuvo que resolver era si los destinatarios de la epístola eran creyentes o incrédulos. Como un detective analizó cautelosamente todas las evidencias. Después de una investigación rigurosa acumuló la evidencia y concluyó lo obvio—estos son verdaderos creyentes y no falsos o meros profesantes de la fe sino posesores de la fe. A McKnight le disgusta las implicaciones de la propuesta calvinista de una "fe temporal", de modo que busca otra explicación de cómo un verdadero creyente puede terminar en el infierno (su conclusión).

Algo digno de admirar de McKnight, es que ha impedido que su posición reformada de la perseverancia lo obligue a declarar que los destinatarios no son creyentes. No obstante, debido a que está convencido que solo los creyentes que perseveran hasta el fin de sus vidas son elegidos, se ve obligado a postular categorías entre aquellos que han creído realmente. De modo que, distingue entre la fe "genuina, verdadera, real, o salvífica" y lo que él llama *la fe fenomenológica*.[54] Aquellos que son creyentes *fenomenológicos* son los que, desde la perspectiva humana, se ha visto que tienen todos los frutos de la fe genuina, pero desde una perspectiva otológica, pudieron haber quedado cortos de los mismos.[55] Debido a que estos creyentes han experimentado genuinamente al Espíritu Santo, el poder del siglo venidero, y han probado la Palabra de Dios, etc., ellos han gozado de un *fenómeno* espiritual que son experiencias espirituales genuinas compartidas por los elegidos.[56] Pero, lamentablemente, no son

---

[53] Scot McKnight, "The Warning Passages of Hebrews: A Formal Analysis and Theological Conclusions", *Trinity Journal* 13 (Spring 1992): 22-59.
[54] Ibid., 24, n. 12.
[55] Ibid., n. 10.
[56] McKnight reconoce a estos creyentes como regenerados, pero según él, la regeneración no requiere de la perseverancia y es, según su definición, un proceso largo de por vida. Semejante a la posición Agustín, estos creyentes pueden ser regenerados, pero caer de la fe y ser condenados eternamente.

elegidos. ¿Cómo lo sabemos? Porque no perseveran en la fe hasta el fin de sus vidas, y Mateo 24:13 nos dice que las personas que no perseveran hasta el fin no pueden ser salvas (observe que Hebreos jamás usa tal terminología).

El artículo entero de McKnight es un estudio clásico de un razonamiento circular. Él asume lo que está intentando probar. Asume (a la luz de Mt. 24:13) que cualquiera que no persevera en la fe hasta el final de su vida no puede ir al cielo. Sin embargo, la evidencia que acumula de Hebreos demuestra que los lectores sí son creyentes. Ahora, la única manera de excluir a estos creyentes del cielo es decir ya sea, que ellos han perdido su salvación (una opción arminiana), o que tienen que ir al purgatorio para una mayor purificación (una opción católica), o deben de existir diferentes categorías de creyentes (su opción final). Basándose en esto, McKnight entiende que de toda la generación "egipcia" de israelitas redimida solo Josué y Caleb están con el Señor el día de hoy (vea la nota a pie de página 53). ¿Cómo es la forma en que Moisés apareció con el Señor en la transfiguración? es algo que McKnight no explica. La razón por la cual el arcángel Miguel contendió con el diablo sobre el cuerpo de Moisés (Judas 9) continúa siendo un misterio.

Efectivamente, McKnight reconoce a los destinatarios de Hebreos como creyentes, pero ellos pueden ser solo creyentes *fenomenológicos* que terminan en el infierno debido a la apostasía. Usa el lenguaje severo del pasaje de advertencia de Hebreos 10:26ff, para determinar (por la analogía de la fe) que todos los demás pasajes de advertencia en Hebreos están aludiendo al peligro del fuego del infierno si uno no persevera.

> La siguiente lógica está en el corazón de las exhortaciones del autor: Si la desobediencia deliberada y la apostasía en la era mosaica acareó disciplina y prohibió entrada a la tierra (un tipo del reposo eterno), entonces ciertamente la desobediencia deliberada y la apostasía en la nueva era traerá la exclusión eterna del reposo eterno.
>
> A la luz del sentido final de varias de estas expresiones (especialmente las duras realidades de 10:30-31, 39) y el uso de imágenes en Hebreos que en otro lugar se usa predominantemente de

la eterna condenación, es muy evidente que el autor tiene en mente un sentido eterno de destrucción. El autor de Hebreos lo deja bien claro que aquellos que no perseveran hasta el fin sufrirán castigo eterno a expensas de la ira de Dios. No hay escape; como los hijos de Israel que desobedecieron, los que se echan para tras serán destruidos. Las consecuencias para aquellos que apostatan son la condenación eterna y el juicio. Por tanto, el autor ha exhortado a sus lectores a perseverar hasta el final.[57]

Sin importarle el hecho que las palabras "infierno", "lago de fuego", "eterno", "sempiterno", "para siempre", "condenación", y otras palabras semejantes, jamás aparecen en ninguno de estos pasajes. McKnight está convencido que el lenguaje de 10:26-39 es tan severo que ha de referirse a la condenación eterna. ¿Acaso concluye lo mismo de Deuteronomio 4:24 (LXX) donde ἀπωλείᾳ ἀπολεῖσθε (destrucción total) y ἐκτριβῇ ἐκτριβήσεσθε (destrucción total) son aún más enfáticas que la ἀπώλειαν (destrucción) de Hebreos 10:39?[58] No lo creo. Las maldiciones en Deuteronomio son maldiciones temporales. Los pactos de Dios con Abraham y David aseguran una relación eterna con Israel. El asunto en Deuteronomio 4 y 30 tiene que ver con comunión, no con relación. Entonces, ¿no se pudiera decir lo mismo de los cristianos judíos en Hebreos, especialmente cuando se elabora

---

[57] Ibid., 35-36. Su entendimiento del "fuego" y "quemando" es limitado al infierno de fuego. Pero observe Deuteronomio 4:24 y el fuego consumidor, el celo de Dios, y la destrucción total (la LXX usa ἀπωλείᾳ ἀπολεῖσθε para enfatizar la destrucción total que ha de venir sobre Israel si es infiel, y este es el mismo término usado en Hebreos 10:39). Malaquías 4:1 también apunta al fuego, y este fuego va a destruir a los judíos en la Tierra. No prolongaran sus días en la Tierra. Los intérpretes que objetan a la advertencia en Hebreos 10 como refiriéndose a un juicio temporal, en vez de eterno, hablan de un juicio peor que ha de venir sobre los creyentes en Cristo que apostatan a diferencia al juicio que vino sobre los israelitas infieles en Cades-Barnea. Sin embargo, pasan por alto el hecho que el juicio que afecta su reposo en el milenio (1000 años) es mucho peor que un juicio que afecta el reposo de uno en la Tierra por cuarenta años.
[58] Cuando un verbo en hebreo o griego es precedido por un sustantivo con la misma raíz que el verbo, la acción del verbo está siendo enfatizada.

en las advertencias de juicios temporales dados en Deuteronomio 32 (32:35 y 36 son citados en Hebreos 10:30), donde el lenguaje es aún más grafico que el de Hebreos 10:26ff?

McKnight concluye que aquellos que no perseveran hasta el fin no podrán ir al cielo, debido a que esta es la "única condición"[59] para la salvación final (¿Y qué de creer en Cristo?). A la luz de esto advierte a sus propios lectores que no debemos precipitarnos en proporcionar certeza de la salvación a las personas que se parecen a los creyentes genuinos. ¿Por qué? Porque pueda que sean creyentes *fenomenológicos*.

¿Cómo puede uno saber si uno es un creyente fenomenológico y no un creyente genuino, siendo que los frutos observables para cada categoría son los mismos hasta que los primeros caen en algún momento antes del final de sus vidas? Obviamente, uno no puede saber a cuál categoría corresponde sino hasta el final de su vida. Sin duda que hay que dar crédito a McKnight por ser algo consecuente. Es decir, nos advierte que ninguno puede tener certeza de su salvación mientras viva.

Pero, ¿no fue esa la misma conclusión de Agustín y Calvino? Agustín nunca expuso sobre la certeza de la salvación antes de morir. Calvino si lo hizo, pero solo inicialmente. La certeza, en sus primeros escritos, era de la esencia de la fe, pero no fue así después de su interacción con el Concilio de Trento. Al parecer, no hay diferencias entre el uno y el otro.

Conclusión

Una vez más, esto ha sido un estudio sobre una teología tipo hoja de cálculo. Por esta nomenclatura nos referimos a un sistema consecuente que tiene un alto nivel de amplitud, congruencia, y coherencia. Cambiar en el sistema una doctrina esencial hará que también haya modificaciones en otras partes del mismo. Hemos escogido como un ejemplo la teología de Agustín.

---

[59] Ibid., 59.

Aun cuando Agustín era un pretribulacionista, premilenialista, dispensacionalista en su teología inicial, un cambio en su escatología resultó en un cambio en su soteriología. Cuando él reaccionó en contra del festejo de los donatistas y sus preocupaciones obsesivas con la fecha del retorno de Cristo para establecer Su reino en la Tierra, Agustín empleó la hermenéutica de Ticonio para eliminar cualquier reino futuro y físico de Cristo sobre la Tierra. En este sentido es que se convirtió en amilenial (aun cuando entendió un reinado de mil años de Cristo en el cielo).

Este cambio en su teología sistemática causó una reinterpretación de una parte de la teología bíblica de Agustín. Ya no interpretaba Mateo 24:13 como refiriéndose a una promesa de la salvación física conduciendo al milenio (siendo que en su nueva posición escatológica no habría un milenio físico). Ahora veía a Mateo 24:13 una promesa de la salvación espiritual. En su mente, había nacido una nueva manera de probar la soteriología: uno tiene que perseverar en su fidelidad cristiana hasta el final de su vida. Este versículo llegó hacer la fuerza conductora y arbitro final en la soteriología de Agustín.

Cuando llegaron los reformadores unos mil años después, ya había habido un avivamiento en boga de los escritos de Agustín por más de cien años. Su escatología (amilenial) aún se mantenía. Sin embargo, los reformadores procuraron hacer un cambio en la soteriología. La justificación podía ser declarada en un instante en el tribunal del cielo. Uno podía ser declarado justo por Dios en su posición, sin embargo, aún retener el pecado en su condición: *simil iustus et peccator*. Esto fue un cambio monumental en la soteriología, lo suficiente como para efectuar la Reforma. Si hubieran sido consecuentes con un sistema bueno de teología, los reformadores hubieran examinado su escatología para ver como su nueva posición en la soteriología pudiera haber producido cambios en su entendimiento del futuro. Pero no desarrollaron un sistema bueno. Por el contrario, procuraron amalgamar la teología de Agustín con la de ellos. El resultado fue una aleación de contradicciones.

Juan Calvino, empezando a enseñar acerca de la seguridad como parte esencial de la fe, terminó enseñando que ningún hombre podía saber si era elegido o reprobado sino hasta que muriera. Mateo 24:13 permaneció como la piedra angular de la soteriología de los reformadores. Los inspectores de frutos florecieron entre los seguidores de Calvino. Llegó a América por los puritanos. Escritores como Juan Owens escribieron tomos en cómo saber si uno era uno de los elegidos.[60] Todo esto era dirigido por una interpretación amilenial de Mateo 24:13.

Se puede argüir que había otros pasajes bíblicos, además de Mateo 24:13, que fueron reunidos para apoyar la doctrina que uno tiene que perseverar hasta el fin para ser salvo. Esto es verdad. Pero Mateo 24:13 permanece como la piedra angular en la cual los otros pasajes fueron construidos debido a que es el único versículo que incluye tanto la palabra "salvo" como "fin".

El artículo de Scot McKnight, sobre los pasajes de las advertencias en Hebreos, se presentó como un supuesto práctico con el fin de ver el efecto que podría tener en la interpretación de todo un libro, entender Mateo 24:13 como refiriéndose a una "salvación espiritual". Su entendimiento de Mateo 24:13 (perseverar hasta el fin de la vida para poder ir al cielo) como la "única" (y ciertamente se ha de referir como la única más importante) condición espiritual que se tiene que cumplirse para separar las ovejas de las cabras, lo conduce por todo el laberinto de torsiones y vueltas en Hebreos.

En vez de permitir que su interpretación emerja de las palabras de texto, McNight usa un punto de referencia (Mt. 24:13) fuera del texto de Hebreos para determinar su entendimiento del libro mismo. Su invención respecto a los "creyentes fenomenológicos", a los que la epístola se dirige, y que no son creyentes genuinos (son fenomenológicos pero no creyentes ontológicos), se debe considerar como uno de los peores ejemplos de todos los tiempos, en lo referente a cómo se puede "forzar" un texto exegéticamente cuando uno se encuentra en un callejón sin salida. Hubiese sido más sencillo

---

[60] J. Owens, *The Works of John Owens*, 16 col., vol.3: *A Discourse concerning the Holy Spirit* (1677; reprint, Edinburgh: Banner of Truth, 1965), 45-47, 226-28. Este volumen en particular tiene más de 650 páginas dedicadas, según Owen, a ayudar a los que profesan a Cristo determinar si eran poseedores de Cristo.

simplemente cambiar su escatología al premilenialismo antes de Agustín cuando Mateo 24:13 se refería a algo físico y el "reposo" de Hebreos hacía referencia al milenio (como los primeros Padres enseñaron) en lugar del estado eterno.

La apelación de este estudio es realmente una advertencia. Es peligroso mezclar sistemas teológicos. Por definición, mezclar sistemas creará contradicciones. Debemos tener cuidado cuando escogemos y usamos aquello que nos apela de un sistema y lo acomodamos dentro de las construcciones de otro sistema. Aquellos que afirman ser dispensacionalistas deberían tener cuidado de no introducir doctrinas esenciales de los teólogos Reformados a su propio sistema y viceversa. Estos son dos sistemas exclusivos. Este autor está de acuerdo con R. C. Sproul al afirmar que no existe tal cosa como un calvinista de "cuatro puntos", cuando los puntos son definidos por el calvinismo clásico dortiano.[61] Uno es, o calvinista de "cinco puntos" o no los es (el no abrazar "ninguno de los puntos" no te hace un arminiano). El calvinismo dortiano es un sistema. Eliminar un solo punto del sistema hará que se destruya todo el sistema.

Por el otro lado, incorporar un solo punto del calvinismo dortiano al dispensacionalismo puede también destruir al sistema entero.[62] Si la posición dortiana de la perseverancia de los santos es correcta (la posición enseñada por Agustín), entonces el entendimiento espiritual de Mateo 24:13 es también correcto. Si el entendimiento espiritual de Mateo 24:13 es correcto, entonces el amilenialismo es verdadero. Si el amilenialismo es verdadero, entonces no existe distinción entre Israel y la iglesia. Si no hay distinción entre estas, entonces el dispensacionalismo es falso.

Aplaudimos en las décadas recientes el énfasis en la teología

---

[61] R. C. Sproul, *Willing to Believe* Grand Rapids: Baker, 1997), 193.
[62] Debe de mencionarse que dispensacionalistas como L. Sperry Chafer redefinieron los "puntos" del calvinismo dortiano para que se acomodaran a su sistema. Chafer, por ejemplo, limitó la perseverancia de los santos a la seguridad eterna en su *Systematic Theology*, vol. 3 (Grand Rapids: Kregel, 1976), 267-354. Con el fin de ser claros en nuestra comunicación, sería mejor quedarnos consecuentes con nuestras definiciones.

bíblica.[63] Este planteamiento a la teología acentúa la fuerza de la exégesis gramático-histórica. Sin embargo, no perdamos de vista el hecho que la teología bíblica se detiene con lo que el texto dijo a sus destinatarios originales, a diferencia de la teología sistemática, que empieza con los destinatarios originales, pero no se detiene allí. Un buen teólogo sistemático no solo debe de contextualizar, sino descontextualizar y recontextualizar. Es decir, tiene que investigar lo que el texto dijo a los destinatarios originales, buscar la verdad eterna que transciende las culturas y los siglos, y transferir esas verdades eternas a su respectivo contexto de las sociedades modernas. La teología sistemática nos habla en el tiempo presente.

Aún más, la teología sistemática incorpora la teología histórica en su búsqueda para entender cómo la teología de hoy se desarrolló. Tanto la teología bíblica como la histórica alimentan como tributarios al río de la teología sistemática. Cuando nos enfocamos en uno de los tributarios a expensas del otro o en el río mismo, nos estancamos en St. Louis intentando llegar por el Mississippi al Golfo de México.

Finalmente, recordemos, que la teología sistemática es como una plantilla de cálculo. Cualquier cambio en uno de los puntos principales del sistema hará también cambios en otros puntos del mismo. Esto puede ser bueno. Pudiera conducir a un sistema nuevo consecuente con más coherencia, congruencia, y comprensión. Pero si conduce a mayores contradicciones o fracasa en incorporar toda la evidencia, quizá el cambio propuesto es inválido. Creemos que el cambio de la escatología de Agustín del premilenialismo al amilenialismo le condujo a él y sus seguidores a un laberinto teológico de contradicciones en soteriología que persisten hasta el día de hoy.

---

[63] G.K. Beale, A New Testament Biblical Theology, (Grand Rapids MI. Baker Academic, 2011)

Capítulo 2

La pecaminosidad del hombre

Aunque es verdad que la salvación de la condenación del infierno es uno de los eventos más transcendentes en la vida del creyente, sin embargo, hay mucho más que Dios quiere salvar aparte del hecho de estar con Él para siempre. En el transcurso de nuestro estudio, examinaremos tres aspectos principales de Su gran salvación: la salvación de la condenación del pecado (el infierno), la salvación del poder del pecado (control de la naturaleza pecaminosa), y la salvación de nuestro tiempo en la tierra (nuestra vida) en el Tribunal de Cristo. Pero antes de abordar nuestro tema, es importante saber que es de nuestra depravación de lo que estamos siendo salvados. El hombre es un ser caído. Pero, ¿qué significa esto? No podemos entender el alcance de nuestra salvación hasta que no comprendamos el alcance de nuestra depravación. Esto nos lleva a hacer un repaso de los estudios de la antropología y hamartiología. ¿Cómo es que el pecado entró al mundo, y cuáles fueron sus efectos sobre la raza humana?

Algo de Antropología

La Escrituras nos enseñan que el hombre fue creado como un ser tripartito: cuerpo, alma, y espíritu (1 Ts. 5:23). La palabra *psychē* se usa en cuatro diferentes maneras en el NT. La palabra aparece 104 veces, y solo en pocas ocasiones se emplea para referirse a la parte inmaterial del hombre que gozará del cielo o sufrirá en el infierno. La mayoría de las veces, se refiere ya sea a nuestro tiempo en la tierra (nuestra vida), o a nuestro ser interno en referencia a la combinación de la mente (en un mismo *psychē* combatiendo unánimes—Fil. 1:27), de las emociones (Mr. 14:34—Mi *psychē* está muy triste), y de la voluntad (haciendo la voluntad de Dios del *psychē*). Es éste último sentido (del ser interno) el que se usa en el contexto de 1 Ts. 5:23.

Hay algunos que consideran esta constitución tripartita, no solo como una de las partes de la *imago dei* (la imagen de Dios) en el hombre, sino como la parte principal.[1] En el estado original de la creación, Adán y Eva eran uno con el Señor, poseían cuerpos inmortales, y tenían la capacidad total de gozar de Su amor, interactuar con Él, y obedecer Su voluntad. Sin embargo, su caída en el pecado afectó todo su ser.

En un sentido, el mal no entró al mundo por Adán. Pues antes de su creación, Satanás ya estaba en el planeta Tierra. Fue Satanás el que trajo el mal al mundo, y por ende es la personificación del mal. Ni Adán, ni Eva, tenían una naturaleza pecaminosa. Pero sí tenían naturalezas, que al igual que los ángeles, podían ser corrompidas. Dios, por otra parte, no puede pecar porque esto va en contra de Su naturaleza y carácter. Su naturaleza es incorruptible. Esa es la razón por la cual Jesús nunca pecó.[2] Debido a la unión de la divinidad intacta y perfecta humanidad en Su persona, Su naturaleza humana podía ser legítimamente tentada, pero por el otro, Su naturaleza divina no podía pecar. Es decir, la combinación exclusiva de ser Dios y hombre

---

[1] Este no es el lugar para discutir cabalmente el tema de la imagen de Dios en el hombre, per una gran mayoría también creen que *la capacidad de relacionarse con Dios* es también un aspecto importante de la misma. El animal tienen una mente, emoción, y y voluntad. Pero solo el hombre tiene emociones que pueden amar a Dios, una mente que (cuando es regenerada) puede interactuar con los pensamientos de Dios y una voluntad que puede obedecerle.

[2] Esto envuelve el tema teológico de la impecabilidad de Cristo.

a la vez hacia que Él no pudiera pecar. Por otra parte, Adán fue 100 por ciento hombre. Tenía una naturaleza que podía ser corrompida y lo fue.

Cuando Adán pecó todos los aspectos de su humanidad fueron corrompidos. Su cuerpo se hizo mortal. Su espíritu, por primera vez desde su creación, se separó de Dios (muerte espiritual) al perder su comunión con Él. Y como resultado, cada parte de su *psychē* fue corrompida: su mente se entenebreció, sus emociones se degradaron, y su voluntad se hizo defectuosa. Sufrió una depravación total. Esto no quiere decir que cualquier ser humano sea malo en toda la extensión de la palabra, sino que el estado en el que se encuentra es el peor en el que pudiera estar. Lo que deseamos expresar con esto es que no hay nada que el hombre pueda hacer para restaurar la inmortalidad a su cuerpo la comunión con su Creador o nobleza de su "alma".

Sin embargo, entre los teólogos no existe un consenso general sobre lo expresado anteriormente. Si lo hubiera, habría más harmonía en el ámbito de la soteriología. Primero, necesitamos entender qué es lo que se perdió antes de que podamos concordar en que es lo que se necesita salvar. Como lo plantea Robert Pyne:

> "La diferencia entre un "arminiano" y "calvinista" consiste en al grado en el cual Dios tiene que intervenir en nuestra salvación— ¿podemos responder al evangelio?, o ¿estamos tan depravados que Dios tiene que específicamente habilitar a los elegidos para responder? El punto de vista que uno tenga acerca de la expiación está relacionado con este mismo asunto— ¿requerimos meramente de un ejemplo a seguir, o la raza humana necesita de una liberación sobrenatural?"[3]

---

[3] Robert A. Pyne, Humanity & Sin, (Nashville, Tennessee, Word Publishing, 1999) 165-69. La forma en que Pyne ha formulado la pregunta limita las opciones disponibles para responder. Posteriormente se estará argumentando que el hombre es capaz de tener algún tipo de respuesta a la revelación de Dios, pero es incapaz de venir a Cristo por sí solo.

Algo de Hamartiología

Hay algunos pasajes bíblicos que nos ayudan a entender las consecuencias del pecado en la humanidad. Sin duda alguna, las cosas no fueron iguales después del jardín del Edén. La maldición de Génesis 3:14-19 habla de una enemistad entre, 1) Dios; 2) la Naturaleza; 3) la unión conyugal; y 4) Satanás. La muerte espiritual de la cual Dios advirtió a Adán se hizo una realidad. Esto no quiere decir que el espíritu del hombre cesó de existir. Éste espíritu, el hombre interior o el lugar santísimo del ser humano, existe aún en el no-regenerado. Sabemos esto por lo que dice Génesis 41:8 de que el *espíritu de Faraón* fue turbado al despertar de su sueño (בַּבֹּקֶר וַתִּפָּעֶם רוּחוֹ). Ésta palabra traducida espíritu (*ruah*) es la misma usada a través del AT para referirse al espíritu humano. No puedo imaginarme alguno enseñando que el Faraón era un hombre regenerado. Simplemente, tenía un espíritu humano activo o vivo. Su espíritu en un sentido no estaba muerto,[4] pero en otro, espiritualmente sí lo estaba. Respecto a esto último, nos estamos refiriendo al uso técnico y teológico de muerte en el sentido de como separación. Dios no residía en su espíritu humano. Había una separación entre ambos. En otras palabras, Faraón estaba espiritualmente muerto.

Según la descripción de Efesios 2:1, el estado de los incrédulos es como estar "muertos". Pablo dice que sin Cristo estábamos "muertos en nuestros delitos y pecados" (νεκροὺς τοῖς παραπτώμασιν καὶ ταῖς ἁμαρτίαιν). E. Best habla de este tipo de muerte como "un concepto escatológico de la muerte realizada" en contraste con la presente realización de la vida eterna del creyente.[5] "El que tiene al Hijo tiene vida; el que no tiene al Hijo de Dios no tiene la vida". El creyente no tiene que esperar a que llegue la muerte física para recibir la vida eterna. Ni el incrédulo tiene que esperar la muerte física para experimentar la muerte espiritual. Pablo los describe como estar "sin

---

[4] "Muerto" según el sentido de la palabra usada por Santiago es de inactivo, o sin vitalidad.
[5] E. Best, "Dead in Trespasses and Sins (Eph. 2:1)", *Journal for the Study of the New Testament* 13 (1981): 17.

Dios en el mundo" (Ef. 2:12) y "ajenos de la vida de Dios" (Ef. 4:18). El tipo de muerte espiritual a la cual Pablo se está refiriendo es de una separación y alejamiento de Dios.[6]

Pablo, de alguna manera, relaciona esta muerte a nuestros delitos y pecados. El texto literalmente dice: νεκροὺς τοῖς παραπτώμασιν καὶ ταῖς ἁμαρτίαις ὑμῶν. La última palabra en este verso es *humōn* "vuestros", "muertos en *vuestros* delitos y pecados". Esto nos lleva a formular una pregunta respecto al pecado personal y su relación con la muerte espiritual. ¿Será que al igual que el no creyente, estoy separado de Dios por mis pecados personales? Si así fuera, entonces un niño nacería teniendo una relación con Dios. No estaría separados de Dios hasta que cometiera su primer pecado personal. O, por otro lado, el texto pudiera estar refiriéndose a un estado. Los incrédulos están muertos *en* sus delitos y pecados. Esto pudiera implicar que nacieron en un estado de pecaminosidad, y pudiera aun abrir las posibilidades de la enseñanza de la cabeza federal en Romanos 5.

Hay una breve rima infantil conocida por todos. A pesar de que se desconoce su origen, tiene sus raíces en nuestra herencia estadounidense. Tenemos que admitir que suena como una bobería y su contenido parece carecer de sentido. Muchas veces la hemos leído y repetido a nuestros niños, con el fin de que la aprendan, y luego la enseñen a sus propios hijos. Si bien al parecer, nadie entiende su significado, recientemente se me ocurrió que detrás de la misma se enseña una profunda verdad:

Humpty Dumpty en un muro se sentó
Humpty Dumpty una caída sufrió
Ni sesenta hombres, ni sesenta hombres más
pudieron a Humpty arreglar jamás.

Me aventuraré en decir que probablemente en sus mentes está la imagen de un huevo... ¿verdad? ¿Por qué? No existe nada en esta rima infantil que mencione a un huevo. El que lo escribió probablemente

---

[6] H. W. Hoehner, "Ephesians", en *The Bible Knowledge Commentary*, vol. 2, ed. J. F. Walvoord and R. B. Zuck (Wheaton, IL: SP Publications, 1983), 622.

nunca se imaginó algo así. Alguno probablemente concibió tal imagen al leer el antiguo New England Primer. Muchas de las personas en los días coloniales aprendían su gramática de ese libro tan conocido. Pienso que un niño tomó su idea de las coplas o estrofas en aquel libro de texto para las letras A y X. En el libro se lee: "En la caída de Adán todos pecamos; Jerjes el Grande cayo, y así tu y yo". En una forma muy sutil, esa breve estrofa enseña no solo las letras A y X, pero además una verdad espiritual muy significativa. Esto es, en la caída de Adán todos pecamos. El que escribió esa breve rima infantil no estaba pensando en un huevo sino en un hombre que sufrió una caída. Ni todos los soldados, ni los caballeros del rey (los soldados de los reyes de la historia) han podido reparar lo dañado en la caída del hombre.

Obviamente fue Adán el que cayó. Estando sentado en un gran muro de amor y compañerismo, de allí se cayó. Y ninguno, desde el rey hasta el siervo, pudo jamás restaurarle. Su nombre no era Humpty Dumpty, sino Adán. Y en Romanos 5:12-21, podemos observar las serias ramificaciones, resultados, y consecuencias de su caída. Al llegar a este pasaje clave, nos enfrentamos a una de las porciones más difíciles y complejas de la Palabra de Dios. En realidad, estos versículos hacen un resumen, de todo lo que hasta ahora, ha sido presentado en el libro de Romanos. Los versículos 12-14 ven retrospectivamente a la primera gran sección del libro, que trató con el asunto del pecado (Ro. 1:18-3:20). Luego, los versículos 15-17 presentan la segunda sección acerca de la salvación de la pena del pecado (Ro. 3:21-4:25). Finalmente, Romanos 5:18-21 resume el todo desde 1:16-5:21 y sirve como transición, conduciendo a la siguiente sección empezando en Romanos 6, que trata acerca del tema de la Santificación. De esta manera, cuando Pablo empieza en Romanos 5:12 con "por tanto", está retrocediendo al terreno cubierto desde 1:16.

En Romanos 5:12-14, encontramos los temas del Origen, Pena, e Imputación del Pecado. Las palabras, "Por tanto, como el pecado entró en el mundo" hacen que surjan varias preguntas. Ya hemos visto, que en un sentido, el pecado entró en el mundo por la caída de Lucifer (Ap. 12:4 y Ez. 28:17) y fue consignado al planeta Tierra. Pero aun así, Eva pecó antes que Adán. Esto entonces, nos hace pensar que "el mundo" ha de referirse a algo más que simplemente el globo terráqueo. Satanás introdujo el pecado a este mundo. Por tanto, "el mundo" ha de ser una figura retórica usada para referirse a "la raza humana". Pero aun así, ¿no es Eva responsable por introducir el pecado a la raza humana antes que Adán? 1 de Timoteo 2:14 hace una distinción importante entre el pecado de Adán y el pecado de Eva. Eva fue engañada, y no Adán. Sin embargo, Adán sabía perfectamente lo que estaba haciendo. De esta manera, llegamos al primer principio que necesitamos observar concerniente al pecado en este pasaje. Existe una gran diferencia ante los ojos de Dios entre un pecado deliberado y uno cometido por ignorancia (ver Nm. 15:27-31). Adán sabía perfectamente lo que estaba haciendo, esto los sabemos por las palabras usadas para describir sus actos: *hamartia* (errar al blanco, Ro. 5:12); *parabaseōs* (traspasar una línea, 5:14; *paraptōma* una caída, 5:15); *parakoēs* (desobediencia, 5:19). Las primeras dos palabras indican que Adán sabía lo que estaba haciendo. Erró al blanco, implicando que conocía cual era éste. Traspasó la línea, implicando que sabía hasta donde se había marcado ésta. Las últimas dos palabras hablan de una ofensa personal contra Dios cuando Adán pecó. La palabra de Dios fue desafiada. En un sentido, Adán amó más a su mujer que a Dios. De esta manera, deliberadamente le desobedeció. Ésa fue la causa de su ruina.

Como resultado se nos dice que Adán introdujo el pecado al mundo, es decir, a la raza humana; "**Y por el pecado la muerte**". ¿Qué significa esto? Recordemos que Dios le había dicho a Adán que en el día que comiere del árbol de la ciencia del bien y el mal, ciertamente moriría. Sin embargo, continuó viviendo por más de 900 años. ¿Sería que tenía otro tipo de muerte en mente? Creo que sí. Se refería a una muerte espiritual. La muerte física de Adán fue probablemente el resultado de su muerte espiritual. Su ruptura con Dios trajo como consecuencia la sentencia de muerte sobre su cuerpo, así como también su unión con Dios, después de haber recibido a Cristo, trajo la garantía de un cuerpo glorificado (El Espíritu Santo es las arras o el abono pagado garantizando esto).[7]

---

[7] Entre aquellos que entienden el pasaje como enseñando tanto la muerte espiritual y física (v. 14) están S. L. Johnson, "Romans 5:12—An Excercise in

Y de esta manera, llegamos a una cláusula que ha sido difícil de entender, "**así la muerte pasó a todos los hombres, por cuanto todos pecaron**". Podemos entender que la muerte pasó a todos los hombres, pero, ¿qué significado tiene, "**todos pecaron**"? Existen tres puntos de vista sobre la interpretación de estas palabras:

1. Pecado personal. Algunos, como Pelagio, piensan que esto significa que cada individuo de su propia voluntad comente algún tipo de pecado personal, y como resultado, muere. Podemos inmediatamente discrepar de esta interpretación observando que la misma no explica la mortalidad infantil. Un infante después de tres meses de haber nacido, y de no haber cometido ningún tipo de pecado personal, puede morir. Si el pecado causa la muerte, entonces la muerte de estos infantes no puede estar ligada a su pecado personal. Debe de haber otro significado.

2. Pecado original. Este punto de vista sostiene que cuando Adán pecó, sufrió un cambio constitutivo en su persona. Su espíritu humano perdió contacto con Dios. Su mente fue *entenebrecida*, sus emociones *estropeadas*, y su voluntad *degradada*. Su cuerpo fue *debilitado y corrompido*. Toda su persona fue afectada por el pecado. A partir de entonces, reside en él una naturaleza corrompida, conocida también como la naturaleza pecaminosa. Esta naturaleza pecaminosa se transmitió, entonces, a todos sus descendientes. David dijo en el Salmo 51:5, "en maldad me concibió mi madre". El versículo hace referencia a la propagación de la naturaleza pecaminosa a todo niño. Debido a esto, cada persona que nace está espiritualmente muerta, es decir, separada de Dios. Según el niño vaya creciendo su naturaleza, tarde o temprano, se manifestará. No necesitaremos enseñarle a mentir o desobedecer. La rebelión está atada al corazón del niño. Lo que será necesario es instruirlo

---

Exegesis and Theology", en *New Dimensions in New Testament Studies,* ed R. R N. Longenecker y M. C. Tenny (Grand Rapids: Zondervan, 1974), 302; R. Y. K. Kung, "The Relationship between Righteousness and Faith in the Thought of Paul, as Expressed in the Letters to the Galations and the Romans" (PH.D> Dissertation, The University of Manchester, 1975), 381.

en cómo ser veraz y obediente. Aun cuando esto vaya en contra de la corriente, es decir, de su naturaleza. Esto es entonces lo que se entiende por el pecado original.

Podemos entender mejor esto imaginándonos un campamento en la montaña. Cerca de la cima de esta montaña brota un hermoso arrollo de agua cristalina, fresca, y pura. Podemos beber de esa agua confiando que es bebible. Sin embargo, ignoramos que más arriba está otro campero, y a diferencia nuestra, esta persona es muy sucia. Arroja basura y desperdicios al arrollo. De tal manera que al llegar el agua a nosotros ya está totalmente contaminada. Y como resultado de la acción de un solo hombre ingerimos agua sucia, junto con los otros camperos, y los habitantes del valle. El acto de un hombre contaminó el agua para muchos. Así es el pecado original y muchos ven nuestra naturaleza contaminada, como resultado del pecado de Adán, como la causa de la muerte de cada persona.

3. PECADO IMPUTADO. Este punto de vista es conocido por los teólogos como Cabeza o Autoridad Federal. Básicamente, enseña que Adán actuó como representante de toda la raza humana. Cuando pecó, el pecado fue imputado o cargado a la cuenta de toda la humanidad. En los Estados Unidos, tenemos un gobierno federal en el cual los representantes de cada estado en el Congreso votan por nosotros. En una elección presidencial usted personalmente ha votado ya sea por un demócrata o un republicano. Pero si el voto electoral de su estado fue a favor del contrincante por el cual usted no votó, entonces es acusado de haber votado por el otro candidato. O cuando Mark McGwire hizo su anotación cuadrangular número 62 en St. Luis, y todos los aficionados presentes se sintieron como si ellos mismos hubiesen anotado. McGwire era su representante. Y de esta manera esa posición sostiene que todos pecamos en Adán. Adán, como cabeza federal de la raza humana, pecó; como nuestro representante, su pecado fue cargado a la cuenta de todos los hombres y la muerte pasó a toda la raza humana.

Esta posición de Adán como Cabeza Federal o "representante" es rechazada por muchos de los principales eruditos del NT tales como: R. Bultman, G. Friedrich, C. K. Barrett, H. J. Schoeps, W. G. Kümmel, G. Bornkamm, O. Michel, y E. Käsemann.[8] ¿Cómo pueden ser los hombres responsables por las acciones que otro cometió, especialmente alguien que vivió miles de años antes que ellos nacieran?

Entonces, ¿qué es lo que Pablo quiso decir por "todos pecaron" (5:12)? Observando más de cerca la estructura de Romanos 5:12-21, vemos que Pablo interrumpió el argumento iniciado en 5:12 con el fin de aclarar en 5:13-17 como el pecado personal es imputado y como "la muerte pasó a todos los hombres" antes de reasumir su argumento principal en 5:18-21 para explicar como "todos pecaron" *en Adán*. Sin embargo, la palabra *katakrima* en 5:18—traducida "condenación" en la mayoría de versiones en español—no es el *veredicto*, sino la *sentencia* de encarcelación por el pecado en Adán que conduce a la muerte. De esta manera, la *razón* por la cual "la muerte pasó a todos los hombres" (5:12), y todos recibieron "la sentencia de muerte, es decir, encarcelamiento por el pecado" (5:18a)—es porque todos fueron "constituidos pecadores" (5:19a). Por la desobediencia de un hombre todos fueron *constituidos (kathistēmi)* pecadores—una *condición heredada* que produce pecado y como resultado en la sentencia de muerte, "aun en los que no *pecaron a la manera de la transgresión de Adán*" (=pecado personal imputado) (5:12-13).[9]

De esta manera, Romanos 5:12-13 y 19 excluyen las categorías forenses de imputación personal o cabeza federal como la *causa principal* de "todos pecaron" a favor de una condición heredada de *pecadores por constitución,* esto es, "la naturaleza pecaminosa" o "el pecado original". Las buenas noticias de Romanos 5:15-21 son, que lo que hemos *perdido* por nuestra muerte en Adán, en Cristo por su vida hemos *ganado* mucho más.

---

[8] Fung, "Relationship between Righteousness and Faith", 382.
[9] Vea el argumento más elaborado en David Anderson and James Reitman, *Portraits of Righteousness: Free Grace Sanctification in Romans 5-8*, (Lynchburg, Va: Liberty University Press, 2013).

NUESTRA PÉRDIDA EN ADÁN	NUESTRA GANANCIA EN CRISTO
Cuerpo físico	Cuerpo espiritual
Fruto del huerto	Fruto del espíritu
La vida física en este mundo para siempre	La vida espiritual en este mundo para siempre
El caminar en el huerto	El caminar en la Nueva Jerusalén.

Entonces, todo hombre y mujer que haya nacido después de Adán y Eva nace alienado y separado de su Creador. ¿Qué puede hacer el hombre para remediar este problema?

La Naturaleza de la Depravación

Habiendo concluido que el pecado y la muerte espiritual son una realidad universal en virtud de la caída de Adán, debemos explorar ahora las implicaciones de esa realidad con relación a la habilidad humana. Toda la humanidad nace bajo un estado de encarcelación por el pecado y la muerte. ¿Podemos liberarnos de esto?

¿Qué significa nuestra pecaminosidad, particularmente en relación a cómo respondemos a Dios? ¿Son los que no son creyentes capaces de lograr su propia salvación? ¿Podemos hacer algo que pueda llamarse "bueno"? ¿Están estos naturalmente equipados para responder positivamente al evangelio? ¿Cuál es el alcance de las habilidades humanas de un incrédulo? Estas preguntas se discuten frecuentemente en el día de hoy, pero el debate clásico se llevó acabo en el norte de África a principio del quinto siglo.

Pelagio versus Agustín

El trabajo fundamental empezó, después de siglos de debate, con Agustín y su respuesta a Pelagio. Pero para entender mejor la controversia, nos ayudará saber algo más de estos hombres. Pocos somos los que podemos escapar del dilema de relacionar nuestra experiencia con nuestra teología. Como veremos, estos hombres no fueron la excepción.

Pelagio nació aproximadamente en el año 354 DC. La mayoría trazan sus raíces en las Islas Británicas. Según la descripción de Jerónimo, Pelagio era un hombre de aparente musculatura y con cuerpo de luchador, bien educado, conociendo el griego y el latín. Además, era abogado y teólogo. Teniendo todas estas habilidades a su disposición no es difícil entender porque Pelagio se sintió atraído hacia el ascetismo como medio de alcanzar la espiritualidad.

De hecho, Pelagio creyó que era posible lograr una vida sin pecado después del bautismo, si uno realmente lo quería. Por eso, negó el traducianismo, la enseñanza de que la culpabilidad de Adán se pasó a su progenie. Los infantes nacen inocentes, sin pecado. La única gracia que era absolutamente necesaria, en el caso de los adultos convertidos, era el bautismo en agua con la finalidad de retornarlos al estado original de inocencia (nacimiento). Una vez lavados, podían vivir vidas sin pecado.[10]

Algo que particularmente perturbó a Pelagio fue algo que leyó de Agustín mientras estaba en Roma: "Dame lo que mandas, y mándame lo que quieras". Pelagio entendió que esta forma de pensar convertía al hombre en un ser autómata. En sus Confesiones (x.40), Agustín escribió:

> "Toda mi esperanza no estriba sino en tu gran misericordia. *Da lo que mandas y manda lo que quieras.* (Énfasis añadido). Nos mandas que seamos continentes. 'Y cuando yo supe,' —dice uno— 'que nadie puede ser continente si Dios no se lo da, entendí que también esto mismo era parte de la sabiduría, conocer de quién es este don'... Porque te ama demasiado poco quien ama algo contigo y no lo ama por ti.

¡Oh amor que siempre ardes y nunca te extingues! Caridad, Dios mío, enciéndeme. ¿Mandas la continencia? *Da lo que mandas y manda lo que quieras (da quod iubes et iube quod vis)*" (énfasis mío).

Agustín fue un contemporáneo de Pelagio pero con un trasfondo

---

[10] G. Bonner, "Pelagianism", *The Dictionary of Historical Theology*, ed. T. A. Hart (Grand Rapids. MI: Eerdmans, 2000), 422.

diferente. Sus raíces venían del norte de África e Italia. Era un hombre poseído por las ataduras de la pasión. A la edad de dieciséis años tuvo una concubina con la cual duró quince años. Tuvo un hijo con ella de nombre Adeodato. Agustín pasó nueve años en el maniqueísmo intentando vencer sus adicciones de la carne antes de que se diera por vencido. Cuando finalmente decidió dejar a su concubina y casarse con la mujer aprobada por su madre, Mónica, inmediatamente se envolvió en un amorío con otra mujer mientras esperaba que su prometida estuviera preparada para el matrimonio.

De esta manera, no es difícil reconocer el impacto que tuvo en su vida su "experiencia en el jardín". Según cuenta Agustín en sus Confesiones, la voz de un niño desconocido le decía *tolle lege* ("Toma y lee"). El libro más cercano que pudo encontrar fue la Biblia. La abrió y leyó Romanos 13:13-14 que dice, "Andemos como de día, honestamente; no en glotonerías y borracheras, no en lujurias y lascivias, no en contiendas y envidia, sino vestíos del Señor Jesucristo, y no proveáis para los deseos de la carne". Este versículo le llevó a su conversión al cristianismo en el año 386. Fue bautizado por Ambrosio de Milán en 387 e inmediatamente regresó a África en 388. Poco tiempo después, su madre e hijo murieron.

En su conversión Agustín se tornó en contra de la carne, casi cayendo en el dualismo de Platón en el cual la carne era considerada mala. Estaré ampliando más tarde sobre este punto. Pero habiendo empezado su caminar en el mundo como un nuevo cristiano, dejando su posición como maestro de retórica en Milán, y renunciando su caminar en la carne, vendió todos sus bienes y los repartió a los pobres. Solo se quedó con su casa la cual convirtió posteriormente en un monasterio.

A la luz de todo esto, se puede entender porque Agustín no tenía en alta estima la habilidad del hombre. Para él, todo era por gracia. Sus palabras, "Da lo que mandas y manda lo que quieras" se basaba en Filipenses 2:12-13, en donde se anima a los creyentes a ocuparse de sus salvación con temor y temblor, recordando que es Dios quien produce el querer como el hacer para hacer Su voluntad. De esta manera, naciendo en el mismo año que Pelagio, y viviendo en el mismo lugar, era de esperarse que estas dos torres gemelas de teología pronto se enfrentaran. Algo que es necesario mencionar, es que Agustín hablaba el latín pero no el griego, esto le hizo tropezar en varias ocasiones.

Pelagio reaccionó en contra de esta posición pesimista de la humanidad y en contra de un Dios que hubiese creado en tal estado impotente un ser pasivo. Resistió esta aparente pasividad diciendo, "Si debo, puedo". Escribió en *Ep. Ad Demetriadem* (xxxiii. 1110):

> Envés de considerar el mandamiento de nuestro ilustre Rey como privilegio... clamamos a Dios, desde nuestros desdeñados y perezosos corazones, y decimos, 'Esto es muy duro y difícil. No podemos hacerlo. Somos meros humanos, estorbados por la debilidad de la carne.' ¡Pereza ciega y blasfemia presuntuosa! Atribuimos al Dios del conocimiento la culpa de doble ignorancia: ignorante de su propia creación y de sus propios mandamientos. Como si, olvidando las debilidades de los hombres, de su propia creación, haya impuesto sobre ellos mandamientos que no podían soportar. Y al mismo tiempo (¡Dios nos perdone!) atribuimos al Justo injusticia y crueldad al Santo; en lo primero al quejarnos que Él ha pedido lo imposible, en lo segundo al imaginarnos que un hombre será condenado por Él por lo que no podía hacer; de manera que (¡la blasfemia de lo mismo!) Dios es concebido como buscando nuestro castigo en vez de nuestra salvación.... Nadie conoce mejor el alcance de nuestras fuerzas que Aquel que nos las dio.... No ha decidido mandar lo imposible, puesto que es justo; y no condenará al hombre por lo que no podía hacer, puesto que es santo.

Aun cuando no se sabe quién difundió la teología basada en la posición de Pelagio, es común condenar a cualquiera que mezcle las obras con la fe como lo hizo Pelagio (Pelagiano, Semipelagiano). El hombre considerado como el padre del semipelagianismo fue Juan Casiano (d. 435). Se dice que Casiano no creía que la gracia era necesaria para la salvación, pero al mismo tiempo, no estaba de acuerdo con Pelagio de que era posible vivir en este mundo sin pecado.

Sería muy fácil leer sus escritos sobre el ascenso monástico

(*Purgatio*—purgarse a sí mismo de la lujuria carnal; *Illuminatio*—aprender el camino a la santidad; y *Unitio*—unirse al Espíritu de Dios) y asumir que enseñaba un enfoque ascético o por obras en cuanto a la salvación. Sin embargo, no es así. La mayor fuente de esta crítica vino de un malentendido de Próspero de Aquitania. Próspero creía que Casiano estaba enseñando un sendero escalonado de salvación. Por el contrario, la escalera era para aquellos que ya tenían la salvación de la pena del pecado. Como sostiene Donald Fairbairn:

> Casiano no creía que la buena voluntad de una persona era el inicio de la salvación. Por el contrario, dice… la salvación empieza con el regalo de Dios mismo, a las personas por medio de Cristo, un regalo por el cual los une a Él mismo y los hace hijos adoptados. De acuerdo a Casiano, el deseo de una persona por virtud y pureza moral tiene la intención de profundizar la unión ya existente con Dios, y no la aspiración a una unión que es meramente futura. En el proceso de purificación moral, Dios algunas veces toma la iniciativa y algunas veces espera por el accionar humano, sin embargo, todo este proceso está basado en el regalo de gracia previamente concedido por Dios a una persona.[11]

La teología de Casiano fue aprobada por el Sínodo de Arlés (473 DC), pero posteriormente condenada en el Concilio de Orange (529 DC). Este último concilio rechazó la doble predestinación de Agustín y sostuvo que la gracia de Dios podía ser resistida, pero es mejor identificar a este grupo como semiagustinianos que como semipelagianos. Lo mismo se puede decir de Juan Casiano, quien deseó buscar una vía media entre Pelagio y Agustín. En los tres siguientes siglos, la iglesia se inclinó más hacia Casiano y se alejó de Agustín. Es más, en el año 849 Gottschalk fue condenado, azotado, y encarcelado por haber enseñado la doble predestinación.

Hasta el día de hoy se continúa debatiendo el asunto de la habilidad humana. Algunos prefieren identificar uno de los Cinco Puntos

---

[11] D. Fairbairn, "John Cassian", ibid., 116

del Calvinismo, "Total depravación" con "Total inhabilidad". Otros piensan que es imposible que los incrédulos puedan buscar a Dios siendo que un cuerpo sin vida es incapaz de cualquier acción, mucho menos buscarle. ¿Pero qué dice la Biblia?

La Mente No regenerada

Hay varios pasajes que necesitamos analizar para determinar el estado de la mente no regenerada:

Romanos 1:28

Algunos quieren hacernos creer que la mente *adokimos* de este pasaje describe la mente de un hombre no regenerado. Y estamos de acuerdo que el pasaje hace tal descripción, pero no necesariamente de todos los hombres. Pensar así, es pasar por alto la repetición de la frase παρέδωκεν αὐτοὺς ὁ θεὸς en los versículos 24, 26, y 28. Tal repetición suele indicar una progresión en el pensamiento del autor. Pablo está explicando como la ira de Dios es *revelada* desde el cielo en contra de toda impiedad e injusticia de los hombres porque ponen la verdad de Dios detrás de las rejas (*katechō*). Si continúan cerrando sus mentes a la verdad de la existencia de Dios, entonces Dios progresivamente los entrega al control de su propia naturaleza pecaminosa. La progresión se puede ver en tres etapas, siendo la última la entrega a una mente "reprobada", esto es, una mente que ha perdido la capacidad de discernir entre lo bueno y lo malo. Pero esta es la fase final de la ira de Dios en contra de una creación recalcitrante, de unas criaturas obstinadamente rebeldes. Este no es el estado de todos los hombres no regenerados. Decir eso es contradecir la enseñanza de Pablo (Ro. 2:14-16) cuando dice que los gentiles no regenerados tienen una ley escrita en sus corazones. Ésta da testimonio de la voluntad de Dios y les informa del bien y del mal.

Romanos 1:28 no presenta una descripción universal del estado de las mentes no regeneradas. Pero sí enseña que aún esas mentes tienen la capacidad de recibir la revelación de Dios. Revelación, que testifica del Ser Supremo vía la naturaleza (Sal. 19:1-4). Ya sea que la mente no regenerada acepte o rechace esta revelación es otro asunto. Todo lo que Romanos 1:18-20 dice es que todo hombre pensante ha recibido dicha revelación, y que aquellos que voluntariamente la rechazan son entregados a la tiranía de su propia lascivia.

1 Corintios 2:14

Aquí encontramos otro pasaje favorito usado para describir la inhabilidad de la mente no regenerada en su interacción con las cosas de Dios. Después de todo, explícitamente afirma que el hombre natural no puede recibir las cosas del Espíritu de Dios porque le son locura y no las puede entender porque han de discernirse espiritualmente.

Es interesante observar que el pasaje (1Co. 2:10-3:4) describe tres tipos de hombres, cada uno caracterizado por un aspecto diferente del hombre tripartito: cuerpo, alma, y espíritu. El hombre bajo el control de la carne es descrito en 1 Corintios 3:1-3. Estos hombres son descritos como σαρκικοι (*sarkikoi*), carnales. Son incapaces (οὐδε ἔτι νῦν δύναται) de recibir las cosas solidas de Dios. El término usado aquí para describir su capacidad o incapacidad (οὐ δύναται) es el mismo usado del hombre ψυχικός (*psuchikos*) en 2:14. Se dice que este hombre "natural" no puede conocer (γνῶναι se usa comúnmente para describir un conocimiento "experiencial" en vez de un conocimiento intuitivo) las cosas del Espíritu de Dios porque no está regenerado, en otras palabras, no posee el Espíritu. Pero si eso es cierto del hombre "natural", entonces lo mismo se pudiera decir del hombre "carnal" en 3:1-3.

Por otro lado, el hombre "espiritual", de acuerdo a 1 Corintios 2:15, es el único que puede entender "todas las cosas", aun cuando él mismo no es entendido por ninguno. En cambio, el cristiano carnal no puede entender todas las cosas, como lo indica 3:1-2, porque no es "espiritual". Lo que no "entiende" el hombre "carnal", tampoco lo entiende el hombre "natural" (vea 3:9), no porque no tenga el Espíritu sino porque no puede discernir las cosas del Espíritu con su propio espíritu (2:10-11). De manera que no podemos confiar en este pasaje para apoyar la noción calvinista de la "total inhabilidad" del no creyente, quien por lo menos en este sentido es semejante al creyente carnal.

Ahora bien, hay quienes argumentan y niegan la existencia de un cristiano "carnal". Para ellos, ni el hombre "natural" ni el hombre "carnal" son regenerados. Sin embargo, existe una buena razón para creer que el hombre "carnal" es un verdadero creyente. En 3:1 se le asemeja a un bebe en Cristo. Pablo enseña que debe hablar al hombre "carnal" como si estuviera hablando con un niño en la fe. Si el entorpecimiento respecto al Espíritu de Dios es comparable al que existe entre el cristiano carnal y el no creyente, entonces surge la pregunta, ¿es el no creyente sensible al Espíritu de Dios en una u otra manera? Para responder a esta pregunta procedamos al Evangelio de Juan.

Juan 16:7-11

Una gran sección del discurso del Señor Jesús en el Aposento Alto tiene que ver con el nuevo rol de Espíritu Santo, la Tercera Persona de la Trinidad, Quien sería "enviado" por el Padre y el Hijo cuando el Hijo sea glorificado. Aun cuando la mayor parte de la enseñanza se refiere al Espíritu Santo como el "Paracletos", el cual ayudará a los creyentes una vez que Jesús haya regresado al Padre, esta ayuda sin embargo, es brindada en el contexto de convencer al "mundo" de pecado, de justicia y juicio (Juan 16:7-11). A la luz de Juan 3:16, el "mundo" para Juan está compuesto de personas que aún no han creído en el Hijo. Aun así, aquellos que no creen de alguna manera son recipientes del ministerio de convencimiento del Espíritu Santo. Si el "espíritu" de estos incrédulos, no puede discernir esta convicción (1 Co. 2:10-11), entonces, ¿cómo es que éstos pueden llegar a ser convencidos?[12]

La respuesta es la *conciencia*. Regresando a nuestro pasaje de Romanos, la ley vino para que el pecado pudiera ser imputado personalmente, mientras todos en Adán son puestos bajo convicción por la ley (5:13–14, 20a). Pablo ya nos había dicho que esta convicción ocurre en el ámbito de la consciencia (2:14-15; 3:20). El ejemplo lo tenemos claramente ilustrado en la vida del Apóstol Pablo, tanto

---

[12] Muchos responderían que es la regeneración que responde a esta pregunta. La naturaleza y el tiempo de la regeneración serán discutidos posteriormente.

como un no creyente "en la carne" (7:5, 7-13) así como un creyente "carnal" operando *conforme* la carne (7:14-25). Al parecer según Juan 16:8-11 el Espíritu Santo habla a los incrédulos por medio de la consciencia "de forma externa", y de una manera similar por medio de los "corazones" de los creyentes (1 Juan 3:19-21). La palabra "corazón" se ha de referir según Juan, a la "conciencia", según nos "condena". Entonces, de la misma forma que la ley, el Espíritu Santo convence por medio de la consciencia a un incrédulo.

2 Corintios 3-4

Otro pasaje usado para apoyar la inhabilidad del hombre es 2 Corintios 3:14. El mismo nos habla de las mentes endurecidas de los judíos no regenerados debido al velo de la ley del AT que cubre sus corazones. Y 2 de Corintios 4:3-6 dice que el dios de este siglo ha cegado el entendimiento de los incrédulos, para que no les resplandezca la luz del evangelio de la gloria de Cristo. De modo que ha habido un endurecimiento y ceguera con relación a Cristo, sin embargo, esos pasajes no tratan sobre si los incrédulos pueden responder a la luz concedida.

Efesios 4:17-19

Estos versículos hablan de cómo los gentiles incrédulos andan en la vanidad de sus mentes, teniendo entenebrecido su entendimiento, y están excluidos de la vida de Dios por la ignorancia que hay en ellos, por la dureza de sus corazones. Llegando a ser insensibles, se han entregado a la sensualidad para participar con avaricia en toda clase de prácticas impuras. El pasaje enseña lo mismo que encontramos en Romanos 1:18-32, en donde se habla del control progresivo de la naturaleza pecaminosa en la vida de aquellos que rechazan la revelación de Dios. Aun así, dichos versículos no contestan a la pregunta de si hubiesen *podido* responder a Su revelación.

Conclusión

Ninguno de los pasajes que tratan acerca de las mentes de los incrédulos se dirige a la pregunta que estamos haciendo con relación a su habilidad de responder a la revelación de Dios. Lo más que podemos decir, a la luz de Romanos 1:18-20, es que debido a que los hombres son hechos responsables por la revelación de Dios dada en la naturaleza, se implica algún tipo de habilidad para responder. No tiene sentido hacer responsables a las personas por aquello que no podían hacer. Nunca haríamos responsable a un niño con Síndrome de Down por no poder explicar un poema de Octavio Paz. ¿Juzgaríamos a un hombre por no poder engendrar hijos o hijas? El no poder hacer responsable a alguien por algo que no hizo, por lo menos, implica algún tipo de capacidad para hacer aquello por lo que se le está responsabilizando. Realmente estos pasajes no nos son de mucha ayuda.

La Voluntad del No Regenerado

Romanos 3:9-12

En este pasaje leemos que no hay justo, ni aun uno; no hay quien entienda, y quien busque a Dios. ¿Pero acaso esto significa que no exista ninguno que pueda hacer un acto justo o lo bueno? Obviamente no. Pues aun Isaías 64:6 reconoce los actos justos de los que no han sido regenerados.[13] El punto es que aun si sumáramos todos nuestros actos de rectitud, con todo, no podríamos lograr nuestra regeneración. El pasaje es importante para mostrar la inhabilidad humana para lograr su propia justificación, pero no para mostrar su habilidad para responder o iniciar una relación con Dios. Hay una gran diferencia en decir, "No hay quien busque a Dios", y "No hay quien *pueda* buscar a Dios".[14]

---

[13] C.C. Ryrie dice: "Total depravación no significa que todos sean totalmente depravados en toda la extensión de la palabra, ni que vayan a cometer toda clase de pecado, o que sean incapaces de apreciar y aun hacer actos de bondad; sino que significa que la corrupción del pecado se extiende a todos los hombres y a todo su ser de tal manera que no hay nada en el hombre natural que le sirva de mérito ante Dios" (*A Survey of Bible Doctrine* [Chicago: Moody, 1972], 111).

[14] Algunos de ustedes probablemente están pensando que el autor es arminiano— que cree en la habilidad que tienen los hombres para acercarse a Dios. No es

La Habilidad del No Regenerado

El punto es este. ¿Qué puede hacer un hombre no regenerado? Esto nos lleva al corazón mismo del argumento soteriológico entre Agustín y Pelagio. ¿Puede el hombre responder por sí solo a Dios, o tomar la iniciativa por sí mismo?, y si es así, ¿hasta qué punto?

Juan 6:44

En este pasaje encontramos un término importante tocante a la habilidad del hombre: οὐδεὶς δύναται ἐλθεῖν πρός με. "Nadie puede (*dunatai*) venir a mí". Al parecer el versículo niega que alguno pueda venir a Cristo. Pero si esto fuera cierto, su invitación, "Venid a mi todos los cargados… Yo os haré descansar" carecería de sentido. El versículo continua diciendo, ἐὰν μὴ ὁ πατὴρ ὁ πέμψας με ἑλκύσῃ αὐτόν, "si mi Padre que me envió no lo helkusēi". De nuevo, la pregunta es, ¿qué hace el Padre por el no regenerado? Los calvinistas extremos argumentan que la palabra *helkusēi* significa "arrastrar".[15] Desde su punto de vista, la total depravación del hombre se entiende no solo como su incapacidad para poder venir a Dios por sí solo, pero además, Dios tiene que arrastrarlo pateando y gritando para que pueda entrar a Su reino. En otras palabras, Dios obliga al hombre en contra de su voluntad. Esta posición se apoya en los verbos *helkuō* y *helkō* los cuales son usados en el contexto de un juzgado (Hch. 16:19; Stg. 2:6) o de un grupo de linchamiento (Hch. 21:30). Siendo que ambos contextos presentan una situación de hostilidad, los personajes contra los cuales se actúa son víctimas en contra de su voluntad, y es por eso que tienen que ser arrastrados.

Sproul además alude a Kittel para probar que el significado del

---

así. En este mismo párrafo dije que Romanos 3 subraya la realidad de que el hombre no puede lograr su propia justificación. Pero además estoy diciendo que el pasaje no trata del asunto de la habilidad humana para responder a la revelación dada por Dios.

[15] R.C. Sproul, *Chosen by God* (Tyndale, 1994,) 69-72.

verbo es forzar o coaccionar.[16] Kittle,[17] por otra parte, dice exactamente lo opuesto en relación al pasaje de Juan 6:44. Cuando se usa la palabra en un contexto filial, y no de hostilidad, como el de un juzgado de ley, usualmente se menciona el amor (4 Mac. 14:13; 15:11; y Jer. 31:3). Los lazos de amor de unas madres atraen a sus hijos a ella. No hay nada aquí que insinúe el sentido de forzar. Por esta razón, algunos calvinistas moderados correctamente interpretan Juan 6:44 como enseñando que el Padre *atrae* al no creyente a Cristo. La idea aquí es la de galantear o persuadir.

Juan 6:44 es un pasaje importante que tiene que ser incluido con los otros que tratan de la habilidad o falta de la misma de los hombres. Sin la intervención del Padre y del Espíritu Santo en el proceso de atraer, sería correcto decir que el hombre, por sí mismo, no puede venir a Cristo. Pero a la vez, sería igualmente erróneo decir que el Padre fuerza o arrastra a un hombre pateando y gritando para que entre a Su reino. Sería mejor decir que el Espíritu Santo o el Padre caminan lado a lado con el elegido al entrar al Reino. Estaremos ampliando este tema cuando estudiemos las doctrinas de la elección y la predestinación.[18]

Pero, ¿habrá una manera más definitiva de describir lo que el incrédulo puede hacer en respuesta a la revelación de Dios? Sí, lo hay.

Hechos 17:27

En este pasaje, Pablo está explicando a los atenienses como Dios ha prefijado el orden de los tiempos conforme a su gracia común, de tal manera que el hombre pueda buscar a Dios. La palabra para "buscar" (*zēteō*) usada aquí es la misma encontrada en Romanos 3:11 (aunque la preposición *ek* en Romanos 3:21 prefijada al verbo usualmente intensifica su significado, y en la LXX *ekzēreō* es invariablemente

---

[16] Ibid. Vea tambíen, Mathew Barrett, Salvation By Grace, The Case for Effectual Calling and Regeneration, (Phillipsburg, New Jersey, P & R Publishing, 2013).
[17] Ibid.
[18] Vea, Craig S. Keener, The Gospel of John: A Commentary, (Peabody Massachusetts, Hendrickson Publishers, 2003) Vol 1, 685 que afirma que este pasaje no niega el libre albedrío.

usado para referirse a una diligente búsqueda de todo corazón). La implicación es que el hombre sí tiene la capacidad de buscar a Dios, pero no dice que tenga la habilidad de alcanzar a Dios por sí solo.

Además, el texto continúa diciendo que si el hombre busca a Dios, existe la posibilidad remota que palpando pueda hallarle. Los verbos usados para palpando (*psēlaphēsian*) y hallarle (*heuroien*) son aoristo optativos, los cuales se usan en cláusulas condicionales de la cuarta clase para referirse a una remota posibilidad. Conforme el lenguaje griego cambió del ático al helénico, es decir, al griego común, el modo optativo estaba desapareciendo y siendo absorbido por el modo subjuntivo. Hay menos de setenta usos del optativo en el NT. Sin embargo, cuando el autor bíblico deseó usar este modo, lo hizo muy consciente y con un significado especial.[19] El punto es que este modo indica posibilidad, y siendo que el modo optativo es específicamente una declaración concerniente a la *voluntad*, sugiere que el hombre tiene la capacidad de palpando poder hallar a Dios.

Sin embargo, no hay nada en el pasaje que diga que el hombre es capaz de hallar a Dios *por sí mismo*. El pasaje tiene que ser combinado con otros tales como Juan 6:44, 6:65, y Romanos 8:8. Juan 6:65 dice que ninguno puede venir a Cristo a menos que (οὐδεὶς δύναται ἐλθεῖν πρός με ἐὰν μὴ —las mismas palabras encontradas en Juan 6:44) le sea dado (δεδομένον—de *didōmi*, que se refiere a un regalo o al dar) del Padre. Entonces, al parecer el hombre sí tiene la capacidad de buscar, palpar, y encontrar, pero no de alcanzar a Dios por sí mismo. Esto último es un regalo de Dios (Juan 6:65), e implica el poder persuasivo de Dios de atraer (Juan 6:44). Además, Romanos 8:8 dice que los que están "en la carne" (οἱ δὲ ἐν σαρκὶ ὄντες) no pueden (οὐ δύναται) agradar a Dios.

---

[19] D. B. Wallace, Greek Grammar Beyond the Basics (Grand Rapids: Zondervan, 1996), 480, 699. Vea también Eckhard J. Schnabel, Exegetical Commentary On The New Testament: Acts, (Grand Rapids, MI: Zondervan Publishing, 2012) 735 para ver evidencia de la posibilidad de que las personas deseen y respondan a Dios. Lo significativo del optativo también es afirmado por Stanley Porter, Paul in Acts citado por Craig Keener, Acts: An Exegetical Commentary, (Grand Rapids, MI: Baker Academic, 2014) vol. 3, 2652.

Resumen

No hay duda de que las Escrituras enseñan la total depravación del hombre. Depravación que se extiende a todos las áreas de su ser. En otras palabras, se encuentra enteramente depravado. Pero esto no significa que el hombre esté depravado en todo el sentido de la palabra. El proceso por el cual un ser totalmente depravado viene a Dios es por cooperación con Él. Es incorrecto afirmar que el hombre sea incapaz de responder a la revelación de Dios. Dios se ha revelado a todo ser pensante. Se ha revelado a sí mismo en el orden de la naturaleza. Pero si el hombre toma esa luz que ha recibido, y la oculta en su corazón entenebrecido, entonces empieza una decadencia hacia la depravación, que permitirá que sus pasiones pecaminosas controlen más y más su vida. Aun cuando empezó en el peor estado en el que pudiera encontrarse (separado de Dios), llegó a convertirse en lo peor que pudiera ser—consignado a una mente incapaz de discernir entre el bien y el mal. En algún momento durante el transcurso de su vida, Dios ciega su mente para limitar el juicio que vendrá sobre él en el Gran Trono Blanco (tal como Cristo enseñó en parábolas para limitar el juicio sobre los fariseos quienes finalmente lo rechazarían).

Pero esto no quiere decir que el hombre sea incapaz de responder a la luz que Dios ha revelado de Su existencia en la naturaleza. Al parecer, el hombre tiene la capacidad de buscar, palpar, y de seguir el camino que conduce a Dios. Pero no puede hacerlo solo. Necesita de alguien que lo anime y guie. Cuando el hombre responde a la luz que Dios le ha dado, Dios le concede más luz. Le corresponde al hombre decidir qué hacer con ésta luz adicional. El Padre está a su lado persuadiéndolo que dé el siguiente paso. Al final, el Padre y el hijo elegido vienen a Cristo y una nueva criatura es introducida al reino de Dios, lado a lado con el Divino Habilitador. Todo el proceso de salvación es un regalo que emana de la gracia de Dios (Ef. 2:8-9).

El tema que hemos tratado es importante para preservar el carácter de Dios, la esencia del cual es el amor. Si decimos que el hombre es totalmente incapaz de responder a la luz y persuasión de

Dios, entonces eliminamos su capacidad de escoger. Esto reduciría al hombre a un ser autómata, posición sostenida por el determinismo duro o calvinista extremo. Pero aún más importante, convierte a Dios en el más grande violador siendo moralmente responsable por el mal en este mundo. Tal extremo deseamos evitar.

Capítulo 3

La salvación en el Antiguo Testamento

Introducción

El tema de la salvación en el Antiguo Testamento es un tema digno de todo un curso en sí mismo. Para poder abordarlo dentro del tema general de la soteriología, necesitamos limitar su alcance a la salvación en el AT. Pero antes de enfocarnos en estos asuntos de forma separada, primero es necesario ver el panorama general.

Hemos establecido que Satanás vino al planeta antes de que el hombre fuera creado (vea el capítulo anterior, "La pecaminosidad del hombre"). Él convirtió lo que debería haber sido un jardín en un montón de basura (Gén. 1:2—*tohu wa bohu*). Su rebelión desafió dos aspectos del carácter de Dios: Su soberanía y Su amor. ¿Quién tiene el derecho de gobernar al mundo: Satanás o Dios? Y, ¿es Dios digno de ser amado? El hombre fue creado como respuesta a estas dos preguntas. Al crear al hombre un poco menor que los ángeles en inteligencia, movilidad, poder, y la cantidad del revelación recibida, Dios deseaba demostrar a Satanás que éstas criaturas votarían por Él en vez del Rebelde. Al hacerlo así, no solo responderían a la pregunta con relación a la soberanía de Dios, sino además afirmarían el carácter de Dios con relación al amor.

"El que tiene mis mandamientos y los guarda, ése es el que me ama…" (Juan 14:21a).

Como sabemos, Satanás fue muy sagaz para seducir al hombre. Adán cayó y su depravación o "naturaleza pecaminosa", pasó a toda la raza humana. Sin embargo, siendo que Dios es amor, se propuso rescatar Su nueva creación de los efectos de la caída, siendo una de éstas la eterna separación de Él. Por medio de este plan redentor Dios podía demostrar que era amoroso y digno de ser amado. Además, podía poner en claro acerca de quién tiene el derecho de gobernar al universo. Pero esto no se resolvería en una sola generación. Dios quería que miles de millones de Sus nuevas criaturas pasaran la eternidad con Él. ¿Estaría acaso remplazando la tercera parte de las huestes es que siguieron a Lucifer en su rebelión? No lo sabemos. Lo que sí sabemos es que Dios quería que Adán poblara la tierra, y que Su deseo es que ninguno perezca (2 Pedro 3:9).

Desde una perspectiva humana, Dios dio al hombre varias oportunidades de demostrar su habilidad para amar y obedecer Sus estándares. Sin embargo, una y otra vez se repitió el mismo patrón del huerto. Primero vino la prueba, luego el fracaso, entonces el juicio. En cada ciclo, Dios dio una nueva oportunidad a la humanidad, una nueva manera relacionarse con Sus criaturas. Llamamos a estos ciclos, dispensaciones.[1] Después de "La dispensación de la inocencia" en el huerto vino "La dispensación de la conciencia" fuera del mismo. Dios permitió que el hombre se gobernara a sí mismo internamente usando su conciencia como guía. Pero la violencia y el homosexualismo llenaron la Tierra. El hombre fracasó la prueba de la conciencia. Y el juicio vino en el diluvio universal. Dios empezó de nuevo con Noé y

---

[1] Vea Elliot Johnson, A Dispensational Biblical Theology, (Bold Grace Academic Publications, 2016) Otro tratado de teología bíblica desde una perspectiva dispensacional se encuentra en las obras de Erich Sauer, The Dawn of World Redemption: A Survey of Historical Revelation in the Old Testament,
(Grand Rapids, MI: Eerdmans Publishing, 1953) The Triumph of the Crucified A Survey of the Historical Revelation in the New Testament, (Grand Rapids, MI: Eerdmans Publishing, 1951) y From Eternity to Eternity: An Outline of Divine Purposes, (Grand Rapids, MI: Eerdmans Publishing, 1954).

su familia. Reconociendo Dios que la conciencia como guía interna no era suficiente para restringir el mal de la depravación del hombre, instituyó controles externos por medio del gobierno humano. Se le mandó de nuevo al hombre extenderse sobre la tierra e instituir el castigo de la pena de muerte como medio para restringir el mal en el mundo. Pero de nuevo, la humanidad fracasó. Crearon no solo ciudades, pero además, zigurats para adorar las estrellas. De esta manera, el ciclo se repitió y Dios juzgó al hombre por medio de la diversidad de lenguas para dispersarlo.

Dios estableció un nuevo orden en su relacionarse con la humanidad (otra dispensación). Él se dio cuenta (de nuevo desde la perspectiva humana) que los efectos de la caída eran tales que el hombre era incapaz de "salvarse" a sí mismo. De esta manera, Dios propuso un plan interesante. Crearía un Segundo Adán para recobrar lo que el Primer Adán había perdido. Este Segundo Adán podía "salvar" a la humanidad de la caída porque sería más que un hombre—sería tanto Dios y hombre. Y con el fin de verificar su identidad, su linaje sería rastreable. Desde luego que esto iba a requerir una nación especial, apartada de las demás, para que su linaje no solo fuera rastreable, sino también predicho. Para llevar a cabo este atrevido plan, Dios escogió a un hombre y le presentó un panorama general de la salvación de toda la humanidad (Gén. 12:1-3). Si este hombre respondía con fe, Dios lo usaría para traer al Segundo Adán. Si no, Dios encontraría a otro. Abraham, sin embargo, respondió a Dios y así nació la raza judía. Por medio de Abraham todas las naciones de la Tierra serían bendecidas, porque a través de él vendría el Segundo Adán.

Una de las condiciones para que Dios cumpliera las bendiciones prometidas[2] tanto a Abraham, como por medio de él, era que su descendencia se mantuviera en la tierra prometida. Sin embargo, debido a su falta de fe, la simiente de Abraham fracasó en cumplir la condición. Para poder sobrevivir, fueron a Egipto. Dios los castigó entregándolos en cautiverio por siglos en ese país. Cuando se cumplió

---

[2] A esto se le ha llamado la dispensación de la promesa.

el tiempo de castigo, y otro ciclo hubo culminado, Dios estableció un nuevo orden en su relacionar con la humanidad: la Ley. Usando a Moisés como el libertador de Su pueblo de Egipto y la Torá escrita como el estándar de Su santidad, Dios retornó a Su pueblo a la tierra de Israel, el lugar en donde habían de cumplirse las bendiciones prometidas a Abraham y a su simiente. Estando en una nueva administración (dispensación) la simiente de Abraham necesitaba mostrar su amor y lealtad (derecho de gobernar) a Dios por medio de su obediencia a los estándares revelados de santidad (La Ley). Si eran fieles, fluirían bendiciones sobre la tierra como leche y miel. Si eran infieles, la mano disciplinaria de Dios los removería de la tierra para así purgarlos de su idolatría. Una vez más, la humanidad fue infiel a través de la nación escogida (ah, la persistencia de la depravación), y las doce tribus fueron deportadas por medio de los asirios y babilonios. Solo un pequeño remanente de las tribus regresó del cautiverio de Babilonia. Pero habían aprendido su lección. La idolatría había sido purgada de la nación.

El cumplimiento de los tiempos había llegado. El mundo estaba listo para el Dios-hombre, el Segundo Adán por medio del cual los efectos de la caída serian revertidos. Pero eso es la historia del NT. En este breve análisis panorámico, llevándonos al nacimiento de Cristo, hemos trazado el *Heilsgeschichte* (la historia de salvación) los tratos de Dios con el hombre desde Génesis hasta Malaquías. Lo que es importante observar en este análisis panorámico es cómo Dios partiendo de unos individuos, a unas naciones, a una sola nación obró en Su plan para la salvación. Cuando hablamos de "la salvación en el AT", solemos pensar en términos de cómo una persona podía ir al cielo durante esa(s) era(s). Sin embargo, debemos de recordar que la historia de la salvación presentada en el AT se enfoca más en la salvación de la humanidad en forma colectiva que el plan de salvación de individuos. En su mayor parte, la historia de salvación del AT es la historia de salvación de una nación. Si bien, las narrativas en el AT a menudo se centran en las historias de ciertos personajes (Job, Rut, Génesis 1-11), estas historias son lecciones objetivas prototípicas, anidadas dentro de la historia general de la salvación de Israel, y la salvación final de personas que han sido apartadas (santas, santificadas) para llevar Su nombre con honor a las naciones. El velo del cielo no es removido para manifestar el drama de la salvación en las vidas de las personas. Entonces, intentar buscar el plan de salvación en el AT, con relación a las personas, es algo difícil siendo que va en contra del propósito de la revelación misma.

Sin embargo, debido a que los dispensacionalistas han sido injustamente acusados de propugnar dos o tres planes de salvación para las personas en el AT y NT, será necesario ver ciertos *leitmotifs (temas)* del AT para disipar este malentendido. Por tanto, me gustaría discutir estos asuntos según aparecen en el AT: El evangelio, La fe, La gracia, Los sacrificios de sangre, La eternidad, y El Mesías.

El evangelio

Siendo que la palabra "evangelio" significa "buenas nuevas", debemos de buscar estas buenas nuevas en el AT. Sin embargo, éstas deben de ser específicas. El término "Evangelio" no se usa en el AT. El simple intento de buscarlo allí es imponer terminología del NT al AT. En el NT el término "evangelio" generalmente se le asocia con las buenas nuevas de Dios para la humanidad concernientes a Su Hijo Jesucristo. Probablemente, lo mejor que podemos hacer en el AT es encontrar algunas buenas nuevas que Dios haya prometido al hombre concerniente al futuro libertador.

Génesis 3:15

Manteniendo estas restricciones del tema en mente, muchos creen que Génesis 3:15 cumple con los requisitos de prometer un libertador. Las palabras expresadas a la serpiente son una promesa indirecta a Adán y la mujer. Dios dice que la serpiente heriría el calcañar de la simiente de la mujer, pero a la vez la simiente la heriría en la cabeza. Éstas eran sin duda "buenas noticias" para Adán y Eva y sus descendientes. Habiendo empezado a sentir los estragos de la muerte que Dios les había predicho (2:17) por obedecer a la serpiente, la promesa de que uno de la simiente de la mujer heriría en la cabeza a la serpiente daba una esperanza de vida después de la muerte (3:20).

La tendencia el día de hoy entre los eruditos es remover la mayoría de "profecías mesiánicas" del texto bíblico, algo que estaremos viendo más adelante. Y algunos aun niegan la importancia mesiánica de Génesis 3:15. Esto, sin embargo, no es una verdad universal entre los eruditos del AT. Walter Kaiser Jr. dice:

> Génesis 3:15 suele ser llamado el *protoevangelium* ("el primer evangelio") porque fue la proclamación original de la promesa del plan de Dios para el mundo entero….que dio a nuestros primeros padres un destello, de la persona y misión del que sería la figura central en el desarrollo del drama de la redención del mundo. La simiente/descendencia mencionada en este versículo, llegó a ser la raíz del árbol del cual crecieron las promesas mesiánicas del AT. Ésta, entonces, fue "la profecía madre" que dio a luz a todas las demás promesas.[3]

Lo más interesante de esta promesa es el uso de los pronombres. El sufijo pronominal del verbo "herirá" realmente va con la palabra "calcañar" (עָקֵב תְּשׁוּפֶנּוּ). Este sufijo está en la tercera persona, singular, masculino, y se traduce, "y tú le herirás en el calcañar", literalmente, "y tú herirás su calcañar", aun cuando "la simiente" está en el género neutro. El pronombre no se puede referir a la mujer, siendo que esto requeriría un referente femenino ("su" femenino). R A. Martin observa que el pronombre personal del hebreo masculino aparece 103 veces en Génesis, sin embargo solo aquí los traductores de la LXX rompieron la regla de acuerdo entre género y número del pronombre y su precedente. "La explicación más probable para el uso del [pronombre masculino] *autos* en vez de [el pronombre

---

[3] W.C. Kaiser, *The Messiah in the Old Testament, Studies in Old Testament Biblical Theology* (Grand Rapids: Zonervan, 1995), 37-38. Además vea, Herbert W. Bateman IV, Darrell L. Bock and Gordon H. Johnston, Jesus The Messiah; Tracing the Promises, Expectations, and Coming of Israel's King , (Grand Rapids· MI: Kregel Publishing, 2012).

neutral] para *esperma* es que el traductor de ésta manera indicó su entendimiento mesiánico del versículo".[4]

Aparentemente, Eva entendió esta promesa. Al dar a luz a Caín, dijo, "he adquirido un varón, el Señor". Algunos traductores revelando sus propios prejuicios traducen la frase: "He dado a luz *con la ayuda del* Señor". Pero las palabras en itálicas no se encuentran en hebreo. Generalmente en la traducción cuando las palabras no hacen sentido se introduce un verbo. Pero aquí el texto dice אֶת־יְהוָה אִישׁ, literalmente, "un hombre, el Señor". Ella pensaba que su primer hijo sería el que les liberaría de la maldición de vivir fuera del huerto. Esperaba que Caín fuera el que aplastaría la cabeza de la serpiente. Que horrible hubiese sido para ella saber, que la cabeza que aplastaría, sería la de su propio hermano.

Génesis 12:1-3

Aun cuando este pasaje suele identificarse como el Pacto Abrahámico, la mayoría de los eruditos dudan si este título expresa la totalidad de este pacto, siendo que no sigue la forma de un pacto conocido. Existen solo dos formas de pactos en el AT: el Tratado Soberano-Vasallo (Deuteronomio) y el Pacto de Concesión o Regalo (Abrahámico, Davídico, Nuevo). El pacto original con Abraham fue probablemente establecido mientras estaba en Ur de los Caldeos cuando Dios se le apareció por primera vez (Hch. 7:2). Génesis 12:1-3 nos da un resumen de este pacto, y nos dice que todas las familias de la Tierra serían bendecidas en o por Abraham (en hebreo la palabra se puede traducir "en" o "por"). Ésta misma promesa fue repetida tres veces a Abraham, y una vez a Isaac, y a Jacob (Ge. 12:3; 18:18; 22:18; 26:4; y 28:14). En el NT, Pablo se refirió a esta promesa como el corazón del evangelio mismo (Ga. 3:8).

En un sentido, este pacto establece una misión para Abraham y sus descendientes. Siendo un pueblo elegido por Dios, tendrían que ser un canal de bendición a todas las naciones, es decir, a los

---

[4] R. A. Martin, "The Earliest Messianic Interpretation of Genesis 3:15", *Journal of Biblical Literature* 84 (1965): 425-27.

gentiles. La palabra "canal" ha sido usada apropiadamente debido que es importante apuntar que el verbo para "serán benditas" tiene una raíz nifal, haciendo la voz del verbo pasiva (וְנִבְרְכוּ). El punto es que Abraham no era el agente activo de las bendiciones. Era solo el canal. En Génesis 12:7 se menciona a la "simiente" de Abraham. Tanto aquí como en Génesis 3:15, la palabra "simiente" en singular puede tener una doble referencia: singular o colectivo ("descendencia"). Puede referirse a uno o a muchos. De nuevo, Pablo nos dice en Gálatas 3:16 que el Espíritu Santo tenía un solo referente en mente (una simiente) y no varios (simientes). Por otro lado, los lectores del AT no tuvieron la ventaja de tener la explicación de Pablo.[5] Aun así, en los días de Abraham tenían que haber tenido un sentido más limitado del significado de la simiente, siendo que los hijos de Abraham y Cetura fueron eludidos, así como los fueron Ismael, Esaú, Rubén, Simeón, y Leví.

¿Qué es lo que Abraham entendió sobre su "simiente"? Quizá más de lo que pensamos. De nuevo, el comentario del NT nos ayudará. Jesús dice a los escépticos en Juan 8:56, "Abraham vuestro padre se gozó de que había de ver mi día; y lo vio, y se gozó". Podríamos preguntarnos, ¿cómo es que Abraham vio el día de Cristo? Solamente pudiéramos especular, pero Hebreos 11:19 nos dice que Abraham estuvo dispuesto a subir al Monte Moriah con Isaac porque creyó que Dios levantaría a su hijo de entre los muertos. Después de ver que Dios suplió un carnero como sustitución por su hijo, nombró aquel lugar "Yahweh Jirah", el Señor proveerá. Quizá es a esto que Jesús se refería cuando mencionó que Abraham vio Su día, es decir, que Dios proveería un sacrificio de sangre, y se regocijó.

El tema es lo suficientemente amplio como para escribir un libro, sin embargo, necesitamos continuar. Pero es necesario hacer notorio

---

[5] El asunto sobre cómo es que el NT utiliza y nos informa del AT ha sido un tema debatido por los eruditos de ambos testamentos. Vea el estudio clásico de Richard N. Longenecker, Biblical Exegesis in the Apostolic Period, (Grand Rapids, MI: Eerdmans Publishing, 1999) y el más reciente por Walter C. Kaiser, Darrell L. Bock and Peter Enns, Three Views on the New Testament Use in the Old Testament, (Grand Rapids, MI: Zondervan, 2007).

de que el AT no estaba sin su evangelio, sus "buenas nuevas". Desde el principio Dios dio buenas nuevas a Adán y Eva acerca de la futura liberación de la raza humana, de su esclavitud del pecado, y de sus perjudiciales efectos. Pero podíamos preguntarnos, ¿qué requería Dios del hombre para la salvación, tanto individual o de toda una generación?

Fe

Génesis 15:6

De nuevo el Nuevo Testamento nos explica el Antiguo Testamento. Pablo citó Génesis 15:6 en Romanos 4:3. Para él era el texto que probaba que Abraham fue justificado por la fe, y no por las obras. A éstas alturas de su vida, y aun antes (vea He. 11:8), Dios podía ver el corazón de Abraham y saber que una transformación espiritual había ocurrido por la fe. Y en Romanos 4:16, Pablo explica que para que los descendientes de Abraham compartieran sus bendiciones también tenían que compartir su fe. "Por tanto, es por fe, para que sea por gracia, a fin de que la promesa sea firme para toda su descendencia; no solamente para la que es de la ley, sino también para la que es de la fe de Abraham, el cual es padre de todos nosotros".

Habacuc 2:4

Aquí tenemos otro texto importante para establecer el sistema de "fe" para personas en el AT. Habacuc está inquieto de que Dios pudiera usar a los gentiles, es decir, los asirios para purgar a Su pueblo. Va y se queja con el Señor, pero la respuesta de Dios nulifica su queja: "El justo por la fe vivirá". Habacuc, relájate. Aun cuando puedo usar un vaso sucio para purificar Mi nación, aun soy justo. Aquellos de la nación que retengan su fe en Mí vivirán. Los justos por la fe vivirán. Aun cuando toda la nación sea arrastrada por la corriente del desastre, aquellos individuos que pongan su fe en Dios serán salvos.

Aun aceptando de que en este versículo no hay una referencia al cielo o la vida eterna, aun así, el NT elabora sobre el mismo tres veces para enfatizar la centralidad de la fe para aquellos que tienen una buena relación con Dios. Pablo lo usa como su declaración temática para todo el libro de Romanos (1:17). Lo vuelve a usar en Gálatas 3:11 para contrastar la justificación por la ley, de la justificación por la fe. Finalmente, en Hebreos 10:38 se usa para exhortar a los creyentes a perseverar en su fe a la luz del inminente retorno de Cristo.

Pudiera preguntarse, debido a su énfasis en el NT, ¿por qué la fe no es más enfatizada en el AT? Aun cuando la respuesta conlleva parcialmente la noción de "revelación progresiva", el énfasis principal del AT está en la salvación nacional de Israel, y no en la de individuos, como ya hemos mencionado. Y esta salvación era entendida en términos de longanimidad y bendiciones "en la tierra". Aun para la nación, la fe continua de la generación viviente era requerida para bendición en la tierra. Esto se hace obvio después de Cades-Barnea. Los que no tuvieron fe perecieron en el desierto. La siguiente generación ocupó tener fe para seguir a Josué a la tierra. Cuando siguieron al Señor por la fe, fueron victoriosos. Cuando no, fueron derrotados.

De modo que si la fe es el requisito para la bendición, ¿cuál es el medio?

Gracia

Uno de los malentendidos a través de los años concerniente al AT y al NT ha sido la enseñanza que dice que el AT enseña la ley y que el NT enseña la gracia. E. P. Sanders ha llegado a ser muy conocido en el mundo de la erudición por haber disipado esta noción.[6] Pero mucho antes que Sanders, los estudios realizados por M. Kline, sobre

---

[6] E. P. Sanders dice: "Ciertamente los judíos no cristianos se contemplaban como permaneciendo en la gracia de Dios al ser leales al pacto. Solo si uno entiende 'la palabra de Cristo' (Ro. 10:17) como siendo igual a la gracia se pudiera entonces decir que ellos rechazaron la gracia". Continua diciendo que el judaísmo histórico está bien fundamentado en la gracia, pero es solo cuando los judíos rechazaron a Cristo y el evangelio tocante a Él, cuando Pablo pudo concluir que habían rechazado la revelación máxima de Dios mismo, y consecuentemente, la gracia" (*Paul, the Law, and the Jewish People* [Minnieapolis: Fortress Press], 157.

los tratados de Soberano-Vasallo, deberían haber aclarado cualquier malentendido.

El tratado de Soberano-Vasallo

En su análisis de Deuteronomio, Kline explica los primeros cuatro capítulos como un prólogo histórico enlistando los buenos actos y las bendiciones del soberano, el Señor. En estos capítulos Dios repasa lo que Él ha soberanamente hecho para bendecir a los israelitas al sacarlos de Egipto y mantenerlos alimentados, vestidos, e hidratados durante sus cuarenta años en el desierto. Todo esto es Su soberana gracia a su favor. Y es por esta gracia, que apela a su gratitud pidiendo que le obedecieran. "Los beneficios conferidos supuestamente por el Señor sobre el vasallo eran citados de tal manera que fundamentaba su lealtad en la gratitud..."[7] Además, Él provee un incentivo adicional a la obediencia, enlistando las maldiciones y bendiciones que tendrán, dependiendo de su obediencia. Pero establece Su llamado en Sus actos iniciales de gracia.

El propiciatorio

La provisión del propiciatorio en el lugar santísimo debería de ser una declaración obvia de la gracia de Dios en el trato con Su pueblo. No es insignificante que este propiciatorio estaba puesto como "estrado de los pies", representando la presencia de Dios mismo, y no en la mesa de los panes o la menorá. Aun cuando Jehová se manifestó y expresó su ira en contra de los pecados de Su pueblo, dicha ira reflejaba no solo su Justicia sino también Su dolor, dolor por el rechazo que sintió cuando Su pueblo pecó contra Él y escogió a otros dioses. Sin embargo, Su enojo pronto se calmó, y el amor de un padre hacia su hijo descarriado volvió, acompañado de una profunda compasión, misericordia y perdón.

También el sistema sacrificial ha sido malentendido por los

---

[7] M. G. Kline, *Treaty of the Great King* (Grand Rapids: William B. Eerdmans Publishing Company, 1963), 52. Después de este relato de su bendiciones en Deuteronomio 1:6-18, Moisés les recuerda de su infidelidad y desobediencia.

historiadores del post-templo como una forma de apaciguar los delitos cometidos. Pero escucha las palabras de un judío ortodoxo contemporáneo:

> La palabra hebrea para "sacrificio" (*korban, lehakriv*) es de la misma raíz de las palabras "acercarse, aproximar... *el tener una relación cercana con alguien*". Pues esto ha de ser la esencia de la experiencia. Desafortunadamente, no hay palabra en el idioma español que pueda adecuadamente rendir la idea de la palabra *korban*. Debido a esto, usamos la palabra "sacrificio". La idea de un sacrificio u ofrenda parece indicar un regalo u obsequio; el dar algo de valor para el beneficio de otro, el carecer de algo de valor por el beneficio de otro. Sin embargo, ninguna de estas ideas de regalo están en la palabra *korban*....de tal manera que su significado puede solo ser comprendido por su raíz... el concepto de acercarse... El sacrificio del templo no es la idea de dar algo o perder algo de valor; es esmerarse en acercarse a Dios... Cuando un pecador traía un *korban*, la *ofrenda* le mostraba lo que él se merecía, si Dios lo hubiera de juzgar severamente. Los sabios enseñaban que podemos tener un conocimiento de Dios y Su identidad por medio de Sus nombres, o atributos. A través del libro de Levítico, Dios nunca se refiere a sí mismo con el Nombre *Elohim*, en relación a la ofrenda-*korbannot*, el cual denota el atributo Divino de la estricta justicia. Esto puede ser malamente entendido como indicando que Dios es vengativo, una deidad con hambre de sangre que demanda de un sacrificio como reparación. Pero esto simplemente no es verdad; tal idea es una visión pagana de Dios, un Dios no perdonador que acepta las agonías de muerte de un animal como substituto de la vida perdida de un ser humano. Pero el único Nombre que la Biblia asocia con las ofrendas de Dios es *hashem*, YHWH—el atributo del amor Divino y misericordia. Precisamente debido a que es un Dios de amor, y no el Dios del castigo y la muerte, ha preparado el sistema de sacrificio como la manera de restaurar y purificar la vida moral y espiritual del hombre.[8]

---

[8] C. Richman, *The Holy Temple of Jerusalem* (Jerusalem: The Temple Institute, 1997), 13, 16.

Por supuesto que debemos observar que el sistema sacrificial era algo que Dios dio a las personas que ya tenían una previa relación de pacto con Él. Los sacrificios tenían el propósito de mantener una comunión, y no de establecer una relación. Sin embargo, en el contexto general de "la salvación", el cual incluye la salvación del poder del pecado, así como de la pena del pecado, es importante enfatizar la misericordia de Dios. Y la misericordia no es sino la gracia más la compasión. Oye, entonces, la oración del Sumo Sacerdote en el Día de la Expiación:

> Te ruego, Oh Señor;
> Yo he pecado, rebelado, y transgredido contra Ti,
> Yo, y mi casa;
> Te ruego, Oh Señor,
> Concédeme expiación por los pecados
> Y por las iniquidades y transgresiones
> Las cuales he cometido contra Ti,
> Yo, y mi casa,
> Como está escrito en la Torá
> De tu siervo Moisés:
> Porque en este día se hará expiación por ti,
> Para purificarte de todos tus pecados
> —delante del Señor serás purificado.[9]

Como podemos ver de la anterior confesión, las personas estaban muy conscientes de su propia pecaminosidad. Al describir el legalismo en contra del cual Pablo estaba reaccionando, Hubner ha sugerido que la escuela de Shammai enseñaba el perfeccionismo absoluto, mientras que la escuela de Hilel decía que si lo bueno pesaba más que lo malo, la persona estaría bien con Dios. Pero no hay evidencia para esta distinción. El mismo sistema sacrificial asume que ni el pueblo ni los sacerdotes podían guardar la Ley de forma perfecta. Los sacrificios era la manera en la cual ellos restauraban la comunión

---

[9] Ibid., 49.

después de haber cometido las transgresiones. Pero esto hace que surja la cuestión sobre la base. Si la gracia es el *medio* de la salvación en el AT, ¿cuál es su *base*?

La sangre

Desde Adán en adelante, la sangre ha sido la base de la salvación. No sabemos todo lo que ocurrió entre Dios y Adán después de la caída, pero por medio de la muerte de animales para vestir a Adán y Eva, se piensa que Dios les estaba enseñando que la vida vendría a través de la muerte de otro, y sin el derramamiento de sangre, no habría remisión de pecados.

En la región de Sumer (Kuwait en el día de hoy) y Babilonia (el Irak moderno) era algo común el ofrecimiento del primogénito a Moloch.[10] De esta manera Abraham, quien venía de la región de Sumer, debía haber estado familiarizado con el sacrificio de niños y no atemorizado por la práctica misma. Sin embargo, debía haber estado confundido inicialmente cuando Yahweh le pidió que sacrificara a su hijo Isaac. Conforme la revelación progresaba en el período del AT, Dios ordenó una variedad de sacrificios que sirvieran para diferentes ocasiones. Aun así, Hebreos 9-10 explica que estos sacrificios nunca podían permanentemente remover el pecado sino eran simplemente un tipo y sombra del máximo sacrificio que borraría completamente la deuda del pecado para todos aquellos que vendrían a la cruz.

Se ha sugerido equivocadamente que los dispensacionalistas creen que la salvación llegó a los santos del AT a través de la sangre de toros y macho cabríos, mientras que a los del NT, por medio de la sangre de Cristo.[11] Esto no es verdad. Creemos que la sangre de Cristo es el *único* sacrificio eficaz para los pecados de todos los tiempos. Así como se aplica proactivamente para los pecadores nacidos después de la cruz,

---

[10] See Helmer Ringgren, Religion of the Ancient Near East, (Philadelphia, Pennsylvania, The Westminster Press, 1973) 162.
[11] Vea Clarence B. Bass, Backgrounds of Dispensationalism, (Grand Rapids, MI, Eerdmans, 1960), 34 and John Gerstner, Wrongly Dividing the Word of Truth, (Brentwood, Tennessee: Wolgemuth & Hayatt, 1991) 151-67.

así también se aplica retrospectivamente para los pecadores quienes vivieron y murieron antes de la cruz.

A estas alturas podemos decir lo siguiente: 1) El requisito para la salvación en cualquier era es lo mismo—la fe; 2) El objeto de la fe salvífica en cualquier era es la misma—Dios; 3) el medio de la salvación en toda era es la misma— La gracia; 4) La base de nuestra salvación en cualquier era es la misma—la sangre de Cristo; pero 5), El contenido de nuestra fe de una era a otra es *variable*.[12] Este último punto es producto de nuestro concepto de revelación progresiva. Creemos que existe evidencia para creer que Adán y Eva pasarán la eternidad con el Señor. Pero es muy improbable que ellos alguna vez hayan escuchado sobre "Las cuatro leyes espirituales".[13] Hay mucho del desarrollo del drama de la redención de Dios que fue revelado en pasos progresivos. Obviamente, esperaríamos que las personas tuvieran un entendimiento más claro del Libertador cuando y después de que vivió en la tierra. Antes de esto, al hombre se le habían dado promesas acerca de Él, pero no tenían una imagen muy clara—solo tipos y sombras.

La revelación progresiva nos lleva a dos temas más que necesitamos cubrir concerniente a la salvación del AT: La vida eterna y El Mesías.

La vida eterna

Si tuviéramos la oportunidad de preguntar a los santos del AT sobre, ¿qué pensaban con relación a cómo sería el cielo?, o ¿qué sería lo que harían allí por toda la eternidad?, pudieran responder, "¿De qué hablas?" De las más de doscientas veces que aparece la palabra "cielo" en el AT, ¿cuántas de éstas se refieren al tercer cielo (la morada

---

[12] Vea Allen Ross, "A Biblical Method for Salvation; A Case for Discontinuity" in Continuity and Discontinuity: Perspectives on the Relationship Between the Old and New Testament, ed. John S. Feinberg (Wheaton, Illinois, Crossway Publishing 1988).

[13] Un tratado evangelístico originalmente producido por Campus Crusade for Christ.

de Dios) a diferencia del segundo cielo (el universo)? ¿Pudieras mencionar alguna? Y, ¿qué concerniente a la eternidad?

La mayoría de referencias a la eternidad, lo eterno, o para siempre, están relacionadas con el pacto eterno de Dios o su amor. ¿Pudieras mencionar alguna otra referencia que se refiera a la vida eterna? Y, ¿qué de la vida después de la muerte, en cuestión a la resurrección? ¿En dónde se encuentran los pasajes en el AT? ¿Pudieras mencionarlos?

Hay ciertos pasajes que de manera específica tienen que ver con el tercer cielo, la vida eterna, y la resurrección, pero el simple hecho de que estas referencias no sean fácilmente recordadas indica lo escaso que estos temas son enfatizados en el AT. De nuevo, su énfasis está en la longanimidad y bendiciones en la tierra de Israel (Ex. 20:12).

Sin embargo, existen algunos conceptos importantes en el AT aun cuando estos no son enfatizados.

El espíritu inmortal

Eclesiastés 12:1-8 dice:

> Acuérdate de tu Creador en los días de tu juventud, antes que vengan los días malos, y lleguen los años de los cuales digas: "No tengo en ellos contentamiento" ... "porque el hombre va a su morada eterna, y los endechadores andarán alrededor por las calles...".... "antes que la cadena de plata se quiebre, y se rompa el cuenco de oro, y el cántaro se quiebre junto a la fuente, y la rueda sea rota sobre el pozo; y el polvo vuelva a la tierra, como era, *y el espíritu vuelva a Dios que lo dio*. Vanidad de vanidades, dijo el Predicador, todo es vanidad".

Es importante observar que el pasaje no habla nada acerca de la resurrección. Durante la muerte física, hay una separación entre el cuerpo y el espíritu. El pasaje dice que el cuerpo (polvo) regresa a la tierra como era, y el espíritu regresa a Dios que lo dio. Sin embargo, no habla sobre si el cuerpo y el espíritu serán reunidos. Entonces, ¿enseña el AT acerca de la resurrección?

La resurrección

El concepto de resurrección en el AT es desafiado por muchos eruditos. Alegan que esto fue un concepto inter-testamentario, encontrado abundantemente en la literatura apócrifa y pseudoepígrafa escrita durante el período entre el AT y el NT, pero no se encuentra en el AT. Las referencias al hijo de la viuda de Sarepta (1 Reyes 17:17), al hijo de la sunamita (2 Reyes 4:32), y al hombre cuyo cuerpo sin vida fue arrojado a la tumba de Eliseo, son ejemplos de resucitación del cuerpo mortal. ¿Pero qué de un cuerpo inmortal, y glorificado?

Como ya he mencionado, Hebreos 11:19 nos dice que Abraham creyó que Dios podía y habría de levantar a Isaac de entre los muertos si el sacrificio se hubiera llevado acabo. Pero aun esto pudiera haber sido una resucitación a su cuerpo mortal, siendo que Abraham dijo a su siervo, "adoraremos y regresaremos a ti". Por el otro lado, el traslado de Enoc y Elías tuvo que haberse hecho dando como resultado cuerpos inmortales, aun cuando estos hombres no pasaron por la muerte física y, por ende, la resurrección de sus cuerpos. En el canto de Ana (1 Sam. 2:6) probablemente tenemos una afirmación explícita acerca de la resurrección, especialmente si se entiende Seol como la tumba y no el infierno: "Jehová mata, y él da vida; El hace descender al Seol, y hace subir".

Otro pasaje que habla de resurrección del cuerpo mortal es Job 19:25-27: "Yo sé que *mi Redentor vive*, y al fin se levantará sobre el polvo; y después de deshecha esta mi piel, *en mi carne he de ver a Dios*; al cual veré por mí mismo, y mis ojos lo verán, y no otro, aunque mi corazón desfallece dentro de mí". Aparentemente, Job estaba seguro en su esperanza de que después de la muerte, su *gōēl* (redentor) levantaría su cuerpo y le vindicaría. La expresión hebrea וּמִבְּשָׂרִי (*ûmibbᵉśāriy* es propiamente traducida "en mi carne" por la Reina-Valera. Después de que su piel sea destruida, con sus ojos, Job verá a Dios velando por él como su Redentor.

Aun cuando David pudiera haberse referido a su propia seguridad temporal en el Salmo 16:9-11 ("Se alegró por tanto mi corazón, y se gozó mi alma; mi carne también reposará confiadamente; Porque no dejarás mi alma en el Seol, ni permitirás que tu santo vea corrupción.

Me mostrarás la senda de la vida; en tu presencia hay plenitud de gozo; delicias a tu diestra para siempre"), Hechos 2:26-35 habla del cumplimiento de este pasaje con la resurrección de Jesucristo. Obviamente, no es justo introducir "respuestas" encontradas en el NT al AT.

El primer asunto es intentar entender qué pensaban los lectores del AT al leer el Salmo. Sin embargo, no podemos descartar completamente lo que David pudo haber visto a través de los ojos del Espíritu Santo al escribir este Salmo. Sabemos que David funcionaba como un profeta (Sal. 110:1) cuando tenía que ver con visiones mesiánicas.

No hay otro mejor pasaje para una indicación clara de la resurrección en el AT que Isaías 26:19: "Tus muertos vivirán; *sus cadáveres resucitarán. ¡Despertad y cantad, moradores del polvo! porque tu rocío es cual rocío de hortalizas, y la tierra dará sus muertos*". Aquí tenemos una clara promesa de que los justos resucitarán de entre los muertos. Y esto también es afirmado por Daniel 12:2-3 aun cuando incluye la resurrección general de los injustos: "*Y muchos de los que duermen en el polvo de la tierra despertarán,* unos para la vida eterna, y otros para la ignominia, para el desprecio eterno..."

Aun cuando este estudio sobre la resurrección no nos informa acerca de la manera en como algunos serán levantados para vida eterna, mientras que otros pasarán a la condenación eterna, sin embargo, sí nos amplía el concepto de lo que la salvación del AT incluía. Es decir, no se limitaba simplemente a la vida física en la tierra, aun cuando esto no era el énfasis primario en el AT. Esto entonces, nos hace regresar al tema general. El Segundo Adán ha de restaurar lo que el primer Adán perdió. Se le prometió a Eva que una Persona aplastaría la cabeza de la serpiente. La humanidad esperaba al Mesías. Su salvación dependía de la venida del Segundo Adán. ¿Qué tanto revela el AT sobre el Mesías?

El Mesías

Por varios siglos los eruditos han entendido muchos de los Salmos como "mesiánicos" apuntado directamente a Jesús. Con la llegada de la erudición crítica, hombres como H. Gunkel y S. Mowinckel usaron la crítica de las formas y religión comparativa para remover al Mesías de estos Salmos. Estos fueron interpretados como "Salmos de entronamiento" celebrando una fiesta anual en donde el rey actuaba los ritos de cultos de fertilidad de donde los israelitas desarrollaron su culto a Yahveh.

De acuerdo a esta perspectiva, los israelitas estaban buscando al rey ideal que pudiera librarlos de sus problemas, empero cuando la monarquía probó ser un fracaso total, el remanente post-exílico perdió la esperanza del rey ideal viniendo del linaje de David. El Sumo Sacerdote reemplazó al rey. No fue sino hasta el período intertestamentario que las expectativas y fervor mesiánicos se desarrollaron.

Esta línea de pensamiento era más prevalente al final del siglo diecinueve. Durante el primer cuarto del siglo veinte, resurgió un interés en los orígenes de las expectativas mesiánicas dirigidas por W.O. E. Occidenterley[14] y H. Gressmann[15] y el concepto pre-exílico de un Mesías se extendió de nuevo entre los eruditos. Aun en la monarquía inicial, los salmos reales tales como el Salmo 2, 72, y 110 se entendieron como una descripción explícita de aquel rey ideal que reinaría para siempre, es decir, el Mesías. Según cada uno de los reyes de la monarquía quedaban cortos del ideal, y conforme crecía la opresión de las naciones vecinas, así también su deseo por un Mesías.

R.E. Clements ha trazado el desarrollo del debate mesiánico. Él ve una expectación mesiánica en el Salmo 110, pero está de acuerdo de que "las decepciones y frustraciones del presente orden político llevó

---

[14] W. O. E. Occidenterley, *The Evolution of Messianic Idea. A Study of comparative Religion* (London: Pitman, 1908).

[15] H. Gressmann, *Der Messias,* Forschungen zur Religion und Literature des Alten und Neuen Testaments, vol. 43 (Göttigen: Vandenhoeck & Ruprecht, 1929). Vea tambien S. Mowinckel, *He that Cometh,* G. W. Anderson trans. (New York: Abingdon, 1956), su obra monumental durante la mitad del siglo y G. Van Groningen, *Messianic Revelation in the Old Testament* (Grand Rapids: Baker, 1990), escrita al finales de este siglo.

a una fuerte proyección de este cuadro del rey ideal al futuro".[16] El piensa que la esperanza mesiánica definitivamente resurgió durante y después del exilio. Sin embargo, hay cuatro pasajes en el AT que dan un sólido fundamento a la expectación mesiánica: 2 Samuel 7, Salmo 2 y 110, y Daniel 9:26. Cada uno de estos pasajes juega un papel importante en la soteriología del AT, pero una explicación completa de los mismos esta fuera del alcance de este estudio.

Antes de dejar el tema de las expectaciones mesiánicas en el AT, hay unos pasajes del NT que suele pasarse por alto y que creo contribuye significativamente a nuestro entendimiento. En Hebreos 11:26, se dice de Moisés "teniendo por mayores riquezas el vituperio de Cristo que los tesoros de los egipcios; porque tenía puesta la mirada en el galardón". Es verdad, que la palabra griega Χριστοῦ vino de la palabra hebrea "Mesías". Sin embargo, es importante reconocer esta expectación como pre-Davídica. Aparentemente los egipcios se burlaban de sus esclavos judíos debido a su esperanza mesiánica. Esperanza que solo pudo haber venido de los padres judíos (Abraham, Isaac, y Jacob) que habría pasado la promesa mesiánica a sus hijos, los cuales posteriormente fueron llevados a Egipto (José y sus hermanos).[17] Negar esto es negar la inspiración del NT.

---

[16] R. E. Clement, "The Messianic Hope in the Old Testament", *Journal for the Study of the Old Testament* 43 (June- September 1989): 3-19. Vea también *Jesus the Messiah* Bateman, Bock, Johnston

[17] Vea J. H. Sailhamer, "Is There a 'Biblical Jesus' of the Pentateuch" y "The Theme of Salvation in the Pentateuch", en *The Meaning of the Pentateuch* (Downers Grove: InterVarsity, 2009), 460-536; 562-601.

Capítulo 4

La cruz de Jesucristo

Fue P. T. Forsyth quien dijo: "Cristo es para nosotros justo lo que es Su cruz. Todo lo que Cristo era en el cielo o en la Tierra fue puesto en lo que Él hizo allí… Repito, Cristo es para nosotros justo lo que es Su cruz. No puedes entender a Cristo hasta que entiendes Su cruz".[1] La cruz envuelve mucho más que la soteriología, pero siendo que ese es nuestro tema, limitaremos nuestro estudio a su impacto soteriológico.

La doctrina bíblica de la expiación

La muerte de Cristo en la cruz se describe de diferentes maneras en el NT. Para poder apreciarla mejor, necesitamos considerarla de diferentes ángulos.

Cristo nuestro substituto

En 1 de Corintios 15:3 leemos, "Cristo murió por nuestros pecados", y en Juan 1:29 Juan el Bautista nos dice que Jesús es "el cordero de Dios que quita el pecado del mundo". En Isaías 53:6-7 encontramos que el Mesías Sufriente fue llevado "como una oveja al matadero" por Israel, de quién el profeta dijo, "Todos nosotros nos descarriamos

---

[1] P. T. Forsyth, *The Cruciality of the Cross* (1909), 44-45, citado por J. R. W. Stott, *The Cross of Christ* Downers Grove, IL: InterVarsity, 1986), 43.

como ovejas, cada cual se apartó por su camino; mas Jehová cargó en él el pecado de todos nosotros".

El cordero de Dios

Aun cuando algunos han sugerido que "el cordero de Dios" no se refiere al cordero pascual siendo que ese cordero no es descrito como una ofrenda por el pecado en Éxodo 12, aun así es necesario reconocer que ese cordero era visto como un sacrificio para apaciguar la ira de Dios por causa del pecado del hombre (Ex. 12:27).

Pedro entiende a Jesús como el cordero de la Pascua (1 P. 1:18-19), y Pablo abiertamente dice, "Cristo nuestra Pascua ha sido también sacrificado por nosotros (1 C. 5:7). H. D. McDonald comenta sobre la conexión entre el cordero de Dios y la expiación:

> Hay toda una teología de la expiación en el título *el Cordero de Dios*. No se puede rebatir que ese título concedido a Cristo, y que al mismo tiempo está aliado con la obra de cargar con el pecado del mundo, le otorgan tanto al título y a la obra una capacidad vicaria y sacrificial. Solo de una forma vicaria y sacrificial puede el pecado ser quitado por el cordero.[2]

¿Pero cuál es el propósito en sí de esta substitución? Hay varios términos bíblicos que nos ayudan a ampliar nuestros horizontes de conocimiento. Uno de esos términos es propiciación.

Propiciación

Por motivo de la tendencia liberal de cambiar la idea de un Dios enojado con un Dios amoroso, que acepta a todos, algunos teólogos han argumentado que el concepto de propiciación no tiene nada que ver con satisfacer la ira de Dios. En su lugar, argumentan que el significado de *hilastērion* está arraigado en la expiación del pecado. C. H. Dodd ha sido el pionero de esta perspectiva en su obra *The Bible and the Greeks* en donde analiza los conceptos de expiación en hebreo

---

[2] H. D. McDonald, *The Atonement of the Death of Christ: In Faith, Revelation, and History* (Grand Rapids: Baker, 1985), 73.

del AT y en el griego de la LXX. Su conclusión es que la terminología derivada del verbo *hilaskomai* no ve a Dios como Quien necesita ser apaciguado de Su enojo sino como culpabilidad y la necesidad de una expiación por el pecado. Él concluyó que los términos involucrados no deberían de ser considerados "como conllevando el sentido de propiciar la Deidad, sino en el sentido de un acto por el cual la culpabilidad o profanación es removida".[3]

El problema aquí parece ser el paralelo ofensivo con las religiones paganas en donde los practicantes al parecer estuvieron envueltos en "un soborno Celestial o en el apaciguamiento de una ira vindicativa, y caprichosa".[4] Pero como G. E. Ladd ha apuntado en su *Teología*, las palabras usadas uniformemente significan "propiciar" en Josefo, Filon, así como en los padres apostólicos.[5] Y L. Morris escribe, "Si los traductores de la LXX y los escritores del Nuevo Testamento desarrollaron un nuevo significado del grupo de la palabra, pereció con ellos, y no fue resucitado hasta nuestros días".[6]

En Hebreos 2:17 leemos, "Por lo cual debía ser en todo semejante a sus hermanos, para venir a ser misericordioso y fiel sumo sacerdote en lo que a Dios se refiere, para expiar los pecados del pueblo". W. H. Griffith acertadamente observa dos lados de la propiciación, "que su justicia no podía pasar por alto el pecado y Su amor no podía ser indiferente hacia el pecador, y así lo que Su justicia demandaba, Su amor lo proveyó, y Cristo, el regalo de Dios al mundo, es 'la propiciación por nuestros pecados.'"[7] J. Stott está de acuerdo, "Porque para salvarnos de tal manera que Se satisficiera a sí mismo, Dios por

---

[3] C. H. Dodd, *The Bible and the Greeks* (London: Hodder & Stoughton, 1935), 94.
[4] J. Gundry-Volf, "Expiation, Propitiation, Mercy Seat", en *The Dictionary of Paul and His Letters* (InterVarsity, 1993), 279.
[5] G. E. Ladd, *A Theology of the New Testament* (Grand Rapids: Eerdmans, 1974), 471.
[6] L. Morris, "The Use of *Hilaskesthai* in Biblical Greek", *Evangelical Theological Quarterly 62* (1950-51): 233. Vea también, L. Morris, The Apostolic Preaching of the Cross, (Grand Rapids, MI: Eerdmans Publishing, 1965).
[7] W. H. G. Thomas, *Hebrews,* 37.

medio de Cristo se puso como nuestro substituto. El amor divino triunfó sobre la ira divina por el auto-sacrificio divino".[8]

Y en 1 de Juan 2:2 leemos, "Y él es la propiciación por nuestros pecados; y no solamente por los nuestros, sino también por los de todo el mundo". Éste es el versículo clásico que argumenta en contra de la expiación limitada, esto es, a menos que uno tome la perspectiva no-Juanina que esto significa "el mundo de los elegidos". El propósito del pasaje es animar a los que han pecado para que no lo oculten sino lo confiesen, sabiendo que la ira de Dios ha sido satisfecha a través de la sangre de Su propio Hijo, Jesucristo. No hay razón por la cual debamos de ser desviados por las tinieblas. Hay que regresar a la luz. Tenemos un Abogado para con el Padre. Solo imagínate a un abogado que no solo trabaja *pro bono* sino además paga las infracciones y deudas de sus clientes.

Pero Juan elabora aún más sobre este amor increíble de Dios en 1 de Juan 4:10, "En esto consiste el amor: no en que nosotros hayamos amado a Dios, sino en que él nos amó a nosotros, y envió a su Hijo en propiciación por nuestros pecados". Las palabras "nos" y "Él" están en posición enfáticas en el idioma original. Él no solo es el propiciador, es también el iniciador.[9] Él escaló la muralla de nuestros pecados para llegar a nosotros. Enfrentó el rechazo necio de nuestra rebelión pero aun así vino, aunque al costo de un mar de lágrimas. ¡Oh! ¡Cuánto tememos al rechazo! Y siendo que nuestro amor no es perfecto y el rechazo (especialmente de aquellos que amamos más—esposas, padres, hijos e hijas, amigos) nos hace que nos ocultemos como tortugas en el cascarón duro de la impasividad (indiferencia). Pero más adelante en este mismo capítulo Juan escribe, "…en el amor no hay temor, sino que el perfecto amor echa fuera el temor; porque el temor lleva en sí castigo. De donde el que teme, no ha sido perfeccionado (madurado) en el amor [mi traducción]".[10] Y el

---

[8] Stott, *Cross*, 159.

[9] Vea, Zane C. Hodges, Romans: Deliverance From Wrath, (Corinth, Texas, Grace Evangelical Society, 2013), 99-105.

[10] La palabra griega para "Castigo" (*kolasin*) normalmente se traduce "tormento", pero Moulton y Milligan han demostrado por los papiros que significa

versículo que le sigue dice, "Nosotros le amamos a él, porque él nos amó primero".

El versículo clásico sobre la propiciación es Romanos 3:24-25a, "Son justificados por Su gracia, por medio de la redención que es en Cristo Jesús, a Quien Dios puso como *hilastērion* por su sangre, para ser recibida por la fe" (mi traducción). No es muy claro si la palabra griega usada aquí es un sustantivo o adjetivo. Como sustantivo se usa en la Biblia griega (He. 9:5 y Ex. 25:17-20) para referirse al "propiciatorio" el lugar en donde la sangre era rociada en el lugar santísimo. Pero Pablo no usa muchas imágenes hebreas en Romanos, y el lugar para la expiación para el cristiano fue la cruz, siendo una exhibición pública a diferencia de la obra del sumo sacerdote en el Día de Expiación. Por lo tanto, el entendimiento de Ladd de hacer una traducción adjetival puede ser mejor: "...quien Dios puso como *sacrificio* propiciatorio".[11]

Resumen y conclusión

Lo que los teólogos liberales no toman en cuenta es la personalidad del Padre. Es precisamente, por el hecho de que Él es la epítome tanto de la rectitud como del amor, que Él puede airarse tanto. Su rectitud ha sido quebrantada y Su amor profundamente lastimado por el pecado de la humanidad a la que dio por gracia el regalo de la vida, especialmente a los que adoptó a Su familia eterna. Sin embargo, siendo que Dios dio a Su propio Hijo para satisfacer Su justicia, Su amor perdura y Su enojo pasa. Leemos acerca de este conflicto dentro del carácter de Dios en Oseas 11:1-8, en donde Dios como Padre lucha con Su enojo en contra del pecado de Su Hijo Israel y Su amor desbordante. Él dice:

> "¿Cómo podré abandonarte, oh Efraín? ¿Te entregaré yo, Israel? ¿Cómo podré yo hacerte como Adma, o ponerte como a Zeboim? Mi corazón se conmueve dentro de mí, se inflama toda mi compasión.

"restricción" conforme el testimonio de su uso en la horticultura para podar árboles y así detener su crecimiento.
[11] Ladd, *Theology*, 472.

No ejecutaré el ardor de mi ira, ni volveré para destruir a Efraín; porque Dios soy, y no hombre, el Santo en medio de ti; y no entraré en la ciudad". (Oseas 11:8-9)

En Jeremías 5:7-9 se describen los sentimientos de Dios hacia Su hijo descarriado:

"¿Cómo te he de perdonar por esto? Sus hijos me dejaron, y juraron por lo que no es Dios. Los sacié, y adulteraron, y en casa de rameras se juntaron en compañías.

Como caballos bien alimentados, cada cual relinchaba tras la mujer de su prójimo.

¿No había de castigar esto? dijo Jehová. De una nación como esta, ¿no se había de vengar mi alma?"

Comentando de este pasaje escribe P. Yancey:

"Al leer los profetas, no puedo sino imaginar a un consejero delante Dios como su cliente. El consejero hace la primera pregunta, '¿Dime cómo te sientes?' Y entonces Dios toma el control.

"¡Te diré como me siento!" Me siento como un padre rechazado. Encuentro una niña moribunda en un hoyo. La llevo a casa y la hago mi hija. La limpio, pago por su escuela y la alimento. La amo y la adorno con joyas. Luego, un día, se va de la casa. Llego a escuchar de su desenfrenada vida. Y cuando se menciona mi nombre, me maldice. "¡Te diré como me siento! Como un amante dejado plantado. Encontré a mi amada delgada, acabada y abusada, pero la traje a casa e hice que su belleza resplandeciera. Es mi preciosa amada, la mujer más hermosa del mundo para mí, y la colmé de regalos y amor. Y aun así me abandonó. Desea ardientemente mis mejores amigos, mis enemigos—a todos. Se para en las esquinas de las calles o en la sombra de un árbol, y aun peor que una prostituta, paga para que tengan sexo con ella. Me siento traicionado, abandonado, y engañado".[12]

---

[12] P. Yancey, *Disappointment with God* (Grand Rapids: Zondervan, 1991), 96-97.

Yancey concluye diciendo:

> La poderosa imagen de un amante engañado explica porque en estos mensajes a los profetas, pareciera como si Dios "cambiara de pensar" cada segundo. Está preparándose para destruir a Israel—espera, ahora está llorando, extendiendo sus brazos—no, Él está severamente pronunciando juicio de nuevo. Esos cambios de humor parecen irracionales, excepto para aquel que ha sido engañado por un amante.[13]

Quizá las observaciones de Stott en cuanto a propiciación son las mejores conclusiones a esta discusión:

> Entonces, Dios mismo está en el corazón de nuestra respuesta a las tres preguntas sobre propiciación divina. Es Dios mismo Quien en Su santa ira necesita ser propiciado, es Dios mismo Quien en Su santo amor se propuso llevar acabo dicha propiciación, y Dios mismo quien en la persona de Su Hijo murió por la propiciación de nuestros pecados. De esta manera, Él mismo tomó, por Su propia iniciativa amorosa, apaciguar Su propia ira justa, cargándolo Él mismo en Su Hijo cuando tomó nuestro lugar y murió por nosotros. No hay nada raro aquí que pudiera provocar nuestra ridiculización, solo la profundidad del santo amor para provocar nuestra adoración.[14]

Cristo nuestro redentor

Otra manera de ver la expiación es por medio de la analogía de la compra de un esclavo y su liberación. Ésta imagen envuelve dos grupos de palabras: *agorāzo, exagorazō* y *lutroō, apolutrōsis*.

Redención

La idea detrás de la palabra *agorazō* y *exagorazō* es un cambio de propietario. Leemos en 1 de Corintios 6:19-20, *"y que no sois*

---

[13] Ibid., 98.
[14] Stott, *Cross*, 175.

vuestros, porque habéis sido comprados por precio"; y en 1 de Corintios 7:22-23, *"El que fue llamado siendo libre, esclavo es de Cristo. Comprados fuisteis por precio; no os hagáis esclavos de los hombres"*. Aun cuando Pablo no dice el precio que se pagó, no puede ser esto sino la muerte misma de Cristo. El comprador fue Dios el Padre. Siendo así, los comprados ahora le pertenecen.

En Gálatas 3:13 la preposición *ex-* esta prefijada a la forma del verbo principal: "Cristo nos redimió de la maldición de la ley, hecho por nosotros maldición". En esta ocasión sí se menciona claramente el precio pagado. También se afirma la muerte de Cristo, y el carácter substitutorio de Su muerte en nuestro lugar. Era una maldición el intentar agradar a Dios por medio del sistema de la Ley. No fuimos redimidos por Su cumplimiento perfecto de la Ley sino por haberse hecho maldición por nosotros, al ser colgado en un madero. Si hubiera un lugar de conectar la obediencia activa (Su vida) de Cristo a Su obediencia pasiva (Su muerte) para lograr nuestra salvación, seria aquí. Pero Pablo no lo hace. El precio pagado fue ser colgado en un madero por nosotros. En Gálatas 4:4-5 Pablo vuelve a usar esta palabra compuesta para decir, "Dios envió a su Hijo... para que redimiese a los que estaban bajo la ley, a fin de que recibiésemos la adopción de hijos". Aquí la liberación de la Ley fue para la adopción a la familia eterna de Dios.

R. Pyne ha observado que en la cultura griega los esclavos tenían la oportunidad de comprar su propia libertad depositando la suma de dinero necesaria con los sacerdotes paganos. Se creía que Apolo era el comprador o redentor, pero en nombre solamente. En contraste, en el cristianismo Jesús es el verdadero Redentor siendo que es el único en pagar el precio en esta transacción.[15]

Rescate

El sustantivo *lutron* no se encuentra en los escritos de Pablo pero sí se usa en Marcos 10:45 en donde leemos que el Hijo del Hombre

---

[15] R. Pyne, "Notes", 53-54. Vea también Morris, Apostolic Preaching of the Cross,11-18.

vino a dar Su vida como rescate por muchos. G. E. Ladd observa, "En tanto el Griego Clásico y Helenista, este grupo de palabras [*lutroō, apolutrōsis*] es usado del precio pagado para redimir algo que está empeñado, del dinero pagado para rescatar a un prisionero de guerra, y del dinero para pagar comprar la liberación de un prisionero".[16] Y lo mismo es verdad en la LXX.

Sin embargo, Pablo sí usa el verbo (*lutroō*) en Tito 2:14 para decir, "quien se dio a sí mismo por nosotros para redimirnos de toda iniquidad". En este pasaje el precio del rescate es claro: Es Él mismo. En 1 de Pedro 1:18-19, Pedro usa el mismo verbo en donde el precio del rescate es claramente la preciosa sangre de Cristo. Pero la palabra preferida de Pablo es *apolutrōsis*, una palabra rara fuera del NT que enfatiza el *costo* de la redención (Ro. 3:24; 1 Co. 1:30; Ef. 1:7; Col.1:14). Y en 1 de Timoteo 2:6, tenemos el sustantivo compuesto muy significativo *antilutron* en donde Cristo "se dio a si mismo como rescate por todos". El prefijo *anti-* fuertemente apoya la idea de la expiación substitutoria.

El aspecto complementario de estos grupos de palabras reside en lo siguiente: las palabras que se traducen como "rescate" enfatizan aquello de lo que fuimos comprados, en este caso, del pecado y la muerte, mientras que las palabras traducidas "redención" acentúan la idea de cambio de propietario. L. Morris resume bien el significado combinado de ambos grupos de palabras:

1. EL ESTADO DE PECADO de donde la humanidad ha de ser redimida. Esto se asemeja a una esclavitud de la cual la humidad no se puede liberar, de modo que la redención envuelve la intervención por una persona de afuera que paga el precio que los humanos no pueden pagar.

2. EL PRECIO pagado. El pago de un precio es un elemento necesario en la idea de redención y Cristo ha pagado el precio de nuestra redención.

---

[16] Ladd, *Theology*, 474. Él además se refiere a F. Büchsel, *TDNT* 4:340 y A. Deissmann, *Light from the Ancient East*, 331f.

3. EL ESTADO RESULTANTE del creyente. Esto se expresa en una paradoja. Por un lado, somos redimidos para la libertad, como hijos de Dios; pero por otro, esta libertad significa esclavitud a Dios. La idea fundamental de esta redención es que el pecado ya no tiene dominio sobre nosotros. Los redimidos son aquellos que han sido salvados para hacer la voluntad de su Maestro.[17]

Cristo nuestra paz

Reconciliación

La reconciliación y la paz siempre van mano a mano. Ambas cosas son el resultado de nuestra justificación. Nuestra justificación forense delante de Dios es Su declaración de nuestra rectitud o, dicho de forma negativa, la absolución de la culpabilidad. Pero la reconciliación y paz tienen que ver con comunión. La justificación establece nuestra relación, mientras que la reconciliación establece nuestra comunión.

Quizá el mejor pasaje que une estos tres conceptos juntos es Romanos 5:1-11. Como resultado de nuestra justificación, dice Pablo, tenemos *paz* con Dios por medio de nuestro Señor Jesucristo. Y es por causa de esta paz que tenemos libre acceso a Dios y Su gracia. Y esta paz trae también consigo una experiencia presente de Su amor que ha sido derramado en nuestros corazones por el Espíritu santo.

Con el fin de recalcar que tan grande es el amor de Dios para con nosotros, Pablo usó tres palabras para describir nuestro estado de separación de Dios antes de que llegáramos a ser Sus hijos e hijas. En el v. 6 Pablo nos describe como "impíos". Luego en v. 8 nos llama "pecadores". Y en el v. 10, dice que éramos "enemigos" de Dios. Encontramos aquí una progresión. El ser impío significa carecer del carácter de Dios. El ser un pecador es errar al blanco. Pero el ser Sus enemigos es estar en una rebelión activa en contra de Dios.

Pero como personas justificadas, nuestra separación pasado

---

[17] L., Morris, *Apostolic Preaching of the Cross* (London: Tyndale, 2000), 58-59.

ha sido corregida. Ahora estamos reconciliados (vv. 10-11). Y el énfasis de Pablo aquí esta en las presentes bendiciones en esta vida. Si Dios nos justificó y reconcilió consigo mismo cuando éramos enemigos, ¿cuanto mas hará por nosotros ahora que somos Sus hijos e hijas?

Y debido al hecho de que hemos sido reconciliados con Dios, Él nos ha dado el ministerio de la reconciliación: 2 de Co. 5:18-20. Realmente predicamos reconciliación al mundo. Y no solo está disponible la reconciliación al mundo, sino también la paz entre los hombres por medio de Èl.

Paz

En Efesios 2:13-18 Cristo mismo es llamado nuestra paz, pero la paz a la que Pablo se refiere aquí, es la reconciliación entre los judíos y gentiles. La enemistad entre ellos existía por causa de la Ley, la cual describe como una barrera o murro de separación. "Y vino y anunció las buenas nuevas de paz a vosotros que estabais lejos, y a los que estaban cerca; porque por medio de él los unos y los otros tenemos entrada por un mismo Espíritu al Padre" (2:17-18).

Cristo nuestro santificador

Otro aspecto de la obra terminada de Cristo es nuestra santificación. En Hebreos 10:10 leemos, "En esa voluntad somos santificados mediante la ofrenda del cuerpo de Jesucristo hecha *una vez para siempre*". La palabra que nos interesa aquí es "santificados" (Ηγαισμένοι, *hēgiasmenoi*), siendo un participio, perfecto, pasivo y usada en un construcción perifrástica. El resultado de todo esto es que se habla aquí de nuestra santificación como un producto finalizado. El tiempo perfecto habla de una acción completada en el pasado con resultados continuando hasta el presente. Y cuando es usada en una construcción perifrástica, el punto es hecho enfático, es decir, el autor de los hebreos esta enfatizando el hecho de que en la cruz *fuimos hechos perfectamente santos*. El uso de "una vez" (*ephapax*) además subraya el tiempo y lugar cuando esta obra de santificación fue completada, esto es, en la cruz.

Solo unos versículos después el escritor de Hebreos usa esta palabra para santificación en el tiempo presente. Dijo, "Porque con una sola ofrenda hizo perfectos para siempre a los santificados". Esta vez la palabra "santificados" es la misma palabra griega, pero en un tiempo diferente: Ἁγιαζομένους (*hagiazomenous*), un participio presente pasivo. En este versículo (He. 10:14), el autor usa el tiempo perfecto para "hizo perfectos" τετελείωκεν (*teteleiōken*), un verbo que hemos visto anteriormente refiriéndose a la madurez cristiana (Stg. 2:22, en donde la fe de Abraham fue hecha completa o madura por sus obras, es decir, por la preparación para sacrificar a Isaac). El significado de este verbo en el perfecto es similar al tiempo perfecto de "santificados". Su acción es vista como completa en el pasado, lograda en la cruz, de una vez por toda la eternidad: μιᾷ γὰρ προσφορᾷ τετελείωκεν εἰς τὸ διηνεκὲς τοὺς Ἁγιαζομένους (*mia gar prosphora teteleiōken **eis to diēnekes** tous hagiazomenous*), "por una sola ofrenda... para siempre..."

Hay un notable contraste entre el versículo 10 y el 14 en lo referente a dos tiempos diferentes que se usan para el mismo verbo. En el v. 10 nuestra santificación es hecha completa en la cruz, pero en el v. 14 parece ser un proceso continuo. De modo que, en un solo pasaje encontramos una hermosa declaración de dos verdades incontrovertibles: nuestra *posición* y nuestra *condición* "en Cristo". En nuestra **posición** somos considerados como perfectamente santos; pero en nuestra presente **condición** nuestra santidad es aun una acción en proceso. Ambas cosas son verdad, pero ¿cómo pueden ser verdad al mismo tiempo?

Esto es lo que Albert Schweitzer llamó el "misticismo de Pablo". Claro está de que estamos viendo a Hebreos, empero la misma verdad es enseñada por Pablo. El mismo participio perfecto pasivo ἡγιασμένοις es usado en 1 de Corintios 1:2 en relación a los santos en Corinto. El apóstol dice que ellos están completamente santificados, aun cuando sabemos por lo que posteriormente se nos informa en la carta, que muchos de ellos están lejos de ser santos en su caminar. Pablo resuelve la aparente contradicción cuando dice en el v. 2 que su santificación completa está "en Cristo Jesús". Ésta es una declaración de su *posición* (Vea Ef. 1:3 y Ro. 6:1-10). Ellos han sido bautizados en Cristo y su crucifixión en la cruz. Esa es su nueva posición después de haber creído en Él. Solo eso. Ellos están *en Él.* Y siendo que están "en Él", a donde quiera que Él fue de la cruz en adelante, ellos también fueron. Es por esto que el Apóstol puede decir que nosotros los creyentes estamos sentados con Él en los lugares Celestiales a la diestra del Padre (Ef. 2:6; Col. 3:1).

De modo que en este momento en Él, somos completamente santos. Pero conforme el proceso de santificación continúa en nuestro presente caminar, reconocemos que todavía no somos perfectamente santos en nuestra *condición*. Esto es lo que los teólogos llaman el *noch nicht* o el "ya, todavía no" de la escatología. Vimos esto en Hebreos 1:13-2:14. En estos momentos estando sentado a la diestra del Padre, Cristo ha vencido a Sus enemigos. Pero no están completamente fuera del negocio. La obra malvada del diablo y la muerte, no será puesta fuera de comisión hasta el final del milenio. "Ya" están derrotados pero al mismo tiempo "todavía no". Y de la misma manera "ya" somos santificados pero por otro lado "todavía no".

Ciertamente, como observó Scheitzer, esto puede parecer algo místico. Sin embargo, el entender este misticismo es crucial para la vida cristiana victoriosa. Pablo argumenta por nuestra victoria en base a nuestra posición. Para poder tener victoria aun sobre el desánimo de los fracasos en nuestra lucha con el pecado, debemos regresar a las verdades básicas de quienes somos realmente en Cristo. Conforme nos enfocamos en nuestra posición, lento pero seguro, nuestra condición se conforma a nuestra posición. Por otro lado, si nos enfocamos en nuestra condición miserable, solo empeorará. "Porque cual es su pensamiento en su corazón, tal es él" (Pr. 23:7). Entre más pienso sobre mi pecaminosidad, me hago más pecaminoso. Entre más pienso acerca de mi Salvador y quien soy en Él, llego a ser más como Él. Cuando se mantienen estas dos verdades simultáneamente en tensión nos llevan a la vida abundante.

Cuando Pablo se vuelve de su teología profunda en Colosenses

1-2 a la aplicación de esta teología en Colosenses 3-4, él apela a sus lectores a *poner la mira en las cosas de arriba, no en las de la tierra* (τὰ ἄνω φρονεῖτε μὴ τὰ ἐπὶ τῆς γῆς). Tal como lo dice el himnólogo:

> Pon tus ojos en Cristo,
> Tan lleno de gracia y amor,
> Y lo terrenal sin valor será
> A la luz del glorioso Señor

Resumen

Y de esta manera, podemos estar de acuerdo con Pedro cuando dice "como todas las cosas que pertenecen a la vida y a la piedad nos han sido dadas" (2 P. 1:3). En la cruz se nos ha dado todo lo que necesitamos tanto para la vida eterna como la vida abundante.

El alcance de la expiación

La discusión sobre la extensión de la expiación generalmente se centra en si Cristo murió por la raza humana entera o solo por los elegidos.[18] El origen de este debate usualmente se acredita a Teodoro de Beza, el sucesor de Juan Calvino en la Academia de Ginebra, que enseñó que Cristo murió solo por los elegidos. Moises Amyraut[19] estudió bajo Beza en la academia de Ginebra y estuvo en desacuerdo con sus enseñanzas, conocida esta como "La expiación limitada" o "redención particular". Amyraut fue un campeón de la "expiación ilimitada", y su enseñanza ha venido a ser conocida como amyraldismo. Sus seguidores aceptaron todos los puntos del Sínodo de Dort exceptuando la expiación limitada". Siendo así, eran calvinistas de cuatro puntos. Lewis Sperry Chafer ha sido identificado

---

[18] El estudio más profundo sobre este tema hecho hasta el día de hoy es por David L. Allen, *The Extent of the Atonement: A Historical and Critical Review*, (Nashville, Tennessee: B&H Academic, 2016).

[19] B. G. Armstrong, *Calvinism and the Amyraut Heresy* (Madison, WI: University of Wisconsin Press, 1969).

como un amyraldiano siendo que se ha dicho que era un "calvinista de cuatro puntos" como lo han sido muchos de los profesores del Seminario Teológico de Dallas. Ellos rechazan la enseñanza de la expiación limitada mientras aceptan los otros cuatro puntos (la depravación total, la elección incondicional, la gracia irresistible, y la perseverancia de los santos) y los definen de forma diferente a los calvinistas dortianos.

El primero en defender la expiación limitada, sin embargo, fue Agustín. La enseñanza es una consecuencia directa de su punto de vista fatalista sobre la predestinación. Aun cuando se considera a Agustín como asimétrico en el tema de la predestinación (Dios escogió algunos para ir al cielo, y pasó por alto a otros para ir al infierno antes de la fundación del mundo), sus escritos revelan lo contrario. Existen muchos lugares en donde Agustín presenta su entendimiento fatalista sobre la "doble predestinación" (Dios escogió a unos para ir al cielo y al resto para ir al infierno aun antes de ser creados). En *Enchiridion* 100, Agustín escribió:

> Estas son las grandes obras del Señor, siempre apropiadas a sus fines, y tan sabiamente elegidas, que, habiendo pecado la angélica y humana criatura, esto es, habiendo obrado, no lo que Él quiso, sino lo que ella quiso, Dios ejecutó su designio por medio de la voluntad misma de la criatura por la cual hizo lo que a Él no le agradó; usando bien aún el mal, como sumamente bueno, para la condenación de aquellos que *predestinó justamente al castigo* y para la salvación de los que bondadosamente *predestinó a la gracia*. [mi énfasis].

De nuevo, él repite su fatalismo cristiano en sus escritos *Sobre el alma* (IV. 16):

> Que debido a un hombre todos los que hayan nacidos de Adán son condenados, a menos que hayan nacidos de nuevo en Cristo, aun como Él los ha designado para la regeneración, antes de que mueran en el cuerpo, a quienes *Él predestinó para vida eterna*, como el más misericordioso dador de gracia; mientras que a los que *ha predestinado*

a muerte eterna, Él es también el más recto galardonador de castigo no solo por causa de los pecados que ellos añaden por la indulgencia de su propia voluntad, sino también por causa de su pecado original, aun cuando, como es el caso de los infantes, no añadan nada más. He aquí mi entendimiento definitivo sobre esa cuestión, de modo que, las cosas escondidas de Dios puedan retener su secreto, sin dañar mi fe.

Esta opinión fatalista fue originada por el entendimiento novedoso de Agustín sobre el pecado original y la regeneración bautismal de infantes. Fue en contra de más de trecientos años de ortodoxia cuando enseñó que Romanos 5:12 significaba no solo que los infantes heredaban la naturaleza pecaminosa (*vitium*) de Adán, sino también la culpabilidad (*reatus*) del pecado de Adán, así haciendo a cada infante digno de la condenación al infierno. La adición de *reatus* a *vitium* era algo novedoso. En la mente de Agustín era necesario para combatir a los pelagianos, quienes enseñaban la inocencia de los recién nacidos. Permitían el bautismo en agua de infantes pero no tenían una razón lógica para hacerlo, siendo que no creían que un niño venía al mundo con la culpabilidad del pecado. Agustín justificó el bautismo infantil con *reatus*. Argumentó sobre *la total inhabilidad* de los infantes siendo que resisten el bautismo en agua y no pueden ejercer su voluntad. Dios vence estos problemas (la culpabilidad del pecado y la total inhabilidad del infante) con el bautismo en agua. El bautismo es la "fuente de regeneración" que limpia la culpabilidad del pecado y al mismo tiempo, renace al infante de tal manera que ya no es incapaz de la fe o de ejercer su voluntad humana.[20] Sin embargo, fue la total inhabilidad del infante que requirió la doble predestinación. Después de todo, si el infante no puede ejercer su voluntad, entonces Dios tiene que hacerlo por él.

---

[20] Vea la obra de K. Wilson sobre Agustin y *reatus* en "The Mortal Wound to the Anthropological *Regula fidei*: Formation, Fall, and Free Will of Mankind from Clement of Rome through Augustine" (Tesis de Maestría no publicada, Golden Gate Seminary, 2006).

Y todo esto está inseparablemente ligado a su práctica del bautismo infantil.

De modo que, regresemos a la expiación limitada. Si Dios predestinó quien iría al cielo y quien iría al infierno desde antes de la creación de la humanidad, entonces parece razonable creer que Cristo murió solo por los que irían al cielo—o así se argumenta. Esto surge directamente de las enseñas de Agustín sobre la doble predestinación. En sus propias palabras (*Las homilías* 1, 8 [sobre 1 de Juan 1:1-2:11] en Vol. VIII, 265-66),

> Pero él (el apóstol) sabía que habría algunos [los donatistas] que se apartarían diciendo "¡He aquí, está Cristo, o allí!" intentando mostrar que aquel que compró el todo está solo en parte. Por tanto, añade a la misma vez: "no solo por nuestros pecados, sino por los pecados de todo el mundo". ... Piensen, hermanos, lo que esto significa. Ciertamente somos apuntados a la Iglesia en todas las naciones, la Iglesia a través de todo el mundo.

De esta manera, tenemos la enseñanza reformada de que la referencia en Juan a "el mundo" en realidad se refiere al "mundo de los elegidos".[21] Un contemporáneo de Agustín, Próspero de Aquitania, repitió esta enseñanza en su oposición a los pelagianos: "El Salvador no fue crucificado para la redención del mundo entero".[22]

Pedro Lombardo siguió a estos hombres (*Las cuatro sentencias*). Argumentó por la suficiencia de la muerte de Cristo por toda la humanidad, pero su eficacia para los elegidos solamente.[23] Ninguno volvió hablar sobre el tema hasta Calvino, y su posición ha sido debatida. Escritores como Bian Armstrong ven un gran abismo entre Juan Calvino y el calvinismo representado en el

---

[21] W. R. Godfrey, "Reformed Thought on the Extent of the Atonement to 1618", *Westminster Theological Journal* 37:2 (Winter 1975): 134.
[22] Prospero de Aquitania, *Pro Augustino calumniantium*, Artículo 9. Vea además, *Pro Augustino responsiones ad capitula obiectionum Vicentianarum*, Artículo 1.
[23] P. Lombard, *Libri quatuor seutentiarum*, Vol. 192, columna 799.

Sínodo de Dort; Roger Nicole ve más una continuidad entre Calvino y Dort.[24]

Aun cuando no podemos estar seguros de la posición exacta de Calvino sobre el tema, siendo que nunca realmente lo discutió directamente, no hay duda alguna con relación a la posición de su sucesor en Geneva. Como estaremos documentado posteriormente, Teodoro de Beza combinó el Neo-Platonismo de Agustín con la lógica de Aristóteles para procurar absolver a Dios de ser la causa moral eficiente del mal. Fue impulsado a tal defensa por la doble predestinación enseñada a él por Juan Calvino. Betaza también defendía la doble predestinación. Sostenía lo que llamamos supralapsarianismo (también aprendido por Calvino),[25] la posición de que Dios predestinó a algunos al cielo y el resto al infierno antes de Su decisión de crear a la humanidad o de que Cristo muriera por el hombre caído. Supra = "arriba", o en este caso "antes"; lapsum = caída. Entonces, antes de la caída de la humanidad, Dios decretó quien iría al cielo y quien iría al infierno. Es importante observar de nuevo el vínculo entre la doble predestinación y la expiación limitada. Después de todo, si Dios decidió quien iría al cielo y quien iría al infierno antes de que creara la humanidad, y antes que alguno cayera, y antes de decretar que Cristo habría de morir, entonces Su muerte fue solo para beneficiar a los elegidos que irían al cielo.

Aun cuando Beza rechazó la distinción entre *suficiente* de *eficiente*, la mayoría de los teólogos reformados no lo hicieron.[26] Especialmente significativo fue lo que escribió William Perkins:

> La eficacia potencial es, por la cual el precio es en sí mismo suficiente para redimir a todos sin excepción de su pecado, aunque hubiera mil mundos de hombres. Pero si consideramos que la eficacia real, el

---

[24] R. Nichole, *Moyse Amyraut* (1596-1664) and the *Contoversy on Universal Grace, First Phase* (1634-1637), Oh. D. Dissertation, Harvard University, 1966.
[25] Calvino, *Institutes*, III, 21.5.
[26] Godfrey, "Reformed Thought", 144.

precio es pagado en el consejo de Dios,... solo para aquellos que son elegidos y predestinados.[27]

Durante el tiempo de Dort (1619) la gran mayoría de teólogos reformados sostenían la distinción entre la suficiencia de la muerte de Cristo y su eficacia solo para los elegidos. Todo lo que obliga a la pregunta: ¿por qué aun discutir sobre el tema de la extensión de la expiación, si la doble predestinación es una doctrina errónea? Para resolver este dilema, el asunto evolucionó hasta al orden de los decretos de Dios. El supralapsarianismo afirma que Dios decretó a quien enviaría al cielo y a quien al infierno antes de Su decreto de crear a ambos grupos de personas. Luego vino Su decreto de permitir la Caída y finalmente Su decreto de proveer salvación solo para los elegidos.

Al encontrar este enfoque algo repugnante (como mínimo), algunos intentan suavizar este severo cuadro de Dios haciendo Su decreto de crear a los humanos primero; después vino el decreto de permitir la caída, el decreto de predestinar a unos al cielo y predestinar a otros al infierno,[28] y finalmente proveer salvación solo para los elegidos. Llamamos a esto *infralapsarianismo*, el prefijo "infra" significando "abajo" o "después". En otras palabras, el decreto de predestinación vino *después* de la caída, no antes de la misma (como en el supralasarianismo). La siguiente gráfica comparativa ilustraría esto así:

---

[27] W. Perkins, *The Work of that Famous and Worthy Minister of Christ in the University of Cambridgge, M. Williams Perkins*, vol. 2 (London, 1631), 609.

[28] La mayoría que está familiarizada con la literatura sobre los decretos argumentaran en contra de la doble predestinación como una parte necesaria de tanto el supralapsarianismo o infralapsarianismo. Están en lo correcto. Sin embargo, la doble predestinación fue una parte integral de la teología de Agustín, y la expiación limitada fue un resultado corolario. Aun cuando reconocemos que la mayoría se ha apartado de la doble predestinación por razones obvias, estamos intentando ser directos con los escritos de Agustín, Gottschalk. Calvino, Beza, y Perkins, todos ellos siendo supralapsarios y sosteniendo la doble predestinación.

SUPRALAPSARIANISMO	INFRALAPSARIANISMO
1. El decreto de Dios de predestinar quien irá al cielo y quien irá al infierno.	1. El decreto de Dios de crear a los seres humanos
2. El decreto de Dios de crear a ambos grupos	2. El decreto de Dios de permitir la Caída.
3. El decreto de Dios de permitir la Caída	3. El decreto de Dios de predeterminar quien va al cielo y quien al infierno
4. El decreto de Dios de proveer salvación solo para aquellos que Él envía al cielo	4. El decreto de Dios de proveer salvación solo para aquellos que Él envía al cielo.

Es interesante observar que los dos sistemas enseñan la expiación limitada, una enseñanza rechazada por una gran parte del cristianismo del Occidente. Arminio reaccionó a la enseñanza del calvinismo ortodoxo sobre la predestinación. Cuando murió en 1609, sus seguidores se reunieron y construyeron sus remonstrantes en cinco artículos. El segundo artículo tiene que ver con la extensión de la expiación, afirmando que de acuerdo con esto, Jesucristo, el Salvador del mundo, ha muerto por todos los hombres y por cada hombre, debido a que Él ha hecho los méritos suficientes para la reconciliación y el perdón de pecados para todos ellos, por medio de Su muerte en la cruz; aun así de que nadie goza de ese perdón de pecados excepto el creyente—también, según la palabra del Evangelio de Juan 3:16, "Porque de tal manera amó Dios al mundo, que ha dado a su Hijo unigénito, para que todo aquel que en él cree no se pierda, mas tenga vida eterna". Y en la Primera Epístola de Juan 2:2: "Él es la propiciación por nuestros pecados; y no sólo por los nuestros, sino también por los de todo el mundo".

De modo que aquí están los pilares principales del arminanismo: 1) Cristo murió con la intención de salvar a todos; 2) Hay una clara distinción entre la reconciliación lograda en la cruz y la aplicación de esa reconciliación, la condición siendo una repuesta de fe. Aquí la expiación es ilimitada. Primero vino el decreto de Dios de crear ala humanidad. Dios en Su presciencia sabía que el hombre iba a caer, pero el no decretó la caída. Él sí decretó el proveer salvación para todos, y sí decretó salvar a todos los que habían de creer. Su grafica se vería así:

ARMINIANISMO
1. El decreto de Dios de crear al hombre con libre albedrío.
2. Dios sabe que el hombre va a caer, pero no lo decreta.
3. El decreto de Dios de proveer salvación para todos.
4. El decreto de Dios de Salvar a todos los que van a creer.

Observe que en ninguno de estos decretos está la predestinación. La posición contra-remonstrantes pronto se desarrolló en 85 páginas sobre el alcance de la expiación, y en su mayoría sosteniendo la posición de la *suficiencia* versus la *eficiencia*. Era crucial para la posición de los remonstrantes el decreto de que Cristo muriera antes del decreto de Dios de elegir. Este orden aseguraba la muerte de Cristo para todos los hombres. Ellos afirmaban que su doctrina no era de ninguna manera una novedad, sino una posición sostenida por Lutero, Calvino, y Bullinger.[29]

Este es, pues, el trasfondo que dio lugar al Sínodo de Dort, de donde surgieron los cinco puntos del calvinismo. El sínodo (1618-19) adoptó un enfoque más estricto sobre la extensión de la expiación que los contra-remonstrantes y desearon reafirmar que Cristo solo murió por los creyentes. El sínodo insistió en que Cristo murió por los elegidos, asegurando de esta forma que la conexión entre la predestinación y el alcance de la expiación quedara intacta.

Después de Sinodo de Dort vino la posición de Moises Amyraut (d.1664), quien quería mantener el calvinismo ortodoxo con un ajuste al alcance de la expiación. Su enseñanza puede ilustrarse de la siguiente manera:

---

[29] Godfrey, "Reformed Thought", 159.

AMYRALDISMO
1. El decreto de Dios de crear a los seres humanos.
2. El decreto de Dios de permitir la caída.
3. El decreto de Dios de proveer salvación suficiente para todos.
4. El decreto de Dios de elegir algunos para ir al cielo y pasar por alto a otros.

Amyraut era una rara mezcla de contradicción. Él estaba tan dispuesto a defender a Juan Calvino y sus enseñanzas como también a contender contra el calvinismo ortodoxo (Beza y sus seguidores). Él estaba convencido que Beza se desvió en su énfasis exagerado sobre la predestinación como un fundamento para la teología, sin embargo, Calvino pensaba que la doctrina era un gran misterio que deberíamos cuidadosamente evitar.

Amyraut estaba convencido que el sacrificio de Cristo era universal en su alcance e intención, y que la voluntad de Dios fue salvar a todos los hombres. Pero al mismo tiempo creyó que Dios solo predestinó a unos pocos para gozar de la salvación. Y él reusó someter estas dos doctrinas al juicio de la razón. A manera de defensa, cuando algo en las Escrituras parecía una contradicción, él apelaba al misterio como su forma de escape. La razón del hombre no es capaz de entender los caminos de Dios; la razón tiene que postrarse ante la revelación. Para él, la fe es una condición para la elección, pero la elección es la causa de la fe. Si esto no hace mucho sentido, no importa—es solo un misterio.[30]

Verdaderamente, Amyraut suena como Calvino mismo. Lo que no aparece en sus escritos es el apercibirse de que Calvino era un supralapsario. Si él realmente hubiera retornado a Calvino, entonces también hubiera sido un propulsor de la expiación limitada, siendo esta posición una consecuencia del superlapsarianismo. Pero bueno, ya basta con el trasfondo del debate. ¿Cuáles son los argumentos principales a favor de la expiación limitada?

---

[30] Armstrong, *Calvinism*, 215-18.

Argumentos para la expiación limitada

La intención de Dios

El argumento es que el propósito de la misión de Cristo era salvar a los elegidos. La misión no podía fallar. Cristo no vino para hacer la salvación *posible* para todos los hombres. Vino para hacerla *real* para los elegidos. Arthur Pink nos expresa su pensar sobre la posición de la salvación *posible* al escribir:

> La historia de la gran mayoría es que Cristo vino aquí para que la salvación fuera *posible* para los pecadores: Él ha hecho Su parte, y ahora ellos tienen que hacer la suya. Reducir la maravillosa, terminada, y gloriosa obra de Cristo a simplemente hacer la salvación posible es lo mas deshonrado e insultante a Él.[31]

El problema con argumentar sobre si Cristo murió por todos los hombres o solo por los elegidos para ir al cielo restringe el enfoque de la expiación a los hombres. Es una posición antropocéntrica de la expiación, no importando si se argumenta a favor o en contra de la expiación limitada o ilimitada. Nosotros argumentaríamos que la intención o el propósito de la expiación va más allá de la idea antropocéntrica a la teocéntrica. De hecho, Su plan entero para la historia de la humanidad es teocéntrico. La rebelión de Satanás fue escandalosa. Cuestionó el carácter de Dios, es decir, Su soberanía, y además, si Dios era digno de ser amado. El plan de Dios para el hombre (incluyendo la expiación) responde a estas preguntas.

El pecado del hombre abrió una nueva herida al carácter de Dios. ¿Es justo? Romanos 3:25-26 dice (énfasis añadido),

> a quien (Jesucristo) Dios puso como propiciación por medio de la fe en su sangre, *para manifestar su justicia*, a causa de haber pasado por alto, en su paciencia, los pecados pasados, *con la mira de manifestar en este tiempo su justicia, a fin de que él sea el justo*, y el que justifica al que es de la fe de Jesús.

---

[31] A. W. Pink, *The Sanctification of Christ* Grand Rapids: Zondervan, 1955), 110.

Si entendemos este pasaje correctamente, la salvación de los elegidos fue el propósito o intención secundaria. De hecho, seremos sagaces en afirmar que si ningún ser humano jamás hubiese ejercido la fe salvífica, Dios aun Se hubiese hecho hombre y muerto en la cruz. ¿Por qué? Con el fin de silenciar el escándalo que impugnó el carácter de Dios. Cristo hubiese venido y muerto, para probar que Dios es justo. Esta fue la razón principal de Su muerte—fue para defender el carácter de Su Padre.

El intento de limitar el propósito divino de la expiación a la salvación de los elegidos, es simplemente no hacer justicia a la evidencia bíblica. Y si uno de los maderos de la cruz prueba a los ángeles y la raza humana la justicia de Dios, entonces el otro madero también muestra su amor. Es simplemente escandaloso limitar Su amor al "mundo de los elegidos" (Juan 3:16). Como Dave Hunt ha cuestionado, "¿Qué amor es éste?"[32]

La eficacia de la cruz

Ambas partes del debate creen que la muerte de Cristo fue suficiente para pagar por los pecados de la humanidad entera. Ambos creen además que Su muerte fue eficiente solo para los elegidos que irán al cielo. Pero los "redencionistas particulares" insisten que pasajes tales como "porque con una sola ofrenda hizo perfectos para siempre a los santificados" (He. 10:14) prueban que la pena por el pecado solo puede ser pagada una vez. En otras palabras, si Cristo pagó por la pena del pecado una vez, y Dios está satisfecho (propiciación), entonces, ¿por qué tienen que pagar de nuevo los pecadores que están bajo condenación? Eso sería un doble juicio divino. Por tanto, la muerte de Cristo no pagó la pena de los no elegidos; de otra manera, su pena hubiese sido pagada dos veces (una por Cristo y otra por el pecador bajo condenación).

Pero, ¿no es esto precisamente el punto? Un hombre bajo la pena de muerte podría tener a alguien que se ofrezca morir en su lugar. Pero a menos de que el hombre crea que este acto exorbitante se ha

---

[32] D. Hunt, *What Love is This?* (Bend, OR: The Berean Call, 2004).

realizado realmente por él, continuará en la cárcel hasta que se acerque su ejecución. De la misma manera el pecador tiene que creer en lo que Cristo ha logrado a su favor o nunca gozará de sus beneficios.

Argumentos para la expiación ilimitada

Los mejores argumentos para la expiación ilimitada están basados en dos pasajes bíblicos. Cualquier persona que esté familiarizado con estos pasajes tendría todo lo que necesita para desarrollar un mejor entendimiento del tema.

1 Juan 2:1-2

Aquí leemos de que Jesús fue la propiciación "por nuestros pecados, y no solo por los nuestros sino por los de todo el mundo". La distinción tan obvia entre "nuestros" y "todo el mundo" hace difícil sostener que la muerte de Cristo realmente no tuvo un efecto en los pecados del mundo entero. Algunos quieren hacernos creer que la primera persona plural en 1 Juan 1-2 se refiere solo a Juan y al resto de los apóstoles. Pero en 1 Juan 2:1 los destinatarios son los "Hijitos míos". E inmediatamente esto es seguido por el "tenemos" en la segunda parte del 2:1. Separar a los hijitos míos del verso uno, de los "tenemos" del versículo dos, violenta la gramática.

Otros arguyen que "todo el mundo" está refiriéndose solo "al mundo de los elegidos". Este es el mismo argumento usado en cuanto al "mundo" en Juan 3:16 por los que sostienen la expiación limitada. Sin embargo, introducir el significado de "los elegidos" a la palabra mundo en este pasaje u otros pasajes juaninos es un claro ejemplo de eiségesis o de introducir su propia teología al texto. Otra vez, claramente se distingue entre "todo el mundo" de incrédulos de los "hijitos míos (denotados por el pronombre "nuestros") cuyos pecados han sido perdonados (1 Juan 2:1-2). Aun más, en Juan 17:6 encontramos a Jesús orando por los "hombres que *del* mundo me diste". Ciertamente existe una distinción entre los hombres dados a Cristo y el mundo. Encontramos que el v. 9 hace la misma distinción. Aun así, este es el mismo autor que escribió Juan 3:16. No puedes sostener las dos cosas al mismo tiempo: "el mundo de los elegidos" (en Juan 3:16) y "el mundo de los no elegidos" (Juan 17:6, 9).

¿Por qué los calvinistas dortianos están dispuestos a ir tan lejos en apoyar la expiación limitada? Porque muchos, sino es que la mayoría, se dan cuenta de que los cinco puntos del calvinismo son un sistema sólido donde cada punto se desarrolla en base del punto anterior. Si solo uno de los puntos falla, todo el sistema falla. Los puntos están mutuamente dependientes el uno del otro, y no aislados y sostenidos por sus propios méritos como los atributos de Dios.

2 Pedro 2:1

En este pasaje se nos habla de los falsos maestros que el Señor "rescató". La palabra "rescató" (*agorazo*) es la misma encontrada en 1 Corintios 6:19-20; 7:22-23 (Vea la página 71) y es traducida "redimido" en Apocalipsis 5:9; 14:3, 4. Ahora bien, es verdad que algunos de los elegidos pueden desviarse a la falsa enseñanza. Esa es precisamente una de las advertencias en el contexto cercano (2 Pedro 2:18-22).[33] Y una vez que uno ha sido seducido por la falsa enseñanza, puede llegar a ser un falso maestro. Si la doctrina de la seguridad eterna es verdad, y creemos que lo es, entonces este falso maestro es uno de los elegidos. Pero, ¿ese es el caso de los falsos maestros de 2 Pedro 2:1?

Uno pudiera argumentar que los falsos maestros de 2 Pedro 2:1 son personas elegidas quienes se han desviado y convertido en falsos maestros, sino fuera por 2 Pedro 2:4 y siguientes. Aquí, Pedro usa tres analogías para describir el futuro estado de estos falsos maestros: los ángeles caídos, los hombres impíos de los días de Noé, y Sodoma y Gomorra. El lenguaje y los paralelos son muy grotescos como para describir un fin menor al de condenación eterna. De modo que, si Pedro está comparando a estos falsos maestros del versículo con los ángeles y a las personas juzgadas en el versículo cuatro y sucesivamente,

---

[33] La simple lectura del texto parece indicar que estos son creyentes genuinos. Vea Jerome H. Neyrey, *The Anchor Bible: 2 Peter, Jude*, (New York, Doubleday Books, 2004) 221. Tambien vea Thomas Schreiner, *The New American Commentary; 1,2 Peter, Jude*, (Nashville, Tennessee, Broadman & Holman Publishers, 2003) 360-364 para una buena defensa de esta posición aunque opta por la posición de creyentes "fenomenológicos" en la pagina 364.

entonces sin duda estos falsos maestros no son elegidos para ir al cielo. Sin embargo, ellos fueron "rescatados (el verbo es un participio aoristo, la acción precediendo a la acción del verbo del cual depende, "negando") en la cruz.

Este pasaje avergüenza tanto a los de la expiación limitada que muchos autores que intentan defender esta posición simplemente lo evitan en sus defensas.[34] Aun si argumentáramos que 2 Pedro 2:1 está hablando de los falsos maestros quienes son elegidos, aun así contradeciría el quinto punto de Calvino—la perseverancia de los santos. Es más fácil simplemente optar por la expiación ilimitada.

Resumen

Esta breve discusión no tiene la intención de resolver el debate sobre la expiación sino tiene el propósito de introducir el tema. ¿Vale la pena dicho debate? Uno se pregunta. Sí vale la pena para aquellos que quieren preservar los cinco puntos del calvinismo dortiano. Sin embargo, como hemos mencionado, si se rompe un eslabón en la cadena, toda la cadena se rompe.

Pero para aquellos cuya teología no está inextricablemente atada al calvinismo dortiano, sería suficiente decir que la muerte de Cristo es *suficiente* para pagar por los pecados del mundo entero de la humanidad, pero *eficiente* solo para los que creen

---

[34] D. N. Steele and C. C. Thomas, *The Five Points of Calvinism: Defined, Defended, Documented* (Philadelphia: Presbyterian & Reformed, 1963), 38–47; E. H. Palmer, *The Five Points of Calvinism* (Grand Rapids: Baker, 1972), 41–55.

Capítulo 5

La justificación

No hay una doctrina tan esencial en la historia de la iglesia que la justificación. La divergencia de los reformadores con la Iglesia católica romana selló la ruptura en la iglesia por cerca de cinco siglos. J. Pelikan llama la justificación "la doctrina fundamental del cristianismo y la diferencia principal separando al protestantismo y catolicismo romano".[1] En nuestro análisis de esta doctrina, queremos considerar las escuelas principales sobre el tema y lo que entendemos que es la enseñanza bíblica. En el transcurso del mismo, queremos tratar asuntos controversiales sobre esta doctrina.[2] Por ejemplo, ¿es la justificación algo que ocurre instantáneamente?, o ¿es un proceso que ocurre durante un tiempo? ¿Es este un acto divino por medio del cual Dios "declara" a una persona justa? o ¿es un proceso por el cual Él los "hace" justos? Todas estas preguntas y muchas más tienen que ser consideradas. Pero, en primer lugar, examinemos las diferentes escuelas principales sobre el tema.

---

[1] J. Pelikan, *The Christian Tradition: A History of the Development of the Doctrine*, 5 vols. (Chicago: University of Chicago Press, 1971-89), 4:139.
[2] Para un resumen completo de las distintas posiciones vea, *Justification: Five Views,* eds. James Beilby & Paul Rhodes Eddy (Downers Grove, IL: InterVarsity Press, 2011). Vea Tambien N.T. Wright, *Justification: God's Plan and Paul's Vision* (Downers Grove, IL: InterVarsity Press., 2009) y John Piper, *The Future of Justification: A Response to N.T. Wright* (Wheaton, IL: Crossway Books, 2007).

POSICIONES

La Iglesia católica romana

Durante los primeros 60 años después de la muerte de Cristo, la iglesia ya había sido judaizada. La salvación por obras era la doctrina prevaleciente de aquellos días y permaneció así hasta Agustín. Como veremos, aun cuando retuvo muchas de las doctrinas de la iglesia tradicional de su época (como el bautismo infantil), su batalla por la gracia fue sin igual. Y aun cuando Agustín pudo haber enseñado cosas que podemos probar que eran enemigas de la gracia, en su propia mente, luchó contra todo tipo de doctrina pelagiana.

Desafortunadamente, Agustín habló con gran autoridad pero sin haber tenido una facilidad con los idiomas bíblicos. Su idioma natal era el latín. Por más de un siglo el griego koiné ya no estaba en boga. Cuando intentó explicar el significado del verbo griego *dikaioō*, dijo significar "hacer justo".[3] Tal entendimiento del término fue incorporado a la doctrina de la Iglesia católica romana. El entendimiento básico era que la justificación era un acto por el cual Dios "infundía" el carácter de Cristo al pecador en las aguas bautismales. Sin embargo, el acto de justificación no estaba completo hasta ese momento. Él afirmaba que "Somos justificados, pero la justicia misma crece conforme seguimos adelante".[4]

A través de este largo proceso, Agustín pensó que Dios podía trasformar al hombre interior de la lujuria al amor. Creyó que las buenas obras de una persona concedían mérito, pero como muchos otros con la misma opinión, enseñó al mismo tiempo que todas las obras meritorias de un hombre eran el producto de la gracia de Dios.[5]

---

[3] Agustine, *On the Spirit and the Letter*, 45.
[4] Idem, *Sermon*, 158.5.
[5] Idem, *Letter*, 194.14. Teólogos contemporáneos como Alan Stanley usan Fil. 2:12-13 como texto base para probar que las obras son un requerimiento para la entrada al cielo, pero no son meritorias siendo que Dios hace estas obras a través del creyente. De hecho, hace una separación entre las obras hechas por el Espíritu y las obras hechas por la carne. Las primeras son requeridas para la vida eterna, pero las últimas son rechazadas. En la Teología de la Gracia

También creía que, si el amor de Dios podía ser perfeccionado en esta vida, la persona iría directamente al cielo sin pasar un tiempo en el purgatorio. Y si tal perfección no era alcanzada, los sufrimientos en el purgatorio serían necesarios en prepararlo para el cielo.[6]

Bajo el tema de la justificación, Agustín además incluía las sub-doctrinas de regeneración y santificación.[7] En nuestra manera de pensar, este sistema contiene contradicciones muy obvias, pero para Agustín todo tenía sentido. Si una persona no era justificada instantáneamente, entonces no podía saber si era justificado hasta su muerte. Agustín hacia una distinción entre los "salvos" y los "elegidos". Los salvos son los que al parecer tienen los frutos de los elegidos, pero en algún momento antes de la muerte, caen, y de esta manera, prueban que nunca fueron elegidos. De nuevo, Agustín tenía la honestidad intelectual para admitir que tal sistema no permitía a uno conocer si era elegido sino hasta que muriera. La ICR adoptó las doctrinas agustinianas y las ha perpetuado hasta el día de hoy. En el Concilio estratégico de Trento (1545-63), la ICR respondió a las doctrinas de los reformadores. Y siendo que este concilio definió la justificación como el proceso de llegar a ser justos, la justificación habría de aumentarse si uno deseaba ir al cielo.[8] Un pecado mortal podía cancelar la justificación acumulada; sin embargo, uno podía ser restaurado a través de la penitencia. Y la ICR continuó con la creencia agustiniana de que no era posible saber si uno iba ir al cielo antes de morir: "Ninguno puede saber con la certidumbre de fe, la cual no puede admitir error alguno, que ha obtenido la gracia de Dios.[9] Lo más que puede obtener en esta vida es la esperanza mezclada con

---

Gratuita diríamos que las obras hechas por el Espíritu serán recompensadas, pero aquellas hechas por la carne no lo serán. Lo que tratamos como un asunto de recompensas Stanley lo trata como un asunto de entrada al reino de Dios (Alan P. Stanley, *Salvation is More Complicated than You think: A Study on the Teachings of Jesus (Authentic,* 2007), Location 835 of 2705 (Kindle).
[6] Idem, *City of God,* XX.25; XXI.13, 16, 26.
[7] A. E. McGrath, *Iustitia Dei,* 2 vols. (Cambridge: Cambridge University Press, 1986-87), 1:60; L. Berkof, *Christian Faith* (Grand Rapids: Eerdmans, 1979), 435.
[8] *Concilio de Trento,* X.
[9] Ibid., IX.

'el temor y la aprensión'. Dios recompensa las buenas obras de Sus santos, aun cuando Él es la fuente del poder detrás de esas obras, y estas recompensas ayudan en abrir las puertas del cielo".[10]

El Concilio de Trento puso una maldición sobre todo aquel que afirmara que la justificación no era fomentada por las buenas obras.[11] Se añadió una maldición más sobre el que creyera que las buenas obras no eran meritorias para entrar al cielo.[12] Se creía que el concepto de justicia imputada era una seria amenaza al esfuerzo moral. B. Demarest resume este enfoque de la ICR cuando dice:

> El catolicismo romano tradicional, en otras palabras, confía en la infusión de la nueva naturaleza por parte de Dios y aboga por el valor de sus obras habilitadas por Dios. La justificación en la teología católica es un término integral que incluye, entre otras cosas, lo que los protestantes entienden por regeneración y santificación. Para Roma, la justificación, no es, por el lado divino, un *pronunciamiento* objetivo de rectitud, sino por el lado humano, un proceso que dura toda la vida para llegar a ser recto o justo.[13]

Antes de dejar la posición de la ICR, sería negligente de nuestra parte, si no mencionáramos su enseñanza de que la Virgen María contribuyó "con su parte a la justificación de la raza humana empezando con ella misma y extendiéndose a todo aquel que ha sido justificado".[14] En virtud de que era la Madre de Dios, vivió una vida de buenas obras, y además sufrió en la cruz, acumulando muchos méritos adicionales con Dios, los cuales podían ser distribuidos a los santos merecedores para asistirles en obtener suficientes puntos extras para entrar al cielo.

---

[10] Ibid., XVI.
[11] Ibid., Canon 24.
[12] Ibid., Canon 32.
[13] B. Demarest, *The Cross and Salvation* (Wheaton: Crossway, 1997), 350.
[14] J. A. Hardon, *The Catholic Catechism* (New York: Doubleday, 1975) 169.

Los pelagianos (los liberales)

En nuestra discusión sobre la propiciación observamos que muchos teólogos modernos objetan a la imagen de un Dios airado, enojado, celoso, y vengativo. Para ellos, estos son conceptos del AT que están más bien relacionados a un culto primitivo y nómada. En cambio, durante el período del NT se desarrolló la idea de un Dios misericordioso, perdonador, compasivo, y amoroso. Dios, para estos teólogos, no es un legislador y juez severo que exige el cumplimiento del código penal, sino un Padre amoroso que está a la espera de sus hijos pródigos. Sostienen que la imputación de una justicia totalmente ajena a una criatura es absurda. Más bien, piensan que la justicia se obtiene con el tiempo mediante un mejoramiento moral. Todo lo que necesitamos hacer es seguir el ejemplo de Jesús y así podremos también cumplir la justicia de la ley. En su opinión, hay un poco de bien en cada hombre. Todo lo que necesitamos hacer es avivar el fuego de esta chispa de bien para poder producir un fuego de justicia aceptable a Dios.

Como lo expliqué anteriormente, Pelagio fue el defensor de una antropología que veía a cada persona como Adán antes de la Caída. Aun cuando los hombres pueden cumplir la ley sin la gracia de Dios, sin embargo, la gracia, en su opinión, lo hace más fácil. La remisión de los pecados viene a través de las aguas bautismales. Con la ayuda de la gracia de Dios las personas, que han sido bautizadas, pueden ganarse la vida eterna siendo buenos.[15]

Albert Ritschl (d. 1889) es considerado como el padre del modernismo liberal. Él veía a Dios solo en términos de amor: "El concepto de amor es el único concepto adecuado de Dios".[16] La razón por la cual Dios se encarnó fue para vencer el temor y la confusión que la humanidad tenía de un Dios airado y vengativo. La justicia

---

[15] Demarest, *Cross and Salvation*, 348.
[16] A. Ritchl, *The Christian Doctrine of Justification and Reconciliation*, H.R. Mackintosh and A. B. Macaulay, eds. (Clifton, NJ: Reference Book Publishers, 1966), 274.

imputada es "totalmente falsa".¹⁷ El perdón está disponible a todos los hombres que imiten la vida ética de Jesús.

La misma canción se puede observar, con algunos versos nuevos (es decir, diferentes variaciones del mismo concepto de un Dios amoroso) en todas las expresiones modernas de la doctrina pelagiana.

Algunos arminianos

Existen entre los arminianos quienes se adhieren a la teoría gubernamental de la expiación, que básicamente afirma que la muerte de Cristo fue un pago hecho por Dios por los pecados del mundo con el fin de sostener el orden moral del universo. Niegan que la justificación imputa la justicia de Cristo a los pecadores. Tal entendimiento es "ficción".¹⁸ El hecho de acreditar a una persona con una justicia que no le pertenece fomentaría la licencia para hace el mal.

En la opinión de John Wesley, la justificación incluía el perdón de los pecados y la remoción de la culpabilidad, pero además presuponía la reforma de su moralidad. Él no pudo evitar asimilar la santificación a su entendimiento de la justificación.¹⁹ Wesley rechazó el concepto de Lutero de *"simul iustus et peccator"*, una persona justa y pecadora simultáneamente, al decir:

> De ninguna manera la justificación implica que Dios es engañado en los que justifica, que piensan que son lo que de hecho no son, que los considera ser algo distinto a lo que realmente son. No implica

---

[17] Ibid., 70.
[18] W. H. Taylor, "Justification", *Beacon Dictionary of Theology*, R. S. Taylor, ed. (Kansas City: Beacon Hill, 1984), 298. J. Wesley dice, "No encontramos que se afirme expresadamente en la Escritura que Dios imputa la justicia de Cristo a alguno" "Minutes of Some Late Conversations", en la obra de *The Works of John Wesley*, 14 vols. [Grand Rapids: Zondervan, 1958], 8:277). Wesley si creyó que la fe de un pecador era contada por justicia, pero para él esto significaba la remoción de la culpabilidad y el pecado en vez de la acreditación de la justicia.
[19] Demarest, *Cross and Salvation*, 352.

de ninguna manera que Dios... nos cree justos cuando en realidad somos injustos.[20]

De acuerdo a la mayoría de arminianos, la justificación puede perderse por el pecado voluntario. Por lo tanto, la seguridad de la justificación final es imposible en esta vida. Esto difiere de Agustín quien creía que los elegidos no podían perder su salvación, y si uno lo hacía, es que desde un principio nunca fue uno de los elegidos.[21]

La neo-ortodoxia

Aun cuando hay muchos proponentes del punto de vista de la neo-ortodoxia, aquí lo analizaremos a través de la perspectiva de Karl Barth. Para Barth, la justificación no era algo que pudiéramos experimentar. Sino que era un veredicto a favor de la humanidad en la eternidad pasada. La decisión de Dios de justificar a la humanidad abrió la puerta para que todos los hombres pudiesen ser reconciliados, siendo que todos han sido justificados. Cristo vino al mundo para revelar la decisión de parte de Dios de justificar a la humanidad y remover la barrera del pecado bloqueando el pacto de relación entre Dios y el hombre.

De manera que, según Barth, un hombre es justificado aun antes de creer. Él no explica la justificación en términos de justicia imputada. Él la entiende como la restauración del pacto relacional entre Dios y el hombre, un pacto que fue quebrantado por el pecado. En vez de responder al evangelio para ser justificados, los hombres que son justificados responden a estas "buenas nuevas" cuando las oyen. La justificación para ellos llega a ser una realidad existencial.[22]

---

[20] Wesley, *"Justification by Faith"*, en *Works*, 5:57.
[21] Vea Roger E. Olson, *Arminian Theology: Myths and Realities* (Downer Grove, IL: InterVarsity Press, 2006).
[22] K. Barth, *Church Dogmatics*, G. W. Bromely and T. F. Torrance, eds. (Edinburgh: T & T. Clark, 1936-77), IV. 1: 492.

Los reformadores

La iglesia post apostólica no luchó con la doctrina de justificación hasta Agustín. Pero después de Agustín, ninguno realmente emprendió un estudio detallado del tema sino hasta Martín Lutero. En su estudio, que lo llevó a su conversión, Lutero estuvo en desacuerdo con Agustín. Teniendo un mejor entendimiento de los idiomas originales, concluyó que *dikaioō* no significaba "hacer" justo, sino "declarar" justo. Encontró la palabra usada en el contexto de un juzgado legal. Determinó que el uso primario era forense o legal. La justificación, contrario a la santificación, era un cambio de *posición*, y no un cambio de *carácter*. Y este cambio de posición ocurre instantáneamente, a diferencia del proceso de Agustín. El requisito para la justificación era solamente la fe. En esta decisión forense, Dios no solo perdona gratuitamente los pecados del hombre, sino además imputa la justicia de Cristo a la cuenta del creyente en el cielo. La justicia es "ajena" porque viene de otro y debido a que ninguno puede "ameritarla".

La clave para entender el concepto de justificación de Lutero es la frase *sumil iustus et peccator*,[23] la cual mencionamos anteriormente. El creyente es justo en principio, pero pecador en la práctica. Esto es lo que llamamos justos en nuestra *posición* en Cristo, pero pecadores en nuestra condición en la Tierra. También enseñó que un creyente podía tener certeza de salvación,[24] pero como veremos, su lógica falló en este punto por dos razones: 1) Creía que un creyente podía perder su salvación; 2) creía que las buenas obras eran la prueba decisiva para la justificación.[25]

Philipp Melanchthon, quien enseñó griego a Lutero, sistematizó el ala luterana de la Reforma. Enfrentó la enseñanza agustiniana de que la justificación es "hacer" justo o recto en vez de "declarar" justo. Afirmaba que "Toda nuestra justicia es una obra de gracia imputada

---

[23] Luther, *Works*, 26:232 y 25:260.
[24] Ibid., 26:377-78.
[25] Ibid., 34:183.

por Dios".[26] También concurría con Lutero en hacer una distinción entre justificación y santificación.

Juan Calvino se alineó con esta posición. Y como Lutero, creyó en la certeza de salvación para el creyente. La certeza *objetiva* venía por medio de las promesas de la Palabra de Dios, mientras que la certeza *subjetiva* venía a través de la obra del Espíritu Santo en la vida del creyente. Mantenía el criterio de que había diferentes grados de certeza:

> Ciertamente, aun cuando enseñamos que la fe debe de ser cierta y segura, no podemos imaginarnos ninguna certidumbre que no esté teñida de duda, o una certeza que no esté asaltada por algún grado de ansiedad. Por otro lado… negamos, que sea cual sea la manera que sean afligidos, los creyentes caen y se apartan de la certeza recibida por la misericordia de Dios.[27]

Calvino sostenía tan fuertemente la certeza que creía que aquellos que carecían de cierto grado de la misma no eran creyentes.

Fue aún más fuerte en la distinción entre justificación y santificación que Lutero: "Ser justificado significa algo diferente de ser hecho justo".[28] No obstante, a pesar de su distinción entre las dos, Calvino no quiso separar la justificación de la santificación. La ICR acusó a los reformadores de enseñar libertinaje en su justificación forense. De esta manera, Calvino fue cauteloso en enlazar la justicia interna y externa. La justicia externa emana de la justicia interna como los rayos de luz del sol: "No puedes poseer a Cristo sin ser hecho partícipe de Su santificación…. Es nuestro compartir con Cristo, lo que nos justifica, la santificación es igualmente incluida con la justicia o rectitud".[29]

El Catecismo de Heidelberg (1563), la Confesión de Fe de

---

[26] P. Melanchthon, "Baccalaureate These", 10 en *Melanchthon: Selected Writings*, trans. C. H. Hill (Wesport, Conn.: Greenwood 1978), 17.
[27] Calvin, *Institutes,* III.2.17 y III.4.27.
[28] Ibid., III.11.6.
[29] Ibid., III.16.1; 11:1.

Westminster (1646), y el Catecismo Corto de Westminster (1647) afirmaron la posición anterior de la justificación con un lenguaje similar.[30]

Neo-reformado

A finales del siglo 21 empezó un resurgimiento en la teología reformada por la influencia de hombres como John MacArthur, R. C. Sproul, John Piper, Tim Keller, y Wayne Grudem. Estos hombres tienen todos los elementos de la teología reformada ortodoxa (exceptuando a MacArthur, que mantiene los cinco puntos del calvinismo y es un dispensacionalista, una posición hibrida con múltiples contradicciones) con una puerta abierta al movimiento carismático.[31]

Debido a que todos estos hombres están de acuerdo con los cinco puntos del calvinismo dortiano, tienen que de alguna manera armonizar la fe con la perseverancia/obras. Escritores como Alan Stanley usan la formula estándar del catolicismo al decir que seremos justificados por la fe más las obras. Es decir, usa Filipenses 2:23-13 para decir que debemos obrar por nuestra salvación, pero las obras que hacemos son empoderadas y motivadas por Dios. En otras palabras, Dios se lleva el crédito. De modo que, Stanley diferencía entre las obras hechas por la carne, las cuales no se adhieren a la fe como no lo hace el aceite con el agua y el barro con el hierro. Las obras hechas por el poder del Espiritu son aquellas que junto con la fe seden la vida eterna.[32] Thomas Schreiner que probablemente es quien lleva la batuta de erudición para el movimiento neoreformado más

---

[30] Estoy endeudado con B. Demarest (*Cross and Salvation*, 345-62) por su bosquejo del repaso histórico de la doctrina de justificación.

[31] Collin Hanson, *Young, Restless, and Reformed: A Journalist's Journey with the New Calvinists* (Wheaton, IL: Crossway Books, 2008). Los teólogos reformados tales como Wayne Grudem, John Piper and Sam Storms son también carismáticos.

[32] Alan Stanley, Salvation is More Complicated than You Think: A Study on the Teachings of Jesus (e-book, Location 830-46).

que ningún otro (especialmente desde la muerte de R. C. Sproul), combina la fe y las obras en su ecuación de la salvación sin disculpa:

> Pablo claramente argumenta que las buenas obras son necesarias para la vida eterna. Solo aquellos que siembran para el Espíritu gozarán la vida eterna, y los que practican el mal no heredarán el Reino. Santiago también enseña que la justificación es por obras. Ninguno será justificado si él o ella no hacen buenas obras.[33]

John Piper también desea armonizar la fe con las obras. Según él:

> La justificación presente solo está basada en la obra substitutoria de Cristo, gozada en la unión con Él por medio de la fe solamente. La justificación futura es la confirmación abierta y declaración que en Cristo Jesús somos perfectamente inocentes ante Dios. Este juicio final se conforma a nuestras obras. Es decir, el fruto del Espíritu Santo en nuestras vidas será presentado como la evidencia y confirmación de la fe verdadera y unión con Cristo. Sin esa validación trasformadora, no habrá una futura salvación.[34]

¿Cuantos problemas no surgen al leer tal declaración? Aparentemente, fundados solo en la obra substitutoria de Cristo, uno puede ser unido a Cristo basado en la fe solamente. Pero la declaración que somos intachables delante de Dios es aun futuro – "La futura justificación". Pero esta justificación futura solo viene si nuestras obras representan una trasformación recta; sin dichas obras no hay salvación (justificación).

En relación a Piper con N. T. Wright, la conclusión de Wright no

---

[33] Thomas R. Schreiner, "Justification Apart from and by Works: At the Final Judgment Works Will *Confirm* Justification", in *Four Views on the Role of Works at the Final Judgment* (Grand Rapids: Zondervan, 2013), 91.

[34] John Piper, "The Justification Debate: A Primer", Christianity Today, www.christianitytoday.com/ct/content/pdf/justification_june09.pdf, accessed January, 24, 2018.

es tan diferente de la de Piper, aun cuando Wright no es parte del movimiento neo-reformado:

> La justificación actual es el anuncio emitido sobre la base de la fe y solo la fe de quien es parte de la familia de pacto de Dios. El presente veredicto da la certeza de que el veredicto anunciado en el Día Final coincidirá; el Espíritu Santo da el poder por medio del cual el veredicto futuro, cuando sea dado, será de acuerdo a la vida que el creyente haya vivido.[35]

¿Qué tan complicado podemos hacer el asunto? El "presente veredicto" (la justificación actual) da "certeza" de que el veredicto anunciado en el Día Final "será congruente con el presente veredicto", pero solo si la vida de uno durante el presente veredicto y el futuro veredicto es recta o justa. Sin embargo, ¿cómo puede uno saber ahora si su vida será recta el día de mañana? Una vez más, el veredicto futuro, mi justificación final, depende de mi vida actual de buenas obras (rectitud).

En ambos enfoques, los cuales son hermanos de la misma familia de la justificación por fe/obras, nuestra salvación es una interrogante hasta el Día Final cuando nuestras obras sean desplayadas con el fin de determinar si nuestras vidas han sino un verdadero reflejo de la vida de Cristo. Y, ¿cómo difiere esto del catolicismo?

Por el lado bueno, se ha de observar que los neo-reformados no llegan tan lejos como lo ha hecho Chris VanLandingham, quien por cuestiones prácticas elimina a la gracia de la ecuación de la salvación. Él reacciona en contra de la conclusión de E. P. Sanders de que "somos salvos" por la gracia pero mantenemos ese estatus de salvación por nuestras obras.[36] VanLandingham simplemente afirma que somos justificados por nuestras obras.[37] Llegó a esta conclusión básicamente

---

[35] N. T. Wright, Ibid.
[36] E. P. Sanders, Paul and Palestinian Judaism: A Comparison of Patterns of Religion (Philadelphia: Fortress, 1977), 517-18.
[37] Chris VanLandingham, Judgment & Justification in Early Judaism and the Apostle Paul (Peabody, MA: Hendrickson Publishers, 2006). Also see Paul A.

porque erró en ver que "la vida eterna" incluye una calidad de vida tanto en el presente como en el futuro-"el que tiene al Hijo tiene la vida"-en este mismo instante.

Resumen

Los puntos de vista expresados anteriormente no son exhaustivos con relación a las diferentes formas de entender la justificación el día de hoy, pero si son representativos de los grupos principales. Las diferencias fundamentales que el estudiante debe de tener mente son: 1) "Hecho" justo (infundido) versus "declarado" justo (imputado); 2) Instantáneo versus un proceso; 3) Solamente la fe o la fe más obras meritorias; y 4) Forense versus existencial. Después de haber dado un repaso histórico de la doctrina de la justificación, es necesario ahora ver más de cerca las Escrituras mismas.

LA JUSTIFICACIÓN EN LAS ESCRITURAS

Para empezar, es preciso reconocer que la importancia del pensamiento teológico paulino, respecto a la justificación, ha sido objeto de debate. Pablo usó el verbo *dikaioō* catorce veces y el sustantivo *dikaiōsunē* 52 veces. Pero el verbo se encuentra además de Romanos y Gálatas solo en 1 Corintios 6:11 y Tito 3:7. Algunos teólogos buenos ven a la justificación como la polémica de Pablo en contra de los judaizantes que enfrentó en Romanos y Gálatas. Sin embargo, consideran que es una doctrina periférica, y no central a su enseñanza tal como nuestra unión con Cristo.[38] George Ladd afirma que es una falsa antítesis la que contrasta la justificación con nuestra unión con Cristo o el "ya, todavía no" de la forma de

---

Rainbow, The Way of Salvation: The Role of Christian Obedience in Justification (UK: Paternoster Press, 2005).

[38] Vea W. D. Davies, *Paul and Rabbinic Judaism* (1955), 222; W. Wrede, *Paul* (1907), 123; A. Schweitzer, *The Mysticism of Paul*, trad. Por W. Montgomery (New York: Macmillan, 1931), 225.

"escatología realizada" de Schweitzer".[39] Él entiende la justificación como una bendición escatológica ya gozada por los creyentes en esta vida. También ve nuestra "vida en Cristo" como una bendición escatológica que ha de ser gozada ahora, pero también una bendición que es un corolario de la justificación. Para entender esto, veamos primeramente el concepto en el AT.

En el AT

El verbo traducido "justificar" es *sādaq*, y tiene la idea básica de conformar a una norma. La rectitud (*sedeq, sedāqâ*) en el AT no es esencialmente una cualidad ética. Es "esa norma en los asuntos del mundo a los cuales los hombres y cosas deben de conformarse, y por las cuales deben de ser medidos".[40] El verbo significa conformase a una norma, y en algunas formas como en el hifil, significa "declarar justo" o "justificar". En 2 Samuel 15:4 se puede observar el contexto forense de la palabra en la apelación de Absalón, "¡Quién me pusiera por juez en el país, para que vinieran ante mí todos los que tienen pleito o negocio, y yo les *haría justicia*!" En este caso, se usa la raíz hifil (הִצְדַּקְתִּיו). De nuevo, esto puede verse en Deuteronomio 25:1 donde dice, "Cuando haya pleito entre algunos, y acudan al tribunal para que los jueces los juzguen, estos absolverán al justo y condenarán al culpable..." Tanto Schrenck y Stigers arguyen por el uso forense, pero están en desacuerdo en cuanto al significado básico "estar en una relación recta" con alguno.[41] G. Ladd arguye sobre el concepto de relación y resume:

> Como tal, la rectitud viene a ser una palabra de gran significado teológico. La rectitud es el estándar que Dios ha decretado para la conducta humana. La persona recta es la que, según el juicio de Dios,

---

[39] Ladd, *Theology*, 480. La teología realizada de Schweitzer no excluye el "todavía no" como lo hace C. H. Dodd.
[40] N. Snaith, *Distinctive Ideas of the OT* (1944), 73.
[41] Vea G. Schrenk, "δικαιοσυνη", in TDNT, 1964 ed., 2:195-96, and H. G. Stigers, "qdec", in TWOT, 1980 ed., 2:752-55.

La justificación

llena el estándar divino y entonces está en una relación recta con Dios.[42]

Eichrodt añade, "Cuando es aplicado a la conducta de Dios, el concepto es más restringido y casi exclusivamente empleado en un sentido forense".[43]

Para los judíos en los días de Jesús, su interpretación oral de la ley, llegó a ser la norma creada por ellos mismos. Desarrollaron un sistema de méritos y deméritos. A su entender, Dios mantenía un registro en el cielo. Si los méritos pesaban más que los deméritos, el individuo en cuestión, estaba bien con Dios. Strach y Billerbeck describen este sistema en detalle.[44] El estudio de la Torá, las limosnas, y obras de misericordia eran especialmente dignas de crédito. Podemos entender entonces, que tan impresionante sería la teología paulina para los fariseos, los defensores de la tradición oral. En Romanos 3:26, Dios prueba ser justo justificando a los impíos. Y esta justificación fue sin las obras de la ley (Ga. 2:16; 3:11), una justificación completamente fuera del alcance de la enseñanza rabínica.

En el NT

Varios aspectos del significado de justificación son importantes para tener un mejor entendimiento de la doctrina. Una de las cosas sobresalientes de la justificación es que es:

Escatológica

De acuerdo con el entendimiento judío, las personas van a ser juzgadas después de esta vida por sus actos. Los que se conformen al estándar serán justificados o absueltos, declarados no culpables. Los que fallen serán condenados. En este juicio final, es solamente Dios

---

[42] Ladd, *Theology*, 481.
[43] W. Eichrodt, *Theology of the OT*, Old Testament Library, traducido por J. A. Baker (Philadelphia: Westminister, 1961), 1:240.
[44] H. L. Strack y P. Billerback, *Kommenter zum Neun Testament aus Talmud und Midrasch* (Munich: C. H. Deutsche Verlagsbuchhandlung, 1961), IV: 6-11.

quien determina si una persona tiene una buena relación con Él, y esto ha de decidirse de acuerdo a la norma puesta por Él. Los que han sido absueltos serán declarados justos y los culpables condenados. Y es así, como Ladd hace ver, que la justificación es un evento escatológico.[45] Pablo dice lo mismo cuando usa δικαιωθήσονται en conexión con el juicio escatológico en el regreso del Señor (vea, Ro. 2:13; 8:33).[46] Cristo mismo revela tal entendimiento escatológico cuando dice, "Pero yo os digo que de toda palabra ociosa que hablen los hombres, de ella darán cuenta en el día del juicio, pues por tus palabras serás justificado [δικαιωθήσῃ], y por tus palabras serás condenado'" (Mt. 12:36-37). Para los creyentes, este juicio escatológico ocurre en el Tribunal de Cristo; para el resto, en el juicio del Gran Trono Blanco (2 Co. 5:10; Ap. 20:4-6).

Pero es aquí donde la escatología paulina se revela como única, como observó Schweitzer. Aun cuando el veredicto final de justificación está en el futuro, Pablo también presenta nuestra justificación como algo ya pasado. Ese es precisamente el punto del participio aoristo en Romanos 5:1 y 9. Los creyentes "han sido justificados". Pablo repite esta verdad en 1 Corintios 6:11 al decir, "ya habéis sido justificados en el nombre del Señor Jesús". Este es otro ejemplo del "ya, todavía no" en la escatología del NT, vista especialmente en Hebreos. No tenemos que esperar hasta la muerte para las bendiciones escatológicas. "El que tiene al Hijo *tiene* la vida". No esperamos hasta la muerte para recibir el regalo de la vida eterna; no tenemos que espera hasta la otra vida para *gozar* la vida eterna. El derramamiento del Espíritu Santo sobre toda carne es una bendición escatológica (vea Joel 2:38), sin embargo, podemos recibir ahora mismo al Espíritu Santo. El reino de Dios es una dispensación futura, pero también ya ha empezado.[47] Y de la misma manera, la

---

[45] Ladd, *Theology*, 482-83.
[46] See Schrenk, "δικαιοω", in TDNT , 1964 ed., 2:217-18.
[47] Vea Dispensationalism, Israel, and the Church: The Search for Definition eds. Craig A. Blaising and Darrell L. Bock (Grand Rapids, Michigan: Zondervan Publishing, 1992), Three Central Issues in Contemporary Dispensationalism: A Comparison of Traditional and Progressive Views, ed. Herbert W. Bateman

justificación es la última absolución, pero ya se ha llevado acabo para los creyentes. Pero la justificación es más que solamente escatológica; es también forense.

Forense

Por los contextos del AT y NT que apoyan un ambiente de sala de justicia para el uso de "justificar", podíamos decir, que el significado de esta palabra es forense. Aun algunos teólogos católico romanos conceden este significado. Pero debido a la influencia del comentario clásico de Romanos por Sanday y Headlam, en el cual sugirieron que la justicia forense imputada al creyente es "ficción", necesitamos explicar lo que queremos decir por justicia imputada.[48] Aquí esta lo que dicen Sanday y Headlam:

> La frase completa es δικαιουσθαὶ εκ πίστεω significando que el creyente, en virtud de su fe, es 'contado o tratado como si fuera justo' ante los ojos de Dios. Aún más: la persona 'contada con justicia' puede ser, y de hecho se asume que sea, no realmente justa, sino ασεβη (Ro. iv.5), un ofensor contra Dios.... Hay algo sorprendente en esto. La vida cristiana está hecha para tener su comienzo en una ficción. No es de extrañar que se cuestione el hecho y que se les dé otro sentido a las palabras—que δικαιουσθαὶ es tomado como implicando no tanto la atribución de la justicia ideal, sino una impartición de la justicia real.[49]

Por lo expresado, es claro que estos autores luchan con el concepto de Lutero que una persona puede ser "al mismo tiempo justo y pecador". Pero es importante entender esta paradoja, no sea que abramos la puerta a la creencia de "infusión" con respecto a la justificación, sencillamente porque estamos enseñando que esta justificación es una "ficción".

(Grand Rapids, Michigan: Kregel Publications, 1999) y Dispensationalism and the History of Redemption: A Developing and Diverse Tradition, eds. D. Jeffery Bingham and Glenn R. Kreider (Chicago, IL: Moody Publishers, 2015).
[48] W. Sanday y A. C. Headlam, *Romans* (Edinburgh: T & T Clark, 1896), 36.
[49] Ibid.

Sanday y Headlam están diciendo que el creyente es tratado "como si" si fuera justo, cuando en realidad no lo es. Vincent Taylor intentó desechar la idea de "ficción" al decir que la justificación o rectitud es real, pero se refiere a una mente recta en vez de un carácter justo: "Es justo porque, por la fe en Cristo el Redentor obtiene una mente recta", y "es realmente recto en mente y en propósito, aun cuando todavía no la haya alcanzado".[50]

Al resolver este dilema, recordemos que el significado básico en el AT de la "rectitud" o "justicia" era de *relación*. Era su *"posición"* que daba a la persona una nueva relación con el rey, juez, u otros. Cuando el Espíritu Santo bautiza a un creyente en el cuerpo de Cristo, la persona tiene una *nueva identidad*—está entre *"los justos"* (δίκαιοι) en Cristo, aun cuando todavía es un "pecador" en *Adán* (Ro. 5:19). Es una unión *genuina*. Y es debido a que la nueva identidad "en Cristo" da al creyente una *verdadera* justicia—la misma justicia de Cristo— que el creyente recibe esta "posición" con Dios. Esta nueva relación, como lo indica Ladd,[51] no es ficción; es real.

Romanos 8:33-34 contrasta el acto de justificación con el de condenación: "Es Dios quien justifica; ¿quién es el que condenará?" Esta condenación no habla de un carácter ético, sino de un *veredicto judicial* en respuesta a un cargo legal, y he aquí el paralelo: tampoco es el acto de justificación una referencia al carácter ético, sino a una *absolución judicial/liberación* de un cargo legal. La distinción necesaria para entender esta paradoja entre ser justo y pecador al mismo tiempo, es entre la *posición* y la *condición*. Es en nuestra posición en Cristo que somos verdaderamente justos. Nuestra cuenta en el cielo ya ha sido acreditada (λογίζομαι, "imputado", es un término de contabilidad). Esto no es ficción, y no es una infusión de carácter al creyente. Es la misma justicia de Cristo *en nosotros* acreditada a nuestra cuenta en el cielo en virtud de nuestra posición en Él. Nuestro carácter revelado en la tierra tiene que ver con nuestra condición.

---

[50] V. Taylor, *Forgiveness and Reconciliation: a Study in New Testament Theology*, 2d Ed. (New York: Macmillan, 1956), 57.
[51] Ladd, *Theology*, 486.

La distinción entre posición y condición no es una verdad secundaria en la vida cristiana. Es central y crucial debido a que es solo cuando nos enfocamos en nuestra posición en Él que nuestra condición empieza a conformarse a Su carácter (vea 2 Co. 3:18). Nos *convertimos* en lo que *pensamos* y nos *apropiamos*. Cuando nos enfocamos en nuestra miserable condición, nos empeoramos; cuando nos enfocamos en Cristo y en Su justicia, ya acreditada a nosotros, mejoramos. Es precisamente por esto, que después de una explicación de nuestra nueva posición en Cristo en Romanos 6:1-10, que se nos dice: "Así también vosotros consideraos [λογίζεσθε, la misma palabra traducida "contado" o "imputado" en Ro. 4:3] muertos al pecado, pero vivos para Dios en Cristo Jesús, Señor nuestro".

Quizá un ejemplo de una situación inversa sería útil. En 2 Corintios 5:21 leemos, "Al que no conoció pecado, por nosotros lo hizo pecado, para que nosotros fuésemos hechos justicia de Dios en Él". Sin duda, ninguna persona se atrevería a sugerir que Cristo se hizo pecaminoso en su carácter. El versículo dice que Cristo no conoció pecado. Su naturaleza divina no le hubiese permitido pecar. Pero el Padre lo hizo pecado al vestirlo con nuestros pecados y cargar nuestras iniquidades en la cruz. Estos pecados fueron imputados a Él. Y así, Su justicia fue imputada a nosotros. Pero el *propósito* de esa imputación implícita es que *lleguemos a ser* (genōmetha) justos en nuestra condición.

Resumen

Según lo que hemos visto concerniente a la doctrina de justificación, ¿es justo darle a la doctrina un lugar prominente entre los temas de la teología sistemática? Después de todo, esta doctrina es el punto principal de contención entre la Iglesia católica romana y los protestantes. Además, ha causado división. Y si es tan importante para la vida eterna, ¿por qué está el concepto virtualmente ausente de los escritos joánicos en general y del evangelio en particular?

Debemos de concluir, con los reformadores, que la justificación es el corazón mismo del evangelio. Y vale la pena dividirnos sobre esto. Hay solo un cierto número de doctrinas por las cuales vale la pena combatir, y el evangelio es una de ellas. Ciertos escritores visten los conceptos con diferente vocabulario, estilo literario, y figuras del lenguaje. En la inspiración verbal, se entiende que el Espíritu Santo no dictó. El Espíritu supervisa a los autores humanos para que, utilizando sus propias personalidades y vocabularios, los autógrafos fueran comunicados por Dios al hombre sin error. No deberíamos esperar que diferentes autores usaran frases idénticas para referirse a los mismos conceptos; y es por esto que hay diferencias entre Juan y Pablo. Y también encontramos el concepto de justificación por la fe en Santiago 2 y Hebreos 11:7, de modo que el concepto no es solo paulino.

Sin embargo, no hay autor del NT tan comprometido con la defensa del evangelio como Pablo. Él sería quien esperaríamos que usara terminología legal, siendo que sirve como abogado en defensa del evangelio de verdad.

Capítulo 6

Ordo Salutis

Franz Buddeus y Jacob Carpov fueron los primeros en acuñar la frase *"ordo salutis"*.[1] Esto se refiere a la secuencia temporal o lógica en los cuales los diferentes elementos de la salvación son impartidos a los creyentes, desde su llamamiento hasta su glorificación. Si bien, algunos grupos tienen elementos particulares referente a sus sistemas, sin embargo, en cada sistema los creyentes logran la gloria; solo que toman diferentes rutas para llegar allí.

La Iglesia católica romana

En los días de Agustín (d. 430) el bautismo infantil estaba en su pleno apogeo. Por siglos el bautismo había sido contemplado como una de las obras que efectuaba la salvación. Agustín no pensaba en el agua bautismal como una obra meritoria, sin embargo, la entendía como el inicio de los diversos sacramentos que resultarían en la glorificación final de los santos. Desde entonces hasta el día de hoy, el *ordo salutis* de la ICR es:

1. EL BAUTISMO. En las aguas bautismales la persona "nace de nuevo" (Tito 3:5). Así la obra regeneradora por la cual la gracia

---

[1] Estoy endeudado con B. Demarest (*Cross and Salvation*, 36) por el bosquejo de este material.

irresistible de Dios dirige al pecador a la salvación empieza en el "lavado de la regeneración". Es aquí en donde la culpabilidad y la pena del pecado original son removidos, y "el hombre es hecho blanco como una sábana, y más brillante que la nieve".[2] Pero el bautismo en agua era solo efectivo para los pecados pasados. Los pecados cometidos posteriormente necesitaban de otros sacramentos.

2. LA CONFIRMACIÓN. Por medio de este derramamiento del Espíritu Santo aquellos que han sido bautizados pueden llegar a ser testigos poderosos de Cristo (Hch. 8:15-17).

3. LA EUCARISTÍA. La transubstanciación de la hostia llega a ser el nutriente necesitado por el creyente para permanecer en un estado de gracia. El ser cortado de este sacramento es la muerte espiritual segura.

4. LA PENITENCIA. Esta es la manera de lidiar con los pecados postbautismales, especialmente los pecados mortales de adulterio, apostasía, y homicidio. La penitencia incluye arrepentimiento, confesión, y actos necesarios para satisfacer al rector local.

5. LA EXTREMA UNCIÓN. Este acto antes de la muerte lidia con los pecados no confesados hasta ese momento. La absolución de estos pecados se lleva a cabo, y el creyente es preparado para su visión beatífica de Dios.

Debido a que la teología de la Iglesia católica romana está tan ligada a los sacramentos, ya que en su manera de pensar éstos son los medios para recibir gracia, éstos necesitan ser enlistados como se ha hecho anteriormente. Sin embargo, dentro de esos sacramentos hay otros elementos en este orden: *La regeneración, el arrepentimiento, la fe, la conversión, la santificación,* la *glorificación.* Todas excepto la última de estas doctrinas, son subsumidas a su entender bajo la *justificación.*

---

[2] F. G. L. Van Der Meer, *The Faith of the Church* (London: Darton, Longman & Todd, 1966), 367.

Los luteranos

Siendo que los luteranos empezaron con Martín Lutero, su teología les refleja. Hay que recordar, que Lutero creía en una conversión lineal (una sucesión de varios pasos) y que los creyentes que habían sido regenerados podían perder su salvación. Lutero al igual de los que creen que la salvación puede perderse, creía que la misma podía volverse a ganar.

1. EL LLAMAMIENTO. Dios invita a todos a creer en Cristo y provee suficiente gracia para que los no convertidos respondan al mensaje.
2. LA ILUMINACIÓN. Con el llamado viene la luz. Todos los que oyen el llamado también son iluminados a los beneficios de recibir a Cristo y a las consecuencias de no hacerlo.
3. EL ARREPENTIMIENTO. Esto incluye remordimiento por los pecados y la comprensión de que la salvación es ofrecida a través de la obra de Cristo.
4. LA FE. Después de reconocer que Cristo puede salvarle, una persona puede decidir creer en Él.
5. LA REGENERACIÓN. La transformación de haber nacido de nuevo viene como resultado de la fe.
6. LA JUSTIFICACIÓN. El perdón de pecados y una posición recta con Dios son el resultado de haber nacido de nuevo.
7. LA SANTIFICACIÓN. Los justificados ahora crecen en santidad a medida que ellos producen frutos de la fe.
8. LA PERSEVERANCIA. Si los creyentes se mantienen creyendo, Dios los va a preservar hasta el fin. Sin embargo, pueden decidir dejar de creer, y como resultado perder su salvación.

Puesto que Lutero creía en la regeneración bautismal, el orden de la salvación cambia para los infantes. De modo que, si un infante es bautizado, la regeneración viene a ser lo primero en la lista, y todos los demás pasos inevitablemente le siguen.

Los reformados (Pacto)

Para éstos, todo en el proceso de salvación surge del pacto de gracia hecho con el hombre.

1. EL LLAMAMIENTO. Hay un llamamiento general para todos los hombres y un llamamiento especial para los elegidos. El Espíritu Santo es Quien ilumina la mente, mueve el corazón hacia Dios, y la voluntad del hombre para recibir a Cristo.
2. LA REGENERACIÓN. Siendo que una persona está totalmente depravada no es posible que tome una decisión a favor de Dios. El Espíritu Santo tiene que dar el don del nuevo nacimiento para habilitar a una persona a creer. De tal modo, que uno nace de nuevo antes de creer.
3. LA FE. La consecuencia inevitable de la regeneración es la fe. La fe es puesta en Cristo como Salvador, y viene a ser un regalo más de Dios.
4. EL ARREPENTIMIENTO. Dios hace posible que el nuevo creyente se entristezca por sus pecados y que de la espalda a toda impiedad.
5. LA JUSTIFICACIÓN. Es aquí cuando la declaración legal de la justificación acreditada a la cuenta del antiguo pecador.
6. LA SANTIFICACIÓN. Aun cuando no es separada de la justificación, la misma es instantánea, a diferencia de la santificación que es un proceso. A través de este proceso el creyente es progresivamente conformado a la semejanza de Cristo.
7. LA PERSEVERANCIA. En realidad, no se trata tanto del hecho de que los creyentes perseveran, sino Dios los preserva. Él guarda a los verdaderos creyentes de caer. Si el tiempo lo permite, ellos crecerán en madurez en Cristo o nunca realmente fueron creyentes.
8. LA GLORIFICACIÓN. Los creyentes son transformados a la semejanza de Cristo cuando Él aparezca, sus naturalezas pecaminosas son removidas, y reciben cuerpos glorificados.

Reformados (No del Pacto)

Hay muchos en la tradición reformada que no sostienen la teología del pacto. A menudo refinan aun más el *ordo salutis*:

1. LA ELECCIÓN. Dios, desde la eternidad pasada escogió a algunos para recibir la vida eterna, independientemente de Su conocimiento previo de que un día ellos escogerían recibir a Cristo.
2. EL LLAMAMIENTO. Entre los reformados, este llamamiento es irresistible, por lo cual es llamado gracia irresistible en el esquema de los cinco puntos. Este llamamiento alumbra la mente y suaviza el corazón para que el incrédulo pueda responder al evangelio.
3. LA REGENERACIÓN. De nuevo, la persona totalmente depravada no puede ejercer la fe hasta que el Espíritu Santo le dé la capacidad para hacerlo por medio del nuevo nacimiento. "El Espíritu crea en él un nuevo corazón o nueva naturaleza. Esto se logra a través de la regeneración o el nuevo nacimiento por medio del cual el pecador es hecho un hijo de Dios y se le da la vida espiritual. Su voluntad es renovada a través de este proceso de tal manera que el pecador espontáneamente viene a Cristo por su propia decisión".[3]
4. EL ARREPENTIMIENTO. Por medio del poder del Espíritu Santo en ellos, los regenerados abandonan todo pecado.
5. LA FE. El regenerado ahora toma una decisión personal para recibir a Cristo como Salvador y Señor de sus vidas.
6. LA JUSTIFICACIÓN. El nuevo creyente es ahora declarado justo en la corte del cielo.
7. LA SANTIFICACIÓN. La persona justificada ahora empieza el proceso de ser hecho santo por el Espíritu Santo. Aun cuando hay altas y bajas, la "tendencia" es siempre a la alta.

---

[3] D. N. Steele y C. C. Thomas, *Five Points of Calvinism*, 48.

8. LA PERSEVERANCIA. Debido a que el poder de Dios es lo que preserva a los elegidos, éstos no pueden apostatar de la fe. Por tanto, los santos perseveran hasta el fin de sus vidas.

9. LA GLORIFICACIÓN. Cuando Cristo regrese, los elegidos son totalmente privados de todos los aspectos de la caída; esto es, son glorificados.

Un aspecto muy importante de toda la teología reformada es su defensa de la soberanía de Dios. Se considera una afrenta a Su soberanía que el hombre juegue parte alguna en el proceso de salvación. Esto haría a Dios dependiente del hombre, y de esta manera socavar Su soberanía. Esta es una de las razones, si no la razón principal, por la cual la regeneración debe de preceder a la fe en su sistema. El que un hombre no regenerado pueda ser capaz de hacer una decisión por Cristo, supone que el hombre puede agregar algo por sí mismo al proceso de la salvación, amenazando así la doctrina de la total depravación y al mismo tiempo presentando a un Dios independiente y soberano como un Dios dependiente en el hombre para hacer el conteo final en la Nueva Jerusalén.

Arminianos

1. EL LLAMAMIENTO. Para los arminianos, este llamamiento es universal. Desde la cruz misma, la gracia fluye a todos los hombres y revierte los efectos de la caída, de tal amanera que ellos son capaces de tomar una decisión por Cristo.

2. LA CONVERSIÓN. Esta consiste en arrepentimiento y fe. Siendo que todos los hombres han sido liberados para tomar decisiones morales, sean buenas o malas, tienen que ocuparse de su propia salvación con temor y temblor. El énfasis esta en "ocuparse". La conversión es una actividad sinergista.

3. LA JUSTIFICACIÓN. No se entiende ésta como una decisión judicial en el juzgado del cielo donde el pecador recibe la justicia de Cristo imputada a su cuenta. Más bien, logra el perdón de los pecados necesarios para el gobierno moral apropiado del universo.

4. LA SANTIFICACIÓN. En algún momento ocurre una experiencia llamada "la segunda obra de gracia", que destruye la naturaleza pecaminosa y da a los creyentes un amor perfecto hacia Dios y la humanidad.

5. LA PERSEVERANCIA. Los creyentes pueden caer de la fe y perder su salvación. Pueden ser genuinos creyentes, y aun así apostatar.

Es importante señalar el lugar de la *regeneración* en el sistema arminiano. Ellos creen que es la sombrilla sobre todo el proceso desde la conversión a la santificación.

Resumen

En este punto, es tentador, intentar presentar un *ordo salutis* que representaría mejor la doctrina reflejada en la soteriología de la Gracia Gratuita, pero esto sería prematuro. Es necesario ver con mayor atención algunos de los elementos que aun no se han examinado en el proceso de salvación, antes que se pueda postular una posición bien fundamentada respecto al lugar de ellos en el orden de la salvación. Algunas de ellas, tal como la justificación y santificación, ya han sido examinadas. Tocante el lugar de a la glorificación, no hay disputa alguna. Y la perseverancia será discutida en nuestro estudio de la seguridad eterna. Pero la elección, llamamiento, regeneración, y arrepentimiento necesitan mayor explicación.

Además, debemos observar que algunos al hablar del *ordo salutis* les gustaría tener todo a la vez. Hablan de un orden temporal y orden lógico. Por ejemplo, Demarest afirma esto: "La conversión, regeneración, unión con Cristo, y la justificación ocurren simultáneamente en el momento de decidir por Cristo, y no sucesivamente".[4] Pero en el mismo lugar, se arguye que un hombre no regenerado no puede tomar una decisión para recibir a Cristo y por tanto, debe ser regenerado *antes* (una preposición temporal) que pueda creer. No se puede argumentar

---

[4] Demarest, *Cross and Salvation*, 43.

convincentemente que un elemento en el orden de la salvación tiene una posición lógica y otra temporal.

Una buena pregunta sería, ¿Y qué? ¿Qué diferencia hace este orden? Esto es un asunto primordialmente relacionado entre la soberanía de Dios y la responsabilidad humana. Los que enfatizan la soberanía quieren desaparecer al hombre de esto. De tal manera, que Dios hace todo para dar forma a la masa de barro a la imagen de Su Hijo al punto que el barro no tiene mente, emoción, o voluntad alguna en todo este asunto. Decir que sí tiene sería subestimar la doctrina de la soberanía de Dios. Por otro lado, los que se inclinan en reconocer la habilidad del hombre, quieren minimizar los efectos de la caída. A tal grado de que Dios estaba activo en la creación y en la cruz, pero pasivo concerniente al proceso de la salvación en el individuo; cada persona es capaz de ocuparse de su propia salvación. Afortunadamente, existe una posición media en las Escrituras.

Capítulo 7

El arrepentimiento[1]

En su libro titulado *¡Le llamo herejía!* A. W. Tozer hace clara su posición sobre la salvación por el señorío de Cristo al decir, "... la verdadera obediencia es uno de los requisitos más difíciles de la vida cristiana. Aparte de la obediencia, no puede haber salvación, puesto que la salvación sin la obediencia es una auto-contradicción inaceptable... ¡Necesitamos predicar de nuevo... a un Cristo que será, ya sea, el Señor de todo o no será en ninguna manera Señor!"[2] En el mismo capítulo, revela su entendimiento acerca del arrepentimiento en la parábola del "Hijo prodigo" en Lucas 15 al escribir:

> La primera cosa que hace el pecador que se vuelve a Dios es confesar: "Padre, he pecado contra el cielo y contra Ti, y no soy digno de ser llamado Tu hijo. Hazme como uno de tus jornaleros". ... De esta manera, al *arrepentirnos*... nos sometemos completamente a

---

[1] El material en este capítulo –es adoptado de un artículo previamente publicado por David R. Anderson: "Repentance is for All Men", *Journal of the Grace Evangelical Society* 11, no. 1 (Spring 1998); y "The National Repentance of Israel", *Journal of the Grace Evangelical Society* 11, no. 2 (Autumn 1998).

[2] A. W. Tozer, *I Call It Heresy!* (Harrisburg, PA: Christian Publications, 1974), 11, 15.

la Palabra de Dios y Su voluntad, como hijos obedientes... ¡y si no le damos esa obediencia, tengo mis razones para dudar si somos realmente convertidos!³

Tozer no es el único con estas convicciones tocante al arrepentimiento y su función en el proceso de salvación.⁴ En el tratamiento clásico de John MacArthur llamado "línea en la arena" del mensaje de salvación en *El evangelio de acuerdo a Jesús*, afirma en términos muy claros: "Desde su primero hasta su último mensaje, el tema del Salvador fue el de llamar a los pecadores al arrepentimiento—y esto significó no solo que adquirieron una nueva perspectiva de quien era Él, sino también que se aparten del pecado y del yo para seguirle".⁵ Otro que ve el arrepentimiento como una parte esencial del proceso de salvación es D. L. Bock, quien dice que: "el arrepentimiento... es un resumen apropiado en el día de hoy para la oferta del evangelio".⁶ Llega a esta conclusión por el uso del

---

³ Ibid., 17, 19, énfasis añadido.
⁴ Por el "proceso de salvación" nos referimos al *ordo salutis*, un término primeramente introducido por los teólogos luteranos Franz Buddeus y Jacob Carpov en la primera mitad del siglo 18. Los componentes normalmente discutidos en los círculos protestantes incluyen: el llamamiento, la regeneración, la fe, el arrepentimiento, la justificación, la santificación, la perseverancia, la glorificación, y la elección. El orden de estos han sido debatidos a través de los siglos. Vea los capítulos anteriores y a Demarest, *Cross and Salvation*, 36-44.
⁵ J. F. MacArthur, *The Gospel According to Jesus* (Grand Rapids: Academie, 1988), 161-62. MacArthur intenta enseñar que L.S. Chafer, T. Constable, M. Cocoris, y C. C. Ryrie se han desviado del verdadero significado del arrepentimiento al hacerlo más o menos sinónimo con creer o simplemente cambiar de mente con relación a Jesús. Reconoce el argumento de Chafer de que el Evangelio de Juan nunca menciona el arrepentimiento, que Romanos usa la palabra solo una vez, y que Pablo no la incluye al testificar al carcelero de Filipo (Hch. 16:31). Sin embargo, para MacArthur, estos argumentos de silencio son inservibles.
⁶ D. L. Bock, "A Theology of Luke-Acts", en *A Biblical Theology of the New Testament*, eds. R. B. Zuck y D. L. Bock (Chicago: Moody, 1994), 131. Bock entiende los términos *arrepentimiento, volverse, y fe* como diferentes maneras de decir la misma cosa (ídem., 129, n. 33). Sí bien reconoce que el volverse difiere del arrepentimiento en el sentido de que lo primero es "un cambio de

El arrepentimiento

término por Jesús en Lucas 24:47, que es la versión de Lucas de la Gran Comisión.

perspectiva", mientras que lo último es "un cambio de dirección" que sigue al "cambio de perspectiva (ídem., 132). Pero para Bock la fe y el arrepentimiento son intercambiables, siendo que una comparación entre Hechos 3:19 y Hechos 11:21 demuestra que Lucas substituyo un término por el otro en estos versos paralelos. En ambos casos el *volverse de* sigue el *creer* o el *arrepentimiento.* Pero continúa haciendo el *volverse* una parte necesaria de "un solo acto" que salva. A la luz de Hechos 14:15 dice que podemos ver "invertida la dirección necesaria para la salvación del incrédulo separado de Dios.... Se dice que los gentiles se están 'volviendo a Dios' en Hechos 15:19, en donde el término solo es suficiente para describir la respuesta que salva". Bock desarrolla su entendimiento acerca del arrepentimiento de Lucas-Hechos y llama a Lucas "el teólogo del arrepentimiento", debido a que usa el sustantivo once veces en Lucas-Hechos de los 22 usos de la palabra en el NT y usa el verbo 14 veces de los 34 usos en el NT. Al principio Bock parece distinguir entre el arrepentimiento y las obras que debían acompáñarlo (ídem., 130-31). Él afirma que el significado del NT solo se *aproxima* al significado de *shub* del AT ("volverse o dar la vuelta) en algunos contextos (Lucas 24:44-47). Describe el arrepentimiento como "un cambio de perspectiva envolviendo el punto de vista de la persona en su totalidad". Y "parte del cambio de perspectiva en el arrepentimiento es ver al pecado diferente y reconocer que es mortal cuando no es tratado".

Sin embargo, conforme Bock continua, los términos se tornan confusos. Él dice que el arrepentimiento es el cambio de *perspectiva* y el volverse o darse la vuelta es un cambio de *dirección* que le sigue al arrepentimiento. Él entonces, hace una distinción entre la raíz y el fruto del árbol. Pero cuando escribe de la raíz, ésta puede "ser sembrada por la fe, el arrepentimiento, o *volviéndose* [el énfasis es mío]. Cada uno de estos términos apuntan a acercarse a Dios y descansando en Su provisiones y misericordia". Sin embargo, en el *ordo salutis* el arrepentimiento es primero (conforme uno ve la vida, el pecado y a Dios de una nueva manera); luego viene el volverse (lo cual alude a una persona *tomando una nueva dirección);* finalmente llega la fe (enfocándose en Dios en donde la atención de una persona culmina después de su nueva orientación). Todos lo tres términos son descritos como la *raíz* del árbol el cual ciertamente tiene que crecer antes que el *fruto* del árbol pueda realizarse.

Pero en la discusión de Bock aparecería como si hay *fruto en la raíz misma.* La dirección de uno en la vida (volviéndose) es producida por el arrepentimiento (el cambio de perspectiva). Y ambas cosas (el arrepentimiento y el volverse) ocurren antes de que uno cree (un acto que es aun parte de la raíz según lo ha definido Bock). Por tanto, cuando todas estas definiciones son esclarecidas, uno tiene que tanto arrepentirse (tener una nueva perspectiva) y volverse (tener una

Claramente, estos hombres entienden el arrepentimiento como un requerimiento para la justificación. En otras palabras, en sus discusiones, el arrepentimiento es para los incrédulos. Pero otros piensan que el arrepentimiento es para los creyentes. Juan Calvino escribió: "Ahora bien, no debería ser un hecho incontrovertido que el arrepentimiento no solo sigue a la fe, sino que además nace por la fe".[7] Y C. H. Spurgeon dijo, "Todos los frutos dignos del arrepentimiento se contienen en la fe misma. Nunca encontrarás que el hombre que confía en Cristo permanece siendo un enemigo de Dios, o un amante del pecado".[8]

Y de esta manera, es justo decir que algunos maestros cristianos creen que el arrepentimiento es para los no creyentes, mientras que otros creen que es para los creyentes. ¿Cuál posición es la correcta? En este estudio se sugiere que ambas posiciones son correctas. En otras palabras, el arrepentimiento es para todo ser humano, tanto creyentes como no creyentes. Sin embargo, intentaremos demostrar que el arrepentimiento no es una condición previa para que los no creyentes puedan obtener un conocimiento salvífico de Cristo Jesús. El procedimiento en este estudio será repasar detalladamente las posiciones sobre el arrepentimiento tomadas a través de la historia, y al mismo tiempo, categorizar a aquellos que pensaron que el arrepentimiento era para los no creyentes y aquellos que creían que era para los creyentes. Después intentaremos demostrar por las Escrituras ejemplos de que el arrepentimiento es para todos los hombres.

---

nueva dirección en la vida) antes que uno pueda creer (tener un nuevo enfoque). Por tanto, de acuerdo a Bock, la salvación = al arrepentimiento + volverse + fe.
[7] Calvin, *Intitutes*, III.3.1.
[8] C.H. Spurgeon, "Faith and Regeneration", *Spurgeon's Expository Encyclopedia* (Grand Rapids: Baker, 1978), 7:141.

LAS POSICIONES HISTÓRICAS SOBRE EL ARREPENTIMIENTO

Los padres post-apostólicos hasta Agustín

Un documento que es sumamente herético pero de mucha influencia en la iglesia de los primeros siglos era *El pastor de Hermas*. El autor dice haber sido un contemporáneo de Clemente, presbítero-obispo de Roma (D.C. 92-101). Hermas es instruido por el "ángel del arrepentimiento" que se le aparece en forma de un pastor de ovejas, el cual llama a una iglesia indiferente al arrepentimiento. El escrito es sumamente legalista y nunca menciona el evangelio o la gracia. Habla del sistema meritorio de las buenas obras y de la expiación del pecado por medio del martirio. No hay mención de la justificación por la fe, pero sí de que el agua bautismal es indispensable para la salvación.[9] Y el bautismo en agua es el sello del arrepentimiento "que convierte a los cristianos, en cristianos.... El esteticismo y el sufrimiento penal son la escuela de conversión".[10] La fe es el fruto del arrepentimiento y el bautismo lo sella.[11]

Justino Mártir siguió muy de cerca a Hermas y también entendió el bautismo en agua como la obra de la regeneración. Él dijo: "Aquellos que están convencidos de la verdad de nuestra doctrina... son exhortados a la oración, al ayuno y al arrepentimiento por los pecados pasados.... Luego son dirigidos por nosotros a un lugar en donde hay agua, y de esta manera son regenerados, como también nosotros lo hemos sido.... Pues Cristo dice: "Que el que no naciere de nuevo, no puede ver el reino de Dios".[12] La importancia que tienen el bautismo para Justino Mártir es recalcado al decir "el lavatorio

---

[9] P. Schaff, *History of the Christian Church*, 5th ed. (n.p.: Charles Scribner's Sons, 1910; reprint, Grand Rapids: Eerdmans, 1967), *vol. 2, Ante-Nicene Christianity*, 684-87.

[10] J. Behm, "μετανοέω", en TDNT, 1967 ed., 4:1008.

[11] Ibid., 4:1007.

[12] J. Martyr, *Apol.* I., c. 61.

del arrepentimiento... es el bautismo, lo cual es lo único que puede limpiar a aquellos que se han arrepentido".[13]

Durante el período post-apostólico el arrepentimiento inmediatamente reflejó la influencia judaizante en contra de la cual Pablo laboró arduamente y de forma prolongada. Así como las limosnas, el arrepentimiento era considerado una buena obra (2 Cl., 16:4). El arrepentimiento es el logro por el cual uno asegura la salvación y la vida (2 Cl., 9:8). La penitencia con llantos y gemidos pueden ganarse el perdón de Dios (Just. Dial., 141.3). Y de esta manera, se puede apreciar que aun al comienzo del siglo segundo, el arrepentimiento llegó a ser conectado con ganarse la aceptación de Dios,[14] y el arrepentimiento fue relacionado con el bautismo en agua.[15]

Para el tiempo de Agustín (d. 430), el bautismo infantil estaba en su pleno apogeo. Y en la pila bautismal "Somos justificados, sin embargo, la rectitud misma sigue creciendo conforme seguimos adelante" (Agustín, *Sermón*, 158.5). Agustín entendió que el *ordo salutis* consistía en la predestinación, el llamamiento, la justificación y la glorificación. Pero que la justificación estaba sobre todo, desde la regeneración hasta la santificación.[16] Y la regeneración iniciando con en el bautismo. Agustín realmente lo llamó "el lavatorio salvífico de la regeneración" (Agustín, *Sermón*, 213.8). Es aquí donde los elegidos reciben la señal externa (el agua bautismal) y la realidad espiritual (la regeneración y la unión con Cristo). Para Agustín "el sacramento del bautismo es indudablemente el sacramento de la regeneración" (Agustín, sobre el perdón de pecados, y el bautismo, II.43).

Sin embargo, a diferencia de Hermas y otros predecesores, Agustín no entendía el arrepentimiento como una obra del hombre. Por el contrario, era el don de la gracia inmerecida que traía la regeneración,

---

[13] J. Martyr, *Dial.* 14:1.
[14] Behm, "μετανοέω", 4:1008.
[15] La regeneración bautismal fue enseñada no solo por Hermas (d. 140) y Justino Mártir (d. 165), pero también por Ireneo (d. 200) y Cirilo de Jerusalén (d. 386), llevándonos a Agustín.
[16] Demarest, *Cross and Salvation*, 351.

El arrepentimiento

la fe, y el arrepentimiento al pecador.[17] Aun los pequeños podían ser regenerados a través del bautismo, el cual "limpia aun al más infante, aun cuando éste todavía no puede creer para justicia y hacer una confesión con su boca para la salvación" (Agustín, *Sobre el evangelio de San Juan*, 80:3). No obstante, los pequeños que han sido elegidos y bautizados inevitablemente continuarán teniendo la fe, el arrepentimiento y el crecimiento en la gracia. Todos éstos eran los elementos del pensamiento de Agustín sobre la justificación. Siendo que no estaba familiarizado con el griego, malentendió el verbo *dikaioō* y lo entendió como "hacer justo" en vez de "declarar justo" (Agustín, *Del espíritu y de la letra*, 45). Este mismo entendimiento llevó a la creencia católica de que la justificación es un proceso de toda la vida. Claro está, que con este planteamiento uno no podía saber si era elegido o no sino hasta que moría.

Aparentemente, los Padres de la iglesia y sus predecesores creían en "una idea lineal de la conversión".[18] Aun cuando la conversión inició en el bautismo, no fue considerada completa sino hasta la muerte. En el bautismo solo los pecados pre-bautismales fueron perdonados. Los pecados post-bautismales, por otro lado, eran un gran problema. Por esta razón, muchos cristianos inicialmente esperaban llegar a ser bautizados hasta que estuvieran a punto de morir. Pero seguramente tenía que haber para los que habían sido bautizados como niños una manera de tener sus propios pecados perdonados. ¡Eureka! ¡Aquí está! El arrepentimiento o la penitencia, era la respuesta. Mientras los padres del cristianismo primitivo estaban divididos en cuanto al número de veces que una persona podía arrepentirse después del bautismo, para el tiempo de Agustín, el número llego a ser ilimitable.

Los Padres latinos dejaron en claro su posición sobre el arrepentimiento por sus traducciones en latín de los términos griegos *metanoeō* (arrepentir) y *metanoia* (arrepentimiento): *poenitentia agite*

---

[17] Ibid., 282.
[18] R. N. Wilkin, "Repentance as a Condition for Salvation" TH.D. diss., Dallas Theological Seminary, 19850, 19.

("hacer [actos de] penitencia" y *poenitentia* ("[actos de] penitencia").[19] Y esta traducción fue preservada en la Vulgata Latina de Jerónimo.

De modo que para el tiempo de Agustín, la penitencia por los pecados post-bautismales era el *modus operandi* para ser reinstalado a la iglesia. El acto de penitencia variaba de acuerdo con la naturaleza del pecado y al temperamento del padre confesor. Los actos incluían el ayuno, la oración, el lloro, el ruego, la abstinencia (para los casados), raparse la cabeza, postrarse, y cosas semejantes. Y la penitencia podía durar desde unos días a muchos años.[20]

En resumen, el arrepentimiento era principalmente pre-bautismal en los Padres post-apostólicos hasta que el bautismo infantil llegó a ser la práctica. Como tal, era vista como una obra del hombre que le ayudaba a ganarse su salvación. Aun cuando no estaba claramente definida, ciertamente incluía algún tipo de contrición por el pecado y la renuncia al mismo, especialmente en el agua bautismal. Para el tiempo de Agustín, el bautismo infantil era lo normal. El arrepentimiento post-bautismal llegó a ser el enfoque debido a que la regeneración se efectuó y la justificación *empezó* por el bautismo en agua. Este arrepentimiento llegó a ser prácticamente sinónimo, no solo de contrición y confesión, sino además haciendo actos de penitencia. Tal entendimiento del arrepentimiento prevaleció durante la Edad Oscura y el Renacimiento hasta los reformadores.

Los Reformadores Y El Arrepentimiento

Tanto Calvino como Lutero rechazaron la noción de que los pecados post-bautismales pudieran ser expiados por la contrición, confesión, y actos de penitencia. Ellos creían que todos los pecados (pasados, presentes, y futuros) estaban cubiertos por la sangre de Cristo cuando el pecador era bautizado. Por tanto, los actos de penitencia eran innecesarios. Para Calvino, el arrepentimiento continuaba a lo largo

---

[19] W. D. Chamerlain, *The Meaning of Repentance* (Grand Rapids: WM. B. Eerdmans Publishing Co., 1943), 27-28.
[20] Wilkin, "Repentance", 22.

de la vida del cristiano, pero es el *fruto* de la fe, como mencionamos previamente. Y de acuerdo al pensamiento de Calvino la fe no puede llegar sin la regeneración. Entonces, después de la obra regeneradora del Espíritu Santo, el don de la fe es implantada en el elegido, y de esta fe viene el arrepentimiento, la cual fue definida como la mortificación de la vieja naturaleza (la carne) y la vivificación de la nueva naturaleza (el espíritu) para santificación".[21] "Calvino entendió por el arrepentimiento lo que otros teólogos posteriormente llamaron santificación".[22]

Para Lutero, el arrepentimiento empezó en el momento de la fe. El mismo involucraba una tristeza genuina por los pecados cometidos y un rechazo de los mismos. Él escribió, "El arrepentimiento no es penitencia solamente sino también fe, una fe que comprende la promesa del perdón, sin lo cual el pecador penitente perece".[23] Al igual que Calvino, Lutero conectó al arrepentimiento con la fe y lo vio en los cristianos como un proceso de toda la vida: "Cuando nuestro Señor y Maestro, Jesucristo, dijo 'Arrepentíos,' hizo una llamado a que la vida entera de los cristianos fuera una vida de penitencia".[24] A diferencia de Calvino, él sí pensó que la conversión era lineal e incompleta hasta el final de la vida de una persona. Uno podía abandonar la fe y perder su salvación. De la misma manera, uno podía retornar a la fe, pero este retorno no se debía a los actos de penitencia.

El Arrepentimiento En La Post Reforma

Después de la Reforma, el entendimiento sobre el arrepentimiento se desvió en cuatro direcciones, de acuerdo a R. Wilkin:[25] 1) la voluntad o resolución de dejar de pecar y el compromiso simultáneo

---

[21] Calvin, *Institutes*, III.3.2,9.
[22] Demarest, *Cross and Salvation*, 248.
[23] M. Luther, *What Luther Says* (St. Louis: Concordia, 1959), 1210.
[24] B. L. Woolf, *Reformation Writings of Martin Luther* (London: Lutterworth, 1952), 32, énfasis añadido.
[25] Wilkin, "Repentance", 7-10.

al Señorío de Cristo;[26] 2) un cambio de pensar;[27] 3) la contrición, confesión, y hacer actos de penitencia; [28] y 4) el abandono del pecado.[29]

Entre los teólogos reformados la posición fundamental es que la regeneración debe de preceder tanto a la fe como al arrepentimiento. Esto se apega al pensamiento tanto de Agustín como de Calvino. Se entiende tanto la fe y el arrepentimiento como la "conversión" misma. Sin embargo, la persona no regenerada no puede creer, y el arrepentimiento es el fruto de la fe. C. H. Spurgeon (d. 1892) dijo: "La fe en el Dios viviente y Su Hijo Jesucristo es siempre el resultado del nuevo nacimiento, y esta nunca puede existir excepto en la regeneración".[30] De modo que, la fe viene de la regeneración, y la fe es la madre del arrepentimiento, el cual incluye tristeza por los pecados y un auto-abandono.[31] Y en todo el estudio hecho por este autor de los últimos dos siglos de la teología reformada, la justificación sigue al arrepentimiento.

A. H. Strong (d. 1921) entendió tres eventos simultáneos: la regeneración, el arrepentimiento, y la fe (en ese orden lógico, si no simultáneamente). Los últimos dos eventos tenían tres elementos, que correspondían a la mente, las emociones, y a la voluntad del hombre. Para el arrepentimiento había: 1) la mente—el reconocimiento del pecado; 2) las emociones—tristeza por el pecado; 3) la voluntad—el abandono del pecado. La fe también tenía tres elementos: 1) la mente—el conocimiento del Evangelio;

---

[26] De acuerdo a Wilkin, ibid., 7, los que creen así son: J. Anderson, W. Barclay, H. Conzelmann, J. D. G. Dunn, D. Fuller, K. Gentry, J. Gerstner, L. Goppelt, W. Graham, G. Ladd, I. H. Marshall, J. I. Packer, J. R. W. Stott and L. Strauss.

[27] Algunos que cree así son: L. S. Chafer, G. M. Cocoris, H. A. Ironside, y C. C. Ryrie (ibid., 8).

[28] Ésta es la posición de la Iglesia católica romana. En vez de ser una condición para obtener la salvación, el arrepentimiento es entendido como un requisito para mantener la misma.

[29] Entre los que comparten esto están J. Graham, G. Peters, A. H. Strong, y *El catecismo corto de fe de Wesminister* (ibid., 10).

[30] Spurgeon, *Encyclopedia*, 7:139.

[31] Demarest, *Cross and Salvation*, 248.

2) las emociones—sintiendo la suficiencia de la gracia de Cristo; 3) la voluntad—confiando en Cristo como Salvador y Señor. De modo que, el arrepentimiento era la determinación de abandonar todo pecado conocido, y la fe era la determinación de volver a Cristo.[32] Entonces, para Spurgeon y Strong el arrepentimiento no es un requisito para la regeneración puesto que la regeneración precede al arrepentimiento y la fe.

M. J. Erickson, y B. Demarest invierten el orden. Esto es, la regeneración sigue al arrepentimiento y a la fe. Al igual que Strong, ambos entienden la conversión como consistiendo tanto del arrepentimiento (el lado negativo) y la fe (el lado positivo). Para Erickson, el arrepentimiento consiste en tener una tristeza por el pecado y la determinación de abandonarlo. La fe equivale a la aceptación intelectual a la verdad del Evangelio más el elemento emocional de confiar en la persona de Cristo. Desde un punto de vista lógico, la regeneración depende del arrepentimiento y a la fe (ambas parten de la conversión), pero desde una perspectiva temporal estas tres ocurren simultáneamente.[33] Demarest mantiene la misma posición.[34]

Es obvio, debido a la discusión previa, que los teólogos no se ponen de acuerdo entre sí en entender si el arrepentimiento precede a la regeneración o no. Para algunos, el arrepentimiento es una *condición* para la regeneración, mientras que otros dicen que es su *fruto*. De modo que, volvemos a donde empezamos. Por un lado unos dicen que el arrepentimiento es para los no regenerados, y por otro lado, otros dicen que es para los regenerados. Tal vez ya sea hora de ver lo que las Escrituras enseñan. ¿Existen ejemplos bíblicos sobre el arrepentimiento relacionado a los no creyentes y a los creyentes?

---

[32] Ibid., 249.
[33] Ibid.
[34] Ibid.

EL TESTIMONIO DE LAS ESCRITURAS SOBRE EL ARREPENTIMIENTO

El Arrepentimiento Es Para Los No Creyentes

¿Se puede demostrar claramente que el arrepentimiento es para los no creyentes? Claro que sí. La mayor parte del ministerio de Juan el Bautista fue dirigido a no creyentes. Sabemos esto por lo que dice Juan 1:7 que Juan vino como testimonio sobre la luz (Jesús) para que todos los hombres *creyeran* por medio de Él. Se pudiera argumentar que muchos de los santos del AT ya habían ejercido fe en las promesas de Dios por medio de la sombra de la Ley, y que ahora estos "creyentes" necesitaban creer en la máxima revelación, Su hijo. Aun así, ellos necesitaban creer después de haberse arrepentido. Y lo más seguro, es que muchas de estas personas no habían creído la primera vez, pues Juan 5:35 implica que muchos judíos respondieron al mensaje de Juan y se regocijaron en su luz, pero cuando el Mesías llegó no creyeron en Él (Juan 5:36-47), ni tampoco eran salvos (Juan 5:34). El punto es, que para la mayoría de los oyentes de Juan, el arrepentimiento vino antes de la fe regeneradora. De modo que, el arrepentimiento era para los no creyentes.

Jesucristo mismo tuvo un ministerio similar. Podemos ver esto en Marcos 1:15 cuando Él fue a la región de Galilea predicando el evangelio del reino y diciéndoles que se *arrepintieran* y *creyeran* en el evangelio. Es obvio, que este evangelio es la buena nueva del Rey y de Su reino, pero aun aquí el creer viene después del arrepentimiento. Los pasajes paralelos de Mateo 9:13, Marcos 2:17, y Lucas 5:32 deberían también servir como ejemplos claros de pecadores que aun han de creer. No es el justo (*dikaious*) que necesita arrepentirse, sino los publicanos y pecadores. Sin embargo, si alguno se aventurara en decir que los publicanos y los pecadores eran judíos que ya tenían una relación de pacto con Jehová pero que habían perdido la comunión con Él, esto no se podía decir de Lucas 24:47 en donde el arrepentimiento y el perdón de pecados es predicado a *todas las naciones*. Sin duda alguna estas naciones carecían de una relación de pacto con Jehová. Por supuesto, que los individuos de estas naciones necesitaban *creer* para ser salvos (Marco 16:16), pero es muy probable que el llamado al arrepentimiento precedió a la invitación de creer.

Si los pasajes anteriores no han aclarado que el arrepentimiento es para los no creyentes, entonces Lucas lo aclara aún más en Hechos 17:30 donde Pablo habla a los filósofos griegos y otros hombres de Atenas. Él les dice que Dios manda *a todos los hombres en todo lugar a arrepentirse*. La razón por la cual deben de hacer esto es debido al juicio inminente, el cual se llevará a cabo por medio de Cristo a Quien Dios levantó de los muertos. Después de oír el mensaje concerniente a la resurrección de Cristo, *algunos hombres... creyeron*. ¿Acaso las implicaciones de esto no son parecidas a las de 2 Pedro 3:9 en donde Dios no quiere (*boulomai*) (eje. predeterminado) que ninguno perezca, sino que *todos los hombres* tengan la oportunidad (*chōrēsai*) de arrepentirse? Indudablemente, "todos los hombres" se refiere a los no creyentes.

El testimonio de Pablo a los ancianos de Éfeso debe de ser entendido como un ejemplo de su predicación (Hch. 20:21), incluyendo el *arrepentimiento* hacia (*eis*) Dios y *fe* hacia (*eis*) el Señor Jesucristo. De nuevo, es indudable que el arrepentimiento precede a la fe. Éste es el mismo orden de eventos implicados en la lista de Hebreos 6:1. El escritor empieza con el arrepentimiento y cronológicamente sigue hasta llegar al juicio; el arrepentimiento de obras muertas, fe en Dios, el bautismo, la imposición de manos, la resurrección de los muertos, y el juicio eterno. ¿Pudiera una persona objetiva no admitir que el arrepentimiento es el primer paso?

En los pasajes anteriormente mencionados, el arrepentimiento es para los no creyentes. Sin embargo, también lo es para los creyentes.

El Arrepentimiento Es Para Los Creyentes

El llamado hecho a Israel de arrepentirse es un ejemplo muy especial que posteriormente estaremos tratando con mayor detalle en nuestro siguiente estudio. Pero, un caso interesante y relevante a este asunto es el de los ninivitas. Tanto Mateo 12:41 y Lucas 11:32 nos informan que las personas de Nínive se *arrepintieron* por la predicación de Jonás. Pero cuando leemos en el libro de Jonás, vemos que dice que "los hombres de Nínive *creyeron* a Dios, proclamaron ayuno y, se vistieron de cilicio desde el mayor hasta el menor de ellos" (Jonás 3:5, énfasis añadido). Pudiera ser que los relatos de los evangelios están usando el término *metanoēsan* (arrepintieron) como una metonimia de la respuesta de los ninivitas al mensaje de Jonás (creer + frutos),[35] pero la primera respuesta registrada por parte de los ninivitas fue su fe.

Si el ejemplo de los ninivitas no es suficientemente claro, entonces, ¿qué del llamado al arrepentimiento en Apocalipsis 2 y 3? Cinco de las siete iglesias son llamadas a arrepentirse (las únicas acepciones son Esmirna y Filadelfia). Indudablemente la mayoría de las personas en estas cinco iglesias serían consideradas como creyentes. La iglesia de Éfeso no es acusada de herejía. Más bien, se le acusa de tener una ortodoxia muerta y fría. Tenían la fe adecuada, pero su devoción había menguado; habían perdido su primer amor. Ahora necesitaban arrepentirse. Necesitaban regresar y hacer sus primeras obras, que sería el fruto de su arrepentimiento. ¿Acaso no es esto un llamado a creyentes al arrepentimiento? ¡Claro que lo es! Aun en el caso de la iglesia de Laodicea, muchos eruditos concuerdan que el asunto aquí no es de relación, sino de comunión. Apocalipsis 3:19 dice, "Yo reprendo y castigo a todos los que amo; sé, pues, celoso y arrepiéntete".[36] Pero la promesa a los que se arrepienten es simplemente esta: "Entraré a él y cenaré con él y él conmigo". La promesa no es de relación; es de comunión. El asunto aquí es la intimidad, el comer juntos, el gozar de la compañía mutua.

Lucas 15, con sus tres parábolas sobre el arrepentimiento, arroja luz sobre el mismo asunto. Jesús está comiendo y bebiendo con los publicanos y pecadores. Los fariseos y escribas no pueden entender como Jesús hace esto. Los evangelistas han hecho de este pasaje uno de sus favoritos para apelar a los pecadores a "regresar a casa". ¿Pero que nos asegura de que la oveja perdida en Lucas 15:4-7 no sea oveja? Y, ¿qué nos asegura que la moneda en la siguiente parábola no sea una

---

[35] Siendo que estas personas inicialmente no eran creyentes, se pudiera argumentar que el orden aquí es arrepentimiento + fe + fruto, sin embargo, su primera respuesta registrada es su fe.

[36] Una palabra usada en el NT para formación infantil.

moneda que se usa como parte de un collar? Y en la parábola del hijo pródigo, ¿estamos preparados en decir que el hijo no era ya un hijo del padre ni parte de la familia, antes de abandonar el hogar? El llamado bien puede ser para regresar a casa, pero es dirigido a personas que ya tenían un hogar, que ya eran parte de la familia, parte del rebaño.

Como Z. C. Hodges escribe,[37] los ejemplos en Lucas 15 podrían apoyar ambas posiciones. Si el autor está visualizando a un incrédulo, el llamado es al arrepentimiento; y si visualiza a un creyente, el llamado es a lo mismo. La serie de parábolas, en su totalidad, es una respuesta a la práctica del Señor respecto a la comunión que representa sentarse a la mesa a comer juntos. Jesús se encuentra comiendo con cobradores de impuestos y pecadores. ¿Qué necesitaba suceder para que una persona santa y recta pudiera tener comunión en la mesa con gente pecadora? Esos pecadores necesitaban tomar la decisión de arrepentirse, fueran ellos justificados o no. Con esto en mente, Jesús está más cómodo comiendo con los cobradores de impuestos y pecadores que se habían arrepentido, que con los fariseos y escribas que no lo habían hecho.

Quizá esto aclare más el asunto. Primero, tenemos una verdad de *relación* que identificaremos como verdad "A". Después tenemos una verdad de *comunión* que identificaremos como una verdad "B". Si una persona hace alguna pregunta concerniente a la verdad "B", recibirá una respuesta de la verdad "B". Si hace una pregunta concerniente a la verdad "A", recibirá una respuesta concerniente a la verdad "A". Tomemos el caso del joven rico. Él preguntó cómo podía "heredar" la vida eterna. Jesús le dijo que fuera y vendiera todo lo que poseía y lo diera a los pobres. Si entendemos la pregunta como una pregunta relacionada a la verdad "A", entonces la respuesta de

---

[37] Z. C. Hodges, *Absolutely Free!* (Grand Rapids: Zondervan, 1989), 148-52. Hodges entiende el llamado al arrepentimiento como un llamado a una relación armoniosa con Dios, la cual él llama *comunión*. Creer es el llamado a una *relación salvífica* permanente con Dios. Si bien el creer para tener una relación salvífica permanente se hace una sola vez, la necesidad del arrepentimiento para establecer comunión con el Señor por primera vez o para restaurar la comunión con Él será repetida una y otra vez en la vida del creyente.

cómo ir al cielo o cómo establecer una relación con Dios es por la obra de la autonegación. La mayoría de los intérpretes protestantes se incomodan ante esto y son forzados a explicar el pasaje de tal manera que la respuesta se relacione con "la evidencia de la fe". Pero si aún ésta fuese la interpretación correcta, ¿cuantos creyentes profesantes han salido y vendido todas sus posesiones y las han dado a los pobres como evidencia de su fe? Por otro lado, ¿qué si el joven rico estaba haciendo una pregunta relacionada a la verdad "B" y Jesús le dio una respuesta "B"? ¿Qué si la *recepción* de la vida eterna (verdad "A") es por la fe, y la *posesión*[38] de la vida eterna (verdad "B") es por las obras (en un buen sentido, es decir, empoderado y motivado por el Espíritu Santo—Ef. 2:10; Gá. 2:20)? Si el joven rico hubiese hecho una pregunta "A", Jesús le hubiese respondido con una respuesta "A". En vez de esto, el hombre hizo una pregunta "B" y recibió una respuesta "B". Es obvio, que Jesús sabía que para llegar a "B" uno tiene que pasar por "A". Para *poseer* la vida eterna, uno tiene

---

[38] La versión de Mateo (Mt. 19:16) usa el verbo εχω ("tener"), mientras que la de Lucas (Lc. 10:25) usa κληρονομεω ("heredar"). En el AT *nhl* y *yrsh* se intercambian, una palabra significando "heredar", y la otra significando "poseer", respectivamente. El análisis de la concordancia revela que la palabra se traduce de ambas maneras. Por supuesto, que el uso principal de *yrsh* se encontraba en Deuteronomio. El pueblo tenía que entrar y poseer la tierra. Pero existía una gran diferencia entre estar en la tierra y poseer la tierra. Para poseer la tierra, se le dieron instrucciones claras al pueblo. Cuando fracasaron en seguir las instrucciones (como lo hicieron con los filisteos), fue una falta de su fe para poseer la tierra. Ahora, los judíos están en la tierra de nuevo, pero aun no la han poseído. Ellos no tendrán la herencia completa que les pertenece en virtud de la donación dada a Abraham hasta que Cristo venga para conquistar la tierra por ellos.
[Pero] debe de observarse que esta herencia es una recompensa por la fidelidad. De la misma manera, en la vida cristiana, cada hijo de Dios es un heredero (Gá. 4:7) de bendiciones abundantes las cuales serán compartidas con todos Sus hijos. Pero para los hijos maduros (He. 2:10), hay una herencia/posesión especial reservada en el cielo lista para ser revelada cuando Cristo regrese (1 P. 1:4-5, 9). De hecho, para demostrar este punto a los cristianos hebreos, el autor usa la palabra *peripoiēsin* (posesión) en Hebreos 10:39. Por la fe estos cristianos pueden poseer sus vidas (*psuchēs*, su tiempo en la tierra) por la eternidad.

que *tener* la vida eterna. Para *poseer* la tierra, uno tiene que estar *en* la tierra.

De la misma manera es con el arrepentimiento. El arrepentimiento tiene que ver con la verdad "B": la comunión. Es por esto que Lucas 17:3-4 es tan ilustrativo. La discusión concierne a la comunión fracturada entre dos hermanos. Para que su comunión sea restaurada, el ofensor debe de ir a su hermano y arrepentirse, mientras que el hermano ofendido debe de perdonar al hermano arrepentido. Luego ambos, ya teniendo una *relación* permanente (hermano a hermano), pueden una vez más *gozar* de su relación (= comunión). De esta manera, de ahora en adelante, cuando usemos la palabra relación queremos decir la verdad "A", mientras que la palabra comunión se refiere a la verdad "B". La ofensa cometida no había terminado con su relación; sino, que había roto su comunión.

De los pasajes anteriormente analizados, es evidente que el arrepentimiento no es un desafío simplemente a los no-creyentes. Sino que además es una apelación a los creyentes. ¿Es el arrepentimiento para todos los hombres? Pero, ¿qué es exactamente el arrepentimiento? ¿Significa "cambiar de mente", como muchos sugieren? O, ¿significa que uno tiene que abandonar por completo todos sus pecados, como otros enseñan? La sugerencia de este estudio es que el arrepentimiento significa más que un simple cambio de mente, pero menos que un completo alejamiento de los pecados propios, pecados que pueden ser observados externamente. Entonces, ¿qué significa el arrepentimiento?

El Significado Del Arrepentimiento

No intentaremos establecer el significado de esta palabra comparándola con *shub* ("regresar o dar la vuela") y *nihim* (lamentar o confortarse a sí mismo") en el AT, aunque estos términos serán discutidos en nuestro siguiente estudio. Lo cierto es que no existe un término que sea directamente equivalente a *metanoeō* o *metanoia* en el AT. Es por eso que la LXX nunca traduce *shub* como *metanoeō*. En la LXX, *shub* es traducido como *epistrephō*, un hecho que ha llevado a muchos ya sea, a igualar *epistrephō* con *metanoeō* o incluir *epistrephō* en el significado de *metanoeō*.³⁹ ¿Es esto valido? Antes de discutir *epistrephō* en su relación con *metanoeō* necesitamos examinar la raíz del significado de *metanoeō* para ver si ese significado es suficiente en sus contextos en el NT.

Ya se ha mencionado que tanto Lutero como Calvino desearon remover el concepto de penitencia del significado del arrepentimiento. Una de las maneras más sencillas de hacer esto era ir a la raíz del significado de la palabra: *meta* = después; *noeō* = pensar. Cuando ambas palabras eran unidas, el efecto de *meta* era "después del hecho" o "después". Tenía que ver con pensar en algo más adelante o de revertir la opinión. De modo que, el arrepentimiento significaba "cambiar la mente", un entendimiento válido en muchos contextos no religiosos. Pero, ¿es este significado suficiente en los contextos del NT, o somos culpables de cometer "la falacia de la raíz etimológica" al asignar este significado a la palabra?⁴⁰

Tanto Juan y Jesús predicaron, "Arrepentíos, porque el reino de los cielos se ha acercado" (Mt. 3:2; 4:17). Si substituimos la raíz del significado etimológico de *metanoeō* a este pasaje, ¿tendría sentido decir: "Cambia tu mente porque el reino de los cielos se ha acercado"? Realmente no. Aún si empezáramos a introducir cosas de las cuales tenían que cambiar de pensar (su propia pecaminosidad, la rectitud de Dios), algo al parecer faltaría. La exhortación tendría más sentido si sustituyéramos "pónganse bien con Dios" como significado del arrepentimiento. "Pónganse bien con Dios porque el reino de los cielos se ha acercado". Pero "pónganse bien con Dios" parece envolver más que simplemente tener "un cambio de pensar".

Si examinamos Apocalipsis 9:20-21, el arrepentimiento, sin duda alguna, se refiere a algo más que tener un "cambio de pensar":

> Y los otros hombres que no fueron muertos con estas plagas, ni aun así se arrepintieron de las obras de sus manos, ni dejaron de adorar a los demonios, y a las imágenes de oro, de plata, de bronce, de piedra y de madera, las cuales no pueden ver, ni oír, ni andar; y no

---

³⁹ Vea Behm, "μετανοέω", 4:990-91.
⁴⁰ D. A. Carson, *Exegetical Fallacies*, 2d ed. (Grand Rapids: Baker, 1996), 28-33.

se arrepintieron de sus homicidios, ni de sus hechicerías, ni de su fornicación, ni de sus hurtos.

Seguramente, si hubiera un pasaje donde "apartarse de sus propios pecados" apareciera estar implicado en el significado del arrepentimiento, sería éste. Decir que Dios simplemente destruyó a estas personas por no "cambiar su forma de pensar" en cuanto a sus homicidios, etcétera, restaría toda la fuerza del pasaje. Pero, ¿significará "apartarse de" como afirma B. Demarest: "¿El arrepentimiento es un cambio de mente, lealtad absoluta, y comportamiento por el cual el pre-cristiano se aparte del pecado y vuelve a Dios"?[41]

En el NT *Epistrephō* es el término para "hacer volver" o "convertir" así como también lo es en la LXX en donde se usa para traducir *shub* en vez de *metanoeō*. Pero el uso de *Epistrephō* en el NT revela que de las 39 veces que se usa, en todas con excepción de cinco, hacer volver, puede ser observado externamente por otras personas. Santiago 5:19-20 presenta uno de estos casos. En este pasaje un creyente[42] se

---

[41] Demarest, *Cross and Salvation*, 252.

[42] Existen dos formas de argumentos ofrecidos para sugerir que el que se desvía en este pasaje no es un creyente. Uno es decir que el hermano no es un hermano. Claramente el pasaje se dirige a hermanos, y hace la hipótesis que uno de ellos se desvía de la verdad. Al parecer entonces, Santiago se refiere a un creyente, a menos que, el hermano no sea un hermano.

El argumento que afirma que el hermano no es un hermano generalmente dice algo así. En toda congregación tenemos cristianos nominales y cristianos genuinos. Solo estos últimos son nacidos de nuevo. Cada iglesia es una congregación compuesta de ovejas y cabritos, el trigo y la cizaña, creyentes y no creyentes, hermanos genuinos y hermanos falsos. De modo que, solo porque Santiago se esté dirigiendo a hermanos en este pasaje no significa que todos los hermanos sean creyentes.

Aun cuando tal argumento pueda funcionar en ciertos contextos, definitivamente no funciona en Santiago. En Santiago 1:16-18 los hermanos amados son identificados por las palabras "nos" y "seamos" del v. 18, los cuales incluye a Santiago, el autor. Y el pasaje dice que "nos" "hizo nacer" (*apekuēsen*—1 aoristo activo y es un término de nacimiento) por la palabra de verdad para que seamos primicias de sus criaturas. ¿Pudiera haber una indicación más clara de su nacimiento espiritual? Estos amados hermanos han "nacido de nuevo".

Soteriología de la gracia gratuita

ha descarriado[43] del camino derecho y angosto ("la verdad"), y otro hermano le *hace volver* de su extravío. El regreso es claramente notable a simple vista. No es un volverse *interno* o parte de la *raíz* tal como lo sugirió D. L. Bock.[44]

Y en las cinco ocasiones donde *epistrephō* pudiera haber sido interpretado como significando algo interno (Mt. 13:15; Mr. 4:12; Jn. 12:40; Hch. 28:27; 2 Co. 3:16), debe observarse que las cinco son una referencia a la nación de Israel como un todo, un tema que será tratado en el siguiente estudio. Aun así, las primeras cuatro referencias se refieren a Isaías 6:9-10, las cuales tienen una interesante arreglo quiástico: "Engruesa el corazón de este pueblo, y agrava sus oídos, y ciega sus ojos, para que no vea con sus ojos, ni oiga con sus oídos, ni su corazón entienda, ni se convierta, y haya para él sanidad".

Pero en el v. 19 de nuevo se dirige inmediatamente a estos "amados hermanos". Sin duda es el mismo grupo al cual él acaba de dirigirse en los vv. 16-18. Y observaremos que estos hermanos son animados a recibir con mansedumbre la Palabra implantada, la cual puede *sōsai* sus *psuchas,* la misma palabra griega que encontramos en Santiago 5:20 con referencia al creyentes descarriado cuya vida ha sido restaurada. El argumento que sostiene que el hermano no es un hermano es verdaderamente defectuoso.

La única manera de evitar lo obvio es decir que la persona que se descarría de la verdad en Santiago 5:19 no es identificado como hermano, sino como *tis* (alguno), significando un miembro de la congregación pero no uno de los hermanos. De nuevo, la sugerencia está completamente fuera del contexto. Todo lo que uno necesita hacer es ver el contexto inmediato de los vv. 13-18 para darse cuenta que el pronombre *tis* ha sido usado en tres ocasiones para referirse a los creyentes de la congregación que han tenido ciertas necesidades. Se les da instrucción en cómo atender a esas necesidades. El hermano enfermo debe de llamar a los ancianos de la iglesia, los cuales le ungirán con aceite y oraran por él. La oración de fe sanará *(sōzō)* al enfermo. Por supuesto que ninguno argumentaría que el pasaje se está refiriendo a no creyentes. De la misma manera, tampoco deberían argumentar, basados en el uso de *tis,* que Santiago 5:19 se refiere a un no creyente que se desvía de la verdad.

[43] La palabra griega *planeō* es ciertamente pintoresca debido a que presenta a un creyente en su debida orbita con relación al Hijo de Dios, pero se desvía de su debida posición en los cielos. Aquí tenemos a un creyente que ha reflejado la luz del Hijo para Su gloria, pero algún tipo de ojo negro lo ha sacado de su órbita.

[44] Vea la nota a pie de la página 5.

Observe como el mensaje da un giro completo regresando a su punto inicial: el corazón, los oídos, los ojos... los ojos, los oídos, y el corazón. Por supuesto que, los sentidos físicos están siendo usados de forma metafórica, pero el mensaje se ha alargado, por decirlo así. Si hubiera algún tipo de proceso interno envuelto en su "conversión" parecería que éste devolverse sería parte del quiasmo. Como no lo es, y la conversión queda fuera del quiasmo, al parecer el convertirse no tiene que ver con la internalización del mensaje, sino se refiere a una acción externa.

Si el análisis anterior de hacer volver en Isaías 6:10 tiene valor o no, la gran mayoría de los usos del término *epistrethō* en el NT indudablemente tratan con algo que es externamente notorio. Concluimos, entonces, que el hacer volver o convertirse de los pecados propios de una manera observable, bien puede ser el *fruto* del arrepentimiento y/o del creer (compare Hch. 3:19 y 11:21), pero el convertirse no es parte de la *raíz*.

Sin embargo, si el arrepentimiento es más que "un cambio de mente o pensar", pero menos que un devolverse de los pecados observable, entonces, ¿qué es? Sugerimos el siguiente significado: *una resolución interna de convertirse de sus propios pecados*. Nosotros pensamos que este significado tendrá mejor sentido en cada uso del término en el NT.

Conclusión

Una vez más, preguntamos, si el arrepentimiento es la resolución interna de devolverse (convertirse) de sus propios pecados, entonces, ¿es el arrepentimiento una condición para recibir la vida eterna? Una vez más concluimos que no lo es. El arrepentimiento no es una condición para *recibir* la vida eterna, pero si es una condición para *poseer* la vida eterna. Por poseer la vida eterna nos estamos refiriendo a gozar de una calidad de vida que solo el creyente con Dios puede tener. El arrepentimiento no tiene que ver con relación; tiene que ver con comunión. Para poder estar "bien con Dios", uno tiene que arrepentirse. Si estamos pensando en un no creyente, entonces él tiene que creer para recibir el regalo gratuito de la salvación. Él puede arrepentirse antes de creer o después de hacerlo. Es su fe la que lo salva eternamente, pero es el arrepentimiento que le permite gozar de su fe. El arrepentimiento concierne a la comunión.⁴⁵

Alguien puede preguntar, "¿Pero como puede Dios tener comunión con una persona que realmente no ha rechazado y abandonado todos sus pecados de los cuales está consciente?" Probablemente nos ayudará la siguiente ilustración. Como pastor me encuentro cada semana con hombres que están envueltos en comportamientos adictivos. Me siento cómodo al comer con estos hombres, jugar golf, y estudiar juntos la Biblia. Pero algunos de ellos están cautivos a sus adicciones. Aún tienen que abandonarlas externamente. Pero aun así me puedo sentir cómodo con ellos y tener comunión con ellos. ¿Cómo? ¿No me prohíbe 1 Corintios 5:11 comer con ellos? Ah, la razón por la cual puedo comer con ellos, es porque estos hombres en cada caso han determinado que su comportamiento está mal, y desean ser librados. En otras palabras, cada uno de ellos se ha arrepentido. Ellos aún no han recibido la victoria externa. Sin embargo, ellos han resuelto internamente abandonar sus comportamientos adictivos. Por el poder del Espíritu Santo serán liberados del poder de la ley del pecado y de la muerte (Ro. 8:2).

Si alguno de estos hombres no hubiese decidido dejar su comportamiento pecaminoso, entonces yo no podría gozar de la comunión con ellos. ¿No es esto lo que Jesús estaba haciendo con los borrachos, los cobradores de impuestos, glotones, y pecadores? Él no condonaba sus pecados. Tampoco participaba de los mismos. Pero Él estaba dispuesto a sentarse a la mesa y tener comunión con ellos. Solo podemos concluir que ellos se habían arrepentido, es decir, estaban convencidos que su conducta descarriada estaba mal, y deseaban "ponerse bien con Dios". En otras palabras, se habían propuesto volverse de sus pecados. Con eso en mente, Jesús estaba dispuesto a reunirse con ellos, comer con ellos, y explicarles el camino a la libertad. El fruto de su arrepentimiento fue su deseo de reunirse con Él y finalmente volverse de sus pecados.

---

⁴⁵ David Anderson, "The Role of Repentance in Salvation", in *A Defense of Free Grace Theology: With Respect to Saving Faith, Perseverance, and Assurance*, ed. Fred Chay (USA: Grace Theology Press, 2017), 89-119.

Entonces, ¿quién está en lo correcto? ¿Es el arrepentimiento para los creyentes o para los no creyentes? Ambas partes están en lo correcto en que el arrepentimiento es tanto para creyentes como para los no creyentes. El arrepentimiento es para todos los hombres. Sin embargo, no es un requerimiento para la salvación; es un requerimiento para la santificación. No es un requerimiento para la relación; es un requerimiento para la comunión. Para establecer una relación eterna con Dios, uno tiene que creer una sola vez. Pero para gozar de una comunión continúa con Dios, uno tiene que vivir una vida de constante arrepentimiento.

Hay otro ejemplo bíblico sobre el arrepentimiento que ha sido un punto de controversia entre los evangélicos: el llamado al arrepentimiento nacional del pueblo de Israel en los Evangelios y en el libro de los Hechos. Esto es más explícito en el ministerio de Juan el Bautista, y en los primeros capítulos del libro de los Hechos por el llamamiento de Pedro a los "hombres de Israel" a que se arrepientan. La controversia concierne la naturaleza e implicaciones del "bautismo del arrepentimiento" de Juan y el llamado de Pedro al arrepentimiento y bautismo para la "remisión de los pecados".

EL ARREPENTIMIENTO NACIONAL DE ISRAEL

Juan el Bautista tenía un mensaje claro y conciso para Israel: "Arrepentíos porque el reino de los cielos se ha acercado" (Mt. 3:2). Jesús tenía exactamente el mismo mensaje: "Arrepentíos, porque el reino de los cielos se ha acercado" (Mt. 4:17). Y el pueblo respondió al mismo. Llegaron multitudes desde Jerusalén, Judea, y las regiones cercas del rio del Jordán. Pero cuando aparecieron en la escena los fariseos y saduceos (Mt. 3:7, 8), Juan no se impresionó. Él les dijo: "¡Generación de víboras! ¿Quién os enseñó a huir de la ira venidera? Empiecen, pues, a dar frutos digno del arrepentimiento" (mi traducción).

Si vamos a entender el significado del arrepentimiento para la nación de Israel, entonces, necesitamos entender el trasfondo del ministerio de Juan, el significado de la palabra "ira", y la maldición que Jesús puso sobre la generación de judíos que lo crucificaron.

Y una vez que hayamos entendido el arrepentimiento nacional de Israel, entonces podemos explicar la relación entre el bautismo en agua y el bautismo del Espíritu Santo. Después de todo, Agustín enseñó que el bautismo del Espíritu Santo ocurre durante el bautismo en agua, y Calvino, Lutero, Wesley, R. Shank,[46] y mucho otros, adoptaron su posición. ¿Es eso lo que las Escrituras enseñan, que la persona recibe al Espíritu Santo mientras está sumergido en el agua o mientras está siendo rociado por el agua? Si no, ¿por qué no? Entender el arrepentimiento nacional de Israel es importante para conocer cuando ocurre el bautismo del Espíritu Santo. Esto nos obliga a empezar a estudiar el trasfondo del ministerio de Juan.

El Trasfondo Del Ministerio De Juan

El pacto de Israel con Jehová

Para poder entender el llamado hecho a Israel de un arrepentimiento nacional por parte de Juan el Bautista, de Jesús y de Pedro, es necesario también entender la relación de pacto entre Jehová e Israel. Esta relación empezó mucho antes del pacto con Moisés. Empezó con el pacto hecho con Abraham. Este pacto era muy diferente del Pacto Mosaico. Este último era lo que M. Kline llamó el tratado de soberano-vasallo.[47] Por otro lado, el Pacto Abrahámico fue identificado por M. Weinfeld como un pacto de concesión. En sus propias palabras: "dos

---

[46] Shank, *Elect in the Son* (Springfield, MO: Westcott, 1970) y *Life in the Son* (Springfield, MO: Westcott Publishers, 1961), admitió en una entrevista personal con este autor en 1976 de que el Espíritu Santo es recibido mientras el nuevo creyente está sumergido en el agua. Cuando fue desafiado con el ejemplo de Cornelio en Hechos 10, el respondió diciendo que Cornelio fue la excepción. Cuando lo continué desafiando con el ejemplo del ladrón en la cruz (aun cuando el bautismo del Espíritu Santo no era una cuestión antes del Pentecostés), él le atribuyó al ladrón el bautismo "del deseo". El ladrón deseaba bajarse de la cruz y entrar al agua, pero siendo que no podía, Dios le atribuyó la rectitud debido a su deseo de ser bautizado en agua.

[47] M. Kline, *Treaty of the Great King* (Grand Rapids: Eerdmans, 1963), 9-10. El trabajo más reciente a refinado el bosquejo ofrecido por Kline con beneficios considerable en la sesión de las estipulaciones (vea S. A. Kaufman, "The Structure of Deuteronomic Law". *Maarav* 1 [April 1979]: 105-58), pero el libro

tipos de pactos ocurren en el Antiguo Testamento: el tipo obligatorio reflejado en el pacto de Dios con Israel y el tipo promisorio reflejado en el Pacto Abrahámico y Davídico".[48] Al contrastar las dos categorías de los pactos Weinfeld comenta:

> Ambos preservan los mismos elementos: introducción histórica, delineación de fronteras, estipulaciones, testigos, bendiciones y maldiciones. Sin embargo, en el aspecto funcional, hay una gran diferencia entre los dos tipos de documentos. Mientras que el "tratado" constituye una obligación del vasallo a su amo, el soberano (suzeriano), la "concesión" constituye una obligación del maestro a su siervo.... Aún más, mientras que la concesión es una recompensa por la lealtad y buenas obras ya hechas, el tratado es una motivación a una lealtad futura. [49]

L. W. King fue uno de los primeros (1912) en publicar las placas y la traducción de las comisiones reales dadas a los siervos fieles en su obra *Babylonian Boudary-Stones*.[50] Estas piedras de demarcación territorial (*kudurrus*) están fechadas entre 1450 A. C. A 550 A. C., o todo el período de la historia Babilónica durante las cuales las piedras eran empleadas para la protección de la propiedad privada. King comenta:

> Los textos kudurru tuvieron sus orígenes con los reyes casitas de la tercera dinastía babilónica, y aunque al principio registraron o confirmaron concesiones reales de tierras a importantes funcionarios y servidores del rey, su objetivo era, sin duda, colocar los derechos recién adquiridos del propietario bajo la protección de los dioses.

---

entero de Deuteronomio es generalmente reconocido como un gran pacto entre soberano-vasallo.
[48] M. Weinfeld, "The Covenant of Grant in the Old Testament and the Ancient Near East", *Journal of American Oriental Society* 90 (April-June 1970): 184.
[49] Ibid., 185.
[50] L. W. King, *Babylonian Boudary-Stones and Memorial-Tablets in the British Museum* (London: British Museum, 1912).

La serie de maldiciones, regularmente añadidas al registro legal, estaba dirigida contra cualquier interferencia con los derechos del propietario de las deidades, cuyos símbolos estaban gravados en los espacios en blanco de la piedra.[51]

Estas mismas concesiones reales eran usadas en Israel desde el tiempo de Abraham hasta el tiempo de David.[52] Las concesiones de terrenos eran, invariablemente, recompensas por un servicio leal por parte del vasallo a su soberano. Vale la pena comentar que la relación entre soberano-vasallo era la base de la concesión. En otras palabras, los reyes no concedían donaciones a los extraños, es decir, con alguien con el cual no tenía una relación de pacto. La relación precedía a la recompensa.[53] Fue el aspecto de recompensas de las donaciones, junto con la terminología paralela entre las donaciones y los pactos con Abraham y David, lo que convenció a Weinfeld de que estos pactos eran concesiones reales. Tanto Abraham como David

---

[51] Ibid., x.

[52] El caso de las concesiones reales en la historia de Israel es tratado por A. E. Hill, "The Ebal Ceremony as a Hebrew Land Grant?" *Journal of the Evangelical Theologicval Society* 31 (December 1988): 399-406, pero el uso específico de ellos por David es documentado por Z. Ben-Barak, "Meribaal and the System of Land Grants in Ancient Israel", *Biblica* 62 (January 1981): 73-91. Puede ser que David se familiarizara con la costumbre cuando se le otorgó a Siclag por Aquis el rey de Gat, como una recompensa por su servicio como comandante militar. Pero la historia de Merib-baal (2 Sa. 9; 16:1-4; 19:17-31) demuestra que David mismo practicó ésta costumbre de dar un terreno como recompense por un fiel servicio. También existe evidencia por lo que enseñan 1 Samuel 8:14 y 22:7 de que el sistema de concesiones estaban en boga durante el tiempo de David.

[53] La relación con Abraham realmente empezó en Ur de los Caldeos, un hecho muy a menudo pasado por alto pero claramente indicado en Hechos 7:2-3. Cuando el texto dice, "El Dios de la gloria apareció a nuestro padre Abraham", la verborrea empleada es un lenguaje técnico con el fin de establecer una relación de pacto. La relación entre Señor-Siervo (Soberano-Vasallo) fue establecido en Ur. La estipulación era que Abraham dejara Ur y fuera a una tierra que este Dios glorioso le revelaría. Debido a que Abraham fue obediente a esta estipulación, es decir, porque fue un fiel vasallo, se le concedió la recompensa (Gn. 15:1) del pacto de concesión, el cuál era la concesión de la tierra de Israel.

El arrepentimiento

sirvieron lealmente a su Soberano. A Abraham se le prometió la tierra de Israel *porque* obedeció a Dios (Gn. 22:16, 18; 26:5), y a David se le prometió dinastía *porque* sirvió a Dios en verdad, lealtad, y rectitud (1 R. 3:6; 9:4; 11:4, 6, 11, 35; 14:8; 15:3).[54]

---

[54] Aquí tenemos algunos de los términos paralelos que apuntan al servicio fiel: 1) "Guardó mis preceptos de mi realeza" (Ashurbanipal a su siervo Bulta) es paralelo a "guardó mi precepto, mis mandamientos, mis estatutos y mis leyes" (Gn. 26:5); 2) "Anda en perfección" (Aru 15:13-17) es paralelo a "anda delante de mí y sé perfecto" (Gn. 17:1); 3) "Estuvo delante de mí en verdad" y "anduvo en lealtad" es un paralelo "porque él anduvo delante de ti en verdad, en justicia, y con rectitud de corazón para contigo" (1 R. 3:6); 4) "Yo soy el rey ... que devuelve la bondad a los que sirven en obediencia y al que guarda el mandamiento real" (Aru 15:6-7; 16:6-7; 18:9-12) es un paralelo a "El Dios ... que guarda el pacto y la misericordia a los que le aman y guardan sus mandamientos" (Dt. 7:9-12) y "que guardas el pacto y la misericordia a tus siervos, los que andan delante de ti con todo su corazón" (1 R. 8:23); 5) "La tierra" y "la casa" son, al parecer, los regalos principales otorgados por los reyes, los cuales son paralelos a los regalos dados a Abraham (tierra) y David (casa = dinastía); 6) "Dalo a Adal-eni y sus hijos para siempre (PRU III 16. 132:27-38) es una paralela de "a tu descendencia para siempre" (Gn. 13:15) y "tu descendencia después de ti en sus generaciones" (Gn. 17:7-8); 7) "En aquel día Abba-El dio la ciudad" es un paralelo de "En aquel día hizo Jehová un pacto con Abraham". De acuerda a Weinfeld, "en aquel día" tiene implicaciones legales: 8) La delineación de los parámetros para la donación de la tierra es un claro paralelo; 9) La terminología del matrimonio /adopción usadas como base judicial para el regalo de la tierra o dinastía es muy frecuente entre las concesiones seculares y bíblicas.

Por el Pacto Abrahámico se debe de puntualizar que éste autor se está refiriendo a Génesis 15, y no a Génesis 12. En Génesis 12:1-3 encontramos por lo menos una estipulación concerniente a una futura obediencia. Abraham tenía que ir a la tierra. Cualquier recompensa futura estaba contingente en ir a la tierra. Esto es lo que confirma Hechos 7:3. De hecho, es después de que él ha ido a la tierra, edificado un altar, y rescatado a su sobrino (una obligación de paridad en los tratados antiguos entre co-vasallos, de acuerdo a D. L. McCarthy, *Treaty and Covenant: A Study in Form in the Ancient Oriental Documents and in the Old Testament,* Analecta Biblica, no. 21 [Rome: Pontifical Biblical Institute, 1963], 24-25), y muestra su lealtad al verdadero Soberano versus al falso (el rey de Sodoma) al pagar tributos (una obligación normal del vasallo [ibid., 32]) al representante Soberano (Melquisedec) y tener una comida de pacto con él (pan y vino [ibid., 172-73]) que Dios le dice a Abraham, ... tu *galardón* será

La distinción tradicional premilenialista entre "condicional" e "incondicional" ha hecho esto más confuso.[55] De hecho, los pactos de concesiones están condicionados por la obediencia, pero son incondicionales después de su inauguración (por lo menos para el recipiente inicial).[56] Por otra parte, los pactos de soberanos-vasallos son incondicionales en su inicio, pero condicionales después de su inauguración. El soberano inicia el pacto (según los prólogos históricos de estos pactos) pero todas bendiciones acumuladas llegaban solo sobre la condición de la lealtad del vasallo a las estipulaciones. "Condicional" e "incondicional" es tanto, una simplificación excesiva como una distinción inadecuada. Un mejor contraste entre los dos tipos de pactos es que uno da "una motivación para la obediencia futura", mientras que otro, otorga "una recompensa por la obediencia pasada.

Este es el punto. Una vez que Abraham y David recibieron su concesión, no se les podía quitar. Pero siendo que estas concesiones incluían promesas concernientes a futuras generaciones (la simiente), y siendo que estas concesiones eran recompensas basadas en la fidelidad de los beneficiarios iniciales, ¿cómo pueden las bendiciones (recompensas) de la concesión acumularse a las futuras generaciones, si estas son infieles? La respuesta es que no pueden. Isaac ilustra este

---

grande" (énfasis mío). El pacto de concesión de Génesis es una recompensa por la fidelidad pasada al Soberano.

[55] J. D. Pentecost, *Things to Come* (Grand Rapids: Zondervan, 1969), 65-69.

[56] En una entrevista privada con este autor en Jerusalén (24 de Febrero de 1998) Weinfeld dijo que, en su opinión, después del exilio los judíos empezaron a ver a al Pacto Abrahámico y Davídico como condicionados en su obediencia al Pacto Mosaico. Que desafortunado que ellos no lo entendieron de esa manera mucho antes que los asirios y babilonios fueron usados para disciplinarlos. De hecho, es difícil entender cómo pudieron errar en esto después de leer Deuteronomio 4:23-31.

Sin embargo, aun cuando el cumplimiento de las bendiciones de los pactos de concesiones estaba condicionados a la obediencia de una generación fiel, la promesa a la línea generacional en si era incondicional después que la concesión se había otorgado. La única pregunta era que generación sería esa generación fiel.

El arrepentimiento

principio en Génesis 26. Abraham ya había muerto. Ahora, Dios se le apareció a Isaac y le desafió a que fuera obediente: "no vayas a Egipto". Dios le prometió a Isaac que Él iba a confirmar o establecer el juramento que dio a su padre, Abraham, si solo Isaac se mantenía obediente en quedarse en la tierra. Isaac fue fiel, de modo que las promesas del pacto continuaron a través de él.

De la misma manera, Dios se le apareció a Jacob en un sueño. Jacob regresaba a Harán para tomar a una esposa, al mismo lugar de donde Abraham había llegado. Dios le dice que la promesa dada a su abuelo, Abraham, solo puede ser cumplida en Palestina. De este modo, en Génesis 31:3, le dice a Jacob que regrese. Para que las bendiciones de la tierra fluyeran por medio de Jacob, él tenía que ser obediente a la voz de Dios. Este mismo principio de obediencia para poseer la tierra puede trazarse a través del Pacto Palestino al último remanente que poseerá las fronteras de la concesión de la tierra originalmente prometida a Abraham. Ninguna generación judía tenía aun la fe necesaria para poseer completamente la tierra prometida en el Pacto Palestino (Dt. 30:1-10). Esta promesa hecha a Abraham todavía está vigente, solo que Dios está esperando una generación fiel que herede la promesa.

El mismo principio de fidelidad se aplica a la promesa de la simiente. Este aspecto de la concesión dada a Abraham se llevará a cabo. La concesión davídica en 2 Samuel 7 retoma el aspecto de la simiente del Pacto Abrahámico. Para David, Salomón sería el que establecería su trono para siempre. Pero Salomón no fue capaz de ser el que cumpliría la naturaleza eterna de la concesión. Él no fue fiel (1 R. 11:11, 35). La concesión real dada a David esperaría una simiente fiel digna de un reinado eterno. Este principio de una "generación fiel" requerida para el cumplimiento del futuro aspecto de las concesiones reales es un enlace crucial para conectar a Jesús con el cumplimiento del Pacto Abrahámico y Davídico. Las recompensas de las concesiones no se cumplirían por una generación infiel, o por un gobernante infiel.

De esta manera, así como Israel estaba esperando por un rey ideal para ser su Mesías, Jehová estaba esperando una generación ideal que sería fiel a las estipulaciones del Pacto Mosaico (el pacto de Soberano-vasallo). A través de tal generación, Él cumpliría las promesas a Abraham, Isaac, y Jacob. Él cumpliría el Pacto Abrahámico (el pacto de concesión). ¿Pero qué sucedió con las generaciones infieles?

Aquí también, puede ser de gran ayuda entender las concesiones. La infidelidad de parte del vasallo no nulificaba la relación de pacto en un pacto de soberano-vasallo. El soberano soberanamente iniciaba la relación y él mismo la mantenía. Este es el argumento de Dios a través de Oseas así como de Romanos 9-11 y muchos otros pasajes. La fidelidad del vasallo no determinaba la duración del pacto. Entonces, ¿qué hacia el soberano con un vasallo infiel? Por lo regular, se escogía entre tres diferentes opciones: (1) podía invocar las maldiciones del pacto;[57] (2) podía declarar la guerra santa contra el vasallo;[58] (3) y podía hacer un nuevo pacto.[59] Estaba implícito, en cada una de las tres opciones disciplinarias, la pérdida de cualquier concesión real que pudieran haber sido incorporadas al tratado de soberano-vasallo como las cláusulas de incentivo. Si la concesión (por definición) solo se concedía a un vasallo fiel, es claro que el vasallo infiel no la recibía. En otras palabras, él perdía su recompensa. El tratado de soberano-vasallo (o uno nuevo) estaba aún en efecto, pero el bono contenido en la cláusula de incentivos (pacto de concesión) no sería otorgado. De esta manera, los peligros que enfrentaba el vasallo infiel eran tanto una disciplina temporal (mayores impuestos, estipulaciones, o aun la muerte) y la pérdida de la recompensa (la concesión real).

Espero, que pueda apreciarse por medio de esta discusión de los pactos que cuando Juan el Bautista y Jesús empezaron sus ministerios, Dios estaba buscando a una generación fiel. Pero si la generación judía, que vivía durante el primer siglo A.C. iba ser fiel, tenía que arrepentirse. Este llamado a la nación o generación al arrepentimiento

---

[57] F. C. Frensham, "Common Trends in Curse of Near Eastern Treaties and *kudurru*-Inscriptions Compared with Maledictions of Amos and Isaiah", *Zeitchrift Für die alttestamentliche Wissenschaft* 75 (January 1963): 172.
[58] Ibid., 172-74.
[59] Por ejemplo, Éxodo 34.

realmente no era diferente al llamado de Dios en fechas anteriores. Y esto nos lleva a estudiar el arrepentimiento en el AT.

El arrepentimiento de Israel en el AT

De acuerdo a E. Würthwein, no existe en el AT un equivalente a *metanoeō* o *metanoia*.[60] Es por eso, que el término escasamente se encuentra en la LXX (solo catorce veces en su forma verbal y siempre como una traducción de la palabra *niham*[61] en vez de *shub*). La traducción de la LXX de la palabra *shub* es *epsitrephō*, el cual es un término, como ya hemos visto, que debe de distinguirse de *metanoeō*. De las 1056 veces que se usa *shub* en el AT, Würthwein piensa que 118 veces se usan en un sentido religioso.[62] R. Wilkin cuenta 203 usos de la palabra dentro del contexto contractual cuando el verbo, sustantivo, y adjetivo son combinados.[63] Solo en un pasaje (los ninivitas de Jonás 3:5-10) se usa la palabra sin referencia a Israel. La gran mayoría de sus usos son un llamado de los profetas a que Israel regresase a su lealtad del pacto. Yahveh e Israel tienen una relación íntima. Como Würthwein comenta:

> De ahí Oseas puede describir la relación entre Yahveh e Israel en términos del matrimonio en la cual la esposa es infiel a su esposo. De nuevo, Isaías puede hablar de hijos que se rebelan, y Jeremías puede describir al pecado como el abandono de Yahveh. Todas estas

---

[60] E. Würthwein, "*metanoeō*", en TDNT, 1967 ed., 4:980.

[61] Este verbo, el cual significa "lamentar" o "confortarse a sí mismo", ocurre 108 veces en el AT, pero solo en tres ocasiones tienen que ver con el arrepentimiento de los hombres por los pecados (Jer. 8:6; 31:19; y Job 42:6). En su contexto teológico suele referirse usualmente al arrepentimiento de Dios (vea H. V. Parunak, "A Semantic Survey of *niham*", *Biblica* 56 [1975]: 512-32). Jeremías 8:6 tiene que ver con una disciplina temporal de Israel debido a su idolatría. Jeremías 31:19 habla de la tristeza de Israel después de haber regresado a Jehová. Y Job 42:6 se refiere a unas bendiciones temporales recibidas por Job después de su arrepentimiento. Ninguna de estas se refiere algún arrepentimiento anterior a una relación de pacto o relación personal (vea Wilkin, "Repentance", 17).

[62] Würthwein, "*metanoeō*", 4:984.

[63] Wilkin, "Repentance", 13.

expresiones muestran que el pecado es simplemente abandonar o apostatar de Dios. Es aún más serio debido a que Israel está en una relación especial con Yahveh.[64]

El punto aquí es obvio. El llamado al arrepentimiento en el AT, si existe tal llamado,[65] fue a una nación que ya tenía una relación de pacto con Yahveh. Ellos eran vistos como estando casados o como hijos de un Padre amoroso (Jer. 31:3, 9). El llamado a "devolverse" de los profetas era un "retorno" a la comunión con un Dios con el cual ellos ya tenían una relación. El fracaso en regresar al Señor traería un juicio temporal. Deuteronomio 4:23-31 sienta las bases:

> Guardaos, no os olvidéis del pacto de Jehová vuestro Dios, que él estableció con vosotros, y no os hagáis escultura o imagen de ninguna cosa que Jehová tu Dios te ha prohibido. Porque Jehová tu Dios es fuego consumidor, Dios celoso.... que pronto pereceréis totalmente de la tierra hacia la cual pasáis el Jordán para tomar posesión de ella; no estaréis en ella largos días sin que seáis destruidos.... Mas si desde allí buscares a Jehová tu Dios, lo hallarás, si lo buscares de todo tu corazón y de toda tu alma. Cuando estuvieres en angustia, y te alcanzaren todas estas cosas, si en los postreros días te volvieres a Jehová tu Dios, y oyeres su voz; porque Dios misericordioso es Jehová tu Dios; no te dejará, ni te destruirá, ni se olvidará del pacto que les juró a tus padres.

Observe las particularidades de este pasaje: 1) La fidelidad de Dios al pacto de los padres (el Pacto Abrahámico, el Pacto de Concesión) a pesar de la infidelidad de las sucesivas generaciones al Pacto Mosaico, el Pacto de Soberano-Vasallo; 2) la ira de Dios, que es descrita como fuego consumidor; 3) la naturaleza temporal del juicio; 4) un juicio que destruiría las vidas y dispersaría a los Judíos entre las naciones;

---

[64] Würthwein, "*metanoeō*", 4:985.
[65] Debemos de recordar que no hay un término hebreo que sea el equivalente exacto de *metanoeō*.

y 5) la compasión del Señor hacia la generación que en los postreros días regrese a Él y le busque con todo su corazón.

Es digno de destacar que el único uso de *shub* en el Pentateuco que se refiere a un volverse al Señor por parte de Israel, están en los pasajes anteriormente citados y Deuteronomio 30:1-10 (el Pacto Palestino),[66] en donde se dice que los Judíos pueden regresar de su dispersión entre las naciones a Yahveh, si lo hacen con todo su corazón y alma. Entonces, se puede concluir que la apelación a Israel es de devolverse de su infidelidad al Pacto Mosaico y buscar a Dios con su corazón y alma. Es un llamado a la comunión, no a una relación. La infidelidad al pacto suscita la ira temporal de Dios, pero no Su juicio eterno. Aunque ciertos individuos de la nación puedan sufrir el juicio eterno por falta de fe, la nación como un todo nunca enfrentará el juicio eterno.

La corrupción en el judaísmo

Se ha dicho mucho sobre la condición del judaísmo durante la era de Juan. No ha habido un legítimo Sumo Sacerdote sobre Israel desde 143 D.C. Anás terminó su función como Sumo Sacerdote en el año 15 D.C., pero la simonía y/o el nepotismo prevaleció, y cinco de sus hijos le siguieron como sumos sacerdotes, además de su yerno, Caifás. Este último pudo haber sido el Sumo Sacerdote durante los días de Juan, pero su suegro Anás[67] era el poder detrás de la posición (como se puede ver por el tribunal informal de Jesús de noche ante

---

[66] Vea Pentecost, *Thing so Come*, 95-99, para un análisis más detallado de este pacto. Este pasaje reafirma la naturaleza continua del pacto de concesión a los beneficiarios y su simiente. La concesión, sea de tierra como en el caso de Abraham o concesión de dinastía como en el caso de David, fue la posesión permanente de la línea. Sin embargo, una vez más, para gozar de la bendiciones plenas de la concesión, Dios estaba esperando por una generación fiel de judíos que llegaran a poseer la tierra, y los judíos estaban esperando un rey fiel que reinara sobre Sion.

[67] Él es llamado Sumo Sacerdote aun después de que su mandato había terminado, quizá de la misma manera en la que nosotros nos referimos a un Presidente anterior como el Presidente x, aun cuando su mandato ha terminado. En la mente Judía el Sumo Sacerdote está en el oficio de por vida, de modo que,

Anás así como Hechos 4:6). Y "El mercado de Anás" ha sido bien documentado. Por causa de la corrupción y el soborno, la tesorería del templo estaba llena de dinero que había sido tomado del impuesto del templo (un siclo en vez de la mitad de un siclo), el dinero de los cambistas con su recargo del 12 por ciento, y la venta de animales y aves para el sacrificio. Verdaderamente el templo se había convertido en una cueva de ladrones. El Rollo de Cobre enlista 4,630 talentos de oro[68] escondidos en los alrededores de Israel para salvaguardarlo de los romanos cuando el ejército de Tito entró en el año 70 D.C. Muchos piensan que este dinero venía del templo.[69] Si esto es verdad o no, el registro deja en claro que el judaísmo se había convertido en un proyecto lucrativo dirigido por estafadores. Dios ya estaba harto. El juicio estaba por ser derramado sobre ese tipo de corrupción, así como había ocurrido en el pasado cuando los asirios y los babilónicos fueron usados por Dios para purgar a Su pueblo.

Juan estaba llamando al pueblo a salir de la corrupción del judaísmo. Él se había dado cuenta que el sistema estaba demasiado corrompido como para poder cambiarlo de adentro hacia fuera. Por lo tanto, en vez de ir a Jerusalén a llamar al pueblo a un arrepentimiento, fue al desierto. Para que el pueblo pudiera declarar su separación y disociación del judaísmo corrupto, ellos necesitaban arrepentirse y ser bautizados en agua.

Si un griego quería ser un judío, él tenía que hacer tres cosas: traer un sacrificio a Jerusalén, ser circuncidado (en el caso del varón), y ser bautizado en agua. A través del bautismo en agua, se obtenía una *nueva identidad*. El bautizado lo desafiliaba de lo antiguo y lo afiliaba con lo nuevo, lo cual realmente envolvía regresar y fielmente adherirse a las estipulaciones originales del pacto de concesión. Para llegar a ser un judío uno necesitaba el bautismo en agua con el fin de

---

Anás pude haber ejercido la influencia de la Torá sobre la nación aun a pesar de cualquier nombramiento Romano.

[68] Siendo que un talento podía pesar entre 25-75 libras, el peso de este oro estaría entre las 58-174 toneladas.

[69] R. Price, *Secrets of the Dead Sea Scrolls* Eugene, OR: Harvest House, 1966), 280-282.

desasociarse de la vida gentil y afiliarse e identificarse con las prácticas del judaísmo. Del mismo modo, si uno deseaba renunciar al judaísmo corrupto, tenía que ser bautizado en agua. Eso es exactamente lo que Juan estaba pidiendo a la gente que hiciera. Si Juan había sido expuesto a los escritos de Qumran o no, lo cierto es que él comparte su repudio del sistema del templo que estaba en boga durante sus días. Los esenios de Qumran se desasociaron de la comunidad del templo. De la misma manera lo hicieron Juan y sus seguidores. Pues Juan sabía que la ira de Dios estaba por venir sobre esa generación de judíos. Esto nos lleva a discutir el significado de "la ira" en el NT.

"La ira" en el NT

Juan cuestiona a los fariseos y saduceos: "¿Quién os enseñó a huir de la ira venidera?" La palabra para "ira" es *orgē*, una palabra que más frecuentemente se usa en Romanos y Apocalipsis. En ninguno de estos libros hay una referencia clara a una ira que sea eterna. Apocalipsis 6:17 se refiere al "gran día de Su ira" durante el periódo de la Tribulación. Aun cuando la palabra se usa seis veces en el libro, ocurriendo solo entre Apocalipsis 6-19, en donde se describe los últimos siete años del programa de Daniel para su pueblo y su santa ciudad, Jerusalén (Dn. 9:24, 27). Si el término hubiese sido intentado para incluir o referirse a la eternidad, esperaríamos encontrarlo después de Apocalipsis 19 en conexión con el infierno o el lago de fuego o el Juicio de Gran Trono Blanco. Pero no es así.

En Romanos, la primera vez que aparece la palabra "ira" es en Romanos 1:18. Allí la ira de Dios *está siendo revelada* (*apokaluptetai*, tiempo presente) desde el cielo contra toda impiedad e injusticia de los hombres que detienen con injusticia la verdad. La ira de Dios, entonces, se revela en el sentido que Él entrega a los hombres al control de su naturaleza pecaminosa (vv. 24, 26, 28) hasta el grado que los hombre no pueden ya discernir entre lo bueno y malo (una mente *adikimos*). La salvación de los Romanos (vea 1:16) va más allá de la justificación, a la liberación de la tiranía de la naturaleza pecaminosa en la vida de uno, a la *revelación* real de la justicia de Dios por la fe (vea 1:17). Así como Cristo fue nuestro substituto en la muerte así también tiene que ser nuestro substituto en la vida (vea 4:25) para salvarnos de la "ira" (vea 5:9-10). Por Su muerte somos justificados; por su vida somos santificados progresivamente. De modo que Romanos, el libro que usa la ira más que cualquier otro libro del NT, no se refiere a la ira de la eternidad, sino al derramamiento del enojo de Dios en contra del pecado del hombre *durante el tiempo,* ya sea ahora mismo o al final de la era presente.[70]

Y así es en el resto del NT.[71] Solo un ejemplo más de las cartas de Pablo debería ser suficiente para establecer este punto. Muchos expositores bíblicos reconocen 1 Tesalonicenses 1:10 y 5:9 entre las pruebas escriturales más fuertes para probar un rapto pre-tribulacionista o

---

[70] A primera vista la referencia de Romanos 2:5 puede parecer como refiriéndose al juicio eterno. Pero también puede entenderse como en 1 Tesalonicenses 2:16 en donde los judíos quienes han rechazado a Cristo y obstaculizado la causa del evangelio están llenando la copa de los pecados hasta que Dios juzgue. La certidumbre de este juicio es expresado por Pablo por el uso de un aoristo proléptico (*ephthasen*, *"pues vino sobre ellos"* la ira hasta el extremo). Esta ira, al parecer es la misma ira mencionada en 1 Tesalonicenses 1:10 y 5:9, sin embargo, no excluye el derramamiento de la ira de Dios sobre aquella generación de judíos que rechazaron a Cristo. Son una prefiguración de la ira que a ha de venir en el periodo de la tribulación. Otro referencia similar puede ser Romanos 2:5. El "atesoras" en Romanos 2:5 es parecido al concepto de "colman" en 1 Tesalonicenses 2:16. Y el "día de la ira" bien puede referirse a la misma ira que encontramos en 1 Tesalonicenses (vea también Zacarías 1:14-18 para el día de la ira de Dios y Apocalipsis 6:16-17 en donde el gran día de Su ira ha venido), sin excluir el juicio temporal sobre la generación que rechazó a Cristo. La mayoría de expositores están de acuerdo que esta sección en Romanos trata de los pecados de los judíos. Un problema con relacionar Romanos 2:5-10 con el Gran Trono Blanco es la referencia a la vida eterna en v. 7. No se otorga la vida eterna en el Juicio del Gran Trono Blanco. Es improbable que Pablo se esté saltando de un periodo a otro con los juicios durante el milenio. Es más probable de que el juicio se refiera a la ira temporal del periodo de la Tribulación inmediatamente seguido por la separación de la ovejas y cabritos (Mt. 16:27; 25:31ff).

[71] Juan 3:36 es otro versículo que fácilmente pudiera ser malentendido por el juicio eterno. Pero poniendo un cuidado especial al tiempo revela que tanto la vida eterna mencionada y la ira de Dios son experiencias en el tiempo presente. El creyente, al momento de creer tiene ya la vida eterna. No es un don concedido durante un juicio futuro. Así es también con la ira. Como en Romanos 1:18 la ira está en el presente: "la ira de Dios *está* sobre él".

pre-ira.[72] Ambos versículos usan "la ira" para referirse al periodo de la Tribulación. Debido a que ellos dicen que los miembros de la iglesia universal serán liberados de esta ira y no son destinados a este período de ira, "el rapto" referido en 1 Tesalonicenses 4:13-18 es la promesa a ser removidos en algún tiempo antes de la ira del Cordero (Ap. 6:16-17). De esta manera, una vez más, "la ira" no se referencia a la eternidad, sino más bien a algo temporal, ya sea en el presente o al final de la era.[73]

La Generación Maldecida

En este estudio estamos sugiriendo que el uso de ira de Juan el Bautista era consistente con el uso del resto del NT. "La ira que habría de venir" era algo para este tiempo. Con esto no deseamos decir que los que rechazaron a Cristo no sufrirán la condenación eterna (vea Mt. 23:33). Pero había además un juicio severo para este tiempo. Jesús mismo definió la maldición sobre la generación que le rechazó en Mateo 23. En ese pasaje, Él criticó severamente a los escribas,

---

[72] Robert Thomas, "I & 2 Thessalonians" in The Expositors Bible Commentary, vol. 11 (Grand Rapids, Michigan: Zondervan Publishing, 1978), 248, 285.n Michael Vlach, "The Eschatology of the Pauline Epistles" in The Return of Christ: A Premillennial Perspective eds. David L. Allen & Steve W. Lemke (Nashville, Tennessee: Broadman & Holman Publishing, 2011), 249. La defensa exegética más completa se encuentra en "The Rapture in 1 Thessalonians 5:1-11" by Zane Hodges in Walvoord: A Tribute, ed. Donald K. Campbell (Chicago, IL: Moody Press, 1982), 67-79. También vea Marvin Rosenthal, The Pre-Wrath Rapture of the Church (Nashville, Tennessee: Thomas Nelson Publishers,1990), 246.

[73] En la literatura cristiana la palabra "ira" suele usarse para hablar del enojo o venganza eterna de Dios en contra del los no creyentes. Al mostrar que el uso bíblico de la palabra "ira" (orgē) está relacionada con el tiempo en ves de la eternidad no se está negando el castigo de los no creyentes por toda la eternidad. Apocalipsis 14:10 testifica contundentemente del tormento eterno de aquellos que adoran la bestia y reciben su marca. Sin embargo, mostrando que la palabra "orgē" está relacionada con el tiempo en ves de la eternidad nos ayuda para explicar pasajes como Romanos 1:18, 5:9, 9:22 (La ira aquí se refiere a la entrega del control de la naturaleza pecaminosa). 1Tesalonicenses 1:10 y 5:9 (la ira se refiere al periodo de la Tribulación), y en Mateo 3:7 (ira se refiere a Tito y al año 70 D.C.).

fariseos, y a los hipócritas una y otra vez. Al igual que Juan el Bautista, Él se refirió a ellos como generación de víboras (v. 33). La ira sería derramada sobre la generación que no solo le rechazó sino también a los otros profetas justos (v. 34). Esta ira se planteó en Mateo 23:35-36. Toda la sangre justa desde Abel el justo hasta la sangre de Zacarías, hijo de Berequías... cayó sobre esa generación. Jesús continuó dejando indicación de cómo sería ese juicio unos versículos después cuando les informó a sus discípulos que no quedaría piedra sobre piedra en el área del templo (Mt. 24:2). Esa profecía se cumplió cuando Tito trajo a su ejército romano en el año 70 D.C.

Esto nos trae al asunto de la duración de una generación judía. Sí las experiencias de Israel cuando vagaron por el desierto nos indican algo, es que una generación consistía de cuarenta años. ¿Será una coincidencia de que Jesús empezó Su ministerio en el año 30 D.C. y el juicio de Tito cayó sobre ellos en el año 70 D.C.? Cuarenta años: una generación judía. Dios dio la oportunidad a los judíos de esa generación 40 años para separarse de la corrupción del judaísmo si querían evitar la maldición. Cuando Tito llegó, mató 1,100,000 judíos—toda la sangre vindicativa desde Abel, el justo hasta la sangre de Zacarías.[74]

El Ministerio De Juan

Juan el Bautista estaba llamando al pueblo a salir del judaísmo corrompido. Si ellos confesaban sus pecados, se arrepentían y se bautizaban en agua, estarían nuevamente en "comunión" con Jehová—estando caminando en la luz, listos, deseosos y capaces de reconocer al Mesías cuando Él viniera a bautizar con el Espíritu Santo (Jn. 1:25-33). Es digno de observar que Juan se refiere a Jesús como "él que viene" (1:27, 30). Juan al parecer tenía más en mente (1:23) que solo Isaías 40 cuando se vio a sí mismo como el que preparó el camino del Señor. Malaquías habló del mensajero quien habría de preparar

---

[74] Josephus Flavius, *War Against the Jews*, Book VI, Chapter IX, Section 3, www.bible.ca/pre-flavius-josephus-70AD-Mt24-fulfilled.htm. Accessed January 10, 2018.

el camino del Señor (Mal. 3:1). Aquí dice que el Señor vendrá a Su templo. He aquí, "Él vendrá", y ¿quién podrá soportar el tiempo de "su venida" (v. 2)? Él se sentará como fuego purificador; Él limpiará a los hijos de Leví (v. 3). Por supuesto, que estos versículos se refieren a Su segunda venida y al gran y terrible día del Señor (4:5). Pero Juan el Bautista estaba preparando el camino para lo que él pensaba sería la única venida. Y desde su perspectiva, viene el día, ardiente como un horno; y no dejará ni raíz ni rama (4:1; vea MT. 3:1-12).

Desde nuestra perspectiva, es tanto un *ya* como un *todavía no*. De esta manera, cuando Juan el Bautista dijo: "Y ya también el hacha está puesta a la raíz de los árboles" (Mt. 3:10), visualizó la ira de Dios ya empezando en términos del endurecimiento de los corazones de los líderes de Israel. Por 40 años estas personas que ya tenían una relación de pacto con Yahveh tenían una oportunidad de librarse de la ira. Cuando vino Tito, el árbol cayó. Y Él ciertamente vendrá *de nuevo* a Israel con fuego (Mal. 4:1-5). Pero Jesús también bautizaría con el Espíritu Santo a los que se identificaron con Él por medio del bautismo para arrepentimiento de Juan en Su *primera* venida, en cumplimiento parcial ("ya") de Ezequiel 36:25-27.

El Ministerio De Pedro

Esta misma invitación es exactamente lo que Pedro estaba ofreciendo a los "hombres de Israel" en el Pentecostés. La compañía entera escuchándole en Hechos 2 consistía de judíos que habían venido de los alrededores del mundo Mediterráneo a la Pascua y se quedaban hasta el Pentecostés. Cuando fueron redargüidos por haber crucificado a un hombre que era tanto Señor como Cristo (Hch. 2:36), ellos preguntaron qué es lo que debían de hacer. La respuesta que Pedro les da es una respuesta dirigida a la nación de Israel. Él está llamando a la nación entera a arrepentirse y bautizarse en agua para identificarse con el nombrado Mesías, y entonces, ellos serían salvos de la ira y recibirían el regalo del Espíritu Santo. Fue el mismo llamado dado por Juan el Bautista, pero esta vez el Espíritu Santo fue enviado por Jesucristo, tal como Juan había prometido. Pero ellos tenían que identificarse inequívocamente con el nombre del Mesías por medio del arrepentimiento y el bautismo en agua.

La conexión clara entre la ira predicha tanto por Juan y Jesús, y el llamado de Pedro a la nación de Israel, se hace en Hechos 2:40: "Y con otras muchas palabras testificaba y les exhortaba, diciendo: Sed salvos de esta perversa generación". No les estaba diciendo como ser salvos del infierno y del lago de fuego (aun cuando esto estuviera incluido en el paquete para aquellos que tuvieran fe por primera vez. Él les estaba diciendo en especial como evitar la ira temporal—el juicio inminente sobre esa generación torcida.

Si toda la nación hubiese atendido las palabras de Pedro en ese momento, presumiblemente Jesús hubiera regresado del cielo y establecido Su reino sobre la tierra por mil años. Pero la nación entera tenía aún que oír, de modo que Pedro nuevamente les habló a "los hombres de Israel" en Hechos 3. Una vez más les cuenta la historia de Jesús y les habla de la culpabilidad de las personas y de sus líderes. Les pide que se *arrepientan* y se *conviertan* (vuelvan) (*metanoeō* + *epistrephō*, 3:19). Si hacían eso, varias cosas sucederían: 1) sus pecados serían perdonados; 2) vendrían de la presencia del Señor tiempos de refrigerio; y 3) Jesús sería enviado. El texto en español de Hechos 3:19-20 (RVR1960) dice "para que... para que... y", lo cual hace ver como si hubiera tres cláusulas sucesivas de propósito/resultado. En realidad, hay solo dos, estando la segunda cláusula compuesta de dos partes. De manera que se puede argumentar que el tiempo de refrigerio vendría con el retorno de Cristo a la tierra. En otras palabras, el Rey y el Reino están una vez más siendo ofrecidos a la nación de Israel. Si ellos se arrepintieran el Rey regresaría con el fin de establecer Su Reino. Pedro continúa en este pasaje hablando del juicio que vendría sobre los que rechazaron al Mesías (v. 23). Luego se refiere a la relación de pacto que tenía con el pueblo de Israel por medio de Abraham. Este pacto era una garantía de bendiciones futuras para la simiente de Abraham. La relación estaba firme. La comunión, por otro lado, no lo estaba. Los hombres de Israel no tenían que hacer una sola cosa para establecer la relación entre la nación y Dios. Yahveh ya lo había hecho a través de Abraham en Ur de los Caldeos antes que fuera a la tierra de Canaán. Pero la nación de Israel tenía que arrepentirse para poder restaurar la comunión con Dios y recibir la bendición prometida a la generación fiel que recibiría al Mesías.[75]

El Bautismo En Agua Y El Espíritu Santo

Cabe mencionar que la recepción del Espíritu Santo en Hechos se ha mencionado en conexión con cuatro grupos o individuos (Hch. 2, 8, 9, 19). En cada caso donde hubo un intervalo de tiempo entre su fe en Jesús y el recibimiento del Espíritu Santo (Hch. 2, 8, 9, 19) esto involucró a creyentes del linaje judío. Los samaritanos de Hechos 8 eran mitad judíos. Los creyentes de Hechos 19 habían recibido el bautismo de Juan, de modo que eran judíos. Para cada uno de estos creyentes, el don del Espíritu Santo era *precedido* por el bautismo en agua de manera que pudieran identificarse con el ahora nombrado Mesías.

Cornelio es el prototipo de la salvación gentil en el libro de los Hechos. La remisión de los pecados para los gentiles sucedió desde el momento de su fe inicial (Hch. 10:43). Pero no solo la remisión de los pecados, sino también el recibimiento del Espíritu Santo era parte del trato de la gracia de Dios con cualquier gentil que creyera en las buenas nuevas. Sin embargo, cuando se contemplaba la salvación de los gentiles, el bautismo en agua *siguió* al bautismo del Espíritu Santo. Cuando Cornelio y compañía creyeron en las palabras dirigidas a ellos, el Espíritu Santo descendió sobre todos los que estaban oyendo. Solo entonces fueron bautizados en agua con el fin de testificar su inclusión misma con los creyentes judíos (10:45-48; 11:12-18). En su caso, no se requirió el bautismo en agua para poder recibir al Espíritu Santo, y el arrepentimiento, ni se menciona. Los hombres de Israel en Hechos 3:19 tenían que "arrepentirse y convertirse" para que el tiempo de refrigerio viniera, pero la bendición llegó para los griegos cuando ellos "creyeron y se convirtieron" al Señor (Hch. 11:21). ¿Por

---

[75] Vea Barry E. Horner, Future Israel: *Why Christian Anti-Judaism Must Be Challenged* (Nashville, TN: B&H Academic, nd), 252, 340 y Robert L. Thomas, *Perspectives On Israel and the Church 4 Views*, ed. Chad O. Brand, (Nashville, TN: B&H Academic, 2015), 87-111.

qué? Porque ellos no tenían la necesidad de arrepentirse del judaísmo corrupto de esa generación para poder identificarse con el nombrado Mesías. La maldición de Mateo 23 fue solo para los judíos de aquella generación quienes crucificaron al Mesías, y no para los gentiles.

Conclusión

Entonces, ¿cómo, impacta este significado de ira, generación, y del bautismo en agua, el significado del "arrepentimiento" con relación a la nación de Israel? Estamos sugiriendo que Juan el Bautista, Jesús, y Pedro tenían un doble ministerio. Uno era el hacer un llamado a la nación de Israel para que tuviera comunión de nuevo con Yahveh. La relación de pacto había sido ya establecida por un tiempo. La nación de Israel no ocupaba una nueva relación con Dios, pero carecían seriamente de comunión. El sistema sacrificial del Pacto Mosaico había sido tan corrompido que sin una resolución completa de convertirse de esa corrupción (arrepentimiento) y del fruto que acompañaría a ese arrepentimiento (el volverse realmente), ellos enfrentaban un severo, e inminente, juicio temporal.

Esta indignación ardiente, pero temporal, muy posible pudo haber sido la advertencia de Hebreos 10:26-39 (recuerde la "ardiente" advertencia de Deuteronomio 4:23-31). Para aquellos cristianos hebreos, el haber creído en Cristo pero luego revertir al sistema sacrificial corrupto de Jerusalén, los hubiera dejado expuestos a la ira de Dios. Ellos ya se habían desasociado del judaísmo corrupto, pero el asociarse de nuevo al mismo traería sobre ellos las plagas de la maldición.

Juan el Bautista, Jesús, y Pedro estaban tratando de persuadir a Israel sobre un arrepentimiento y un volverse que los restauraría para tener una comunión refrescante con Dios. Los fariseos y saduceos estaban en lo correcto. Ellos eran la simiente física de Abraham (Mt. 3:9). Como tal, ellos sí tenían una relación de pacto con Dios. Pero hasta que una generación fiel de judíos llegara, las bendiciones de los pactos de concesiones (Abrahámico y Davídico: tierra y reino) no se realizarían. En su lugar, experimentarían las maldiciones del Tratado de Soberano-Vasallo (El Pacto Mosaico). La única manera de evitarlo era retornando de forma completa.

El arrepentimiento

Pero los ministerios de Juan, Jesús, y Pedro era más que un llamado a la nación de Israel a arrepentirse. Juan fue el precursor, el mensajero enviado para preparar el camino del Señor. "Este vino por testimonio, para que diese testimonio de la luz, a fin de que todos creyesen por él (Jn. 1:7). Jesús también quería que los hombres creyeran en Él y en Su evangelio (Mr. 1:15; Jn 6:29-47). Pedro lo hizo de la misma manera (Hch. 2:44; 4:4, 32; 10:43). Aun cuando la *nación* fue llamada al arrepentimiento, los *individuos* de la nación eran llamados a creer *y* a arrepentirse.

Algunos de estos judíos eran probablemente creyentes del AT en el sentido que muchos judíos bajo el antiguo pacto eran personas que habían puesto su fe en lo que Dios les había prometido, y su fe había sido contada por justicia, como lo fue con Abraham. La palabra usada para describir a los hombres "piadosos" que observaron la llenura del Espíritu Santo en el Pentecostés es *eulabēs*, un adjetivo usado solo tres veces en el NT, y siempre por Lucas. De hecho, el sustantivo (*eulabēs*) y el verbo (*eulabeomai*) son también usados solo por Lucas y el escritor de Hebreos. En los otros usos del adjetivo, los creyentes son claramente contemplados. En Hechos 8:2 unos hombres "piadosos" llevan el cuerpo de Esteban para enterrarlo y hacer lamentación por él. Estos son creyentes. Y en Lucas 2:25 es Simón quien es descrito como justo y "piadoso", y el Espíritu Santo estaba sobre él. Sin duda, a esto es lo que podemos llamar un creyente del AT. Es muy probable que muchos de los tres mil, quienes escucharon el sermón de Pedro en Hechos 2, cayeron bajo esta misma categoría. Sin embargo, todos los que respondieron a su mensaje necesitaron poner su fe en Jesús (Hch. 4:12).

Es muy improbable que los que estaban buscando al Mesías y ya estaban justificados ante Dios, como Simón, no hubieran reconocido y creído en Él cuando Él les apareció. Pero tanto estas personas como los que nunca habían ejercido la fe en lo que Dios había revelado bajo el antiguo pacto tenían que poner su fe en la revelación máxima, Su Hijo Jesucristo.

Pedro claramente culpó al pueblo y a sus líderes por la crucifixión de Jesús, aun cuando fue un acto de ignorancia ("Mas ahora, hermanos, sé que por ignorancia lo habéis hecho, como también vuestros gobernantes" [Hch. 3:17]). Ahora bien, como nación, no se arrepintieron ni se volvieron a Dios (Hch. 3:19) para tener comunión con Él. Pero los individuos dentro de la nación necesitaban creer para obtener la vida eterna, debido a que el Señor estaba añadiendo cada día los que había de ser salvos (Hch. 2:47). Como Pablo dijo a los Judíos en Antioquia de Pisidia, "y que todo aquello de que por la ley de Moisés no pudisteis ser justificados, en él *es justificado todo aquel que cree*" (Hch. 13:39, énfasis añadido). Por lo tanto, la nación tenía que arrepentirse para tener *comunión*. Pero las personas dentro de la nación también tenían que creer para tener una *relación*. Y se puede inferir que todos los judíos que creyeron (ya sea que su fe en Cristo fue subsecuente a su fe anterior o su experiencia inicial de la fe) también se arrepintieron, fueron bautizados en agua, y recibieron el don del Espíritu Santo. Hechos 2:41 identifica a aquellos que recibieron con gusto la palabra de Pedro como consistiendo de 3,000 personas que fueron bautizadas. Y solo tres versículos después (Hch. 2:44) se nos informa que estos son los "que creyeron". El momento de su fe fue probablemente cuando se "compungieron" de corazón por el mensaje de Pedro (Hch. 2:37). Es en ese momento que preguntan que deben de hacer para remediar este mal. Si no hubiesen creído el mensaje, no tendría caso preguntar que debían de hacer para rectificar el asunto. Por lo tanto, se puede elaborar un argumento fuerte para sostener que estos oidores en Pentecostés primeramente creyeron y luego se arrepintieron.

El mismo argumento se puede elaborar para los que escuchaban en Hechos 3. Conforme Pedro hacía su apelación, él les dice que se "arrepientan y vuelvan" (Hch. 3:19) para tener sus pecados borrados, y vendrá de la presencia de Señor tiempos de refrigerio. Pero la respuesta de las personas que oyeron este mensaje es registrado en Hechos 4:4 en donde dice, "…muchos de los que habían oído la palabra *creyeron*; y el número de los varones era como cinco mil" (énfasis añadido). De nuevo, el orden fue probablemente: creer –arrepentirse-volverse (ser bautizados y unirse a la nueva asamblea de creyentes).

Por eso, se puede decir que para la nación y los individuos de la nación, la relación precedió al arrepentimiento. La nación ya tenía una relación, pero carecía de comunión. Esto también era verdad con relación a ciertos individuos en la nación. Pero si ciertas personas de la nación ya habían sido justificadas o no, los ejemplos del arrepentimiento judío encontrados en Hechos fueron el resultado de la fe, no los productores de la misma. De manera que, para los judíos de esa regeneración maldecida, la fe era la condición para la justificación, mientras que el arrepentimiento era la condición para la santificación; la fe para la relación, mientras que el arrepentimiento era para la comunión.

Capítulo 8

La fe

Mucho de lo que se ha discutido a través de los siglos sobre la soteriología tiene que ver con la naturaleza de la fe. Aun cuando muchos maestros protestantes y denominaciones agregan requisitos a la fe con el fin de ser aceptados por Dios, ninguno excluye el elemento de la fe. La fe es esencial. Tenemos que creer. ¿Pero qué significa eso? ¿Puede la fe ser compartimentada? ¿Existen diferentes tipos de fe en el NT, tales como la fe pasajera, la fe genuina, y la fe espuria? Cada una de estas preguntas tienen que ser respondidas si es que vamos a poder identificar el significado de la fe en el NT.

EN LOS EVANGELIOS

Un buen lugar para empezar nuestra investigación sobre la fe es en los Evangelios. La palabra fe en su forma verbal se emplea pocas veces en los sinópticos: 11 veces en Mateo, 10 veces en Marcos, y nueve veces en Lucas. Por otra parte, en Juan se usa 99 veces. Curiosamente, nunca se encuentra la palabra fe como sustantivo en Juan. Ladd sugiere que la razón era que Juan quería evitar la posibilidad de que la fe solo fuera entendida como tener meramente "una teología correcta".[1] Siendo que el Evangelio de Juan fue escrito con fines evangelísticos

---

[1] Ladd, *Theology*, 307, n. 3.

(Jn. 20:31), la función prominente de la fe nos debería decir algo acerca de la condición de Dios para la salvación.

Un aspecto singular en Juan, y en todo el NT, es la construcción πιστεύω εἰς (*pisteuō eis*), la cual no se encuentra en otra parte fuera del NT, es decir, ni aún en la LXX. Parece ser que la frase ha sido compuesta de forma especial para comunicar algo acerca del mensaje cristiano de la fe. De acuerdo a A. Oepke (Kittel 2:431-33), la construcción se usa para indicar una *relación personal*. Y, si bien la frase es empleada dos veces en los sinópticos (Mt. 18:6 y Mr. 9:42), Juan la usa 30 veces entre Jn. 2:11 y 17:20. Estos hechos, como veremos, son significativos para nuestro entendimiento de la naturaleza de la fe.

Uno de los principales ataques lanzados por J. MacArthur en contra de C. Ryrie y Zane Hodges, es decir que Ryrie y Hodges definen a la fe como un "asentimiento mental". MacArthur argumenta que aquellos que así creen "han sido engañados por un evangelio corrompido". Se les ha dicho que la fe sola les salvará, pero ellos ni entienden ni poseen la verdadera fe. La 'fe' en la cual están descansando es meramente una aprobación intelectual a ciertos hechos. Ésta no salvará.[2] J. I. Packer afirma, "Aprobar el evangelio, divorciado de un compromiso con el Cristo vivo, es acorde a los estándares bíblicos, algo menor que la fe y la salvación. El hecho de solo buscar un asentimiento de esta clase, sería solo asegurar falsas conversiones",[3] Y, según J. M. Boice, este acercamiento a la fe "reduce al evangelio al simple hecho de que Cristo, habiendo muerto por los pecadores, solo requiere que los pecadores asientan de manera intelectual a este hecho, y entonces se les afirma su seguridad eterna cuando ellos quizá ni hayan nacido de nuevo".[4]

EN LOS REFORMADORES

Antes de evaluar estas acusaciones de MacArthur y compañía, sería interesante volver a oír de los reformadores, siendo que los que

---

[2] MacArthur, *Gospel According to Jesus*, 170.
[3] Ibid., ix.
[4] Ibid., xi.

abrasan la salvación por el señorío de Cristo afirman tener de su lado, al hablar del evangelio, la historia de la iglesia y en especial, la historia de la Reforma. Al hacer esto, es bueno recordar que Calvino afirmó que su teología era en gran medida agustiniana, y Agustín dijo, "la fe no es nada más que pensar con asentimiento".[5]

Entonces, no es extraño que Calvino escribiera, "Porque, en relación a la justificación, la fe es algo meramente pasivo, no trae nada nuestro para recobrar el favor Divino, sino *recibiendo* de Cristo lo que nos falta".[6]

Los que defienden la salvación por el señorío de Cristo afirman una fe activa, una que produce buenas obras y camina lado a lado con la obediencia. Según ellos, todo lo que no se conforma a esto es una fe falsa. Sin embargo, Calvino dijo, "Comparamos a la fe con un tipo de vaso: en el sentido de que a menos que vengamos vacíos y con la boca de nuestra alma abierta para buscar la gracia de Cristo, no seremos capaces de recibir a Cristo".[7] R.T. Kendall evalúa a Calvino de la siguiente manera: "Lo que sobresale de la descripción de Calvino es la naturaleza de la fe dada, intelectual, pasiva, y asegurada".[8] M. C. Bell concurre con Kendall al escribir, "Calvino enseñó que la fe es fundamentalmente pasiva en naturaleza, se centra en la mente o el entendimiento, es primordialmente contemplada en términos de cierto conocimiento".[9]

Entonces, aparentemente Calvino no pensó en la fe como algo relacionada a la obediencia o en un compromiso total de seguir a Cristo a donde Él fuere. Por el contrario, como observa T. Lewellen, en la perspectiva de Calvino la obediencia fluye de la fe y es parte

---

[5] A. Augustine *On the Predestination of the Saints* chap. 5, en *The Necene and Post-Nicene Fathers of the Church,* 28 vols. Trans. and ed. Phillip Schaff (Grand Rapids: Eerdmans, 1956), vol. 5: *St. Augustine: Anti-Pelagian Writings,* 499.
[6] Calvin, *Institutes,* III. Xiii. 5, énfasis añadido.
[7] Ibid., III. xi. 7.
[8] R. T. Kendall, *Calvin and English Calvanism to 1649* Oxford: Oxford University Press, 1979), 19. Vea también Calvin, *Institutes,* III. 2.36.
[9] M. C. Bell, *Calvin and Scottish Theology: The Doctrine of Assurance* (Edinburgh: Handsel, 1985), 8.

de la naturaleza de la vida cristiana, la fe misma es confianza en las promesas divinas de la salvación en Cristo y nada más.[10]

Al parecer los Reformadores estaban en completo acuerdo en este planteamiento de la fe, aun cuando tenían muchos otros puntos de desacuerdo. P. Melanchthon, quien escribió *la Confesión de Augsburgo*, definió la fe simplemente como "receptividad".[11] F. Piper, el autor del estándar confesional del luteranismo escribió, "La salvación salvífica es esencialmente confianza del corazón en las promesas de Dios propuestas en el evangelio…. En la caracterización de la fe anterior, hemos dicho … que la fe que justifica debe de ser contemplada meramente como el instrumento o el órgano receptivo para comprender el perdón de los pecados ofrecido en el evangelio".[12]

EN B. B. WARFIELD

Eso fue todo con relación a los reformadores. Pero ¿qué de los defensores de la teología reformada? B. B. Warfield, uno de sus más acérrimos defensores, discute ampliamente sobre la fe en sus escritos, sin embargo, nunca la conecta con la obediencia. De hecho, él dice que *pisteuō* más el caso dativo (el cual normalmente traduciríamos "creer en" o simplemente "creer" a alguien o en algo) "expresa prevalentemente un creer con asentimiento".[13] Citándolo de forma más extensa:

> El movimiento central en toda la fe es, sin duda, el elemento del asentimiento; esto es aquello que constituye el mover mental

---

[10] T. G. Lewellen, "Has Lordship Salvation Been Taught Throughout Church History?" *Bibliotheca Sacra* 147 (January-March 1990), 57.

[11] *Apology of the Augsburg Confession*, IV. 56, 112, 257. También vea *The Formula of Concord, Solid Declaration*, III. 8-14. Vea además R. D. Preus, "Perennial Problems in the Doctrine of Justification", *Concordia Theological Quarterly* 45 (1981); 163-84, para un buen resumen sobre los planteamientos de la fe tomados por Melanchthon y Lutero.

[12] F. Pieper, *Christian Dogmatics*, 3 vols. (St. Louis: Concordia, 1953), 2:426, 437.

[13] B. B. Warfield, "Faith", en *Biblical and Theological Studies* Grand Rapids: Eerdmans, 1968), 444.

denominado un mover de convicción. Pero el mover del asentimiento debe de depender, como siempre depende, en un mover, no específicamente de la voluntad, sino del intelecto; el assensus fluye de la notitia. El mover de las sensibilidades, la cual llamamos "confianza", es, por el contrario, un producto del hecho de asentir. Y es en este mover de las sensibilidades que la fe se realiza, y es por medio de eso, como se forma una "fe" especifica, que es reformada.[14]

EN EL PURITÍSIMO INGLES

Entonces, si los reformadores y aún los teólogos reformados de Estados Unidos de antaño entendieron que la fe era pasiva y simplemente confiar o la confianza en las promesas de Dios, ¿de dónde surge esta idea de una fe activa la cual incluye obediencia y obras? La respuesta es de los puritanos ingleses. La obra de R. T. Kendall, previamente referida, establece este desarrollo sin duda alguna. Y Lewellen enfatiza esto al decir:

> En la era puritana… hubo un cambio en la definición de la fe. En las generaciones que siguieron a la Reforma, algunos teólogos sutilmente cambiaron la definición de fe de los reformadores de una receptividad pasiva a una respuesta activa de parte de los pecadores, centrada en la voluntad y conteniendo tanto compromiso y obediencia.[15]

Ese cambio de entendimiento de la fe por parte de los reformadores se refleja en los Estándares de Westminster,[16] de los cuales dependen

---

[14] Ibid., 403. Wayne Grudem piensa que en este punto no he entendido bien a Warfield y me acusa de hacer de la fe un ejercicio mental simplemente divorciado de la confianza [Wayne Grudem, "Free Grace" Theology, 5 Ways It Diminishes the Gospel (Wheaton, IL: Crossway, 2016), 114ff]. Esto simplemente no es verdad como lo maestro en mi discusión titulada "El Factor del Hombre de Paja".
[15] Lewellen, "Lordship Salvation", 58.
[16] The Westminster Confession of Faith, III. Viii; XIV. Ii (Philadelphia: Orthodox Presbyterian Church, n.d.). Los Estándares de Westminster son los documentos producidos por la Asamblea de Westminster convocada por el parlamento inglés entre 1643 a 1649. Estos documentos son La confesion de fe de Westminster, el

los adeptos a la salvación por el señorío para probar su posición. Por ejemplo, en el apéndice de MacArthur en donde intentó establecer la salvación por el señorío como la posición histórica de la iglesia, 10 de las 17 páginas en este apéndice son extraídas de los Estándares de Westminister y de los escritos de post peformadores calvinistas ingleses.[17] Sería justo en decir que la salvación por señorío tiene sus raíces en una rama del cristianismo tradicional (mezclando algunas metáforas), pero hacer una afirmación como esta, "la perspectiva de fe que Hodges denuncia como una herejía moderna es exactamente lo que la verdadera iglesia siempre ha creído",[18] es como mínimo engañosa por decir lo menos. Para citar a Lewellen una vez más:

> Lo que es verdad... es que la perspectiva de MacArthur *es* incorporada en los Estándares de Westminster y sí tiene una larga y poderosa historia en la iglesia cristiana. La idea de que la fe es un compromiso activo, incluyendo la obediencia, es la perspectiva de unas de las vertientes de la historia de la iglesia—el puritanismo inglés—lo cual es, claramente, una vertiente poderosa. Uno, sin embargo, no se debe confundir dicha vertiente con la "verdadera iglesia". Calvino estaba en desacuerdo con ello; la teología luterana siempre se ha opuesto a ella; aún el día de hoy, algunos teólogos reformados no lo aceptan.[19]

En la historia de la iglesia moderna, el mismo teólogo liberal R. Bultmann incluyó una pequeña sección de su extenso artículo sobre la fe en el cual él intenta igualar la fe con la obediencia.[20] Es

---

Catecismo menor, y *el Catecismo mayor.* Ellos forman el fundamento doctrinal de gran parte del presbiterianismo modero. Una *Confesión* levemente modificada llamada la *Confesión de fe bautista de 1689* también forma la base doctrinal de donde los bautistas modernos han crecido.

[17] MacArthur, *Gospel*, 221-37.
[18] Ibid., 222.
[19] Lewellen, "Lordship Salvation", 59. Vea G. H. Clark, *Faith and Saving Faith* (Jefferson, MD: Trinity Foundation, 1983), 110-18; R. T. Kensall, *Once Saved Always Saved* (Chicago: Moody Press, 1985); y M. C. Bell, *Calvin and Scottish Theology: The Doctrine of Assurance* (Edinburgh: Handsell, 1985).
[20] R. Bultmann, *"pisteuō"*, en TDNT, 6:206-06.

interesante que él usó versículos como Romanos 15:18 y 16:19 para probar su punto aun cuando estos versículos ni siquiera contienen el creer como verbo o la fe como sustantivo. ¿Verdaderamente desean los adeptos a la salvación por el señorío filtrar su entendimiento de la fe salvífica usando el tamiz de Bultmann? En contraste, el Apóstol Pablo dijo: "Concluimos, pues, que el hombre es justificado por la fe sin las obras de la ley" (Ro. 3:28 RV). Este versículo separa como lo está el oriente del occidente, a la fe que justifica de las obras de obediencia. Como pregunta inequívocamente J. Dillow, "Si la fe es lo opuesto a las obras de obediencia (ley) y es lo opuesto a las obras, ¿por qué alquimia mental pueden los hombres argumentar seriamente que mientras que la fe es aparte de las obras de obediencia, la fe misma incluye obras de obediencia?"[21]

Desafortunadamente, cada vez más teólogos del siglo 21 promueven tal decepción. D. A. Carson incluye en su definición de fe la perseverancia: "En resumen la fe genuina está atada a la perseverancia … parte de la definición de la fe salvadora incluye el criterio de perseverancia".[22] Al ser confrontado con la clara afirmación de Pablo de que somos salvos por la fe sin las obras y Carson afirma que la fe sin obras (perseverancia) es "espuria", Carson busca la misma puerta de escape usada por Agustín y todos los que siguen su idea: "… estamos confinados a un misterio".[23] Lo siento, pero hay una diferencia entre un misterio y una contradicción. Más de esto veremos en el capítulo sobre la justificación.

EL FACTOR DEL "HOMBRE DE PAJA"

Otro elemento perturbador en esta discusión es lo que yo llamo el factor del "hombre de paja". Por esto, me refiero a establecer un punto de vista que el oponente no sostiene realmente y luego

---

[21] J. Dillow, *The Reign of the Servant Kings* (Hayesville, NC: Schoettle, 2002), 273.
[22] D. A. Carson, "Reflections on Assurance" *Still Sovereign*, eds. Thomas Schreiner and Bruce Ware (Grand Rapids: Baker Books, 1995), 264, 267. Vea también, *Salvation by Allegiance Alone* , Bates.
[23] Ibid., 264, 272.

construir un argumento para despedir el punto de vista afirmado. Esa clase de argumentación es persuasiva, pero injusta. ¿Qué merito hay en intentar destruir el punto de vista que "el contrario" no sostiene? Como se ha demostrado, los adeptos a la salvación por el señorío han acusado de manera consistente a los escritores de la gracia gratuita por definir a la fe como "asentimiento mental". El efecto que quiere producir es decir que las personas de la gracia gratuita creen que la fe es en efecto, un proceso intelectual, aislado y frio—una salvación por raciocinio. Solo las connotaciones verbales nos disgustan. Y con razón. Pero, ¿es ésta una evaluación justa? Difícilmente.

Después de luchar con la segmentación artificial de la fe en los compartimientos de la mente, las emociones, y la voluntad, Z. Hodges observa lo obvio. "La cosa que no podemos hacer... es creer en el algo que desconocemos".[24] Él continúa citando Romanos 10:14 (y en adelante) donde Pablo dice, ¿"Y cómo creerán en aquel de quien no han oído?... Así que la fe es por el oír, y el oír, por la palabra de Dios".

El punto es que hasta que la mente no puede percibir un tema determinado no puede creerlo. Y naturalmente, esto envuelve al intelecto. Ahora bien, ¿es esto simplemente un ejercicio intelectual? De ninguna manera. "Describir la fe de esa manera es degradarla a un ejercicio académico, trivial, cuando en realidad no es así. Lo que realmente es la fe... es la *convicción interna* de que lo que Dios dice a nosotros en el evangelio es verdad".[25] Hodges continúa definiendo a la fe como "una firme convicción",[26] "la confianza como de un niño",[27] un "acto de apropiación" de la verdad del evangelio,[28] un "acto de confianza".[29]

---

[24] Hodges, *Absolutely Free*, 31.
[25] Ibid., énfasis original.
[26] Ibid., 28.
[27] Ibid., 38-39.
[28] Ibid., 40-41.
[29] Ibid., 32.

PSICOLOGIZAR DE LA FE

Compartimentación

Ha habido un esfuerzo por parte de muchos teólogos de compartimentar la fe en sus elementos intelectuales, emocionales y volitivos. L. Berkhof,[30] afirma MacArthur,[31] relaciona a la fe a los tres compartimientos de la psiquis del hombre: 1) *notitia,* el elemento intelectual, lo cual envuelve el entendimiento de una proposición; 2) *assensus,* el elemento emocional, lo cual es la convicción y la afirmación de una proposición; y 3) *fiducia,* el elemento volitivo, *el cuál es la determinación de la voluntad de obedecer.*

Sin embargo, si uno observa la obra de Berkhof de manera directa, él está enseñando justo lo contrario de lo que MacArthur afirma. Lo que Berkhof realmente quiso decir por el "elemento volitivo" no se refería a la obediencia, sino la confianza: "Este tercer elemento consiste en una confianza personal en Cristo como Salvador y Señor incluyendo la rendición del alma como culpable y corruptible, a Cristo y recepción y apropiación de Cristo como la fuente del perdón y la vida espiritual".[32] Pero tal como fue dicho anteriormente, Z. Hodges definió a la fe con estos mismos términos usados por Berkhof: "Confianza" y "apropiación". El hecho de que Berkhof claramente quiso decir "confianza" en su tercer elemento en vez de "una determinación de la voluntad para obedecer" se evidencia por la forma en que nombra a su tercer elemento: fiducia. El término latín significa, "confianza, dependencia, certeza".[33]

Es interesante ver como otros autores explican los tres elementos. Demarest, por ejemplo, entiende tres elementos" *"la fe...* envuelve un elemento intelectual—conocimiento del Evangelio, un elemento emocional—sintiendo la suficiencia de la gracia de Cristo, y un

---

[30] L. Berkhof, *Systematic Theology* Grand Rapids: Eerdmans, 1939) 503-05.
[31] MacArthur, *Gospel According to Jesus,* 173.
[32] Berkhof, *Theology,* 505.
[33] D. P. Simpson, "fiducia", en *Cassell's New Latin Dictionary* (New York: Funk & Wagnalls, 1968), 247.

elemento volitivo—confiando en Cristo como Salvador y Señor".[34] Observe como la definición base de la "confianza" es explicada por Demarest como el elemento volitivo de la fe, mientras que MacArthur entiende la "confianza" como parte del elemento emocional. Aun cuando parte de esta discusión podría ser relegado a la semántica, es importante tratar este elemento de la voluntad. ¿Qué papel juega la voluntad en el acto de la fe?

La Fe Y La Voluntad Humana

Muchos consideran a Archibald Alexander como el pensador reformado principal del siglo 19. Charles Hodge expresó que Alexander fue el hombre más grande que él había conocido. Sin embargo, él definía a la fe como, simplemente creer en la verdad".[35] Y Hodge mismo en su comentario de Romanos clarificó su entendimiento de la fe en la tradición reformada al decir que, "la fe, por tanto, que está conectada con la salvación incluye el conocimiento, es decir, una percepción de la verdad y sus cuantidades, asentir o la persuasión de la verdad de un objeto o confianza o dependencia".[36] En ningún lugar sugiere o da a entender que la fe significa o incluye la obediencia.

El Apóstol Juan lo expresó de otra manera: "Mas a todos los que le recibieron, a los que creen en su nombre, les dio potestad de ser hechos hijo de Dios; los cuales no son engendrados de sangre, ni de voluntad de carne *ni de voluntad de varón*, sino de Dios" (Jn. 1:12-13). Por supuesto, que esto se puede explicar mejor diciendo que la voluntad corrompida del hombre no puede *causar* el nuevo nacimiento, pero si hubo un momento en el que se pudo conectar el creer con la voluntad del hombre de una manera *activa* en vez de *estrictamente pasiva* o en un *sentido receptivo,* fue esta y Juan perdió una gran oportunidad de hacerlo.

---

[34] Demarest, *Cross and salvation*, 249.
[35] A. Alexander, *Thought on Religious Experience* (1844; reprint ed., London: Banner of Truth, 1967), 64.
[36] C. Hodge, *St. Paul's Epistle to the Romans* (1860; reprint ed., Grand Rapids: Eermans, 1950, 29.

Soteriología de la gracia gratuita

Aun así, los teólogos del NT asocian la voluntad y el compromiso de la obediencia como la esencia de la fe en las maneras más sutiles. Considere esta afirmación: "La fe salvífica... debe de incluir una *confianza* de todo corazón y un *compromiso* con Cristo, evidenciada por la obediencia y las buenas obras. Este aspecto de la fe envuelve asirse de Cristo y apropiarse de sus beneficios".[37] De nuevo, recuerde que Hodges incluía las palabras "confianza" y "apropiación" en su definición de la fe, pero no la palabra "compromiso". Sin embargo, tiene que hacerse la pregunta, ¿cómo es que estos actos (la confianza y la apropiación) se confinan a la voluntad del hombre? ¿Por qué no se podrían llevar acabo en la mente o las emociones?

Demarest se esfuerza duramente en establecer un aspecto volitivo de la fe que equivalga a la obediencia:

> Pablo también afirmó que la fe salvífica envuelve la fe en Cristo y el compromiso con Él (Hch. 16:31; Col. 2:5) o con Dios (Ro. 4:24; 1 Ts. 1:8). Para el apóstol, la fe envuelve un entendimiento intelectual y un asentir emocional a las verdades cardinales...; pero también significa un rendimiento volitivo a Cristo, evidenciado por el amor (1 Co. 13:2; Gá. 5:6), la obediencia (Ro. 1:5; 16:26), y las buenas obras (1 Ts. 1:3; Ti. 2:14; 3:8). Bíblicamente hablando, existe un gran abismo entre conocer *acerca* de una persona y *conocer* a la persona en una relación de confianza y compromiso. La primera es teórica y formal, mientras que la segunda es experiencial y personal. Uno puede ser un filósofo o teólogo brillante, capaz de exponer elocuentemente acerca de Dios, pero no conocer a Cristo el Señor en una relación de confianza. Tal persona tiene una forma de conocimiento, pero no el conocimiento de la fe.[38]

Sin duda alguna, hay mucho con lo cual estamos de acuerdo con este párrafo (conociendo *acerca* de una persona versus *conociendo* a la persona), sin embargo, hay varias cosas que son preocupantes.

---

[37] Demarest, *Cross and Salvation*, 260.
[38] Ibid., 260-61.

Por un lado, las primeras cuatro referencias bíblicas no nos dicen sobre el *significado* de la fe; solo mencionan su objeto (Cristo o Dios). Por ejemplo, Hechos 16:31, solo pide al carcelero de Filipo *creer*. Pablo no se detiene para explicarle que creer significa confiar *y comprometerse*. Aquí es donde Demarest está dando por sentado lo que pretende probar; es decir, él está asumiendo lo que está pretendiendo probar.

Otro problema es la aserción de que la fe envuelve entendimiento intelectual y asentimiento emocional a las verdades cardinales …; pero además significa un rendimiento volitivo a Cristo, evidenciado por…" ¿Donde está la evidencia bíblica de que la fe significa un *rendimiento* volitivo? Decir que la fe está *evidenciada* en los pasajes mencionados por el amor, la obediencia, y las buenas obras es una cosa, pero implicar que el rendimiento volitivo *produce necesariamente* estas obras es otra cosa.

Un tercer problema con lo que dice Demarest, es que ninguna de las últimas siete referencias bíblicas trata acerca de la fe salvífica, significando con esto el acto de la fe que lleva al nuevo nacimiento. Cada una de esas referencias está tratando del amor, la obediencia, y las buenas obras de personas que ya son creyentes. Éstas tienen que ver con la santificación y con de la justificación. La referencia de Tito aclara esto: "Quien se dio a sí mismo por nosotros para redimirnos de toda iniquidad y purificar para sí un pueblo propio, celoso de buenas obras" (Ti. 2:14) y "para que *los que creen* en Dios procuren ocuparse en buenas obras" (Ti. 3:8). No hay nada en estos versículos que prueben su punto de que la fe regeneradora necesariamente incluyó un acto de la voluntad que envuelva un compromiso activo y rendirse a una vida de buenas obras.

Tenemos que tener mucho cuidado en evitar incluir la *evidencia* de la fe en nuestra definición de ésta. Ninguno discute que la devoción a Cristo y las buenas obras hechas en Su nombre no pueden ser *evidencia* de la fe. (Nosotros argumentaríamos que no son evidencia *conclusiva* debido a que los falsos maestros de Mateo 7 hicieron muchas buenas obras en el nombre de Cristo, pero fueron rechazados por Él como incrédulos.) Y estas buenas obras pudieran incluir obras de obediencia. *Pero es la fe que produce obediencia, no la obediencia fe*. Ni puede la obediencia ser parte de la fe. Dillow apunta a la debilidad del argumento de MacArthur cuando dice:

> MacArthur... dice cautelosamente, "El concepto bíblico de la fe es inseparable de la obediencia". *Pero las consecuencias posibles o aun inevitables de la fe no deben de ser identificadas con la fe misma*. La fe NO significa "obedecer". NO es "la determinación de la voluntad de obedecer la verdad". La fe es "una confianza que es dependiente". ... el importar nociones de la obediencia a la palabra "fe" es contrario a la enseñanza del apóstol Pablo. Parece algo evasivo argumentar de que esta aparente inconsistencia es una "paradoja"... El decir que la fe puede equivaler a la obediencia y no equivaler a la obediencia no es una paradoja; *es una contradicción*... Cuando MacArthur habla de las obras siendo hechas en nosotros, su doctrina de la justificación no difiere mucho de la idea de la justificación de hacernos justos del catolicismo. [39]

Una "Decisión" Por Cristo

¿Qué es lo que queremos decir cuando expresamos, fulano de tal hizo una decisión por Cristo?" ¿No es la decisión un acto de la voluntad? Si la fe no tiene un elemento volitivo, ¿estamos empleando mal la terminología al hablar de "una decisión por Cristo" al referirnos a la experiencia de la conversión? R. T. Kendall prefiere hablar del creer más como una "persuasión" que una "decisión".[40] Sí bien, no estoy convencido de que la palabra "decisión" esté mal empleada; aun así, es importante aclarar lo que esta decisión conlleva. Yo sugeriría que una decisión por Cristo significa que alguien decidió (escogió) *confiar en Cristo como Salvador*. Apocalipsis 22:17b dice: "y el que quiera, tome del agua de la vida gratuitamente" (RVR 1960), y Juan 5:35-40 enfatiza que el "querer" está implícito en el "creer". La fe es representada en Juan 1:12 y Apocalipsis 22:17b como "recibir" un

---

[39] Dillow, *Reign*, 74-76, énfasis añadido.
[40] Desafortunadamente, no recuerdo en donde leí al respecto.

regalo.[41] Presumiblemente, uno puede decidir recibir el regalo o rechazarlo. Pero eso es muy diferente a decidir *obedecer a Cristo como el Amo de su vida*. Cristo pidió a aquellos que recibieron el agua de vida seguirle con un rendimiento y compromiso total, pero el asunto es si esto último es una *condición* para la salvación como un *elemento integral* de la fe o solo un *deseo consecuente con* la fe que puede ocurrir o *no* de forma *concomitante* o *subsecuente*.

Resumen

La acusación de que el "asentimiento mental" y "la fe intelectual" son una fe inadecuada, es una evaluación injusta e incierta de la posición de la gracia gratuita sobre el significado de la fe salvífica. No puede ni el intelecto, la emoción, y la voluntad ser claramente aislada como *el* punto determinante de la fe salvífica. Los partidarios de la gracia gratuita han definido varias veces la fe como "confiar", "certeza", "dependencia", y "apropiación". Estas son las mismas palabras empleadas por los reformadores y muchos de los principales teólogos reformados de los últimos siglos. Han sido los puritanos y sus seguidores quienes han añadido el elemento de la "obediencia" al significado de la fe.

No tenemos ningún problema en como Berkhof divide la fe en diferentes elementos: el elemento de la mente (*notitia*), el elemento de las emociones (*assensus*), y el elemento de la voluntad (*fiducia*). El siguiente cuadro, que representa mi punto de vista personal, se armoniza bien con Berkhof:

LA NATURALEZA DE LA FE

LA MENTE + LA EMOCIÓN + LA VOLUNTAD
COMPRENDE LAS AFIRMACIONES DE CRISTO +
CONFÍA EN LAS AFIRMACIONES DE CRISTO +
SE COMPROMETE CON LAS AFIRMACIONES DE CRISTO

---

[41] La palabra griega para "gratuitamente" (δωρεὰν) es la misma usada (en la forma de un sustantivo) para enfatizar la naturaleza absolutamente gratuita del regalo de la gracia dada en Romanos 5:15 y 17.

Debería de ser obvio a la luz de este cuadro que creemos que la volición del hombre juega un papel significativo en la esencia de la fe. Sin embargo, dicho papel es el de comprometerse con las afirmaciones de Cristo, a su Persona y obra, y no el de comprometerse a obedecer todos los mandamientos de Cristo. Es absolutamente falso decir que los exponentes de la posición de la Gracia Gratuita entienden la fe como un ejercicio meramente intelectual.[42]

TIPOS DE FE EN EL NT

Aquellos que quieren sostener una distinción entre la fe "intelectual" y la fe de "corazón" generalmente apelan a la experiencia. Muchos de nosotros, yo incluido, recordamos haber asistido a la iglesia y haber oído acerca de Jesús como el Hijo de Dios que quitó los pecados del mundo. Mucho de nosotros creímos en estos hechos, o por lo menos nunca los dudamos seriamente, pero estamos convencidos de que llegamos a ser creyentes "verdaderos" en un momento de nuestras vidas al confiar en Cristo como nuestro Salvador personal. ¿Qué fue ese creer que tuvimos inicialmente? ¿No fue una fe "intelectual" en vez de una fe del "corazón"? Yo diría, que sí, sin embargo, la Biblia no se refiere a eso como "la fe". En un sentido podemos creer ciertos hechos acerca de Cristo, pero estos no tienen un efecto personal en nuestras vidas. Podría ser mejor referirnos a esto como *concediendo,* o *reconociendo* la verdad (como en Stg. 2:20 LBLA) en vez de la *fe,* la cual envuelve el hecho de *apropiarse* de esa verdad a nuestras vidas, *confiando* en ella para *recibir* la vida de Dios a través de Cristo solamente.

Muchos de nosotros podemos relacionarnos con la ilustración popular de la fe en donde Blondin, el equilibrista, se ofreció en rodar, dentro de un barril, a una persona al otro lado de las cataratas de Niágara. Si se hubieran hecho apuestas, probablemente habrían personas que hubieran creído que Blondin lo podía lograr. ¿Pero cuántos de ellos estarían dispuestos a entrar al barril? Es solo cuando

---

[42] Wayne Grudem, "Free Grace" Theology—Five Ways It Diminishes the Gospel (Wheaton, IL: Crossway, 2016), 112-18.

deciden entrar al barril que su fe cambia de una fe intelectual a una fe del corazón, de persuasión casual a una confianza personal. Yo me relaciono con esta ilustración y creo que es válida. El punto es si el NT hace una distinción ente la fe intelectual y la fe de corazón. Nosotros sugeriríamos que no lo hace.

La Fe Falsa En Santiago 2:14-26

Los que les agrada buscar distinciones en la fe del NT tienen solo pocos pasajes para apoyarse. El pasaje más fuerte para hablar de una fe falsa es Santiago 2:14-26, en donde "esa fe" se explica cómo una fe falsa e inauténtica. Pero ya hemos dedicado un gran espacio (vea el primer capítulo, "El significado de la soteriología") para exponer este análisis del pasaje como inconsecuente con muchos detalles del mismo, tal como el significado de la palabra "muerta". La palabra no se emplea para significar "fraudulenta, falsa, o espuria". La misma significa "inactiva, no vibrante, no 'fogosa'".

La Fe Falsa En Juan 2:23-25

Otro pasaje usado para mostrar que las personas pueden creer en Cristo sin ser salvas es Juan 2:23-25. Pero un estudio más detallado de este pasaje muestra porqué el mismo no describe otra cosa menos que una fe salvífica:

> Estando en Jerusalén en la fiesta de la pascua, muchos creyeron en su nombre, viendo las señales que hacía. Pero Jesús mismo no se fiaba de ellos, porque conocía a todos, y no tenía necesidad de que nadie le diese testimonio del hombre, pues él sabía lo que había en el hombre.

Muchos, si no la gran mayoría de expositores bíblicos, explican el creer de los "muchos" en Jn. 2:23 como refiriéndose a una fe "inferior", al grado de decir que estas personas no eran regeneradas. S. Toussaint no cree que una fe fundada en señales es "confiable".[43] Lo mismo

---

[43] S. Toussaint, "Acts", en *The Bible Knowledge Commentary* (Wheaton, IL.: Victor, 1983), 373.

opina E. Blum[44] y W. H. Harris.[45] Al parecer una fe fundada en señales es superficial, es una fe insuficiente. Pero, ¿dónde está el mérito de este pensamiento? Aparentemente viene de la respuesta de nuestro Señor a estos creyentes de los cuales no se fiaba de ellos debido a su conocimiento sobrenatural de sus corazones. Él había de haber visto algo en sus corazones que hizo que no confiara en ellos (*pisteuō* es el mismo verbo usado para denotar tanto la *confianza* de Jesús de ellos y el *creer* de ellos en Él). No hay nada inherente en la declaración acerca de su fe que la distinga de la fe de muchos otros en Juan. De hecho, existe mucha más evidencia aquí para sustentar a la fe genuina que una fe insuficiente.

Pisteuō eis

Probablemente el apoyo más contundente es la terminología exacta usada: πολλοι επιστευσαν εις το όνομα αυτού (*polloi episteusan eis to onoma autou*). Como se ha indicado anteriormente, la combinación del verbo *pisteuō* con la preposición *eis* es absolutamente único del cristianismo. No existen ejemplos de esta combinación en la LXX o en otro texto griego extra-bíblico. Y siendo que *eis* se usa de otras maneras para expresar "relación personal", la gran mayoría de expositores creen que esta construcción fue acuñada por los autores del NT para expresar la creencia en Jesús lo cual establece una relación personal con Él. Es de particular interés el hecho que Juan usa la combinación 30 de las 32 veces que ocurren en el NT, y el propósito expresado por Juan de provocar la fe era la *vida en su nombre*.

El uso de la concordancia nos informa que el primer uso de la combinación bajo análisis se encontraba en Juan 1:12: "Mas a todos los que le recibieron, a los que *creen en su nombre*, les dio potestad de ser hechos hijos de Dios". Aun el día de hoy, este es uno de los pasajes que se usan más frecuentemente en evangelismo. Ninguno

---

[44] E. Blum, "John", en *The Bible Knowledge Commentary* (Wheaton, IL.: Victor, 1983), 280.

[45] W. H. Harris, "A Theology of John's Writings", en *A Biblical Theology of the New Testament*, ed. R. B. Zuck and D. L. Bock (Chicago: Moody, 1994), 224-26.

cuestiona el significado de creer en Su nombre en Juan 1:12 y ni si quiera insinúa que este creer es insuficiente para entrar a la familia eterna. Lo mismo es verdad con respecto a 2:12. Todas las cosas se tornan aún más interesantes cuando reconocemos que el siguiente uso de la frase se encuentra en el pasaje en cuestión de Juan 2:23. No hay absolutamente nada entre Juan 1:12 y Juan 2:23 para sugerirnos que Juan va usar esta construcción para significar algo completamente diferente de la primera vez.

El uso cuádruple de "creer en" encontrado en Juan 3, donde Jesús está explicando a Nicodemo lo que es necesario para nacer de nuevo (o de arriba)– vv. 15, 16, 18, y 36, es particularmente perturbador para cualquiera que intente decir que creer en el nombre de Jesús es insuficiente para la regeneración. En Juan 3:18, Jesús específicamente dice que la razón por la cual el hombre será condenado es "porque no ha creído en el nombre del unigénito Hijo de Dios". Y en la declaración temática del evangelio (Jn. 20:31), Juan claramente declara que la vida viene por Su nombre". Z. Hodges comenta:

> Parece verdaderamente increíble a la luz de afirmaciones tan cruciales como éstas, que Juan debía declarar en 2:23 que "muchos creyeron en Su nombre" y al mismo tiempo sostener la opinión de que aquellos que lo hicieron no tenían vida y aún estaban bajo la condenación de Dios. Absolutamente nada en el uso de Juan de ἐπίστευσαν εἰς τὸ ὄνομα αὐτοῦ prepara a sus lectores para tal conclusión.[46]

Juan usa la construcción *pisteuō eis* muchas veces más para indicar a personas regeneradas (además de 3:15, 16, 18, 36, vea 4:39; 6:29, 35, 40; 7:38, 39, por citar unas pocas referencias). Si él quería distinguir al grupo de Juan 2:23 como quienes tenían una fe inferior a los otros mencionados, ¿por qué entonces usó la misma frase para describir su fe, especialmente una frase que ha sido

---

[46] Z. Hodges, "Problem Passages in the Gospel of John. Part II: Untrustworthy Believers—John 2:23-25", *Bibliotheca Sacra* 135 (April-June 1978), 139. Le doy crédito por mucho de este análisis tan útil de este pasaje.

acuñada para indicar a aquellos que habían expresado establecer una relación personal con Cristo por medio de la fe en Su nombre? No tiene sentido.

No obstante, comentarista tras comentarista concluye que estas personas tenían una fe superficial, e insuficiente. Después de todo, estaba basada en "señales", como si eso en sí mismo invalidara su fe al punto que era insuficiente. W. Hendriksen escribe:

> *Muchos confían en su nombre;* i. e., debido a la manera en que su poder fue manifestado lo aceptaron como un gran profeta y quizá aún como Mesías. Esto, sin embargo, no es lo mismo que decir que ellos rindieron sus corazones a él. No toda fe es fe salvífica (compárese con 6:26).[47]

No solo Hendriksen ha importado su entendimiento propio de la fe a el pasaje (rindiendo el corazón), pero su referencia a Juan 6:26 no dice absolutamente nada concerniente a la fe siendo que la fe ni siquiera es mencionada en el versículo.

¿Dos categorías?

W. Hall Harris es uno que está convencido que Juan reconoce diferentes calidades de fe en su evangelio. Él usa Juan 2:23-25 como el ejemplo fundamental y comenta, "Si estos fueran creyentes genuinos, el rechazo de Jesús de fiarse de ellos es extremadamente difícil de explicar, especialmente si el evangelio de Juan pone a las personas en dos categorías solamente: a saber, los que escogen venir a la luz, y aquellos que escogen permanecer en la obscuridad (véase 3:19-21)".[48] Sin embargo, ¿es la declaración de Harris acertada? ¿Hay solo dos categorías? ¿Qué de las categorías de la credulidad y la incredulidad? Estas dos categorías se usan más a menudo que el de la luz y las tinieblas. Ahora bien, Juan dice lo siguiente al referirse a estas dos categorías, "El que en él cree no es condenado;

---

[47] W. Hendrksen, *A Commentary on the Gospel of John*, 3d ed. (London: Banner of Truth, 19640, 127.
[48] Harris, "John's Writings", 225.

pero el que no cree, ya ha sido condenado..." (3:18). Como Hodges señaló,

> Para Juan, los que creen están en una sola clase y los que no lo están, en otra: "Pero vosotros no creéis, porque no sois de mis ovejas, como os he dicho" (10:26). El evangelista nunca pone delante de sus lectores algún tipo de dimensión desconocida en la cual los hombres han creído, y aun así, de alguna manera, no son las ovejas del Salvador.[49]

¿Qué de Juan 6:60-66?

Harris procede a defender su posición que hay creyentes con y sin la vida eterna en Juan en base a su referencia de Juan 6:60-66 donde observa:

> La fe inadecuada es también el punto de Juan 6:60-66.... Muchos de Sus discípulos empezaron a murmurar (v. 60). Jesús, al responderles les señaló, "Pero hay algunos de vosotros que no creen" (v. 64). Después de esto Juan añadió el comentario de que Jesús había conocido desde el principio quienes de ellos no creían (probablemente una alusión a 2:24-25)... La prueba de que la evaluación de Jesús de estos falsos discípulos era correcta es indicada por sus acciones. "Desde entonces muchos de sus discípulos volvieron atrás, y ya no andaban con él" (6:66). La perseverancia en Jesús es una señal externa de un creer genuino".[50]

Esto es algo increíble. Al leer Juan 6:60-66 uno busca en vano alguna declaración o indicación que aquellos a los cuales Jesús se dirigió tenían algún tipo de fe. En primer lugar, nunca dice que ellos creyeron. ¿Cómo puede la "fe inadecuada" ser el punto principal de siete versículos que nunca discuten o aun mencionan la fe una sola vez? Todo lo que el pasaje afirma es que estas personas no creyeron.

---

[49] Hodges, "Problem Passages", 144.
[50] Harris, "John's Writings", 225-26.

Desde luego que sí, la incredulidad es una de las categorías que encontramos en Juan. Creer y no creer. Estas personas estaban en la categoría de la incredulidad. Y la conexión parentética de Harris con 2:24-25 es un salto enorme. Pero esto es lo más cercano que se puede llegar respecto a decir que este grupo creyó.

Ahora bien, el pasaje de Juan 6 si tiene algo que decir de los creyentes, pero no 6:60-66 en donde aquellos que *no* creen son señalados. Observe especialmente 6:40, "Y esta es la voluntad del que me ha enviado: Que todo aquel que ve al hijo, y cree en Él [πιστεύων εἰς αὐτὸν], tenga vida eterna; y yo le resucitaré en el día postrero". Observe el "todo aquel", en el pensamiento de Juan. No hay uno que haya creído y que no participe del regalo de la vida eterna y la resurrección en el día postrero.

De modo que, regresando a Juan 2:23-25, hay dos preguntas que tenemos que responder antes poder dejar satisfactoriamente el pasaje: 1) ¿Es el creer basado en señales inferior a la fe salvífica?; 2) Si estas personas que creyeron, fueron regeneradas, ¿por qué entonces Jesús no confiaba en ellos?

La fe establecida en señales

La primera pregunta es fácil. Por supuesto que la fe en Cristo basada en señales es la fe salvífica. La razón misma por la cual hizo milagros era para convencer a las personas que Él era quien afirmaba ser. Era con el fin convencer a las personas para que creyeran en Él. Aun Harris observó que el verbo πιστεύων εἰς es usado solamente cuatro veces después de Juan 12. Los otros treinta usos están en los primeros doce capítulos. Aun así, todos los milagros con la excepción de la resurrección están en Juan 1-12. Harris, al parecer, menoscaba su propio argumento en contra de una fe suficiente que es fundada en señales al decir, concerniente a la conjunción de πιστεύων εἰς y los milagros en Juan 1-12,

> Esto es perfectamente entendible siendo que el capítulo 1-12 trata primordialmente con las señales–milagros y discursos donde el asunto es quien es Jesús y la necesidad de creer en Él, mientras que los capítulos 13-21 registran el discurso de despedida de Jesús

a Sus discípulos (quienes ya habían creído en Él) y los eventos de la pasión.⁵¹

En efecto. Las señales fueron dadas para persuadir a que en Jesús. No puedes comerte el pastel y tenerlo a la misma vez. Por una parte, no puedes decir que las señales fueron dadas para ayudar a las personas a creer en Jesús, y luego, decir que cuando creen en Jesús debido a las señales, entonces su fe es inadecuada.

Jesús, en vez de mirar la fe basada en Sus obras como algo inferior, más bien hace responsables aquellos que han visto Sus obras y no creyeron: "Si no hago las obras de Mi Padre, no me creáis. Mas si las hago, aunque no me creáis a mí, *creed a las obras, para que conozcáis y creáis* que el Padre está en mí, y yo en el Padre" (Jn. 10:37-38). Las obras se hicieron para convencerlos de tal modo que crean en Él. Si ellos vieron las obras que Él hizo y no creyeron en Él, entonces, eran inexcusables.

Si bien, hay una bendición especial para los que creen *sin* haber visto señales especiales, tal como Jesús dice a Tomás en Juan 20:29, sin embargo, Juan dice en los versículos que le siguen (Jn. 20:30-31), "Hizo además Jesús muchas otras señales en presencia de sus discípulos, las cuales no están escritas en este libro. Pero éstas se han escrito para que creáis que Jesús es el Cristo, el Hijo de Dios, y para que creyendo, tengáis vida en su nombre". El término "éstas" se refiere a las señales que Juan registró en su evangelio. Él específicamente las registró *para que creáis*. ¿Es una fe fundada en señales una fe inadecuada? De acuerdo a Juan, no.

La Retinencia De Cristo

Esto aún deja sin contestar la pregunta del ¿por qué Jesús no estaba dispuesto a confiar en creyentes genuinos, si es que eran genuinos? Para entender esto, necesitamos ver más de cerca el *leit motif* en Juan, es decir, el tema de la *intimidad*. Juan, tanto en su evangelio como en su primera epístola, está interesado en la intimidad. Otra palabra para intimidad es comunión. Aunque la comunión es el

---

⁵¹ Ibid., 224.

tema principal de su primera carta con la relación como subtema, en el evangelio que lleva su nombre es todo lo contrario. En éste, la relación es su tema principal, y la comunión es un sub-tema. Pero no te equivoques; hay mucho de la comunión o la intimidad contenida en el evangelio.

El Evangelio de Juan puede ser bosquejado de acuerdo al diseño del tabernáculo o templo. Tenemos, naturalmente, la corte de los gentiles en donde éstos podían entrar, el lugar santo con el candelabro y la mesa de panes, y el lugar santísimo donde solo el Sumo Sacerdote podía enterar. Y en Juan 1-12, tenemos el alcance evangelístico del mundo; luego en Juan 13-16, tenemos una luz especial y el alimento siendo compartido solo con aquellos que eran de Él, los once discípulos con solo un incrédulo enviado de noche; y finalmente en Juan 17, el Sumo Sacerdote mismo está orando por aquellos que son de Él. Los primeros doce capítulos son principalmente evangelísticos, y solo se nos dan destellos de la verdad con relación a comunión y/o la intimidad que está por venir. El enfoque en estos capítulos es sobre la relación. Pero en Juan 13-16, el énfasis cambia, como esperaríamos, porque ahora Él habla a creyentes que ya tienen una relación. Ellos ya habían sido lavados; ahora necesitan tener sus pies lavados. El enfoque aquí está no en la relación sino en la comunión. De modo que, es en estos capítulos que las verdades concernientes a la intimidad con Él llegan a ser centrales.

Así, encontramos a Jesús diciendo cosas como, "El que tiene mis mandamientos, y los guarda, ése es el que me ama; y el que me ama, será amado por mi Padre y yo lo amaré, y me manifestaré a él" (Jn. 14:21). Observe que la conversación no gira alrededor de "conocer" o "creer", sino en "amar". Ahora nos adentramos a la verdad acerca de la obediencia. Si queremos establecer una ecuación para la obediencia, será ésta: la obediencia = al amor; la obediencia ≠ a la fe. Y el amor es el lenguaje de la intimidad y la comunión. Sin embargo, observe de manera especial la palabra ἐμφανίσω (*enfanisō*), que BAGD sugiere que significa "revelar" en este contexto. Por ende, Jesús está dispuesto a revelarse a sí mismo aquellos que le aman; Él se abrirá a una relación de amor y nosotros también lo haremos. ¿Te sientes bien cómodo confiando en las pasiones más profundas de tu corazón con personas que realmente no te aman? No lo creo. Tampoco Jesús. Se requiere de mucha confianza.

Por eso es que Jesús no estaba listo para fiarse de los nuevos creyentes en Juan 2:23. Ellos creían en Él. Sin embargo, Él conocía sus corazones en ese momento, y sabía que no lo amaban. ¿Es esto tan sorprendente? Conforme nosotros crecemos en Cristo, lo amamos más y más. Y en cuanto más lo amamos, más dispuestos estamos a obedecerle. Y mientras más le obedezcamos, Él se abrirá más con nosotros.

Jesús explica la misma verdad más adelante en el Aposento Alto al decir, "Vosotros sois mis amigos, si hacéis lo que yo os mando" Jn. 15:14). Él no les llama sus hijos si es que hacen lo que Él les manda. Ellos son sus amigos—intimidad. Y para Sus amigos viene un privilegio en especial: "Ya no os llamaré siervos, porque el siervo no sabe lo que hace su señor; pero os he llamado amigos, porque todas las cosas que oí de mi Padre, os las he dado a conocer" (Jn. 15:15). Jesús revela más a Sus amigos que a Sus siervos. Sus amigos son aquellos que le obedecen y Sus hijos son aquellos que creen.

A los nuevos creyentes de Juan 2:23, Él ya se había revelado como el Mesías y el Hijo de Dios. Ellos creyeron y nacieron de nuevo. Pero Jesús no estaba listo para revelar más de sí mismo porque sabía que ellos aún no eran sus amigos, es decir, carecían de una intimidad definida por la obediencia.

Cristianos del "Servicio Secreto"

Hay muchos lugares donde Juan nos informa acerca de los creyentes que aún no eran amigos de Jesús. Observe el contraste entre los discípulos que abiertamente le siguieron y los nuevos creyentes en Juan 12:42: "Con todo eso, aun de los gobernantes, *muchos creyeron en él*; pero a causa de los fariseos *no lo confesaban*, para no ser expulsados de la sinagoga". No hay alguna indicación de que estos gobernantes eran meros profesantes falsos. Aquí encontramos la misma expresión griega, tan crucial para Juan para indicar una relación personal con Cristo: ἐπίστευσαν εἰς αὐτόν. Estos gobernantes eran creyentes que habían nacido de nuevo, pero por causa de su temor (no de la muerte, pero del favor de los hombres) ellos no estaban dispuestos a identificarse abiertamente con Jesús (*confesarlo*; ¿recuerda Ro. 10:9-10?).

Y, ¿recuerda a *Nicodemo*, que vino a Jesús *de noche*? Se nos dice que él era un principal (ἄρχων) entre los judíos. El mismo término que se aplicó a los que creyeron en Jesús en Juan 12:42. Otros expositores han observado el enlace entre Juan 2:25 y 3:1: ἄνθρωπος ("el hombre"). ¿Pudiera ser que Nicodemo era uno de estos *hombres* que creyeron en 2:23 por las señales que había visto, sin embargo, aún estaba indispuesto de abiertamente identificarse con Él debido a que era un principal de los judíos y sería expulsado de la sinagoga?

Pero aun si Nicodemo hubiera confiado en Cristo más adelante (quizá en Juan 12:42), él ya era claramente un creyente durante la crucifixión y uno que estaba ya dispuesto a identificarse abiertamente con Jesús (confesar). Él apareció con *José de Arimatea* en Juan 19:38-39 pidiendo el cuerpo de Jesús para el entierro. El texto dice que José era un discípulo, "pero *secretamente*, por miedo a los judíos", así como Nicodemo, que primeramente vino a Jesús "de noche". Ahora sí Nicodemo estaba dispuesto a exteriorizarlo. Estos dos hombres, al parecer, ya habían sido creyentes por algún tiempo, pero no llegaron a ser los *amigos* de Jesús sino hasta que Él murió. Es por eso que oímos poco de ellos durante el tiempo entre "el principio" y el fin; estaban ocultos. Hay que reconocerlos por haberse mostrado al final, pero Jesús conocía el corazón de los hombres (2:25), y Él no estaba dispuesto a revelarse, manifestarse, o a fiarse de aquellos que no querían abiertamente identificarse con Él. Tal vez, ésta sea la razón por la cual Él escogió a unos simples pescadores como Pedro, Santiago, y Juan para que fuesen sus primeros discípulos. Ellos no tenían tanto que perder como "los gobernantes de los judíos". Estos estaban dispuestos a identificarse con Él. Ellos llegaron a ser Sus mejores amigos y los grandes apóstoles que reinarán sobre las doce tribus de Israel cuando el Rey venga de nuevo.

Resumen Y Conclusión

Baste decir que, a pesar del consenso en la tradición de los comentarios, no tenemos evidencia conclusiva en el NT para sustentar diferentes categorías de la fe. Diferentes niveles, sí; pero no diferentes categorías. La fe es fe, fe real, fe genuina y cabal. Es verdad que no toda fe en el NT es fe salvífica. La fe tan pequeña como un grano de mostaza es suficiente para mover una montaña (porque es una fe *verdadera*), pero esa no es la fe *salvífica*. La fe que "te sana" es también fe verdadera, pero no necesariamente fe salvífica. La fe de los demonios en Santiago 2 es fe *verdadera* (es por eso que tiemblan), pero no es la fe *salvífica*. La fe salvífica obviamente necesita ser relacionada con la persona y obra de Jesucristo.

Entonces, estamos en desacuerdo con la aseveración de que cierto tipo de fe en el NT no es fe salvífica. Estamos discrepando con la noción de que algún tipo de fe en Jesús como Salvador en el NT no es la fe salvífica. El NT desconoce una fe de menor nivel o una fe insuficiente en Cristo como Salvador que no salve. Aun Simón el Mago de Hechos 8:13 tenía la fe salvífica. No hay nada en el texto que indique que su creencia y bautismo tenían que ser diferentes de las de los de Samaria. Y si usamos el argumento "de los frutos", entonces su bautismo (una identificación abierta con Jesús), su hambre espiritual y su rápido arrepentimiento post-bautismal, dan testimonio de una conversión genuina.

Aunque la fe salvífica *empieza* como una valoración de la verdad revelada—más notablemente, las promesas de Dios—no es *consumada* hasta que uno confía en esas promesas. Uno tiene que apropiarse de esas promesas y estar completamente persuadido y confiado en esas promesas como su única esperanza para la vida eterna. Tal fe no es un proceso y conclusión casual, indiferente, e intelectual. Es un acto de confianza, donde uno pone todo el peso y consecuencias de sus pecados en la cruz de Jesucristo para abrir las puertas de los cielos.

Un comentario final: Recuerdas nuestra discusión previa ("La Pecaminosidad del Hombre") que Adán y Eva tuvieron la experiencia de la muerte *espiritual* en el momento que pecaron, tal como Dios les había advertido (Gn. 2:17), aun cuando no murieron *físicamente* hasta cientos de años después. De la misma manera, para Juan (¡y para nosotros!) la promesa de Dios de la vida—la vida eterna—no es simplemente una promesa de tener un destino eterno *con* Dios en vez de una *separación* eterna de Dios. Dios promete la vida ahora que durará para siempre, pero nuestra *experiencia* presente de esa vida depende de una fe diaria en el regalo de Dios de Cristo (Ro. 6:23). Esta es la esencia de *permanece*. Cuando permanecemos *en Cristo* por la fe, tenemos la vida eterna permaneciendo *en nosotros*, en el mismo instante.

Capítulo 9

La seguridad eterna

INTRODUCCIÓN

¿Si fueras a morir el día de hoy, sabrías en donde pasarías la eternidad? O, ¿estarías de acuerdo con el que dijo: "No creo que sea posible conocer esto sino hasta que muramos"? Creemos que conocer esto es posible mucho antes de que llegue la cita con la muerte. Es más, éste conocimiento es esencial si has de tener la experiencia "del reposo preparado para el pueblo de Dios" mientras aun vivas en la Tierra. Un antiguo proverbio ofrece el siguiente sabio consejo:

> El que no sabe y no sabe que no sabe es un necio; evádele.
> El que no sabe y sabe que no sabe es sencillo; enséñale.
> El que sabe y no sabe que sabe está dormido; despiértale.
> El que sabe y sabe que sabe es sabio; síguele.

Todos nos encontramos en una de estas cuatro categorías descritas en el proverbio anterior, al tratar el asunto de conocer a Dios de una manera personal y saber que estaremos con Él cuando muramos. Algunos no saben y no saben que no saben. Éstos se encuentran perdidos, pero no lo saben. Para los que se encuentran en esta categoría, el mensaje de Romanos 3:10-18 es sumamente necesario:

"No hay justo, ni aun uno". Todo hombre sin Cristo es un pecador delante de Dios, condenado a una eterna separación de Él.

Algunos, sin embargo, no saben y saben que no saben. El mensaje de 2 Corintios 5:21 atiende a sus necesidades: "Al que no conoció pecado [Cristo], por nosotros lo hizo pecado, para que nosotros seamos justicia de Dios en él". Jesús pagó los platos rotos por nosotros. Murió para que nosotros pudiésemos vivir para siempre.

Pero la categoría más trágica incluye a los que saben pero no saben que saben. Éstos son los creyentes que son salvos y cuyos destinos están seguros, sin embargo, no saben que son salvos y no están seguros de su salvación ni de su destino final. Ellos urgentemente necesitan entender el mensaje de seguridad eterna, de modo que puedan entrar en la cuarta categoría de personas que saben y saben que saben.

Nadie tiene mayor paz y descanso en ésta vida que la persona que conoce a Dios, el Padre, por medio de Dios el Hijo, y sabe que le conocen. Pero, ¿será que las personas en esta cuarta categoría son presuntuosas y están demasiado confiadas? **¿Puede uno realmente saber, y saber que sabe en esta vida?** Ésa pregunta es nuestro tema en éste estudio.

Examinemos este tema bajo cinco categorías: Una definición sencilla, La posibilidad teológica, El apoyo básico, Las objeciones principales, y Los beneficios prácticos. Primeramente, veamos la definición.

Una Definición Sencilla

Quizá, la definición más sencilla y corta de la seguridad eterna sea: "Una vez salvo, siempre salvo". Por supuesto que la palabra inclusiva "siempre" causa una reacción inmediata. Cuando escuchamos palabras como "siempre, nunca, cada", etc., empezamos a buscar excepciones. No obstante, ésta definición puede aguantar el bombardeo en su contra. Brilla como una de las luces doctrinales más brillantes de la Biblia: Una vez que has creído, nunca puedes perderte; nunca puedes ir al infierno. Cristo siempre será tu Salvador. Tú puedes concretar tu destino eterno de una vez y para siempre de modo que no tienes por qué preocuparte de esto.

Obviamente, una doctrina tan roseada de términos calificativos como "nunca, siempre, y todos" será desafiada. ¿Puede esta doctrina pasar la prueba?

La Posibilidad Teológica

Una vez salvo, siempre salvo. Ésta declaración es grande. ¿Pero es esto realmente posible? ¿Qué factores envuelven a ésta doctrina sobre la seguridad eterna? Una vez que hemos eliminado todos los excesos que han obscurecido a ésta doctrina, solo dos factores restan: el pecado del hombre y la provisión de Dios.

El pecado del hombre lo separa de Dios. Es su pecado lo que le envía al infierno. Si el hombre ha de escaparse de este lugar horrible, Dios tiene que, de alguna manera, proveer la pena justa por sus pecados. Claramente, la muerte de Cristo en la cruz es el pago por los pecados del hombre provisto por Dios. La cuestión de la seguridad eterna descansa en si esta provisión paga por *todos* los pecados del hombre. ¿Es la expiación limitada?

En este punto, los oponentes a la seguridad eterna confunden el asunto dividiendo el pecado en seis categorías: pasado y futuro, mal y peor, confesado y no confesado. Esto es como intentar dividir un barril de aceite negro en seis compartimientos. Aun si lo lográramos, el aceite en cada compartimiento seguiría siendo negro, y seguiría siendo aceite. La mayoría de los que creen que un creyente puede perder su salvación no creen que la provisión de Dios haya cubierto los pecados futuros así como los pasados, los pecados negros como los grises, tanto los no confesados como los confesados. Si la seguridad eterna es una posibilidad teológica, entonces la muerte de Cristo tiene que ser lo suficientemente poderosa como para quemar el todo de este barril de pecado, y no solo dos o tres compartimientos del mismo. La provisión de Dios debe de pagar la deuda acumulada por todos nuestros pecados no importando el tiempo, el grado, o la confesión.

Afortunadamente, Dios no ha guardado silencio sobre estos asuntos. Habló sobre esto en Hebreos 10. En el pasaje, el Espíritu Santo compara el sacrificio de toros y machos cabríos con el sacrificio del Hijo de Dios. Los primeros simplemente no podían lidiar con los pecados *futuros*. Una vez por año, las personas tenían que regresar a Jerusalén para ofrecer otro sacrificio por sus pecados cometidos en el año anterior. Al retirarse de Jerusalén, estaban nuevamente limpios. Pero los puntos en su contra se iban acumulando a través del año, hasta que de nuevo llegaba el Día de la Expiación. Siendo que sus sacrificios no lidiaban con los pecados *futuros*, éstas personas tenían que mantenerse ofreciendo sacrificios año tras año.

Pero el sacrificio de Jesús terminó con la necesidad de los sacrificios anuales. Lo que fue imposible por "la sangre de los toros y de los machos cabríos" (He. 10:4) fue posible a través del sacrificio del Cordero de Dios. Hay tres palabras griegas en Hebreos 10 que enfatizan esta posibilidad.

La primera es el adverbio *ephapax* y se encuentra solo cinco veces en el NT. En cuatro de las cinco ocasiones que se usa, se refiere a la muerte de Cristo como un pago por nuestros pecados (Ro.6:10; He. 7:27; 9:12; y 10:10). Su significado es de "una vez para siempre" (He. 10:10). El significado de la palabra es aclarado en Hebreos 10:12, "una vez para siempre un solo sacrificio". La muerte de Cristo es la única provisión de Dios por los pecados del hombre y suficientemente pagó por todos sus pecados. No se hace una distinción de *tiempo*. Cuando Cristo ascendió a los cielos, se sentó a la diestra de Su Padre, significando con esto Su obra terminada. No más provisiones serian hechas. *Ephapax*. Una vez para siempre. Todo pecado—pasado, presente, o futuro; negro, gris, o blanco (realmente todo pecado es negro); confesados, o no confesados; conocidos, y desconocidos—todos los pecados ya han sido pagados.

Para reafirmar nuestro entendimiento, hay otra palabra que subraya la suficiencia de la muerte de Cristo como pago de los pecados futuros: *diēnekes*. Esta palabra ocurre solo cuatro veces en el NT, y solo en Hebreos (7:3; 10:1, 12, 14). La palabra significa "para siempre, eterno, sucesión continua, sin cesar". El punto es que el sacrificio de Jesús fue bueno "para siempre", mientras que los de los toros y machos cabríos eran buenos solo por un año. Por lo tanto, ha sido suficiente un solo sacrificio realizado hace dos mil años por todos los pecados cometidos desde entonces. Por supuesto, que todos estos eran pecados "futuros". El mismo sacrificio, entonces, ha removido la deuda de todos los pecados que habremos de cometer también en el futuro.

Alguno podría objetar diciendo, "Yo sí creo que la muerte de Cristo es *suficiente* para pagar la pena de mis pecados futuros, pero solo será *eficiente* para hacerlo cuando confiese esos pecados". Esta objeción pudiera sostenerse si no fuera por la tercera palabra griega en Hebreos 10, la cual afianza el caso para la seguridad eterna. La palabra es *perielein*, y se encuentra en Hebreos 10:11. Se traduce "quitar". Literalmente significa "remover algo de alguien o de una cosa". Se usa para embarcar el ancla de un barco, y para remover la soga del cuello de una persona. El pecado del hombre se ha convertido en una soga atada a su cuello, pero la muerte de Cristo ha removido la soga de una vez y para siempre. En otras palabras, la muerte de Cristo no es como un fondo reservado el cual es suficiente para pagar por todas las deudas que podamos acumular en el futuro, pero solo eficiente para pagar aquellas deudas cuando giramos un cheque a la cuenta (confesar). No es así. La muerte de Cristo quitó la soga de todos los pecados sin importar el tiempo, el grado, o confesión—nunca puede regresar de nuevo a nuestros cuellos.

Estas tres palabras griegas no solo resaltan nuestra seguridad eterna, sino también lo hace el tiempo perfecto usado en Hebreos 10, el cual enfatiza un acto pasado con sus efectos presentes. Es una acción completa hecha en el pasado cuyos resultados son continuos, el cual nos habla de un estado *permanente*. Encontramos este tiempo en la palabra "santificados" (10:10) e "hizo perfectos" (10:14). Santificar (*hagiazō*) significa "hacer santos"; hacer perfecto (*teleioō*) significa "hacer completo". En Hebreos 10:10-14, Dios nos dice que el sacrificio de Jesús, y Su provisión por nuestros pecados, nos han hecho santos y completos *permanentemente.*

De manera que, la seguridad eterna no es meramente una *posibilidad* teológica, sino una *realidad* teológica. Hebreos 10 hace claro que la provisión de Dios ha borrado completamente y destruido todos nuestros pecados de una vez y para siempre. La muerte de Cristo cubrió suficientemente y eficientemente los pecados de los creyentes desde Adán hasta Cristo (pecados pasados) y desde Cristo hasta el día de hoy (los pecados futuros con respecto a Su muerte). La provisión de Dios más que adecuadamente cubre los pecados del hombre.

Habiendo establecido la posibilidad teológica de "una vez salvo, siempre salvo", ampliémonos más el apoyo básico de esta doctrina.

Apoyo Básico

Algunos se refieren a la doctrina de la seguridad eterna como "la perseverancia de los santos". Quizá una mejor expresión sería "la preservación de los santos". La primera enfatiza el esfuerzo humano mientras que la última se centra en la obra de Dios. Al final, la seguridad eterna del creyente descansa en el poder de Dios de preservar a los santos, y no en el poder de los santos de perseverar.

Es como un padre que lleva a su hijo pequeño de la mano por un cruce de camino muy transitado. Estando al punto de cruzar el pequeño se resbaló y cayó. Pero antes de caer al suelo, la mano poderosa de su padre lo toma e impulsa al otro lado de cruce. Contento, el pequeño mira a su papá y le dice, "¿Papi, sí me sostuve verdad?" Su padre sonríe y a sabiendas responde, "Sí, lo hiciste, hijo, pero yo te sostuve primero". Y así es con la preservación de Dios de Sus santos. Es Su sustento de nosotros y no nuestro sustento de Él, que establece el fundamento de la seguridad eterna.

Siendo que la verdad de la seguridad eterna descansa en la persona y obra de Dios, la mejor evidencia para esta doctrina viene de las contribuciones hechas por cada miembro de la Trinidad con relación a la preservación de los santos. Por tanto, veamos dos de las contribuciones hechas por cada miembro de la Trinidad que sustentan la seguridad eterna.

Dios El Padre

Su omnipotencia

Hay muchos versículos que testifican acerca de la habilidad de Dios de preservar a Sus hijos y de la inhabilidad de alguno de frustrar Su poder para hacer esto. Considere, por ejemplo, la fuerza de la cadena de los siguientes versículos:

1. "Mi Padre que me las dio, es mayor que todos, y nadie las puede arrebatar de la mano de mi Padre" (Juan 10:29). Esto incluiría al creyente mismo.

2. "Plenamente convencido de que era también poderoso para hacer todo lo que había prometido" (Ro. 4:21). Dios ha prometido la vida eterna a todo aquel que cree. Él es fiel para cumplir lo que prometió.

3. "Si Dios es por nosotros, ¿quién contra nosotros? ... Por lo cual estoy seguro de que ni la muerte, ni la vida, ni ángeles, ni principados, ni potestades, ni lo presente, ni lo por venir, ni lo alto, ni lo profundo, ni ninguna otra cosa creada nos podrá separar del amor de Dios, que es en Cristo Jesús Señor nuestro" (Romanos 8:31, 38-39). Algunos objetan que este versículo se refiere al amor de Dios, y no de Dios mismo. Pero, ¿puede uno ser separado de Dios eternamente sin también ser separado de Su amor?

4. "Y a aquel que es poderoso para guardaros sin caída, y presentaros sin mancha delante de su gloria con gran alegría" (Judas 24). Decir que uno puede perder su salvación es decir que Dios no puede guardarle de modo que no se pierda. ¿Quién es más poderoso, Dios o nosotros? Negar la seguridad eterna es insultar la omnipotencia de Dios.

Su amor incondicional

El carácter incondicional del amor de Dios lo elevan varios niveles sobre el amor del hombre. "Mas Dios muestra su amor para con nosotros, en que siendo aún pecadores, Cristo murió por nosotros" (Ro. 5:8). No merecíamos Su amor en aquel entonces por causa de nuestros pecados. ¿Acaso el amor de Dios ha decrecido *desde* que creímos, de modo que nuestros pecados cancelan ahora los beneficios de la muerte de Cristo por nosotros? Por el contario, "Pues mucho más, estando ya justificados en su sangre, por él seremos salvos de la ira" (Ro. 5:9). Nos ama "mucho más" ahora que somos Sus hijos que cuando éramos Sus enemigos. Si nuestros pecados no cerraron la fuente de Su amor ante de nuestra salvación, ciertamente no lo harán después de ésta.

Por consiguiente, el gran poder y amor del Padre aseguran la doctrina de la seguridad eterna. ¿Y qué de Cristo?

Dios El Hijo

Su muerte

Como ya hemos visto en Hebreos 10, la muerte de Cristo removió la soga del pecado del cuello del creyente de una vez y para siempre. Negar esta verdad es afirmar que la sangre de Cristo no fue suficientemente buena para cubrir por todos nuestros pecados independientemente del tiempo, del grado, o la confesión. Eso significaría que la obra de Cristo no fue suficiente y ahora tenemos que añadir nuestras buenas obras a Su obra para mantener nuestra salvación. ¡Qué insulto a la persona y obra de nuestro Señor y Salvador!

Sus oraciones

1. COMO NUESTRO ABOGADO. Leemos en 1 Juan 2:1-2, "Y si alguno hubiere pecado, abogado tenemos para con el Padre, a Jesucristo el justo. Y él es la propiciación por nuestros pecados". Cuando pecamos después de haber sido salvos, el Señor Jesucristo actúa como nuestro abogado para defendernos en contra del dedo de acusaciones de Satanás. Nuestro abogado descansa su caso en su propia sangre derramada la cual completamente satisfizo (propició) la demanda de la justicia de Dios. Él meramente afirma que la deuda acumulada por nuestros pecados han sido pagadas por completo. Caso cerrado.

2. COMO NUESTRO INTERCESOR. En Hebreos 7:25 leemos, "por lo cual puede también salvar perpetuamente a los que por él se acercan a

Dios, viviendo siempre para interceder por ellos". Un ejemplo de la oración intercesora de Cristo por nosotros puede ser encontrada en Juan 17:11: "Padre santo, a los que me has dado, guárdalos en tu nombre, para que sean uno, así como nosotros". El resto del capítulo presenta peticiones similares al Padre. Decir que un creyente, una vez salvo, puede perderse, ¿no es decir mucho sobre la oración de Cristo, verdad?

De esta manera, la obra pasada de Cristo en la cruz y Su obra presente en la oración respaldan la doctrina de la seguridad eterna. ¿Qué podemos decir del Espíritu Santo?

Dios El Espíritu Santo

Su morada

Cuando uno llega a ser cristiano, el Espíritu Santo viene a morar en él. De acuerdo a Cristo, este ministerio de residencia es permanente puesto que Él dijo, "Yo rogaré al Padre, y os dará otro Consolador, para que esté con vosotros para siempre: el Espíritu de verdad,... porque mora con vosotros, y estará en vosotros" (Juan 14:16-17). Como bien lo expresó Lewis Sperry Chafer, "Él puede ser contristado, pero no puede ser extinguido. Nunca abandona al cristiano, de otra manera la palabra de Cristo es incierta y Su oración careciente de respuesta".1

Su sello

Se nos dice en Efesios 4:30 que el Espíritu Santo nos ha sellado para el día de redención. Este sello tenía tres usos en el tiempo del NT:

1. AUTENTICAR. Pablo dijo que los corintios eran el "sello" de su apostolado. Ellos lo autenticaban como un apóstol. De esta manera, el Espíritu Santo también nos marca como cristianos auténticos.

1 Lewis Sperry Chafer, *Systematic Theology,* Vol III, *Soteriology* (Dallas: Dallas Seminary Press, 1969), 336.

2. PROTEGER. Los 144,000 en Apocalipsis 14 son "sellados", es decir, están protegidos de la muerte. De manera que el sello del Espíritu Santo nos protege de la segunda muerte (la separación eterna de Dios).

3. PROPIEDAD. El sello era como una marca en el ganado, una marca de propiedad. De modo que el sello del Espíritu Santo nos marca como perteneciendo a Dios. Somos Su "posesión adquirida" (Ef. 1:14). "Ahora pertenezco a Jesús, y Jesús me pertenece; no solo por los días temporales, sino por la eternidad".[12]

Claramente, la morada y sello del ministerio del Espíritu Santo apuntan a la protección permanente que tenemos de Dios hasta el día de la redención. Esto es seguridad eterna.

Conclusión

Nuestra seguridad depende no en nosotros, sino en Dios. No es nuestro poder de perseverar que garantiza nuestra salvación. Es el poder infinito y el amor incondicional de Dios, el sacrificio de una vez y para siempre del Hijo y de Su presente ministerio de oración, de la morada y el sello protector del Espíritu—cada una de las contribuciones de los miembros de la Deidad llevan a la siguiente conclusión: nuestra seguridad eterna. De esta manera, toda negación de la doctrina constituye un ataque frontal en contra el carácter y obra de Dios. ¿Cuáles son algunas de las objeciones hechas en contra de esta doctrina?

Las Objeciones Principales

Casi todas las objeciones hechas en contra de la doctrina sobre la seguridad eterna pueden trazarse al error en no poder distinguir entre una verdad de relación y una verdad de comunión, o entre los requisitos para la salvación y los requisitos para el discipulado, o entre el juicio eterno de Dios y Su juicio temporal, o entre el lenguaje literal y el figurado. Cuando logramos entender estas distinciones, las objeciones se esfuman. Procedamos a examinarlas.

---

[12] Lyrics by Norman John Clayton (b. Jan. 22, 1903; d. June 1, 1992).

Relación Vs Comunión

Cuando un hombre tiene un hijo pequeño, empieza una relación. Es una relación entre padre e hijo y es permanente. No importa cuán desagradecido se comporte el pequeño, sigue siendo hijo de su padre. Pero si la relación entere padre-hijo se disfruta o no depende de su comunión, si el muchacho huye del hogar y aun cambia su nombre, la relación todavía existe, pero no la comunión. Si la comunión ha de ser restaurada, el muchacho debe de regresar a casa y pedir perdón a su padre y someterse a su autoridad.

Esta distinción entre relación y comunión ayuda a explicar como un hijo de Dios puede concebiblemente huir lejos del Padre—aun negar la fe y "el trasfondo familiar" (=apostasía) – aun así permanecer un cristiano. La relación que tiene con su Padre Celestial nunca cambiará. Es una relación entre padre-hijo. Pero esta relación solo puede gozarse por medio de estar en comunión con el Padre. El hijo pecador debe de buscar el perdón de su Padre y someterse a su autoridad. Solo entonces la comunión es restaurada.

Cuando entendemos la diferencia entre relación y comunión también podemos entender cómo es que una persona puede morir en un accidente automovilístico sin haber confesado su pecado y aun así ir al cielo. Muy fácil: la confesión de un pecado conocido es la condición requerida por Dios para tener comunión (1 Juan 1:3, 9). La confesión no tiene nada que ver con la relación. El cristiano que muere sin haber confesado su pecado aún tiene la relación de padre-hijo, pero muere sin comunión con su Padre.

Posición Versus Condición

Alguna veces Dios nos describe desde la perspectiva de nuestra *posición en Cristo* en los lugares celestiales (Ef. 1:3), y otras veces desde la perspectiva de nuestra *condición durante este tiempo* en la tierra (Romanos 8). En nuestra posición somos ya santos y sin mancha delante de Dios (He. 10:10; 1 Co. 1:2); pero en nuestra condición puede que seamos espirituales o carnales, controlados por el Espíritu o por la carne. Según nos enfocamos en nuestra posición en Cristo, nuestra condición paulatinamente se conforma a nuestra posición (2

Co. 3:18). Cuando Dios dice, "Sed Santos, porque Yo soy santo" (1 P. 1:16), Él está apelando a nuestra condición. Pero cuando dice que somos "santificados en Cristo", Él está afirmando nuestra santidad total en nuestra posición.

De esta manera, podemos ver como un grupo de personas que no andaban en santidad, tales como los cristianos de Corinto (llenos de lujuria, carnalidad, y celos), podían ser llamados "santificados". Eran santos en su posición, pero no en su condición. Pablo nunca les advirtió con perder la posición por su condición. Mas bien, apeló a mejorar su condición sobre la base de su posición (Colosenses 3; Efesios 4). Y, de esta manera, se puede ver como cualquier cristiano puede estar seguro en su posición pero ser impío en su condición. Ahora bien, esto no es una *excusa* para su condición; por lo contrario, es una *defensa* de su posición.

Salvación Versus Discipulado

Ciertos pasajes relacionados a la herencia de los creyentes, tales como Efesios 5:5 y Gálatas 5:21, han confundido a algunos. Los pasajes describen a ciertos pecados inmorales y claramente dicen que ninguno que practique tales pecados heredará el reino de Dios. Una respuesta a este problema obvio sería decir que el que está practicando *continuamente* tales pecados sencillamente no es un cristiano. Aun cuando esto *puede* ser verdad, todos conocemos de personas que tienen las evidencias de ser regenerados con excepción de ciertos hábitos que parecen persistir de un año a otro. ¿Será que desde un principio nunca fueron realmente cristianos o perderán su salvación? ¿Podríamos sugerir que respondiéramos no a ambas preguntas?

En realidad, la palabra "herencia" es la clave para entender que los pasajes tienen que ver con el discipulado. Lucas 14 contrasta de forma hermosa el regalo gratuito de la salvación (la parábola de gran cena) y el alto precio del discipulado. Cristo anima y "persuade fuertemente" (Lc. 14:23) a los hombres a que acepten su invitación a una cena de salvación gratuita, sin embargo, severamente advierte a los hombres que empiezan el camino del discipulado sin contar el precio (posiblemente perder amigos, familia, bienestar económico, salud, y aun la vida misma). Él dice, "Hay muchas torres construidas a medias por toda la ciudad las cuales son un mal testimonio a mi nombre. Preferiría que no empezaran en el camino del discipulado si no piensan terminarlo".

No obstante, las recompensas del discipulado son muchas. Pasajes tales como Mateo 19:27-30; 25:3, Colosenses 3:24-25, Santiago 2:5 y Apocalipsis 21:7 destacan las recompensas que esperan a los que sirven al Señor fielmente. Cada uno de estos son "pasajes sobre la herencia". Y en cada caso, la herencia o recompensas recibidas en el Tribunal de Cristo (1 C. 3:12-15, 2 Co. 5:9-10) son otorgadas en base de las obras hechas *después* de que fuimos cristianos. De modo que, los pasajes que advierten en contra de la perdida de la herencia tienen que ver, no con nuestra salvación, sino con nuestras *recompensas*.

Juan 15:6 también es clave dentro de esta categoría, aun cuando no encontramos la palabra "herencia" o "recompensa". La palabra "permanece" nos dice que estamos tratando con la verdad tocante a la comunión. Aquí tenemos a un cristiano no permaneciendo en Cristo. Él tiene una relación con el Señor pero no tiene una comunión. Obviamente, no está trabajando para el Señor. Es salvo, pero no es un discípulo. Por tanto, la prueba de fuego (1 Co. 3:13) destruirá sus obras como la madera, el heno, y la hojarasca. No habrá recompensas, ni herencia. 1 Corintios 9:27 también cabe dentro del contexto de discipulado y recompensas.

Eterno Versus Temporal

Muchos de los pasajes problemáticos en el área de la seguridad eterna son un problema debido a no discernir si la advertencia se llevará a cabo *en el tiempo* (incluyendo el Tribunal de Cristo) o *por la eternidad*. Hebreos, por ejemplo, contiene muchos de esos pasajes que advierten (2:1-4; 3:7-4:16; 10:26-39; 12:3-29). Aun así, en cada caso, el juicio por la infidelidad se llevaría a cabo durante el tiempo. El peligro de aquellos cristianos hebreos que regresaron a la adoración en el templo con los judíos, que rechazaron a Cristo, sería la muerte en las manos del ejército romano en el año 70 DC. Para una caída espiritual menos severa viene la disciplina temporal, como la de un padre con su hijo (12:5-11). Pero en cada caso, la advertencia consistía de un juicio temporal que vendría mientras que los hombres estuvieran aun sobre la Tierra. El cielo nunca se contempla aquí.

La segunda carta de Pedro 2:20-22 también se entiende mejor cuando es vista en su contexto temporal. La prueba de que estos son cristianos es el uso de *epiginōskō* en 2:20-21. Este término significa tener un completo conocimiento experiencial de Cristo, y no meramente conceder ciertos hechos *tocante* a Cristo. ¿Cuál es entonces el "postrer estado" de estos cristianos que "viene a ser peor que el primero"? Es su estado moral después de haber dejado el camino de la rectitud. Este estado moral es aún peor que cuando llegaron a ser cristianos ("el primero"). "El perro vuelve a su vómito, y la puerca lavada a revolcarse en el cieno." Aquí, el "postrer estado" se refiere a el tiempo, no a la eternidad.

Aun cuando las distinciones anteriores entre relación y comunión, posición y condición, salvación y discipulado, tiempo y eternidad, disuelven la gran mayoría de objeciones contra la seguridad eterna, hay otras objeciones menores que deben de ser tratadas de forma separada:

1. "Si le negaremos, él también nos negará" (2 Ti. 2:12b). Si bien parece que podemos perder la salvación, 2 Timoteo 2:13 dice, "Si fuéremos infieles, el permanece fiel; Él no puede negarse a sí mismo". Si negamos la fe y le rechazamos, Cristo aún sigue viviendo en nosotros y no puede negarse a sí mismo, pero Él negará nuestro reinado con Él (2 Ti. 2:12a; Ro. 8:17b).

2. Aun cuando se admite que la salvación es un regalo gratuito (Ro. 5:15-16), algunos sin embargo, dicen que una persona puede regresar ese regalo. No obstante, el testimonio claro de la Escritura es que "los dones y llamamiento de Dios son irrevocables" (Ro. 11:29). Dios quien ha decidido darnos este regalo no lo recibirá de nuevo, de modo que no podríamos regresarlo aun si quisiéramos.

3. "Esto hace a la gracia algo corriente. Todo lo que tienes que hace es creer y después puedes vivir como tú quieras". La gracia no nos cuesta nada; aun así, le costó a Dios todo—la vida de Su Hijo.

Es más, aun cuando un cristiano *puede* teóricamente vivir de la manera que a él le plazca, hemos visto que una vida sin santidad hace que se pierda tanto la "vida abundante" que Cristo ofrece sobre la tierra, como las recompensas futuras que Él ofrece en el Tribunal de Cristo. Además, lleva al creyente a estar bajo el juicio temporal o la disciplina de Dios.

4. "La Biblia dice que uno puede caer de la gracia (Ga. 5:4; He. 4:1)". Aquí Pablo compara dos planos de vida. El vivir bajo la gracia es vivir en el plano superior. Vivir la vida cristiana bajo la ley, como los gálatas estaban intentando hacer (vea Ga. 3:3), es esforzarse en la vida en el plano inferior. En esencia, tal cristiano ha caído del plano superior al inferior. Ha caído de la gracia (y del "reposo" de Dios).

5. "Hebreos 6:4-6 dice que es imposible ser salvo después que has caído". No, dice que es imposible ser salvo dos veces ("sean otra vez renovados para arrepentimiento"). De forma irónica, todos los que dicen que un cristiano puede perder su salvación debido a un horrendo pecado, también creen que puede retomarla por medio del arrepentimiento de dicho pecado. De ninguna manera, dice Hebreos 6. Si es cierto que un cristiano puede perder su salvación, entonces también es cierto que nunca la puede recobrar. Por el otro lado, el pasaje puede estar diciendo que cuando un cristiano ha progresado en el camino de rectitud y luego se desvía de la fe, es imposible para el *hombre* renovarlo al arrepentimiento. Pueda que esté más allá de la posibilidad de ser persuadido por el razonamiento humano. Pero esto no significa que sería imposible para *Dios* poder hacerlo volver. Para Dios todo es posible. Cual sea el caso, el pasaje no habla categóricamente de la perdida de salvación.[23]

---

[23] Para un argumento conciso de que Hebreos 6 no está abordando ni la perdida de salvación de los creyentes o la falta de la mismo por los no creyentes, vea Anthony B. Badger, "Doesn't Hebrews 6 Say if We Fall Away We Cannot Be Saved?" in 21 *Tough Questions about Grace*, Grant Hawley, ed., (Allen, TX: Bold Grace, 2015) 227-36.

6. Apocalipsis 22:19 dice que si alguno quita de las palabras del Apocalipsis, Dios quitará su parte del "libro de la vida". No existe soporte de algún manuscrito para traducir "libro de la vida". Debía de decir "*árbol* de la vida". Éste es otro pasaje que se refiere ya sea a la perdida de las recompensas o tiene referencia a los que no son cristianos. La primera opción se apoya traduciendo la palabra *meros* en 22:19 como en Juan 13:8, "parte" o "porción", claramente haciendo alusión a *comunión* y no a *relación*. La alusión en Apocalipsis de borrar el nombre del libro de la vida tiene tres posibles explicaciones. Primero, las palabras de Cristo de que no borrará el nombre del que venciere del libro de la vida sería una figura del lenguaje llamada "lítotes", una subestimación diseñada a enfatizar lo que Dios *hará*: esto es, *confesar su nombre delante de Dios y Sus ángeles* (como decir "No me parece mala tu idea" para decir, "es una buena idea"). En este caso no admitiría la posibilidad de "borrar" en primer lugar. Segundo, es muy posible que el nombre de toda persona esté en el libro de la vida hasta que rechaza a Cristo como Salvador. Solo entonces es su nombre borrado. Y solo los nombres de los creyentes permanecen. Tercero, solo la mitad de los residentes de Roma eran ciudadanos. Cuando un ciudadano cometía un crimen horrendo, los oficiales de la ciudad ceremoniosamente borraban su nombre del libro de los ciudadanos. El hombre permanecía como *residente*, pero perdía los derechos y privilegios de un ciudadano. Por lo tanto, la posibilidad de tener el nombre eliminado del libro de la vida no amenazaría su residencia en el reino; amenazaría sus recompensas en el reino.

Ya que hemos definido, documentado, y defendido la doctrina de la seguridad eterna, pudiésemos preguntar, "¿Y qué?" "¿Cómo afecta esto a mi vida cristiana?" A continuación mencionaré algunos beneficios prácticos.

Beneficios Prácticos

No existe hombre alguno sobre la Tierra que goce de tantas bendiciones como el que conoce a Dios y sabe que le conoce. Es bendecido *porque* goza de una vida de libertad y no de legalismo. No tiene que obrar para ganar o mantener el favor de Dios. Él puede estar "… pues, firmes en la libertad con que Cristo nos hizo libres, y no estéis otra vez sujetos al yugo de esclavitud" (Gá. 5:1). El caminar de un cristiano seguro es bendecido *porque* goza de una vida de confianza, no de condenación. Puede acercarse confiadamente al trono de la gracia para alcanzar misericordia y hallar gracia para el oportuno socorro. La "gracia para el oportuno socorro" puede ser la restauración a la comunión. Sabiendo que él ya fue aceptado "en el Amado" (Ef. 1:6). En lo que respecta a su relación con el Padre, el creyente puede esperar confiadamente una restauración a la comunión. Por otro lado, el creyente inseguro vive una vida de constante auto condenación, nunca realmente seguro de su presente posición con el Padre.

Además, el creyente seguro es bendecido porque disfruta de una vida de *reposo* (Mt. 11:28-32), no de *resolución*. El que cree que su posición con Dios depende de su comportamiento frecuentemente se encuentra arrastrándose retornando a Dios, prometiendo hacer mejores las cosas, y haciendo nuevas resoluciones que nunca puede cumplir. Pero el creyente seguro puede entrar al reposo que permanece para el pueblo de Dios (He. 4:9). Sabiendo que sus propias obras solo frustran las manos moldeadoras del Alfarero, el creyente cesa de las mismas, para que el Alfarero pueda continuar completando la buena obra que empezó hasta el día de Cristo (Fil. 1:6). Él entonces, entra a su reposo. Él trabaja para el Señor, claro, pero solo conforme descansa en Dios Quien es el que "produce así el querer como el hacer, por su buena voluntad" (Fil. 2:13).

¿Has alguna vez ha visitado San Francisco y visto una de las siete maravillas del mundo, el puente llamado The Golden Gate Bridge? La longitud del puente es de 4,200 pies, la extensión más larga en el mundo al final de su construcción en 1937. La construcción del puente incluyó un interesante pero a menudo ignorado detalle. Sin duda, te puedes imaginar lo difícil que sería construir esta hazaña. Al final de su construcción durante la época de la Depresión, el costo había ascendiendo a 27 millones de dólares. Y en parte, esto se debió a lo lento de su construcción. Por un lado, era difícil encontrar hombres que estuvieran dispuestos a trabajar en el puente. Durante la primera etapa de la construcción, 23 hombres murieron cayendo al precipicio de la aguas frías de la bahía. De modo que, ¿quién estaba dispuesto a arriesgar su vida? No usaban ningún cinturón de seguridad. Finalmente, al construir la última parte del puente, decidieron usar la malla de protección más grande que jamás se ha construido. Esta malla costó $100,000 pero valió la pena. Por un lado, salvó la vida de diez hombres que cayeron del puente durante la construcción de la última mitad. Pero la malla también valió la pena por el tiempo ahorrado durante la última etapa de la construcción, puesto que la obra en sí avanzó el 15-25% más rápido que anteriormente, siendo que los trabajadores se sintieron más relajados de su temor de caer. El saber que estaban protegidos, aun si resbalaban y caían, permitía a los hombres concentrar todas sus energías en sus trabajos.

Ninguna persona puede hacer su mejor esfuerzo cuando está atemorizado de lo que le pueda pasar si llegara a equivocarse. Sin duda alguna, Dios quiere que vivamos una vida de buenas obras después que hemos sido salvos (Ef. 2:8-10). Pero si imaginamos a Dios sosteniendo un hacha sobre nuestras cabezas, listo para cortárnoslas en cuanto cometiéramos un error, entonces nuestra buenas obras estarían motivadas por el temor. El servir a Dios por temor no solo impide a uno hacer su mejor trabajo, sino además, roba el gozo del cristiano. Él se encuentra obrando porque *lo tiene* que hacer, no porque lo *quiera* hacer. El creyente que conoce a Dios tiene una malla de seguridad debajo de él para poder para poder servir a Dios libremente y con un corazón agradecido y lleno de amor.

Que Dios te guie para que llegues a ser uno de los que conocen a Dios y saben que lo conocen. ¿Es tal conocimiento posible? No solo es posible sino esencial. Sin tal conocimiento el creyente camina sobre tierra movediza. Vive una vida de paranoia, legalismo, auto-condenación, y de resoluciones. Con el conocimiento gozamos una vida de paz, libertad, confianza y reposo.

¿Y qué de ti, mi amigo? ¿Si el día de hoy murieras, sabrías en donde pasarías la eternidad el día de mañana?

Capítulo 10

La certeza de la salvación

Estrechamente relacionado con la seguridad eterna está el tema de la certeza de la salvación del creyente. Es por esta razón que tanto énfasis se hizo en nuestra discusión de la seguridad de salvación en saber, y saber que sabemos. Obviamente, si la seguridad eterna es una doctrina correcta, el destino eterno no está en peligro sea que la persona esté consciente de esta verdad o no. Pero la bendición de la cual se habló en el capítulo anterior es estar conscientes de que el destino eterno de uno no está en riesgo. Conocer sin duda alguna que uno pasará la eternidad con su Hacedor es lo que llamamos tener certeza de nuestra salvación. Esto puede parecer como un corolario lógico de la seguridad eterna, pero se ha convertido en uno de los asuntos más grandes en la teología conservadora. Algunas de nuestras discusiones serán un repaso del material que previamente hemos visto, y otras serán nuevas. Hay dos preguntas realmente: 1) ¿Es posible saber antes de morir que uno irá al cielo? 2) Si tal certeza es posible, ¿cuál es la base de la misma? En juego en esta discusión está nuestra motivación para vivir cristianamente, y algunos aun dirían que sin la certeza de salvación una persona no puede ser justificada. Una vez más empezamos con Agustín, siendo que mucha de la teología de nuestro siglo está basada en su sistema.

AGUSTÍN Y LA CERTEZA

Agustín simplemente no creía que uno podía tener certeza de la salvación en ésta vida. Debemos de recordar que él tradujo el verbo *dikaioō* como "hacer justo". Entendiendo la justificación de esta manera, creyó que el proceso de llegar a ser justo duraba toda la vida. También creía que una persona podía aparentar ser uno de los elegidos hasta el final de su vida, pero si al final abandonaba la fe, probaba ser uno de los salvos, pero no uno de los elegidos, de modo que, hacia una distinción curiosa entre el "salvo" y el "elegido". Discutiendo sobre la certeza eterna L. S. Chafer cita a Principal Cunningham sobre este aspecto de la teología agustiniana:

> Agustín parecía haber pensado que los hombres que eran verdaderos creyentes, y que habían sido regenerados, ...podían caer y finalmente perecer; pero, por otro lado, no pensaba que aquellas personas que pudieran, o realmente cayeron y perecieron, pertenecieran al número de aquellos que habían sido predestinados, o elegidos, para vida.... El error de Agustín, entonces, consistió en suponer que los hombres pudieran creer y ser regenerados sin que hayan sido elegidos para vida, y consecuentemente pudieran fracasar en lograr la salvación final.[1]

Debido a esta distinción entre los salvos y los elegidos, Agustín no pensó en que era posible conocer el lugar en donde uno pasaría la eternidad hasta que muriera. Debemos darle crédito por ser un pensador consecuente. Debería ser obvio que si una persona puede aparentar ser uno de los elegidos, pudiera ser realmente un verdadero creyente, pudiera ser regenerado, pero luego caer en cualquier momento antes del fin de su vida y así probar que no era elegido, entonces esta persona nunca pudiera saber con certeza si era elegido hasta que muriera.

Es importante entender que esta posición era la conclusión lógica

---

[1] P. Cunningham, *Historical Theology*, 3d. ed., 2:490, citado en C. S. Chafer, *Systematic Theology*, III (Dallas: Dallas Seminary Press, 1969), 270.

del entendimiento de Agustín de Mateo 24:13 y otros pasajes similares. Siendo que él no creía en un reinado literal de Cristo de 1,000 años sobre la Tierra, entendió pasajes como Mateo 24:13 como refiriéndose a una salvación espiritual. Por tanto, solo los que perseveran en su andar cristiano hasta el final "de sus vidas" serán salvos e irán al cielo. Sin embargo, no sabremos si una persona va a perseveran al final sino *hasta* el final. Por consiguiente, una persona nunca pudiera estar segura de su salvación sino hasta que muriera.

Y hasta el día de hoy esta es el entendimiento de la Iglesia católica romana. Recibieron tal creencia de Agustín.

LUTERO Y LA CERTEZA DE LA SALVACIÓN

De acuerdo a Martin Lutero, la fe salvífica es el tipo de fe que no ve a sus propias obras ni a sus propias fuerzas y dignidad, notando que tipo de cualidad, o virtud recién creada o infundida pudiera ser... Sino la fe va más allá de si misma, se aferra a Cristo, y lo abraza como su posesión; y la *fe está segura que es amada por Dios por Su propio bien*.[2]

¿Cuál es la fuente de esta certeza? De acuerdo a Lutero viene de descansar en la promesa de la misericordia de Dios en del evangelio, y no de algún sentimiento de un cambio interior. "Pues la certidumbre no viene a mí por algún tipo de reflexión sobre mí mismo y mi estado. Por el contrario, viene solamente por oír la Palabra, solo debido y mientras me afiance de la Palabra de Dios y sus promesas".[3] Aparentemente, para Martin Lutero la Palabra de Dios era la única fuente de certeza que necesitaba.

S. Pfürter escribe: "Lutero colocaba la certidumbre de la salvación en el corazón mismo de su mensaje reformador... la fe, para Lutero, es pura recepción y asirse del mensaje de Salvación con el acto del cual el pecador, cayendo en la desesperanza, cede a Dios y a Su gracia

---

[2] M. Luther, *What Luther Says: An Anthology*, comp. Ewald M. Plass, 3 vols. (St. Louis: Concordia, 1959), 1:496, énfasis añadido.
[3] Citado por S. Pfünter, *Luther and Aquinas on Salvation* (New York: Sheed and Ward, 1964), 125.

perdonadora".[4] El enfocarse en los frutos de uno mismo como fuente de certeza sería separar la certeza de la fe y dirigirla a su destrucción. "La fórmula de Concordia luterana" (1577) afirmó en términos muy claros:

> Nosotros creemos, enseñamos y confesamos también que a pesar del hecho de que muchas debilidades y defectos acompañen a los verdaderos creyentes y a los genuinos regenerados, aun hasta la tumba, aun así, no deben, por esa causa, dudar tanto de su justificación, la cual ha sido imputada a ellos por la fe, como de la salvación de sus almas, sino que ésta tiene que ser considerada como segura que, por causa de Cristo, conforme a la promesa e inmovible palabra del santo Evangelio, ellos tienen un Dios de gracia.[5]

La extraña inconsistencia del pensamiento de Agustín era que, por un lado, podía creer que la certeza estaba basada en las promesas de Dios y al mismo tiempo pensar que un creyente podría perder su salvación si no persevera hasta el final.[6]

CALVINO Y LA CERTEZA

No debe de sorprendernos de que Calvino sostuviera la misma posición que Agustín sobre la certeza siendo que Calvino acreditaba a Agustín el todo de su sistema con la excepción de una modificada manera de entender la justificación, la cual adoptó de Lutero. Pero el compartir la misma posición que Agustín mientras modificaba la definición de justificación de "hacer justo" a "declarar justo", obligó a Calvino a mantener una serie de inconsecuencia en su teología.

Sería obvio creer que una justificación, que envolvería el perdón de todos los pecados (pasados, presentes, y futuros), envolvería además

---

[4] Ibid., 29, 35.
[5] *The Formula of Concord,* Epitome III (Affirmative Theses), 6.
[6] *Beggars All, Reformation & Apologetics,* "Did Luther Believe Salvation Can Be Lost?" (October 7, 2009).

la certeza. Si ésta justificación viene solamente por la fe, sin las obras de la ley, y si esta justificación puede lavar mis pecados futuros aun antes de que yo los cometa, entonces debería de tener la certeza de mi salvación en el momento que creo. Los pecados futuros no pueden afectar mi destino eterno porque soy perdonado de estos al ser declarado justo en el momento de mi fe.

Y en algunas de sus declaraciones, esto es exactamente lo que Calvino enseñó. Podemos recordar que él pensaba que la certeza era un corolario necesario de la fe. De hecho, la definición de Calvino de la fe incluye la certeza: "Ahora tendremos una definición completa de la fe si decimos que es un conocimiento firme y seguro del favor divino para con nosotros, fundado en la verdad de una promesa gratuita en Cristo, y revelada a nuestras mentes, y sellada en nuestros corazones, por el Espíritu Santo".[7] Calvino describe la fe como teniendo una convicción firme,[8] certeza,[9] una seguridad firme,[10] y una certeza completa.[11]

Bell dice, "Sin duda, Calvino enseña que la certeza de la salvación de uno es la esencia misma de la fe. La certeza no es una opción extra para el creyente".[12] Y A. N. S. Lane escribe:

> Para Calvino, no era posible participar de la salvación sin tener certeza de la misma. La certeza no es una segunda etapa en la vida cristiana, subsecuente y distinta a la fe. En el siglo posterior, algunos de sus seguidores las separaron de esta manera y esto, junto con el abandono del fundamento de Calvino de la certeza, llevó a una perdida generalizada de ésta.[13]

---

[7] Calvin, *Institutes*, 3:2.7.
[8] Ibid., 3.2.2
[9] Ibid.
[10] Ibid.
[11] Ibid., 3.2.22.
[12] Bell, *Scottish* 22.
[13] A. N. S. Lane, "Calvin's Doctrine of Assurance ", *Vox Evangelica* II (1979): 32-33.

Esta certeza vino con la fe y era parte de la misma. No se desarrolló posteriormente vía una introspección de la fe de uno mismo o por la inspección de sus frutos. Si uno verdaderamente cree en la obra completa de Cristo en la cruz, deberá tener certeza de su posición eterna delante de Dios. Calvino pensaba que la certeza variaba en cierta manera, pero si carecía de un alto porcentaje de ésta, dudaba si la persona era un verdadero creyente o de los elegidos. Esto parecería consecuente con su opinión sobre la justificación ocurriendo en un momento determinado.

Pero debido a la fuerte crítica de la Iglesia católica romana en contra de que la posición reformada de la justificación animaría a la licencia de pecar entre sus seguidores, Calvino buscó fusionar la conexión entre la justificación y la santificación. El resultado fue la enseñanza de que si uno es verdaderamente justificado entonces continuará a la santificación. Si uno no es santificado progresivamente, entonces no es justificado. Siendo que Calvino además adoptó el amilenialismo de Agustín, e interpretó Mateo 24:13 tal como su predecesor, concluyó que los elegidos seguirán creciendo en Cristo hasta el final de su vidas, siendo que solo los que perseveran hasta el fin serán salvos.

Para sostener este sistema, Calvino desarrolló la doctrina insidiosa de la "fe temporal". Llegó a este entendimiento por su interpretación de la parábola del sembrador, por la advertencia de Hebreos 6, y por la advertencia hecha a las personas que dicen, "Señor, Señor…" en Mateo 7.[14] Aquí, por ejemplo, está lo que Calvino dijo concerniente a Hebreos 6:4-5:

> Sé que atribuir la fe al reprobado parece duro para algunos al declararla Pablo (la fe) el resultado de la elección. Esta dificultad es fácilmente resuelta. Porque… la experiencia demuestra que los reprobados algunas veces son afectados por casi los mismos sentimientos que los elegidos, de modo que aun en sus propios juicios no difieren de ninguna manera de los elegidos.[15]

---

[14] Dillow, *Reign*, 245.
[15] Calvin, *Institutes*, 3.2.11.

Por lo tanto, las personas en Hebreos 6 pudieron haber sido iluminadas, probado la Palabra de Dios, el don Celestial y el poder del siglo venidero, y aun así, caer y probar con eso que nunca eran de los elegidos.

Calvino parece haber pensado que al permitir que el reprobado tuviera tales experiencias con Dios mismo, esto justificaba Su rechazo eterno de ellos. Dillow explica:

> El punto central de esta enseñanza es que Dios imparte influencias sobrenaturales a los reprobados que se aproximan, pero no son iguales, a las influencias del llamamiento eficaz. El hombre es iluminado, prueba, crece, y tiene sentimientos parecidos al del elegido. No obstante, al parecer Dios está engañando a este hombre al hacerlo creer que es elegido para que Dios pueda ser más que justo al condenarlo cuando él finalmente caiga. Después de todo, tal hombre "probó" estas cosas".[16]

Aparentemente, tales experiencias profundas con Dios hacen al reprobado mucho más inexcusable al no creer *verdaderamente*. Esta operación del Espíritu era un llamamiento "ineficaz", "una operación inferior del Espíritu".[17]

Ahora, imagínese las implicaciones de una declaración como ésta para la certeza de salvación: "La experiencia demuestra que los reprobados son a veces afectados de una manera tan similar a los elegidos, que aun en sus propios juicios no hay diferencia entre ellos". De modo que, tenemos dos grupos de personas que se parecen a los elegidos, y ambos grupos "en su propio juicio" son elegidos. Sin embargo, de acuerdo a Calvino, algunos de los que se parecen a los elegidos (significando que tienen los mismos frutos que los elegidos) y piensan que son elegidos no lo son en verdad, y lo probarán cayendo en algún momento antes de morir. Ésta pobre clase de personas consiste en los reprobados que piensan que son elegidos, pero se auto engañan. ¿Acaso esto no es tan transparente? Con tal enseñanza

---

[16] Dillow, *Reigna*, 254.
[17] Calvin, *Commentary*, Lk 17:13; *Institutes*, 3.2.12; 3.2.11.

ninguno pudiera saber que era uno de los elegidos hasta que muriera. Está claro, que eso es precisamente lo que enseñó Agustín, y Calvino, hubiese admitido lo mismo si hubiese sido consecuente con su propio sistema. Lamentablemente, no lo fue.

Debido a la terrible posibilidad de que uno pudiera ser de los reprobados, pensando de que era uno de los elegidos, Calvino dice, "Entretanto, se enseña a los creyentes a examinarse a sí mismos de forma cuidadosa e humildemente, no sea que la seguridad carnal se apropie de ellos y tome el lugar de la certeza de la fe".[18] De manera que, ahora tenemos una distinción entre "la seguridad carnal" y "la certeza de la fe". Calvino se está esforzando lo más que puede para mantener la doctrina reformada de la justificación instantánea en un sistema amilenialista de teología que dice que el justo tiene que perseverar hasta el fin, de otra manera, nunca fue en primer lugar justo. "Solo en los elegidos, Él implanta la raíz viviente de la fe, de modo que perseveran aun hasta el fin".[19]

Aparentemente, Calvino aun pensaba que algunos de los "terrenos" en la parábola del sembrador que produjeron fruto no eran elegidos: "… así como una árbol que no ha sido plantado lo suficientemente profundo puede arraigarse pero durante el tiempo se secará, aun cuando por algunos años no solo enverdeció y floreció, sino produjo fruto".[20] Calvino debería de haberse dado cuenta de las implicaciones de algunas de sus enseñanzas, porque al igual que J. MacArthur, espolvorea sus escritos con respuestas a supuestas objeciones que solo confunden más el asunto. Tomen esto, como ejemplo:

> Si se objeta de que los creyentes no tienen un testimonio fuerte que les asegure de su adopción, yo respondo que hay una semejanza y afinidad grande entre los elegidos de Dios y los que son impresionados por un tiempo con una fe que desvanece, sin embargo, solo los elegidos

---

[18] Ibid.
[19] Ibid.
[20] Ibid.

tienen esa certeza completa que es exaltada por Pablo, y por la cual hace posible clamar, Abba, Padre.[21]

¡Qué cosa! Eso realmente no es de gran ayuda. ¿Cómo es que el creyente (sea real o imaginario) puede conocer si tiene una certeza *cabal*? Quizá su certeza es solo parcial pero, ¿cómo saberlo? R. T. Kendall reconoce el problema aquí al escribir:

> Y si los reprobados pueden experimentar "casi los mismos sentimientos que los elegidos", no hay manera de conocer finalmente las experiencias de los reprobados. Aún más, si los reprobados pueden creer que Dios es misericordioso hacia ellos, ¿cómo podemos estar seguros que nuestro creer en lo mismo sea diferente al de ellos? ¿Cómo podemos estar seguros de que nuestra "fe inicial" es salvífica y no es "la fe inicial" que los reprobados al parecer tienen?[22]

Calvino complicó aún más el problema al hablar de una certeza interna dada por el Espíritu a los elegidos, y entonces, decir que los reprobados pueden tener una sensación similar. Con este tipo de enseñanza, uno nunca puede tener la certeza de la salvación. Solo podría saber que es elegido al morir. La presión de la Iglesia católica romana atrapó a Calvino al mismo temor del futuro eterno, inherente en el sistema católico, que él mismo estaba procurando escapar. Dillow acertó al observar:

> En última instancia, Calvino ha desechado la posibilidad de la certeza por lo menos hasta la última hora. Cuando él concede que la única diferencia entre la fe de los elegidos y la fe de los reprobados es que la fe de los primeros persevera hasta el final, él hace a la certeza ahora virtualmente imposible.[23]

---

[21] Ibid.
[22] Kendell, *Once Saved*, 24.
[23] Dillow, *Reign*, 258.

Este enfoque a la certeza difiere poco del de las iglesias de Cristo,[24] como lo es evidente por uno de sus portavoces R. Shank: "Obviamente, solo pude conocerse conforme uno persevera hasta el final (o falla en perseverar) en fe. No existe una certeza valida de la elección o salvación final para ningún hombre, aparte de una deliberada perseverancia en la fe".[25] Pero Shank es un arminiano puro que abandonó la Convención Bautista del Sur sobre el asunto de la seguridad eterna. Es extraño como llegan a ser ciertos aspectos similares de estos dos sistemas (calvinismo y arminianismo) cuando uno estudia sus doctrinas de perseverancia. Como J. L. Burns, el anterior presidente del Departamento de Teología Sistemática del Seminario Teológico de Dallas, ha dicho a éste autor, "Los teólogos más arminianos en el mundo son los Calvinistas que sostienen los Cinco Puntos". C. Hodge tipifica este grupo:

> La elección, el llamamiento, la justificación, y la salvación están indisolublemente unidas; y, por tanto, el que tiene evidencia clara de haber sido llamado tiene la misma evidencia de su elección y salvación final... La única evidencia de la elección es el llamamiento eficaz, es decir, la producción de la santidad. Y la única evidencia de la genuinidad de este llamamiento y la certidumbre de nuestra perseverancia, es continuando pacientemente en hacer el bien.[26]

O, como lo expresó, J. Murray, "La perseverancia de los santos nos recuerda contundentemente que solo aquellos que perseveran hasta el fin son verdaderamente santos".[27] Debemos de reconocer que todo esto sobre la perseverancia se desarrolló debido al cambio que Agustín hizo del premilenialismo al amilenialismo (vea el Apéndice A). De modo que, desde Agustín hasta Calvino, y desde Calvino hasta los puritanos

---

[24] De acuerdo a Robert Shank esta es la designación preferida.
[25] R. Shank, *Life in the Son: A Study of the Doctrine of Perseverance* (Spingfield, MO: Westcott, 1961), 293.
[26] C. Hodge, *St. Paul's Epistle to the Romans* (1860; reprint ed., Grand Rapids: Eerdmans, 1950), 212.
[27] Citado por Dillow, *Reign*, 259.

ingleses, y desde los puritanos ingleses hasta sus seguidores del siglo 19 y 20, el veneno de la falsa doctrina ha descendido desde el arroyo de las montañas al rio, y finalmente, al océano de la teología católica y protestante. ¡Oh, que enredijo producimos cuando cambiamos una rama de la teología por otra (escatología: premilenialismo por amilenialismo) afectando así el sistema teológico de las Escrituras! Dillow concluye, "¡En otras palabras, la única verdadera evidencia de la elección es la perseverancia, y nuestra única certeza de la perseverancia es—perseverar! ¡De modo que, sobre esta base no existe certeza alguna!"[28]

Debemos de reconocer, que algunos del campo Reformado reconocen la inconsistencia al decir, que uno puede tener la certeza y al mismo tiempo, que uno tiene que perseverar hasta el fin de su vida para ser salvo. M. Roberts escribe:

> Podemos aferrarnos tenazmente a la doctrina de la Perseverancia final y aun así, al mismo tiempo, contemplar legítimamente nuestra propia profesión de fe con algo parecido a la incertidumbre. De manera más positiva, podemos decir que este temor de ser *adikomos* o eliminado [de 1 Co. 9:26-27] es uno de los grandes distintivos de aquellos que son elegidos y que finalmente sí perseveran. Todos los que lo carecen son poseídos de una presunción enfermiza, que necesita ser corregida desde el pulpito o que—Dios no lo permita—ellos lo tendrán que aprender por la triste experiencia de caer.[29]

De modo que, allí lo tienen. Las palabras como "incertidumbre" y "temor" exponen a la doctrina de la perseverancia, según la explicó Agustín y los que fueron influidos por él, por lo que es: una doctrina de incertidumbre y temor.

Al sostener esta doctrina, ninguna persona podrá saber jamás que irá al cielo hasta que muera. Agustín mismo lo admitió. De la misma manera lo hizo Roberts. Él dice "el temor…es uno de los

---

[28] Ibid., 258-59.
[29] M. Roberts, "Final Perseverance", *The Banner of Truth* 265 (October 1985): 10-11.

grandes distintivos de los que son elegidos". Él llama a la doctrina de la certeza una "presunción enfermiza". Si queremos hablar acerca de lo que es sano o enfermizo, ¿qué es más saludable, criar hijos en un ambiente de amor en donde la obediencia se anima *porque* han sido incondicionalmente aceptados por sus padres o en un ambiente de temor en donde los hijos nunca verdaderamente saben si están actuando al nivel requerido para ganar el amor y la aceptación de los padres? La respuesta es muy obvia y la pregunta es retórica.

TEODORO BEZA Y LA CERTEZA

Teodoro Beza (1605) dio un giro radical a esto. Él creía en la expiación limitada. De hecho, creó el punto de vista supralapsario que decía que Dios eligió algunos para salvación y decidió reprobar al resto aun antes de crearlos, lo cual difería significativamente de Calvino.[30] Con esto en mente, como punto de partida para los decretos, Cristo solo pudo haber muerto por los elegidos. El truco, entonces, era como determinar si eras elegido o no.

Mientras que Calvino decía que la certeza venia por contemplar a Cristo,[31] Beza, por otro lado, nos advierte no ver a Cristo debido a que,

> Podríamos estar depositando nuestra confianza en Aquel que no murió por nosotros y por tanto, estar condenados. De esta manera, no solo no podemos confiar en la muerte de Cristo por un acto directo de fe, que proyectar infaliblemente que somos del número escogido desde la eternidad: pues el número de los elegidos y el numero por los

---

[30] Kendall, *Once Saved*, 13-18. En su comentario sobre Marcos 14:24 Calvino dice, "La palabra 'muchos' no significa solo una parte del mundo solamente, sino a toda la raza humana". En *Concerning the Eternal Predestination of God*, 148, él dice, que es "indiscutible que Cristo vino por la expiación de los pecados del mundo entero". En su comentario de Juan 1:29 comenta, "Y cuando dice el pecado del mundo él extiende su bondad indiscriminadamente a toda la raza humana".

[31] Calvin, *institutes*, 3.24.5.

que Cristo murió son uno y el mismo. La base de la certeza entonces, tiene que ser encontrado en otro lado aparte de Cristo.[32]

Al evaluar esta encrucijada drástica tomada por Beza, Kendall observa:

> Beza no nos dirige hacia Cristo, sino a nosotros mismos; nosotros no empezamos con Él, sino con los efectos, que nos apuntan hacia atrás, por decirlo así, al decreto de la elección. De este modo, mientras Calvino piensa que viéndonos a nosotros mismos conduce a la ansiedad, o a una segura condenación, Beza piensa lo contrario. La santificación, o buenas obras, es la prueba infalible de la fe salvífica.[33]

Pero Beza también adoptó a la "fe temporal" de Calvino. Ésta contradicción en sus teologías socavó toda la posibilidad en sus seguidores de tener una certeza valida. Para Beza, la santificación es la prueba infalible de la fe salvífica. Aunque extrañamente, el reprobado puede tener todos los frutos de los elegidos. De esta manera, al *parecer* el reprobado es progresivamente santificado. ¿Cómo, entonces, puede uno saber por la santificación si uno es o no elegido? Obviamente, no puede. Sino que se refugia en el lugar "seguro" de las buenas obras de 2 Pedro 1:10 y concluye que solo perseverando hasta el final de su vida puede uno saber que es elegido. ¿Pero no fue eso lo que Agustín enseñó, es decir, que tú no puedes saber realmente sino hasta el final de tu vida?

WILLIAM PERKINS Y LA CERTEZA

J. Dillow llama a Perkins el tercer miembro de la "Trinidad calvinista" (Calvino, Beza, y Perkins).[34] Él adoptó la fe temporal de Calvino y el supralapsarianismo de Beza y construyó un sistema entero de certeza alrededor de 2 Pedro 1:10. La clave es la inspección

---

[32] Kendall, *Once Saved*, 32.
[33] Ibid., 33.
[34] Dillow, *Reign*, 263

de frutos. Aquí se encuentran los frutos necesarios que prueban que uno es elegido:

1. Sentimientos de amargura de corazón por haber ofendido a Dios con el pecado
2. Luchando contra la carne
3. Deseando encarecidamente la gracia de Dios
4. Considerando que la gracia de Dios es la joya más preciosa
5. Amando a los ministros de la Palabra de Dios
6. Clamando a Dios encarecidamente y con lagrimas
7. Deseando la segunda venida de Cristo
8. Evitando toda ocasión de pecado
9. Perseverando en los efectos hasta el último suspiro de la vida.[35]

¿Es esto increíble o no? Si la única manera que yo puedo tener certeza es teniendo estos nueve frutos en mi carácter, entonces los nueve frutos tienen que estar presentes. Pero la novena requiere que yo persevere hasta mi último suspiro. ¿Cómo, entonces, puedo ser asegurado que soy elegido hasta mi último suspiro? Obviamente, no puedo.

El resultado directo de W. Perkins y su lista, fue el puritanismo inglés y sus listas de lo que significaba ser piadoso. Junto con su legalismo estaba la falta concomitante de gozo tan dominante en todos los grupos cristianos en donde la gracia ha sido obscurecida por la ley.

ARMINIO Y LA CERTEZA

R. T. Kendall es particularmente interesante leer debido a que él es un teólogo reformado y un rector británico. Él tiene una perspectiva

---

[35] W. Perkins, *Works*, 1:115.

única sobre el puritanismo inglés que nosotros los de Estados Unidos nunca tendremos. Y como L. Burns, concluye en lo que respecta a la certeza, que los calvinistas de la persuasión puritana y los arminianos tienen la misma posición:[36]

> Si Perkins sostiene que los beneficiarios de la primera gracia deben de obtener la segunda (perseverancia) o la primera [la fe inicial] es considerada invalida, no existe alguna diferencia practica en las dos posiciones. Si el creyente no persevera (sea que lo dice Arminio o Perkins), tal persona prueba no ser elegida.[37]

Arminio incluyó la voluntad activa y obediencia como requisitos de la fe, exactamente como J. MacArthur ha hecho. Él afirmaba que la fe tenía tres partes: el arrepentimiento, la confianza en Cristo, y la obediencia a los mandamientos de Dios. ¿Se parece esto a lo que dice J. MacArthur? Y la certeza viene por los frutos de la fe.

LOS ESTÁNDARES DE WESTMINISTER Y LA CERTEZA

Cuando los teólogos de Westminster se reunieron en el año de 1640, no había allí quien representara la opinión de Calvino. De hecho, invirtieron los papeles de las doctrinas de Calvino sobre la fe y la certeza. La fe y sus componentes volitivos llegaron a ser activos en vez de pasivos. Ellos evitaron completamente la doctrina de Calvino de la fe temporal, y por una buena razón. Mientras que Calvino quería basar la certeza mirando a Cristo, éstos puritanos querían basar la certeza viéndose a sí mismos y sus frutos. Pero si el reprobado podía tener el mismo fruto que el elegido, obviamente, no podía haber ninguna certeza en esta vida.

Con respecto a la certeza la Confesión de fe de Westminister (18.3) dice, "La certeza de la gracia y la salvación, no siendo de la esencia de la fe, para obtenerla puede ser de larga espera para los verdaderos creyentes". Los puritanos dedicaron volúmenes enteros a

---

[36] Kendall, *Once Saved*, 143.
[37] Ibid., 144.

la introspección necesaria para asegurarse de si su fe era suficiente para salvarles. J. Owen (1683), comentando en su tomo de 650 páginas llamado *Discurso concerniente al Espíritu Santo,* afirmó que su propósito principal era ayudar a los que profesan a Cristo en determinar si eran o no posesores de Cristo.[38]

INSPECTORES DE FRUTOS CONTEMPORANEOS

Muchos expositores modernos y populares han abrazado la filosofía puritana de la certeza. J. M. Boyce dice, "Es necesario que hagamos estas buenas obras (como los cristianos lo han hecho por todas las edades), pues a menos de que las hagamos, no tendremos certeza de que somos realmente seguidores de Cristo".[39] W. Chantry escribe, "Solo cuando Dios es amado de forma suprema y el espíritu de la ley guardado, tiene un hombre alguna razón para creer que ha sido verdaderamente nacido de Dios".[40] Y J. MacArthur razona,

> La Biblia enseña claramente que la evidencia de la obra de Cristo en una vida es el fruto inevitable de un comportamiento transformado. La fe que no resulta en una vida recta está muerta y no puede salvar. Los creyentes profesantes que completamente carecen del fruto de la verdadera justicia no encontrarán una base bíblica para la certeza de que son salvos.[41]

---

[38] J. Owen, *The Works of John Owen,* 16 vols., 3: *A Discourse concerning the Holy Spirit* (1677; reprint, Edinburgh: Banner of Truth Trust, 1965), 45-47, 226-28. También vea, Michael P. Winship, Making Heretics; Militant Protestantism and Free Grace in Massachusetts, 1636-164, (Princeton, New Jersey, Princeton University Press, 2002) para una explicación más amplia acerca de cómo la teología puritana se desarrolló en los Estados Unidos coloniales y la teología que se le opuso denominada, "La controversia de la Gracia Gratuita".
[39] J. M. Boice, *Christ Call to Discipleship* (Chicago: Moody, 1986), 166. Esta es la única referencia a la seguridad en su libro.
[40] W. Chantry, *Today's Gospel: Authentic or Synthetic?* (Edinburgh: Banner of Truth, 1970), 74.
[41] MacArthur, *Gospel According to Jesus,* 23.

La certeza de la salvación

En otro lugar, él dice, "El fruto de la vida de uno revela si esa persona es un creyente o no. No existe un lugar intermedio".[42] Una vez más debemos insistir que algunos de estos inspectores modernos de frutos están combatiendo en contra de una posición distorsionada. A éstos les encanta hablar de la posición de la libre gracia como promoviendo la creencia de que uno puede ser genuinamente nacido de nuevo sin alguna demostración de buen fruto en la vida del creyente. ¿Pero es esta evaluación justa? ¡Definitivamente no! Escuche a Z. Hodges:

> Por supuesto, que hay suficientes razones para creer que *habrá* buenas obras en la vida de cada creyente en Cristo. La idea de que uno puede creer en Él y vivir por años totalmente inafectado por el maravilloso milagro de la regeneración, o por la instrucción y/o la disciplina de Dios, su Padre Celestial, es una noción fantástica—aun rara. *Nosotros la rechazamos categóricamente...* Pero esto no es el punto. El asunto es la certeza. Y con esto, las obras no pueden jugar un rol *decisivo* alguno.[43]

La mayoría de los que creen en la libre gracia no dicen que las buenas obras o los frutos en las vidas de los creyentes no tienen valor alguno en la certeza. Sino estas obras son relegadas a un rol secundario y corroborativo. La única base esencial para la certeza de la salvación del creyente es las promesas de Dios. Éstas son seguras y firmes. La experiencia del creyente puede ofrecer evidencia confirmatoria, pero es solo secundaria a las promesas de la Palabra de Dios y en ningún lugar se enseña en la Escritura como algo esencial para la certeza.

No hay pasaje que haga la prominencia de la Palabra de Dios en la certeza de salvación más clara que 1 Juan 5:13 en donde dice: "Estas cosas os *he escrito* a vosotros que creéis en el nombre del Hijo de Dios, para que *sepáis* que tenéis vida eterna…" (énfasis añadido). Un gran número de tratados han usado este versículo para dar certeza a los nuevos creyentes de su destino en Cristo. Aun más, el

---

[42] Ibid., 178.
[43] Z. Hodges, "We believe In: Assurance of Salvation", *Journal of the Grace Evangelical Society* 3 (Autumn, 1990), 7, énfasis añadido.

versículo ha sido torcido por algunos y hecho el texto temático de la epístola. Luego explican la epístola como conteniendo una lista de maneras para examinar tu experiencia para ver si tienes la prueba necesaria de tener certeza de tu salvación.[44] Estos exámenes incluyen las responsabilidades de los creyentes de "permanecer" (2:6, 26) y "guardar Sus mandamientos" (2:3, 7-10).

Tales pruebas solo fomentan la duda, confusión, o el auto engaño. Si el guardar Sus mandamientos es la prueba, entonces debo de preguntar:

1. ¿Cuantos mandamientos tengo que guardar?
2. ¿Por cuánto tiempo tengo que guardarlos?
3. ¿Los tengo que guardar de forma perfecta?
4. ¿Son algunos más importantes que otros?
5. ¿Cómo es que Dios los calificará o promediará?

El creyente pronto se encuentra desorientado en el mar de la subjetividad. Si respondemos 1) guarda todos los mandamientos; 2) guárdalos hasta que mueras; 3) se perfecto como tu Padre Celestial es perfecto; 4) todo pecado es pecado de modo que todos los mandamientos son igualmente importantes; y 5) si no hay un promedio, entonces estamos de regreso a la Ley, la cual requiere una obediencia perfecta para ser aceptados. ¿Deseamos promover una obediencia perfecta a la Ley de Cristo (ésta dispensación, no la mosaica) como el estándar de la certeza? Claro que no. No habría ninguna. De modo que el estándar es reducido a lo relativo y lo relativo es completamente subjetivo. De nuevo, ninguna persona podría saber. Alguno podría decir, "Pero los estoy guardando el día de hoy, así que, hoy, tengo la certeza de ser un hijo de Dios". ¿Pero que del día de mañana? Si es posible desfallecer espiritualmente el día de mañana,

---

[44] Vea Christopher D. Bass, That You May Know; Assurance of Salvation in 1 John, (Nashville, Tennessee, Broadman & Holman Academic, 2008) y I. Howard Marshall, The Epistles of John, The New International Commentary on the New Testament, (Grand Rapids, Michigan, Eerdmans Publishing co. 1978) 243.

entonces no hay certeza alguna. Pero entonces eso significaría que el buen comportamiento el día de hoy está posiblemente siendo producido por uno que no es elegido. Si admitimos eso, entonces el buen comportamiento del presente tampoco es una garantía. Z. Hodges abordó esto:

Pero si se afirma que el verdadero creyente esta eternamente seguro—y aun así tiene que basar su certeza en su obediencia a los mandamientos de Dios—en ese caso, ¡1 Juan 5:13 llega a ser una declaración sumamente engañosa! Pues si aun en el presente estoy viviendo una vida obedientemente recta la posibilidad existe… que pueda dejar de hacerlo en el futuro. Pero si ceso de hacerlo eso entonces, probaría que no soy un cristiano en *este momento* a pesar de mi obediente estilo de vida. De esta manera, mi actual obediencia *no* prueba mi cristiandad, y por tanto, además, no puedo *saber* en ningún momento antes del final de mis días sobre la tierra que poseo vida eterna. De modo que, si Juan hubiese querido decir que debemos de probar nuestra cristiandad por nuestra presente y continua obediencia, no hubiese honestamente podido decir que podemos *conocer* que tenemos vida eterna. ¡Pero eso es precisamente lo que dice![45]

El tema de la epístola no se encuentra en 1 Juan 5:13. El propósito afirmado de la epístola lo encontramos en donde esperaríamos, en la introducción de 1 Juan 1:1-4. Allí encontramos dos veces la palabra "comunión". En su discurso, de tanto el Aposento alto de su evangelio y su primera epístola, Juan esta primordialmente interesado con la comunión. "Estas cosas os he escrito" mencionada en 1 Juan 5:13, no hacen una referencia al todo de la epístola como muchos lo asumen. Más bien, se refiere a lo que ha sido escrito en 5:1-12, como lo han observado un gran número de eruditos técnicos. [46] Ésta es la manera exacta en que Juan ha usado *tauta* + *graphō/egrapsa* + *humin* (estas

---

[45] Hodges, 5. See Gary W. Derickson, 1,2,3 John, Evangelical Exegetical Commentary, (Bellingham, WA, Lexham Press, 2014) 23-28

[46] R. E. Brown (*The Epistles of John,* Anchor Bible [Garden City, NY: Doubleday, 1982], 608), los enlista como Alexander, Brook, Klöpper, Schnackenburg, y Schneider.

Soteriología de la gracia gratuita

cosas + he escrito + a vosotros) en otras partes de la epístola (2:1 en referencia a 1:5-10 y 2:26 en referencia a 2:18-25). El término clave en el texto es μαρτυρία/*marturia*, que significa "testigo" o "testimonio". Observe cuantas veces esta palabra (o en su forma verbal) ocurre en 5:9-13:

9 εἰ τὴν **μαρτυρίαν** τῶν ἀνθρώπων λαμβάνομεν, ἡ **μαρτυρία** τοῦ θεοῦ μείζων ἐστίν. ὅτι αὕτη ἐστὶν ἡ **μαρτυρία** τοῦ θεοῦ ὅτι μεμαρτύρηκεν περὶ τοῦ υἱοῦ αὐτοῦ. **10** ὁ πιστεύων εἰς τὸν υἱὸν τοῦ θεοῦ ἔχει τὴν **μαρτυρίαν** ἐν ἑαυτῷ, ὁ μὴ πιστεύων τῷ θεῷ ψεύστην πεποίηκεν αὐτόν, ὅτι οὐ πεπίστευκεν εἰς τὴν **μαρτυρίαν** ἣν **μεμαρτύρηκεν** ὁ θεὸς περὶ τοῦ υἱοῦ αὐτοῦ. **11** Καὶ αὕτη ἐστὶν ἡ **μαρτυρία**, ὅτι ζωὴν αἰώνιον ἔδωκεν ἡμῖν ὁ θεός, καὶ αὕτη ἡ ζωὴ ἐν τῷ υἱῷ αὐτοῦ ἐστιν. **12** ὁ ἔχων τὸν υἱὸν ἔχει τὴν ζωήν. ὁ μὴ ἔχων τὸν υἱὸν τοῦ θεοῦ τὴν ζωὴν οὐκ ἔχει. **13** Ταῦτα ἔγραψα ὑμῖν ἵνα εἰδῆτε ὅτι ζωὴν ἔχετε αἰώνιον, τοῖς πιστεύουσιν εἰς τὸ ὄνομα τοῦ υἱοῦ τοῦ θεοῦ ινα ειδητε οτι ζωην εχετε αιωνιον.

9 Si recibimos el *testimonio* de los hombres, mayor es el *testimonio* de Dios; porque este es el *testimonio* con que Dios ha *testificado* acerca de su Hijo. **10** El que cree en el Hijo de Dios, tiene el *testimonio* en sí mismo; el que no cree a Dios, le ha hecho mentiroso, porque no ha creído en el *testimonio* que Dios ha dado acerca de su Hijo. **11** Y este es el *testimonio*: que Dios nos ha dado vida eterna; y esta vida está en su Hijo. **12** El que tiene al Hijo, tiene la vida; el que no tiene al Hijo de Dios no tiene la vida. **13** Estas cosas os he escrito a vosotros que creéis en el nombre del Hijo de Dios, para que sepáis que tenéis vida eterna, y para que creáis en el nombre del Hijo de Dios.

Lo que Juan está argumentando en este pasaje es sobre la credibilidad del testimonio de Dios (testigo). Es mayor que el de los hombres. Y este testigo o testimonio es que Dios nos ha dado vida eterna, y esta vida está en Su Hijo. Podemos aceptar o rechazar este testimonio. Si lo creemos, internalizamos el testimonio de modo que esté en nosotros, en nuestros corazones. Si rechazamos el testimonio, estamos llamando a Dios mentiroso (no es una muy buena opción, n'est-ce pas = ¿no es así?). Pero si creemos el testimonio, también creemos en Jesús. Y si creemos en Jesús, podemos *saber* que tenemos vida eterna porque esta vida está en Su Hijo. Si tenemos al Hijo, tenemos vida. Todo lo que tenemos que hacer es creer.

Observe que no se nos hace el llamado a investigar nuestra fe para ver si es real. No tenemos que tener "fe en nuestra fe". Somos llamados a tener fe en lo que Dios dice de Su Hijo. Nuestra certeza está en juego aquí, sí, pero más importante que eso es la credibilidad de Dios. Es Su testimonio el que está en juego. Ya sea que lo aceptemos o lo rechacemos. De hecho, en 1 Juan 5:13 encontramos ecos de Juan 5:24 en donde dice, "De cierto, de cierto os digo: El que oye mi palabra, y cree al que me envió, tiene vida eterna; y no vendrá a condenación, mas ha pasado de muerte a vida".[47]

Conclusión

A menudo, al hablar sobre la certeza, haré la pregunta al que cree en la salvación por señorío de que si piensa que irá al cielo cuando muera. La respuesta invariablemente es sí. Al preguntar por qué o en base a qué, la respuesta está normalmente relacionada a la evidencia del Espíritu Santo obrando en su vida. Pero cuando se les pregunta si es posible que tengan un serio decaimiento espiritual, normalmente responderán que sí, porque saben que 1 Corintios 10:12 les advierte de presumir de que no pueden caer. ¿Pero que si decaen y producen un fruto podrido por un periodo prolongado? ¿Eso que probaría? A esta altura normalmente se retuercen y dicen que esto probaría que desde el principio nunca fueron cristianos. ¡Aja¡ Entonces, ¿qué serías forzado en decir en cuanto a tus buenas obras del día de hoy? La única respuesta es que estas buenas obras son producidas por alguien que no es elegido. Pero si estas buenas obras están siendo producidas por alguien que no es elegido, ¿por qué casuística existente pueden éstas

---

[47] Vea, Dave Anderson, Maximum Joy-Relationship or Fellowship? (Grace Theology Press, 2016), 34.

entenderse ser una base de certeza de que uno es elegido? Obviamente, no pueden.

Y así es con toda la doctrina de la perseverancia hasta el fin de la vida sobre la Tierra. Los que sostienen esto tienen que inherentemente creer que aquellos que piensan ser elegidos puede probarse que no lo son al caer y no regresar antes de morir. Si esto es verdad, entonces también tiene que admitirse que todo buen fruto y buenas obras de las cuales se dependa en el presente son una falsa base para la certeza de la salvación siendo que un subsecuente decaimiento de la fe puede probar que estas buenas obras estaban siendo producidas por alguno que no es en primer lugar elegido. Por lo consiguiente, la fidelidad *presente* no es una base confiable para la certeza presente. Solo la fidelidad *futura* puede proveer una base para la certeza. Pero el futuro es algo todavía no alcanzado. No es hasta que uno muera, que uno pueda estar expuesto a caer. La fidelidad presente no es un fundamento firme para la certeza de la salvación.

Algunas veces, Demas (Col. 4:14; 2 Ti. 4:10; Flm. 24) es mencionado como un ejemplo de esto. Segunda de Timoteo 4 nos dice que Demas abandonó a Pablo después de haberle servido esporádicamente por unos 15 años. Se fue "amando este mundo". ¿Qué nos dice esto de Demas? Se afirma que él nunca regresó, lo que significa que nunca fue un creyente. ¿Pero que si él regresó de nuevo? Bien, entonces, eso prueba que era un creyente siendo que se arrepintió y estaba perseverando. Pero, ¿que si se desvió hacia el mundo por segunda vez? Bueno, eso prueba de que él nunca fue un creyente. Pero, ¿se pudiese estar repitiendo este ciclo hasta el final de la vida? Entonces, ¿cuándo hubiese sabido Demas si era elegido o no? Solamente cuando muriera, por supuesto... con ninguna certeza en esta vida.

Lo que se está discutiendo aquí no es si una persona regenerada debe o no producir buen fruto en su vida. Obviamente, *debe* de tener buen fruto. Pero lo que estamos argumentando es que el fruto no es la base de su certidumbre y que si una persona ve a su fruto de perseverancia como el fundamento máximo de certeza, él entonces jamás puede obtenerla. Nosotros creemos que el creyente puede tener una absoluta certeza de que ha nacido de nuevo en el momento que creyó. Le podemos dar esta certeza no debido al cambio en su vida que hemos sentido o visto, sino porque creemos, sin duda alguna, en las promesas de Dios que ofrecen vida eterna como un regalo gratuito a todo el que cree en Jesucristo como el Hijo de Dios y Salvador de sus pecados.

Capítulo 11

La regeneración[1]

INTRODUCCIÓN

En cada sistema de teología, existen ciertas doctrinas tan integradas en el mismo que desarraigarlas haría que se cayera todo el árbol. En su excelente obra sobre la epistemología, David Wolf explica que una buena teología sistemática requiere cuatro criterios para que pueda ser clasificada como sistema.[2] Él cree que la idoneidad, la racionalidad, la confiabilidad, y la adecuación de un sistema de teología puede ser evaluado o validado sobre las bases de estos cuatro criterios. Un sistema que no cumple con estos criterios, está indicando su debilidad y la probabilidad de que sea necesario una reconstrucción teológica sobre un nivel de sistema más amplio. Además, la honestidad intelectual demanda cambiar a algún otro sistema más adecuado. Los cuatro criterios son los siguientes:

1. CONSEQUENTE—las aserciones, las hipótesis, y las opiniones expresadas por un sistema deben de estar exentas de contradicción.

---

[1] Este material originalmente apareció como un artículo en Grace Evangelical Society Journal.
[2] David Wolfe, *Epistemology: The Justification of Belief* (Downers Grove, IL: InterVarsity Press, 1982), 50-55.

2. COHERENTE—las aserciones e hipótesis deben de estar relacionadas de una manera *unificada*.
3. COMPLETO—el sistema debe de ser aplicable a *toda* evidencia.
4. CONGRUETE—el sistema de las aserciones, las hipótesis, etc. deben de "*adaptarse*" a toda la evidencia. Debe de ser exacto, adecuado, y preciso para ajustarse con todos los datos. En otras palabras, el todo debe de ser igual a la suma de sus partes. Si una parte del todo está desincronizada, entonces, el todo tiene que revisarse para que incluya esta parte sin hacer que las otras partes se desincronicen. Estamos buscando por la interpretación que mejor se "ajuste" a todos los datos.[3]

Otra característica de cualquier sistema de teología es lo que se llama "compenetración", que simplemente significa que algunas declaraciones o hipótesis pueden estar más adheridas o crucialmente interconectadas con un sistema que otras aserciones. Llamamos a esto "la profundidad de la compenetración". Aquellas opiniones que no estén profundamente arraigadas a un sistema pueden ser desechadas o probadas ser falsas sin mucho cambio en el mismo. Sin embargo, aquellos elementos que estén más adheridos, estarán más dependientes del sistema y el sistema de ellos. Por lo tanto, someter a prueba estas cosas es mucho más crucial para el sistema y debe realizarse esto con mucho cuidado y con un gran soporte de evidencias antes que se pueda justificar cualquier cambio o, al menos, antes que sean aceptados por aquellos que están comprometidos con ese sistema. Por ejemplo, en el dispensacionalismo la doctrina de la distinción entre Israel y la Iglesia está bien adherida, y tanto así, que si se remueve esta distinción el dispensasionalismo se disuelve más rápido que el azúcar en el café.

Asimismo, en la mayor parte de la teología reformada las doctrinas de la depravación total y la regeneración, están bien compenetradas. Tal como señaló R. C. Sproul en su análisis del dispensacionalismo

---

[3] Esto es similar al concepto del "Género intrínseco" articulado por E.D. Hirsh Jr, Validity in Interpretation (New Haven, Yale University Press, 1979) 81-86.

de Lewis Sperry Chafer, "Cuando volvemos a la postura de Chafer sobre la regeneración (y del dispensacionalismo histórico), nos enfocamos en lo que yo pienso que es el punto más crucial del debate entre el dispensacionaismo y la teología reformada".[4] Si la postura reformada de la regeneración está errada, entonces, su postura sobre la depravación total también lo está. Y si su posición sobre la depravación total erra al blanco entonces, la más "compenetrada" de sus doctrinas se desarraiga, y el árbol cae.

En la presentación típica reformada del *ordo salutis* (orden de la salvación), la regeneración precede a la fe. Este entendimiento surge debido a la posición reformada sobre la depravación total, la cual sostiene que el hombre no tiene parte alguna en el proceso de la salvación, debido a que una persona completamente caída es incapaz de hacer alguna cosa para ayudar a lograr su propia salvación. Decir lo contrario sería igual a enseñar una la salvación por obras. Una vez más dejamos que R. C. Sproul explique este punto de vista.

> La prioridad lógica de la regeneración en la teología reformada descansa en la doctrina de la depravación total o inhabilidad moral. Debido a que el hombre es moralmente incapaz de inclinarse por la fe a Cristo, la regeneración es una necesidad lógica para que ocurra la fe. Si postuláramos que la fe precede a la regeneración, entonces estaríamos asumiendo que las personas regeneradas, aun estando en un estado no regenerado, tienen la habilidad moral de ejercer fe. Si el no regenerado puede ejercer fe, entonces, por ende, no está caído al grado de una inhabilidad moral, como lo afirman los agustinianos clásicos y la teología reformada. Esto envolvería una posición arminiana o semi-pelagiana de la caída.[5]

Y no sería injusto decir que los otros cuatro puntos del calvinismo dortiano[6] (la elección incondicional, la expiación limitada, la gracia

---

[4] R. C. Sproul, *Willing to Believe* (Grand Rapids: Baker, 1997), 193.
[5] Ibid., 194.
[6] Aquí nos referimos al tipo de calvinismo que se desarrolló en el Sínodo de Dort (la ciudad de Dordrecht) después de medio siglo de la muerte de Juan Calvino

irresistible, y la perseverancia de los santos) son producto de esta doctrina de la depravación total. Debemos de recordar que un "sistema" de teología no solo debe ser consecuente sino también coherente. Todo tiene que encajar perfectamente. Quizá, en nuestro mundo de alta tecnología, otra manera de describir a la Teología "sistemática" es la Teología de "plantilla de cálculo". Cuando uno cambia una variante en la fórmula todas las demás variantes son alteradas. La coherencia lo requiere. Es por esto que cuando Agustín se hizo amilenialista (un cambio en la escatología), cambió su manera de pensar de la justificación (un cambio en la soteriología).[7]

Por lo tanto, estamos de acuerdo con R. C. Sproul: la regeneración es una de las interpretaciones esenciales que distinguen a la teología reformada de la teología dispensacional. Probablemente sería de gran ayuda, entonces, profundizar aún más con relación al trasfondo de la posición reformada de la regeneración, especialmente con respecto al orden de la salvación. ¿Dónde se originó su entendimiento de que la regeneración es antes que la fe? Y para dicha posición, ¿cuál es su defensa teológica?

La Regeneración En La Historia

Agustín

Su trasfondo

Muchos de nuestros estudios comienzan con Agustín, quien fue el primero de los Padres de la Iglesia en profundizar seriamente en la gracia y en otras doctrinas además de los asuntos trinitarios. Su enseñanza ha impactado hasta el día de hoy, al catolicismo romano, a

---

en reacción a los postulados de Jacobo Arminio. Hay muchos que creen que el calvinismo que surgió de Dordrecht se debió a lo que enseñó Juan Calvino mismo debido a las influencias del supralapsarianismo de Teodoro Beza y del criterio sobre la inspección de frutos de William Perkins (Vea R. T. Kendall, *Calvinism and English Calvanist to 1649* [Oxford University Press, 1979]).

[7] Agustín solía usar seguido Mateo 24:13 como un pasaje para probar su entendimiento de la perseverancia como un requisito para la salvación y evidencia de la elección (*Rebuke and Grace*, 10-, 16; *To Vincentius*, 9).

los luteranos y a los católicos anglos. Agustín enseñó la regeneración bautismal, sin embargo, no fue el primero. Este estudio, por tanto, reitera algo del material previamente visto sobre el bautismo, el arrepentimiento, y la justificación.

Un documento completamente herético, pero muy influyente en la iglesia primitiva fue *El pastor de Hermes*. El escritor afirma ser un contemporáneo de Clemente, el presbítero –obispo de Roma (92-101 D.C.). Hermes es instruido por el "ángel del arrepentimiento", que se le aparece como un pastor de ovejas. El llamado que hace es a una iglesia indiferente para que se arrepienta. El escritor es sumamente legalista y nunca hace mención del evangelio o de la gracia. Habla de un sistema meritorio de buenas obras y de la expiación del pecado por medio del martirio. No se hace mención de la justificación por la fe, pero el agua bautismal es indispensable para la salvación.[8] Y el bautismo en agua es el sello del arrepentimiento que "convierte a los cristianos en cristianos… El ascetismo y el sufrimiento penal son la escuela de la conversión".[9] La fe es el fruto del arrepentimiento y el bautismo lo sella.[10]

Justino Mártir siguió los pasos de Hermes y también vió el bautismo en agua como la obra de la regeneración. Él dijo: "Aquellos que están convencidos de la verdad de nuestra doctrina… son exhortados a orar, ayunar y arrepentirse de pecados pasados… Luego son conducidos por nosotros a un lugar donde hay agua, y de esta manera son regenerados, de la misma manera que nosotros lo hemos sido… Pues Cristo dice: El que no naciere de nuevo, no puede entrar al reino de los cielos".[11] La importancia del bautismo en agua es subrayado por Justino Mártir al decir "el lavado del arrepentimiento…es el bautismo, la única cosa que es capaz de limpiar a los que se han arrepentido".[12]

Ireneo (200 D.C.) también relacionó el bautismo en agua con la regeneración debido a pasajes como Juan 3:5 y Tito 3:5. Y Cirilo de

---

[8] Schaff, *History*, vol. 2, *Ante-Nicene Christianity*, 684-87.
[9] Behm, "μετανοέω", 4:1008.
[10] Ibid., 4:1007.
[11] J. Maryr, *Apol.* I., c. 61.
[12] J. Maryr, *Dial.*, 14.1.

Jerusalén (386 D.C.) llamó al bautismo "el carruaje al cielo". Cirilo creía que la única manera para ir al cielo sin el bautismo en agua era por medio del martirio. Durante los días de Agustín (430 D.C.), el bautismo infantil estaba en su mero apogeo. Y en la fuente bautismal, "Somos justificados, pero la rectitud misma crece conforme seguimos adelante".[13] Agustín vio en el *ordo salutis* la predestinación, el llamamiento, la justificación, y la glorificación. Pero la justificación era la sombrilla sobre todo desde la regeneración hasta la santificación;[14] y la regeneración empezaba con el bautismo. Agustín realmente llamó a este último, "el lavamiento salvífico de la regeneración".[15] Aquí el elegido recibe la señal externa (el bautismo en agua) y la realidad espiritual (la regeneración y la unión con Cristo). Para Agustín, "el sacramento del bautismo es indudablemente el sacramento de la regeneración".[16]

Pero a diferencia de Hermes y de otros de lo predecesores, Agustín no entendió la regeneración como la obra del hombre. Era el regalo inmerecido de la gracia que producía la regeneración, la fe, y el arrepentimiento en el pecador.[17] Sin embargo, los infantes podían definitivamente ser regenerados por medio del bautismo, el cual "limpia aun al más pequeño, aun cuando no puede todavía creer con el corazón para justicia y confesar con su boca para salvación".[18] No obstante, los niños que han sido elegidos y bautizados continuarían inevitablemente a la fe, al arrepentimiento y al crecimiento en la gracia. Todos estos eran elementos a su entender de la justificación. Dado que Agustín no estaba familiarizado con el griego, malentendió *dikaioō* y lo entendió como "hacer justo" en vez de "declarar justo".[19] Este malentendido también llevó a la creencia de la Iglesia católica que la justificación es un proceso de toda la vida. Por supuesto, que

---

[13] Augustine, *Sermon*, 158.5.
[14] Demarest, *Cross and Salvation*, 351.
[15] Augustine, *Sermon*, 213.8.
[16] Idem, *On Forgiveness of Sins, and Baptism*, II.43.
[17] Demarest, *Cross and Salvation*, 282.
[18] Augustine, *On the Gospel of St. John*, 80.3.
[19] Idem, *On the Spirit and the Letter*, 45.

con esta perspectiva uno no podía saber si era elegido o no hasta que muriera, lo cual fue lo que Agustín[20] y la Iglesia católica romana enseñaron exactamente.

El no elegido puede recibir la señal externa del bautismo en agua, pero no hay ninguna transacción espiritual interna. Agustín creía que en el agua bautismal los infantes eran limpiados del pecado original. Tanto los infantes bautizados, como aquellos que no lo han sido y que no han sido elegidos, permanecen bajo el control del diablo. Los infantes bautizados, que son elegidos, inevitablemente continuarán a la fe y al arrepentimiento. De modo que, aun cuando Agustín se afianzaba en la gracia de Dios para la salvación, el bautismo en agua, era sin duda, uno de los medios por el cual esta gracia era recibida.

De esta manera, podemos ver que el trasfondo histórico del bautismo en agua es muy importante para entender la posición de Agustín con relación a la regeneración antes que la fe. Pero de la misma manera es su lógica.

Su lógica

Por más increíblemente brillante que Agustín haya sido, su preparación académica fue en la retórica, y no en la exégesis. Su idioma era el latín, no el griego. Ya hemos visto como su malentendido de la palabra *dikaioō* tuvo grave consecuencias en la historia de la iglesia, por lo menos desde la perspectiva protestante. Mucha de su teología viene del gran peso de su lógica. Escasamente defiende sus posiciones sobre la regeneración bautismal y el bautismo de infantes con las Escrituras. Como la mayoría de nosotros, filtraba la Escritura a través de su propia experiencia. Reconociendo que había sido esclavo de su lascivia antes de su conversión, dedujo de su experiencia que estaba totalmente depravado, completamente *incapaz* de escaparse de la prisión de su pasión.

Razonando desde su punto de vista de la depravación total, en oposición a Pelagio, y de su posición sobre el proceso de ser inocente

---

[20] Augustine, *On Rebuke and Grace*, 40.

hasta ser hallado culpable, Agustín concluyó que el hombre caído no tiene parte alguna en el proceso de la salvación, incluyendo el de la fe. Según su razonamiento, el hombre caído no puede creer. Por eso, él tiene que nacer de nuevo (regenerado) para poder creer. Agustín, sin ningún apoyo bíblico, construyó su *ordo salutis* en los pasillos de la lógica, es decir, en la razón humana. No es extraño que debido a su entendimiento de la depravación total (el todo del hombre es afectado,[21] incluyendo su razón), haya puesto tanta fe en su propia lógica. Sin embargo, es importante observar que su entendimiento de la regeneración nació a partir del matrimonio entre la tradición y la lógica, y no en las Escrituras.

Los católicos romanos

La Iglesia católica romana siguió la dirección de Agustín. Tomás de Aquino dijo, "El bautismo abre las puertas del reino celestial a los bautizados".[22] Aquino fue el primero en escribir sobre "el bautismo del deseo" al hablar de aquellos, que, por alguna razón u otra, no podían llegar al agua bautismal, "Tal hombre puede obtener salvación sin ser bautizado, debido a su deseo por el bautismo... por el cual Dios... santifica internamente al hombre".[23] En el Concilio de Trento (1545-63), la situación llegó a ser incierta. Mientras que Agustín entendió la regeneración como instantánea y la justificación como un proceso largo y de por vida, este concilio decidió que la regeneración solo *empieza* en el bautismo de agua. Ellos, en cierto modo, combinaron la regeneración, la justificación, y la santificación en el grupo de la gracia de Dios. Por supuesto, este grupo solo era accesible a través de los canales de los sacramentos (el bautismo en agua, la eucaristía, etc.).

El Segundo Concilio Vaticano (1963-65) requirió la fe y el bautismo para la salvación. Sin embargo, la torre del Vaticano se ha

---

[21] Esto es un entendimiento con el cual los dispensacionalistas generalmente concuerdan.
[22] T. Aquinas, *ST*, III, q. 69, art.7.
[23] Ibid., III, q. 68, art. 2.

inclinado hacia el inclusivismo en el cual toda la humanidad puede ser orientada a la vida de Dios y todos los hombres pueden ser salvos por el "bautismo del deseo". Este bautismo del deseo es igual a la *fe implícita* poseída por las personas no educadas. Tomás de Aquino enseñó que esta fe implícita sería suficiente para la salvación.[24] Los católicos postconciliares igualaron esta fe implícita con el bautismo del deseo, y de esta manera abrieron la puerta a todos los hombres para poder ir al cielo:

> Aquellos que, sin ninguna culpa personal, desconocen el evangelio de Cristo o Su Iglesia, pero, sin embargo, buscan a Dios con un corazón sincero, y movidos por la gracia, procuran por medio de sus acciones hacer Su voluntad como la conocen por los dictados de sus conciencias—ellos también pueden lograr la salvación eterna. Ni la divina providencia negará la asistencia necesaria para la salvación a aquellos que, sin una culpa propia, no han llegado aún a un conocimiento explícito de Dios, y quienes, sin la gracia, procuran vivir una vida buena.[25]

El mismo dogma ha sido confirmado por teólogos católicos como G. Baum que dice, "Uno debe seriamente pensar si el bautismo del deseo no es el camino a la salvación para la gran mayoría de los hombres de este mundo escogidos para ser salvos".[26] Y de Nortre Dame leemos, "No todos estrictamente 'necesitan' del bautismo para llegar a ser un hijo de Dios y un heredero del cielo. Cada persona, debido a su nacimiento y a la oferta universal de la gracia, es llamado ya a ser un hijo de Dios y un heredero del cielo".[27]

---

[24] Ibid. Ii, q. 2, arts., 6-7.
[25] Second Vatican Council, *Dogmatic Constitution of the Church*, II.16.
[26] G. Baum, "Baptism", en *Encyclopedia of Theology: The Concise Sacramentum Mundi*, K. Rahner, ed., (New York: Crossroad, 1982), 77.
[27] Richard P. McBrien, *Catholicism,* 2 vol. en 1 (Minneapolis: Winston, 1981), 738.

Los luteranos

Parecería ser una gran contradicción, sin embargo, Lutero murió creyendo aun en la regeneración bautismal de los infantes. Él dijo que Dios "mismo le llama (al bautismo) un nuevo nacimiento por el cual somos... liberados del pecado, de la muerte, y del infierno, y llegamos a ser hijos de vida, herederos de los dones de Dios, los hijos de Dios, y hermanos de Cristo".[28] En el Catecismo menor (1529), Lutero escribió:

> El bautismo no es solamente agua, sino un agua usada según el mandamiento de Dios y conectada con la Palabra de Dios.... ¿Cómo puede el agua producir efectos tan grandes? No es el agua la que produce estos efectos, sino la Palabra de Dios conectada con el agua, y nuestra fe que confía en la Palabra de Dios conectada con el agua.... Cuando se conecta con la Palabra de Dios (el agua) es un bautismo, es decir, un agua de vida bondadosa y un lavamiento de la regeneración en el Espíritu Santo. (IV)[29]

No obstante, no solo la regeneración viene con el bautismo en agua, sino también la fe y la justificación. Esta es la misma justificación que Lutero defendió y mantuvo que ocurría en un momento dado y que declaraba a una persona justificada delante de Dios efectuando el perdón de pecados, pasados—presentes—futuros. (Por supuesto, que uno tiene que ponerse a pensar, como es que su posición de la justificación es consecuente con su enseñanza que uno puede perder su salvación en algún momento después de haber sido bautizado).

Pero si alguno se pregunta, ¿cómo es que un infante puede ejercer la fe? La repuesta es que la regeneración ocurre en el instante en que la Palabra de Dios invocada se une con el agua y el infante responde al evangelio con una fe rudimentaria. El bautismo no regera automáticamente (esto sería el concepto católico romano de *ex opere*

---

[28] Luther, *Works*, 53:103.
[29] Melanchthon expresó una posición similar en *The Augsburg Confession*, art. IX.

operato). Este tiene que ser combinado con la fe: "En el bautismo, los niños mismos creen y tienen una fe propia. Dios obra esto internamente a través de la intercesión del patrocinador que trae al niño a la fuente en la fe de la iglesia cristiana".[30]

Ahora, observe la incorporación de los patrocinadores al evento del bautismo. Note también que Dios obra la fe en los infantes por medio de la "intercesión" de los patrocinadores. Por lo tanto, la gran preocupación de los padres es que sus hijos sean bautizados, no solo por lo significativo del evento en sí, sino también porque se vuelven responsables de la salvación de sus hijos, si en verdad son los intercesores a través de los cuales Dios efectuará la fe en sus hijos. Lutero definitivamente instigó una reforma que condujo al protestantismo, pero en ocasiones parecía concordar con las ideas del Vaticano. Estos infantes bautizados tienen que ratificar su regeneración y fe rudimentaria conforme van creciendo por medio del arrepentimiento, la madurez espiritual, *y la obediencia*.

Entonces, entendamos mejor esto. Un infante o niño pequeño es bautizado en agua. A medida que crece se le dice que en su bautismo en agua fue regenerado y ejerció una fe rudimentaria en Cristo debido a la intercesión de sus patrocinadores, probablemente sus padres. Ahora, si es uno de los verdaderos elegidos, todo esto que ocurrió dentro de él antes de tener conciencia de lo que estaba pasando, será confirmado por su arrepentimiento, por la fe madura y por la obediencia. Obviamente, si no es obediente, esto prueba que no es de los verdaderos elegidos y por alguna razón desconocida su bautismo de infante fue "ineficaz". Por el contrario, las llamas del infierno lo esperan. Por lo tanto, hay que ser

---

[30] Luther, *What Luther Says*, comp. E. M. Plass (St. Louis: Concordia, 1959), 51. Así también D. Hollaz (d. 1713) según es citado por H. Schmid, *The Doctrinal Theology of the Evangelical Lutheran Church* Minneapolis: Augsburg, reprint, 1961), 463-64, quien dijo, "En los infantes, siendo que no hay una seria y obstinada resistencia, la gracia del Espíritu Santo acompañando al bautismo quebranta y restringe sus resistencias naturales de modo que no impida la regeneración; por tanto, su regeneración se lleva acabo de forma instantánea"; D. Bonhoeffer, Cost of Discipleship (London: SCM, 1959), 206; and F. Pieper, Christian Dogmatics, 3 vols. (St. Louis: Concordia, 1953), 3:264, 269-70.

obediente de modo que asegures tu llamamiento y elección. Todo esto lleva a una propuesta de la salvación orientada en las obras, especialmente siendo que a causa de ciertos pecados atroces uno puede perder esta salvación de por sí dura y difícil. En este punto, aludir a Fil. 2:13 para intentar probar que es por la gracia de Dios que uno es capaz de ocuparse en su propia salvación es pura sofistería exegética.

La Iglesia de Inglaterra también enseña la regeneración bautismal de los infantes. En *Los 99 artículos* (la versión estadounidense, 1801), leemos: "El bautismo es... una señal de la Regeneración o Nuevo Nacimiento, por lo cual, como un instrumento, aquellos que reciben el bautismo rectamente son injertados a la Iglesia; las promesas del perdón de pecados, y nuestra adopción por el Espíritu Santo para ser los hijos de Dios, son firmadas y selladas visiblemente" (art. XXVII). Y el sacerdote, según es prescrito en *El libro de oración común*, ora justo antes del bautismo, "Da vuestro Espíritu Santo a este pequeño, de modo que pueda nacer de nuevo, y sea un heredero de la salvación eterna". Después del bautismo, el sacerdote da gracias que le agradó a Dios "regenerar a este infante con Su Espíritu Santo, de recibirle como Su propio hijo, y de incorporarle a Su santa iglesia".[31]

Reformados

Debemos de recordar que muchas de las persuasiones reformadas están decididas a preservar la soberanía de Dios a toda costa, incluso si eso hace que Dios sea directamente responsable por el pecado y el mal. Como esto se relaciona con su soteriología, ellos tienen el cuidado de argumentar que Dios hace todo en la salvación del hombre (monergismo) en vez de incluir al hombre en el proceso de cualquier punto de la misma (cooperación o sinergismo). De esta manera, es muy importante en su sistema que la regeneración preceda al arrepentimiento, a la fe y a la justificación.

---

[31] *The Book of Common Prayer* (New York: Church Pension fund, 1945), 270, 280.

Algunos de ellos creen en lo que llamamos la *regeneración presuntiva*, la cual sostiene que la regeneración en sí no se lleva a cabo durante el bautismo infantil, sino que su bautismo es una señal que ellos ya poseen la semilla de la regeneración y la fe. Su bautismo es también una señal de que Dios está dispensando gracia en la comunidad del pacto de la iglesia. Como tal, el acto divino de la regeneración, el cual no es una realidad consciente en el bautizado, precede a la respuesta consciente de la fe y del arrepentimiento.

Aun otros de esta persuasión creen en la *regeneración promisoria* en la cual el bautismo es una señal y sello de que la futura regeneración vendrá al bautizado.

Calvino mismo definió la regeneración como el proceso total del nuevo nacimiento, el arrepentimiento, la fe, la justificación, y la santificación. La regeneración, según él, era la sombrilla que cubría a todas las demás. La regeneración empezó en el bautismo en agua, pero "no se lleva a cabo en un momento, en un día o un año". En cambio", se logra por medio de avances continuos y algunas veces lentos".[32] Él se refirió a la llenura del Espíritu Santo de Juan el Bautista aun estando en el vientre de su madre, como una manera de probar que la regeneración puede llevarse a cabo en los infantes aun antes que ellos escuchan la Palabra de Dios.[33] De modo que pensó que la regeneración podía llevarse a cabo en el vientre o temprano en la infancia. Calvino hizo un paralelo entre la circuncisión y el bautismo, asemejándolos a la regeneración.

Para los infantes de padres creyentes, el bautismo connota el perdón de pecados, la unión con Cristo, y la regeneración por el Espíritu Santo. Los infantes no pueden realmente creer, pero si pueden recibir la semilla de la regeneración y santificación.[34] Para Calvino, el bautismo "es como un documento sellado cuyo fin es confirmarnos que todos nuestros pecados han sido tan abolidos, remitidos, y borrados que Dios nunca puede volver a contemplarlos,

---

[32] Calvin, *Institutes*, III.3.9
[33] Ibid., IV.16.19.
[34] Ibid., IV.16.17-20.

La regeneración

recordarlos, o acusarnos".[35] Si todo esto es verdad de un infante, uno tiene que preguntarse, ¿por qué entonces, un adulto bautizado al igual que un niño necesita la fe o la justificación? Al parecer todo se cumplió en el bautismo cuando era un infante.

La Cconfesión escocesa (1560), que fue el primer estándar reformado en inglés, se inclina hacia la *regeneración presuntiva* al decir, "Ciertamente creemos que por el bautismo somos injertados en Cristo Jesús, para ser partícipes de su justicia, por medio del cual nuestros pecados están cubiertos y remitidos" (art. 21). Por el otro lado, *La confesión de Westminster* (1647) se inclina hacia la *regeneración promisoria* al decir que el bautismo es "una señal y sello del pacto de gracia, de su enjertación en Cristo, de la regeneración, de la remisión de pecados, y de su entrega a Dios, por medio de Jesucristo, con el fin de caminar en una nueva vida" (cap. 28:1). Y W. G. T. Shedd (d. 1894) defendió la regeneración bautismal de infantes a la luz de Lucas 1:15, Hechos 2:39, 1 Corintios 7:14, y el paralelo de la circuncisión del AT con el bautismo de infantes en el NT. "En el caso de la regeneración de un infante, existe un intervalo de tiempo entre la regeneración y la conversión…. El infante regenerado cree y se arrepiente cuando sus facultades le permitan ejercer y manifestar la fe y el arrepentimiento".[36]

Otra vez, mucho de este *ordo salutis* es el esfuerzo para asegurar que el hombre no tiene parte alguna en su salvación. Con el fin de asegurar este hecho, la regeneración como un acto soberano e independiente de Dios en el individuo tiene que llevarse a cabo antes del arrepentimiento y la fe. De esta manera, uno no es regenerado porque ha creído; uno cree porque ha sido regenerado. Shedd comenta que "El Espíritu Santo no es dado como un Espíritu de conversión y santificación, sino hasta que ha sido dado como un Espíritu de regeneración" (Mt. 12:33; Jn. 3:3).[37] J Murray resume adecuadamente la posición de los teólogos del pacto al decir, "Sin la regeneración es imposible moral y espiritualmente para una persona que crea en

---

[35] Ibid., IV.15.1.
[36] Ibid., IV.15.1.
[37] Ibid., 2:514.

Cristo, pero cuando una persona es regenerada es imposible que moral y espiritualmente ella no crea".[38] Y L. Berkhof dice, en forma directa, que "una conversión que no esté arraigada en la regeneración no es una verdadera conversión".[39]

Para ser justos, es necesario aclarar que muchos teólogos reformados actuales rechazan el concepto de la regeneración bautismal.[40] Sin embargo, han retenido la lógica al decir que la regeneración debe de preceder a la fe. Una vez más, R. C. Sproul representa esta forma de pensar:

> Recordemos que en el *ordo salutis* de la teología reformada la regeneración precede a la fe. La precede en relación a una *prioridad lógica* no *una prioridad temporal*. La teología reformada afirma que el acto de Dios de la regeneración y el acto de fe del creyente son simultáneos, y no separados, con respecto al tiempo. El *ordo salutis* se refiere a una dependencia lógica. La fe lógicamente depende en la regeneración; la regeneración no depende lógicamente de la fe. De nuevo, la *prioridad* es lógica, no temporal. La regeneración es la condición necesaria de la fe; la fe no es la condición necesaria de o para la regeneración.[41]

Resumen

A menudo, parece que las diferencias en la teología o aun en los sistemas teológicos radican en las diferentes maneras en que se entienden ciertas palabras claves. Un buen ejemplo es la justificación. Parecería que la Reforma se mantenía sobre una diferencia en entender el significado de "justificar". La regeneración es otro término que es usado de muchas maneras diferentes. Algunos grupos desean

---

[38] J. Murray, *Redemption Accomplished and Applied* Grand Rapids: Eerdmans, 1955), 106.
[39] L. Berkhof, *Systematic Theology* Grand Rapids: Eerdmans, 1955), 106.
[40] Allen Mawhinney, "Baptism, Servanthood, and Sonship", *Westminster Theological Journal* 49 (Spring 1987): 47-48.
[41] Sproul, *Willing to Believe*, 193-4.

que sirva como una sombrilla cubriendo el todo de la experiencia cristiana. Otros la limitan a un planteamiento doble: la regeneración presuntiva o promisoria en las aguas bautismales de los infantes y una completa regeneración en algún momento más adelante en la vida. Todavía otros limitan su entendimiento a un acto instantáneo del nuevo nacimiento que ocurre en el momento de la fe.

No obstante, lo que es evidente por su ausencia en la discusión anterior es una mayor atención a las Escrituras mismas. Hemos visto que Agustín llegó a su conclusión primordialmente por la influencia de la tradición y su propio poder de la lógica. Los reformadores clamaron *Sola Scriptura*, sin embargo, también tuvieron dificultades en escapar de los tentáculos de la tradición de la Iglesia católica romana.

Sin embargo, sin un fundamento sólido en las Escrituras mismas, ¿está el edificio seguro? Otra manera de visualizar la Teología Sistemática es como un río potente. Pero este río tiene dos brazos que lo alimentan: la Teología Histórica y la Teología Bíblica. Si hay contaminación en una de estos brazos, también lo hay el río principal. Esto es otra manera de decir que la Teología Sistemática de uno es tan buena como lo es su Teología Bíblica, siendo que esta última es el fundamento de la primera. Aunque la Teología Sistemática incorpora la revelación general, su fuente primaria es la revelación especial de las Escrituras. De este modo, la exégesis sólida de las Escrituras es imprescindible en desarrollar una Teología Sistemática que sea completa, consecuente, coherente, y congruente. Solo tiene sentido, entonces, el ir a las Escrituras para ver la regeneración en su contexto bíblico.

LA REGENERACIÓN EN LA BIBLIA

Tito 3:5

El NT usa diferentes palabras e imágenes para expresar la doctrina de la regeneración. El sustantivo *palingenesia* se usa solo dos veces: Mt. 19:28 y Ti. 3:5. En Mateo, Jesús está hablando de la regeneración que ocurrirá en Su segunda venida. Él se refiere a establecer Su reino, y poner a los 12 apóstoles sobre las 12 tribus de

Israel, y recompensar aquellos que se han sacrificado por Su causa. Pero en Tito 3:5, tenemos una referencia directa al nuevo nacimiento del creyente: "Nos salvó, no por obras de justicia que hubiéramos hecho, sino por su misericordia, por el lavamiento de la regeneración y por la renovación en el Espíritu Santo". Por supuesto, que esta es la referencia al lavamiento que convence a tantos respecto a que el acto físico del bautismo en agua efectúa la regeneración. Pero la aproximación cercana de la referencia del Espíritu Santo, combinada con otros pasajes sobre el mismo tema, nos ayudan a entender que esta regeneración es un ministerio del Espíritu Santo, no algo conectado directamente con el agua.

1 Pedro 1:3, 23

Al igual que el sustantivo, el verbo para regeneración (*anagennaō*) es usado solo dos veces en el NT: 1 Pedro 1:3 y 23. El primer versículo dice, "Bendito el Dios y Padre de nuestro Señor Jesucristo, que según su grande misericordia nos hizo *renacer* para una esperanza viva, por la resurrección de Jesucristo de los muertos". Aquí es el Padre el que hace renacer. En 1 Pedro 1:23 leemos, "siendo *renacidos*, no de simiente corruptible, sino de incorruptible, por la palabra de Dios que vive y permanece para siempre". Esta vez el enfoque está en la Palabra de Dios que es el instrumento usado por Dios para dar el nuevo nacimiento. Pero observe que en ninguna de estas cuatro referencias (sustantivos y verbos) leemos acerca de la fe en conexión con la regeneración. No es que la fe no esté envuelta, sino que no hay nada en estos textos que indique que la regeneración conduce a nuestra fe o que nuestra fe conduce a nuestra regeneración. Sin embargo, en esta última referencia de 1 Pedro se hace mención a la herramienta usada por Dios para producir esta regeneración: la Palabra de Dios. Esto sugiere que hasta que uno escuche y entienda el mensaje, no puede nacer de nuevo. Por supuesto, que debe de preguntarse, ¿cómo es posible que un infante pueda oír y entender el mensaje?

Santiago 1:18

Santiago 1:18 usa otro verbo (*apokueō*) para describir al nuevo nacimiento: "Él, de su voluntad, nos hizo nacer por la palabra de verdad, para que seamos primicias de sus criaturas". El hecho de que esto no se refiere al nacimiento físico es obvio por instrumento usado: la Palabra de Verdad. Este es un nacimiento espiritual y se produce por medio del agente llamado: la Palabra de Dios. Una vez más, tenemos que pregúntanos, ¿cómo puede lograrse esto en los infantes, siendo que el oír y entender son prerrequisitos para nacer de nuevo y si el agente del mismo es la Palabra de Dios? Son pasajes como estos, que obligan aquellos que practican el bautismo de niños a crear conceptos descabellados como lo son "la semilla de la fe" y la fe del "patrocinador" para explicar cómo el nuevo nacimiento puede estar conectado con la Palabra de Dios en un infante.

Los tiempos

Otro aspecto de los tres verbos mencionados (1 P. 1:3, 23 y Stg. 1:18) es el uso de los tiempos. En Santiago 1:18 y 1 Pedro 1:3 encontramos el tiempo aoristo. Aun cuando el tiempo aoristo es realmente un tiempo indefinido concerniente al aspecto (tipo de acción) del verbo, no es generalmente uno de los tiempos usados para describir un *proceso* o una acción *continua*. El tiempo aoristo en 1 Pedro 1:3 se encuentra en un participio dependiente en la entendida cópula ("ser") presente. Cuando el participio aoristo está dependiendo en un verbo principal del tiempo presente, la acción del participio es antecedente a la acción del verbo principal. En otras palabras, estos judíos cristianos de la diáspora ya habían sido renacidos al escribir Pedro. Su renacimiento ya se había llevado a cabo.

El mensaje entero sobre el nacimiento debía comunicar algo que no es un proceso. Aunque, el período de gestación puede ser descrito como un proceso, no es así con el nacimiento. Aun cuando el evento podría tomar un día si hablamos de un parto prolongado, se entiende que el nacimiento es la consumación del embarazo, algo que sucede una vez, en un momento particular en el tiempo. En el caso de 1 Pedro 1:3 el tiempo aoristo solo dice que sucedió y ocurrió en un momento antes del escrito de Pedro. Este entendimiento es incongruente con cualquier posición de la regeneración como un proceso prolongado de desarrollo.

El verbo de 1 Pedro 1:3 también milita en contra de cualquier concepto de proceso en la regeneración de los creyentes. Esta vez el verbo está en el tiempo perfecto, el cual expresa una acción completa en el pasado, con resultados continuos en el presente. El punto aquí es que la acción es completa y se efectuó en el pasado. No existe un proceso continuo en la vida del creyente que pudiera ser descrito por el verbo de regeneración.

El Apóstol Juan

Juan 1:13

Aunque no tenemos la preposición prefijada al verbo *gennaō* ("nacer") para indicar "de nuevo" (*ana* o *palin*), sí tenemos referencia al nacimiento espiritual en este versículo: "Mas a todos los que le recibieron, a los que creen en su nombre, les dio potestad de ser hechos hijos de Dios; los cuales no son engendrados de sangre, ni de voluntad de carne, ni de voluntad de varón, sino de Dios". Aquí se refiere a personas que ya existen y que reciben a Cristo, y por tanto, tienen el derecho de ser hechos hijos de Dios (1:12). Las personas llegan a ser hijos por nacimiento, es por ello que se usa el verbo nacer. De nuevo, el verbo está en el tiempo aoristo, un tiempo que no usaríamos para indicar proceso. Y si este versículo no nos enseña nada más, sí enseña claramente que la regeneración es la obra de Dios. Los hombres pueden "recibir" a Cristo, pero esto es un desempeño *pasivo* de parte del hombre y un desempeño *activo* de parte de Dios. Dios se convierte en el gran obstetra que asiste activamente en el parto del niño o niña. Sea cual sea la función de la voluntad del hombre en "recibir" a Cristo, los niños son relativamente pasivos durante el parto.

Juan 3:3-8

Por supuesto que este es el pasaje mejor conocido para el concepto del "nuevo nacimiento". Curiosamente, es un pasaje que tiene muy poco apoyo lingüístico para el concepto de *nacer de nuevo* debido a que la palabra "de nuevo" (*anōthen*) significa probablemente "de arriba" (3:31; 19:11, 23) en vez de "de nuevo". No obstante, el mismo verbo para nacer (*gennaō*) que encontramos en Jn. 1:13 se usa ocho veces en estos versículos. En cada caso, se usa, ya sea el tiempo aoristo o perfecto, para enfatizar, nuevamente, el hecho de que este nacimiento no es un proceso.

Una cosa que estos versículos también hacen ver claro es la conexión entre el nuevo nacimiento y el Espíritu Santo (3:6-8). Cuando se conecta con Jn. 1:33 donde Juan el Bautista predijo que el Mesías sería aquel que bautizaría con el Espíritu Santo, la mayoría de expositores están de acuerdo que el nuevo nacimiento, efectuado por el Espíritu Santo, ocurre en el momento en que Él bautiza al creyente.

Si este es el caso, entonces sería importante responder a la pregunta concerniente a la regeneración en el AT: Los santos del AT eran creyentes y poseían la vida eterna, pero no serían regenerados en el mismo sentido que los creyentes que lo fueron a partir del Pentecostés en adelante. En virtud del Nuevo Pacto, tenemos al Espíritu Santo viviendo en nosotros para vivificar nuestras conciencias de una manera desconocida a los creyentes del AT que dependían más en la Ley para discernir entre lo que estaba bien o mal. Un hombre como David, quien tenía al Espíritu Santo (no como un sello hasta el día de la redención), parece haber experimentado el mismo tipo de convicción por el pecado que enfrentamos el día de hoy. Quizá esta sea una de las razones por la cual fue un hombre conforme al corazón de Dios.

1 Juan 5:1

Increíblemente, algunos eruditos reformados están ahora recurriendo a Juan 5:1 para apoyar su creencia que *la regeneración precede a la fe* en *el ordo salutis*. Un artículo reciente cita a John Piper afirmando que 1 Juan 5:1 es el texto más claro en el NT para sustentar la posición que la regeneración precede a la fe.[42] Tal sugerencia no necesitaría ser discutida si no fuera por los notables eruditos citados

---

[42] Matthew Barrett, "Does Regeneration Precede Faith in 1 John?" Un artículo presentado en la Reunión Anual de la Sociedad Evangélica Teológica en Atlanta, GA, noviembre 2011, citando de John Piper, *Finnaly Alive* (Scotland: Christian Focus, 2009), 118. Además vea Matthew Barrett, Salvation By Grace: The Case for Effectual Calling and Regeneration, (Phillipsburg, New Jersey, P&R

en apoyo: Stott, Ware, Frame, Murray, y otros. El argumento se fundamenta en una mala interpretación de la gramática griega, concretamente en el uso de los *participios* y el *tiempo perfecto*.

Mounce, Wallace, Zerwick, y Moulton (todos ellos lingüistas expertos en griego) explican la fuerza básica del tiempo perfecto como *una acción completa en el pasado con resultados presentes*. Mientras que el verbo griego traducido "es nacido" en 1 Juan 5:1 está en el tiempo *perfecto*, el verbo "cree" es un participio del tiempo *presente*. Los eruditos Reformados citados anteriormente argumentan que siendo que la acción del verbo principal "es nacido" es algo completado en el *pasado*, mientras que el participio enlazado al sujeto de la oración está en el presente, la acción del verbo principal ("es nacido/regenerado") debe de preceder aquel "que cree". De esta manera, ellos sostienen que consecuentemente la regeneración, debe *causar* y/o *resultar en* la fe.

En efecto, al igual que uno puede perderse en la gramática española, es muy fácil perderse en la griega. Pero, la propuesta necesita ser examinada aún más con el fin de exponer todo este argumento fundando en un error infantil de la gramática griega. Y antes de ahondar más, cabe señalar que, mientras algunos eruditos reformados emplean el tiempo perfecto del verbo "es nacido" en 1 Juan 5:1, para sustentar su entendimiento de que la regeneración precede a la fe, *ninguno* de los liguistas citados lo hacen—algo que ellos saben muy bien. Entonces, ¿qué es lo que realmente dice 1 Juan 5:1?

> **Todo aquel que cree** que Jesús es el Cristo, y todo aquel que ama al que engendró, ama también al que al que ha sido engendrado por él.
>
> **Πᾶς ὁ πιστεύων** ὅτι Ἰησοῦς ἐστιν ὁ χριστός, ἐκ τοῦ θεοῦ γεγέννηται, καὶ πᾶς ὁ ἀγαπῶν τὸν γεννήσαντα ἀγαπᾷ [καὶ] τὸν γεγεννημένον ἐξ αὐτοῦ

Publishing, 2013)158-162, y John Piper, Finally Alive, (Fearn, Ross-Shire, Great Britain: Christian Focus, 2009) 118.

El sujeto de la oración "todo aquel" es seguido por un participio presente en el griego, aquí traducido "que cree" (RV). Siendo que el participio (ὁ πιστεύων) tiene lo que parece como una "o" anterior, es un participio "articulado" que funciona como un *adjetivo* conectado al pronombre impersonal (Πᾶς) y no como un *adverbio* conectado al verbo. La Reina-Valera refleja esto traduciendo "Todo aquel que cree". Solo si el participio *no* estuviera precedido por el articulo entonces pudiera ser conectado al verbo principal, "es nacido", y en alguna manera describir o matizar el estado, "nacido de Dios".[43] De modo que, como participio adjetivado describiendo al *sujeto* de la oración, de ninguna manera específica los *resultados* del verbo principal o lo que el verbo principal *causa*. Los lingüistas también hablan del "aspecto" verbal especifico que el autor desea enfatizar al usar el tiempo perfecto, ya sea *una acción completa en el pasado* (ha nacido", un perfecto extensivo) o un *resultado presente* "es nacido", un perfecto intensivo). Vemos este último aspecto enfatizado en las traducciones del clamor de Jesús en la cruz, *tetelestai,* un verbo en el tiempo perfecto. La mayoría de los traductores ampliamente ponen el énfasis aquí sobre el resultado presente de la crucifixión al traducirlo en el *presente*, "consumado es" aun cuando *pudieron* poner el énfasis en la *acción completa en el pasado*, "ha sido consumado". De la misma

---

[43] Existen ocho maneras que un participio adverbial puede describir la acción de un verbo independiente: *temporal, manera, medio, causa, condición, concesión, propósito,* o *resultado* (D. B. Wallace, *Greek Grammar Beyond the Basics* [Grand Rapids: Zondervan, 1996], 612). Toma como ejemplo Efesios 5:18-21: Los lectores son llamados a "ser llenos" (verbo principal finito). Este verbo principal es seguido por cinco participios (hablando, cantando, alabando, dando gracias y sometiéndose). Ninguno de los participios tiene un artículo precediéndole, de modo que todos deben de ser participios adverbiales describiendo la acción de alguna manera del verbo principal. De las ocho opciones, las dos que tienen mejor sentido son de *medio* o de *resultado*: 1) Ser lleno *por medio de* hablar, cantar, alabar, etc; 2) Sed llenos, *con estos resultados:* hablando, cantando, alabando, etc. De modo que los participios lo más probable están diciendo a los efesios *como* ser llenos (medio) o el *resultado* de ser llenos (resultado). Pero siendo que todos son participios adverbiales estos están directamente modificando al verbo principal, sed llenos.

manera, la mayoría de los traductores de 1 Juan 5:1 enfatizan el uso de Juan del *resultado presente del* tiempo perfecto del griego al traducirlo en el *presente*, "es nacido".

Finalmente, 1 Juan 5:1 no está discutiendo específicamente la fe *original* de los actuales creyentes. Una persona que nació de nuevo en el pasado puede estar actualmente creyendo y demostrando esa fe mediante el amor a Dios y a otros que han nacido de Dios. Por otro lado, éstos también pueden estar en el momento no creyendo, y no estar amando a Dios ni a otros. El interés de Juan está en el *permanecer* en la fe. Su punto es que todo aquel que cree, en cualquier etapa de su caminar por la fe, (vea 2:12-14), es nacido de Dios y demuestra su pedigrí (compare 3:9) *permaneciendo* en el amor de Dios y de otros nacidos de Dios. Siendo que Juan está enfatizando un *principio general,* los participios "aquel que cree" y "aquel que ama", ejemplifican el uso gnómico del tiempo presente,[44] por cuanto estos son paralelos de "ama también" (un presente gnómico) en la última cláusula.

A través de todo el artículo Barrett confunde la gramática al afirmar que la regeneración realmente *causa* la fe. Si esto es lo que el versículo está diciendo, apoyaría la teología Reformada. Sin embargo, una *causa* y *resultado* solo pude ser predicado de un participio *adverbial* en relación al verbo principal. Desafortunadamente para su argumento, los participios que cita son **todos** adjetivales. Por lo tanto, el versículo no dice absolutamente nada con respecto a que el creer sea el *resultado* de, o *causado* por nuevo nacimiento (la regeneración). Sugerir que el nuevo nacimiento *causa* o *resulta* en creer es como decir que *todos los que están corriendo* (participio presente) en una carrera *han sido otorgados con* (verbo perfecto) un número, y luego declarar que dicha otorgación de un número fue lo que *hizo* que ellos corrieran la carrera. La totalidad del documento está construido en un error simple de la gramática griega. Y esto no se disputa.[45]

---

[44] Wallace, *Grammar,* 523.
[45] Vea, Thomas R. Schreiner, "Does Regeneration Necessarily Precede Conversion?" Disponible en línea: http://www.9marks.org/journal/ does-regeneration-necessarily-preceed-conversion: accessed April16, 2018. Tambien

Conclusión

Concluimos que no existe apoyo bíblico alguno para anteponer la regeneración antes que la fe en el *ordo salutis*. Y decir que tiene una *prioridad lógica* sin tener una *prioridad temporal* es una contradicción. La palabra misma "prioridad" en este contexto habla de tiempo. Es una palabra "temporal". A menos que uno cambie el significado de "prioridad" por "primero en importancia" (la cual obviamente no es la intención) entonces, la declaración de "prioridad lógica" sin "prioridad temporal" carece de sentido. Y desde luego que en la Teología Histórica la regeneración era contemplada como teniendo una *prioridad temporal* sobre la fe, siendo que se pensaba que los infantes eran regenerados a la hora de ser bautizados. No fue sino hasta que los teólogos reformados se dieron cuenta del escaso apoyo bíblico que hay para el bautismo infantil que empezaron a argumentar por una *prioridad lógica* en vez de una *prioridad temporal*.

Sproul argumenta a favor de una *prioridad lógica* debido que para él la única otra opción es el pelagianismo, un semi-pelagianismo, o alguna forma de lo que él llama *sinergismo* (Dios y el hombre trabajando justos para efectuar la salvación). Él escribe, "Si llegáramos a postular que la fe precede a la regeneración, entonces estaríamos asumiendo que las persona no regeneradas, aun estado en un estado no regenerado, tienen la habilidad moral de ejercer la fe…. Esto envolvería una posición arminiana o semi-pelagiana de la caída".[46] Sproul se refiere a los escritos de Chafer y Walvoord donde ellos evitan el *sinergismo*, pero los acusa de una argumentación distractora al enfocarse en quien es el que efectúa la regeneración (solo Dios—monergismo; o Dios y el hombre obrando

---

vea Robert W. Yarbrough, 1-3 John , BECNT (Grand Rapids, Michigan, Baker, 2008), 270 con el fin de ver evaluaciones gramaticales. Culver citando a Agustín dice que la interpretación de Agustín de 1 Juan 5:1 es que, "Todo el que cree que Jesús es el Cristo ya ha nacido de Dios". Vea, Robert Duncan Culver, Systematic Theology; Biblical & Historical , (Fearn, Ross-shire, Great Britain, Christian Focus Publications 2006), 698.

[46] Sproul, *Willing to Believe*, 194.

en conjunto—sinergismo). Más bien él afirma que uno es *sinergista* si la fe precede a la regeneración en el *ordo salutis*.[47] Acusa a Walvoord y Chafer de ser "vagos" e "inciertos" al hacer afirmaciones como "la regeneración es la obra de Dios totalmente en un corazón creyente". Piensa que esto no es claro por cuanto entiende que el asunto es si la fe precede a la regeneración o viceversa: "¿Ya está el corazón creyendo, o está creyendo porque ha sido regenerado? La respuesta a esta pregunta define la diferencia entre el calvinismo y el semipelagianismo".[48]

Los problemas aquí son numerosos. El primero tiene que ver con la palabra *sinergismo*. La palabra se deriva del termino griego *sunergeō*, significando "trabajar juntos". La definición misma de la palabra debería ser suficiente como para provocar que cualquier teólogo protestante rechace categóricamente el planteamiento sinergista de la salvación. Ni Chafer ni Walvoord dirían que el hombre y Dios trabajan juntos para lograr la salvación (vea Jn. 1:13). ¿Cómo puede, entonces, Sproul acusarlos de tal cosa? Es porque a su entender cualquier *ordo salutis* que pone la fe antes de la regeneración es sinergista. ¿Cómo puede ser esto, a menos que se entienda a la *fe* como una *obra*? Por supuesto, que esto es precisamente lo que Sproul está sugiriendo debido a que piensa que si un hombre puede creer antes de la regeneración entonces el hombre es *moralmente capaz* de contribuir a la misma. Y si el hombre es capaz de contribuir al proceso de la salvación antes de la regeneración, entonces, su salvación no es totalmente de Dios. Por tanto, debe de ser sinergista.

¿Es bíblica esta manera de pensar? Desde luego que no. Este tipo de razonamiento hace de la fe una obra. Las Escrituras contrastan tan a menudo la fe de las obras que es innecesario documentar esto. ¿No son Efesios 2:8-9 y Romanos 4:4-6 claros en esto? Si la salvación es por la fe, entonces *las obras no tienen nada que ver* con el proceso. Sin embargo, el argumento que la fe previa a la regeneración es sinergista, sería válido solo si la fe fuera *igual* a las obras.

¿Pero qué podemos decir con relación a la declaración de que la

---

[47] Ibid., 196.
[48] Ibid. vea Tambien Matthew Barrett, Salvation by Grace , 125.

fe antes que la regeneración presupone que el hombre es *moralmente* capaz de tomar una decisión virtuosa? Por las palabras de John Gerstner eso es lo que ciertos teólogos reformados contienden que es claro:

> De acuerdo a la doctrina reformada, la depravación total incapacita al hombre *moralmente* para tomar una decisión virtuosa. En tanto que el dispensacionalismo hasta cierto grado concuerda con esta idea, no obstante, este hombre que está "totalmente depravado" puede creer. Vamos a ver que su fe precede o por lo menos es simultánea con (no basada en) su regeneración. Mientras que se mantenga esa doctrina, el nervio de la depravación total es cortado… Si el dispensacionalista mantiene, como es evidente, que el hombre es *moralmente* capaz de responder al evangelio entonces, el dispensacionalismo no cree, después de todo, que el hombre está totalmente depravado".[49]

¿Cómo pueden Walvoord, Chafer y Billy Graham—a quien Sproul menosprecia como el más famoso de todos los dispensacionalistas— contender al mismo tiempo, tanto que el hombre está totalmente depravado y que la fe es anterior a la regeneración? La clave está en que ellos no creen que el hombre sea capaz de tomar una decisión *moral por sí mismo* a favor de Dios. El hombre necesita "asistencia", un empoderamiento divino. Chafer llama a este empoderamiento "persuasión divina". "La verdad importante que se ha de observar en todo esto es que, aunque la persuasión divina es ilimitada, ésta continúa siendo persuasión, de modo que cuando se asegura en el individuo una decisión por Cristo él ejerce su propia voluntad sin ninguna sombra de restricción".[50] Billy Graham lo expresa de la siguiente manera: "El Espíritu Santo hará todo lo posible para perturbarle, traerle, amarle—pero al final es tu decisión personal".[51]

---

[49] John H. Gerstner, *Wrongly Dividing the Word of Truth: A Critique of Dispensationalism* (Brentwood, NT: Wolgemuth & Hyatt, 1991), 109.
[50] Lewis S. Chafer, *Systematic Theology,* 8 vols. (1947-48; Grand Rapids: Kregel, 1993), 6:101-7.
[51] Billy Graham, *How to Be Born Again* (Waco, TX. Word, 1977), 168.

De modo que, todo esto nos lleva a la siguiente conclusión. Tanto los pensadores reformados como Sproul/Gerstner y, los dispensacionalistas como Chafer y Walvoord concuerdan que un ser humano totalmente depravado es incapaz por sí solo de tomar una decisión moral para recibir a Cristo como Salvador. Sin embargo, los dispensacionalistas llamarían al empoderamiento divino que hace capaz al hombre de tal decisión "una persuasión divina", mientras que los reformados le llamarían "la regeneración". Nuestra teología bíblica ha demostrado que no existe apoyo bíblico para anteponer la regeneración a la fe. Es por esto que algunos teólogos sistemáticos de persuasión reformada intercambian el orden.[52] Su teología bíblica lo demanda. ¿Pero qué de este concepto de "persuasión divina?" ¿Es bíblico?

R. C. Sproul, reconoce precisamente que el argumento conduce a este punto en específico. ¿Dios realmente trae/atrae a los hombres a Él, como parece enseñar Juan 6:44, o los arrastra/forzar a Su reino para probar que la obra es totalmente de Él y no del hombre? Sproul argumenta que Dios arrastra a los hombres en contra de sus voluntades para que entren a Su reino.[53] Él interpreta el verbo principal de Juan 6:44 (*helkō/helkuō*) como "arrastrar, forzar, o coaccionar". Y así, Sproul parece tener apoyo bíblico para la doctrina de la gracia irresistible. El verbo *helkō* ocurre solo dos veces en el NT (Stg. 2:6 y Hch. 21:30). En ambos casos, los creyentes están siendo arrastrados a una situación hostil en contra de sus voluntades ante no creyentes y por no creyentes. Lo mismo es verdad de *helkuō* en su único uso fuera de Juan (En Hch. 16:19 Pablo y Silas fueron traídos (arrastrados ante las autoridades).

Sproul concluye que el uso de *helkuō* en Juan 6:44 también significa "arrastrar" en el sentido de fuerza. Esta es la falacia exegética apodada por Moisés Silva como "la transferencia total ilegítima".[54] Solo porque la palabra signifique "arrastrado en contra de su voluntad" en Santiago

---

[52] Demarest, *Cross and Salvation*, 291.
[53] R. C. Sproul, *Chosen*, 69-72.
[54] M. Silva, *Biblical Words and Their Meaning: An Introduction to Lexical Semantics* (Grand Rapids: Zondervan, 1983), 25-27. Este término fue

y en Hechos, esto no requiere el mismo significado en otro contexto como el de Juan 6:44. En la Teología Bíblica procuramos conocer el significado de la palabra empleada por Juan por el mismo contexto en que él la usó. Los usos de la misma palabra por el autor serían de mayor ayuda que los otros usos dados por los escritores tales como Santiago y Lucas. Juan emplea el verbo *helkuō* cuatro veces más en su evangelio. Juan 12:32 es un contexto muy parecido al de Juan 6:44, de modo que suscita la cuestión de determinar el significado de Juan 6:44 por Juan 12:32. En Juan 18:10 encontramos a Pedro *desenvainando* su espada para cortar la oreja del soldado. Y en Juan 21:6, 7, los pescadores están *sacando* las redes llenas de lo que han pescado. El uso de *helkuō* con objetos inanimados o criaturas infrahumanas probablemente no será determinante. ¿Cómo, entonces, puede uno determinar el significado de *helkuō* en Juan 6:44?

Sproul apela a un artículo en Kittel para sustentar que la palabra significa "obligar por una superioridad irresistible".[55] No estamos seguros si esta conclusión fue debido a una lectura algo precipitada o no de Sproul, pero el artículo concluye justamente lo contrario concerniente a Juan 6:44. Albrecht Oepke[56] hace referencia a dos lecturas de IV Macabeos y uno de Jeremías 31:3 para establecer que en un contexto familiar o de amante, *helkuō* significa "enamorar" o "atraer con amor". En Jeremías, es Dios el Amante atrayendo Su Amor, Israel, con Su misericordia, y en IV Macabeos 14:13 y 15:11, es una madre judía siendo testigo del martirio por su fe de sus siete hijos. En ambos casos el verbo se usa en conexión con los lazos fuertes del amor atrayendo al amado al que está amando. Una vez más podemos ver que el contexto es importantísimo. Juan 6:44 está hablando de personas que vienen a Jesús solo porque el Padre los trae. El contexto no es de hostilidad. Es un contexto familiar, un contexto de amor.

¿Por qué es tan importante todo esto? Porque el amor excluye la

---

originalmente acuñado por James Barr, *Semantics of Biblical Language*, (Oxford, Oxford University Press, 1961) 21.
[55] Sproul, *Chosen*, 69.
[56] A. Oepke, "ἕλκυω", en *TDNT,* 1968 ED., VII: 503.

fuerza. ¿Habrá un novio que desee arrastrar, forzar, o coercer a su novia al altar? Creo que no. El novio pudo haber soberanamente iniciado la relación, pero luego vino el cortejo y enamoramiento en el cual el futuro esposo *persuadió* a su futura esposa de sus muchas virtudes. Tenemos la palabra repugnante para describir a un amor forzado. La palabra es violar. ¿Alguno querrá convertir a nuestro Dios amoroso en un violador divino?

Concluimos que la "persuasión divina" es exactamente como la Biblia la describe, el empoderamiento divino necesario para que un ser totalmente caído pueda creer en Cristo para la salvación. Esto no es *sinergismo*. Dios inicia la relación, y Dios es el que persuade, y el que enamora. El hombre es el que responde. Su fe definitiva es pasiva. Él es un receptor, el recibidor (Jn. 1:12) de un regalo divino. Como argumentó hace mucho tiempo Roy Aldrich, nunca puede ser interpretado como una obra meritoria *recibir* un regalo.[57] Y jamás es esta "persuasión divina" llamada en la Biblia "regeneración".

Millard Erickson llegó a esta misma conclusión en su estudio de Teología Sistemática:

> La conclusión aquí, entonces, es que Dios regenera a aquellos que se arrepienten y creen. Sin embargo, esta conclusión al parecer es inconsecuente con la doctrina de la inhabilidad total. ¿Nos encontramos en estos puntos indecisos entre las Escrituras y la lógica? Existe una forma de salir del enredo. Esto es distinguiendo entre el llamamiento especial y eficaz de Dios, por un lado, y la regeneración por otro lado. Aunque ninguno es capaz de responder al llamamiento general del evangelio, en el caso de los elegidos, Dios obra intensivamente por medio de un llamado especial de modo que ellos si respondan en arrepentimiento y fe. Como resultado de esta conversión, Dios los regenera. El llamamiento especial es simplemente una obra intensiva y eficaz del Espíritu Santo. No es la transformación completa que constituye la regeneración, pero si

---

[57] Roy L. Aldrich, "The Gift of God", *Bibliotheca Sacra* 122 (July–September 1965): 252-53.

rinde a la conversión del individuo tanto posible y cierta. De esta manera, el orden lógico del aspecto inicial de la salvación es el llamamiento especial–la conversión–la regeneración.[58]

Robert Pyne expresa un entendimiento similar al escribir:

> Muchos teólogos, particularmente los que son más reformados, insertarían la regeneración entre el llamamiento y la fe. En tanto que existe claramente una obra divina que es anterior a la fe y es dirigida solamente a los elegidos, es mejor, limitarse uno mismo a una terminología mucho más específica en la descripción de esa obra. Se puede argumentar (persuasivamente, en la opinión de este autor) que la regeneración se lleva a cabo por medio de la morada del Espíritu Santo vivificante. Debido a que esa morada viene por la fe (Hechos 2:38; Gá. 3:2), parece apropiado considerar a la regeneración como una consecuencia de la fe, no como su causa.[59]

Resumen

Hemos lidiado en esta discusión con una de las diferencias cruciales entre lo que se denomina la Teología Reformada y la Teología Dispensacional, es decir, la regeneración según se relaciona a la fe en el *ordo salutis* y el impacto que tiene esta *crux interpretum* sobre su entendimiento de la Depravación Total. Tanto la Teología Reformada como la Teología Dispensacional son sistemas de teología. Por definición, un buen sistema tiene que ser consistente, coherente, comprensivo, y congruente. Algunas doctrinas, en cualquier sistema, están bien integradas, es decir, si una de estas doctrinas resulta defectuosa, entonces todo el sistema es defectuoso y necesita una revisión, como mínimo, o un franco rechazo.

Hemos también explicado que la Teología Sistemática es correcta

---

[58] M. J. Erickson, *Christian Theology*, 3 vols. (Grand Rapids: Baker, 1983-85), 3:933.
[59] R. Pyne, "The role of the Holy Spirit in Conversion", *Bibliotheca Sacra* 150 (April 1993): 215, n. 29.

solo en la medida que lo sea también la Teología Histórica y la Teología Bíblica sobre las cuales se construye. Si ciertos aspectos de un sistema están en conflicto con los datos bíblicos claros, entonces el sistema será inconsecuente, incoherente, incomprensible, e incongruente. Por su propia admisión, Sproul y Gerstner nos dicen que su posición de la depravación total rige los otros cuatro puntos de su calvinismo de cinco puntos. Sin embargo, su enseñanza en cuanto a que la regeneración debe de preceder a la fe del elegido, es esencial para su posición de la depravación total. Si esta interpretación crucial se derrumba, su entendimiento de la depravación total es deficiente. Y si su entendimiento de la depravación total es deficiente, su sistema de cinco puntos como un todo es, por lo menos, inestable.

Hemos intentado demostrar que la enseñanza reformada moderna sobre que la regeneración precede a la fe se desarrolló en un mundo donde el bautismo infantil y la regeneración bautismal estaban en su apogeo. Además, fue más el resultado de la lógica humana que de la exégesis bíblica. Confío que hallamos demostrado que no existen datos bíblicos para sustentar la doctrina que la regeneración precede a la fe.

También hemos intentado explicar que el uso del término peyorativo *sinergismo* es inapropiado para describir al dispensacionalismo, debido a que ningún dispensacionalista aun sugeriría que el hombre "obra juntamente con" Dios para lograr su salvación. Por definición, la fe no es una obra meritoria. Esencialmente, ambas son mutuamente exclusivas. Además, hablar de la regeneración como el empoderamiento divino requerido para que un ser totalmente depravado pueda creer para la salvación es un concepto erróneo. Esto es usar palabras bíblicas de una manera no bíblica. ¿No será más bíblico apegarse a la terminología bíblica para la obra del Espíritu Santo o del Padre en este empoderamiento divino llamando, convenciendo, atrayendo, y persuadiendo (Lucas 14)? Esta clase de información bíblica conduce a una buena Teología Bíblica. Y una buena Teología Bíblica ayuda a construir una Teología Sistemática sólida.

Capítulo 12

La salvación por señorío

Ya se ha hablado bastante con respecto a los asuntos vitales de la salvación por señorío. Especialmente crucial ha sido nuestra investigación sobre los asuntos relacionados con la certeza de la salvación y la naturaleza de la fe salvífica. Debido a que las obras como el camino al cielo han sido ensañadas por el cristianismo tradicional desde los finales del siglo primero hasta la proclamación de *sola fide* de los reformadores, es justo decir, que la creencia de la salvación por señorío para ir al cielo ha sido un desarrollo desde la Reforma.

Hemos trazado dicho desarrollo por las declaraciones hechas por los que creen en la salvación por señorío a las raíces sembradas, no por Juan Calvino, sino por Teodoro Beza. Debido a su idea supralapsaria con respecto a los decretos divinos, creó el concepto de la expiación limitada. Esa misma doctrina lo llevó a insistir que uno no debe fijar sus ojos en Cristo para poder tener la certeza de su salvación (debido a que es posible que el creyente profesante sea un reprobado que busca a un Salvador que no murió por él), sino, por lo contrario, observar el fruto de su propia vida. Este tipo de inspección de frutos se convirtió en el grito de guerra entre los calvinistas ingleses y sus tensiones puritanas del cristianismo. Unida a la interpretación amilenial de versículos como Mateo 24:13, diciendo que los elegidos tienen que perseverar hasta el fin para ser salvos, los que creen en la salvación por señorío insisten que uno tiene que ser un "inspector de los frutos" hasta el final de su vida para así estar seguros de su salvación.

En una conversación entre D. Bock y este autor, Bock admitió que este pudiera ser el caso, es decir, que uno no puede saber que va ir al cielo sino hasta que muera. Si eso es así, entonces la observación de R. T. Kendall de que hay muy poca diferencia ente los arminianos y los calvinistas, y aún menos de la diferencia entre los protestantes y los católicos en su soteriología, es absolutamente correcta. Todos deben perseverar en las buenas obras hasta que mueran para estar seguros de la entrada al cielo. Nuestras buenas obras se convierten en una parte integral de la ecuación de la salvación.

Antes de continuar aún más con las distinciones, quizá sería provechoso subrayar las similitudes. De acuerdo a T. Lewellen,

> Grandes acuerdos que son esenciales existen entre los proponentes y oponentes de la salvación por señorío. Ambos lados concuerdan que la regeneración, o la impartición de la vida eterna por el Espíritu Santo al pecador, es necesaria para la salvación. Ambos lados están de acuerdo que la regeneración produce un cambio de posición: se establece una relación de Padre-hijo entre Dios y el pecador que cree. Ambos lados concuerdan que la regeneración produce un cambio constitucional: una persona recibe al Espíritu Santo y la vida eterna, siendo esta una calidad de vida divina impartida en su alma. Este cambio constitucional provee la posibilidad y el poder para una transformación de carácter y conducta impresionante. Ambos lados concuerdan que tal transformación se espera, se desea, se demanda, y es posible en todo creyente. Ambos además concuerdan que los cristianos pueden pecar, y hacerlo severamente.
>
> Ambos grupos están de acuerdo que el pecado en la vida de un creyente es algo serio y trae sobre él o ella el redargüir del Espíritu Santo y debe de resultar en la confrontación y la disciplina de parte de la iglesia. Y los dos grupos concuerdan que dicha desobediencia puede durar por un período de tiempo en el creyente... La verdad es, que la salvación por señorío no enseña que cada cristiano profesante que peca no sea un verdadero creyente. De la misma manera, los maestros de la gracia gratuita no están afirmando la salvación de todo aquel que se dice ser un cristiano.

Indudablemente, gran parte de la historia de la iglesia ha enseñado que la regeneración producirá un cambio externo y visible y, por el otro lado, que sin la verdadera regeneración ningún cambio puede ser evidente. Pero los maestros de la gracia gratuita enseñan lo mismo. El punto en el que hay desacuerdo está centrado en la naturaleza de la fe y la certeza de la salvación. Lo que la posición de la gracia gratuita simplemente no permitirá, es que el cambio producido por la regeneración sea el fundamento de o la evidencia de la certeza de la salvación genuina.[1]

Lo único que este autor agregaría a lo mencionado anteriormente sería, con respecto a la última oración: "Lo que la posición de la libre gracia simplemente no permitirá es que el cambio producido por la regeneración sea el fundamento *primordial* de o la evidencia *primordial* para la certeza de la salvación genuina". El buen fruto en las vidas de los creyentes profesantes es *secundario* o, por los menos, evidencia *corroborativa* que son cristianos. Y hay muchos en el campo de la salvación por señorío que estarán de acuerdo con mi declaración. El mayor problema, sin embargo, es su entendimiento de la perseverancia hasta el fin de la vida de uno. Al momento de declarar que solo aquellos que perseveran hasta el fin pueden saber si son cristianos, no solo roban la posibilidad de la certeza de la salvación antes de la muerte, sino también elevan la inspección de frutos al nivel de evidencia *primordial*. Cualquier declaración que consista en depender primeramente y sobre todo en la promesa de Dios como su fuente primaria de certeza, es vista como un servicio de labios solamente. Esto debería ser intuitivamente obvio.

Debido a que casi cada asunto que hemos cubierto hasta ahora, se relaciona con este tema de la salvación por señorío, necesitaríamos repetir hasta ahora la exposición entera para subrayar los elementos que responden a esta controversia. Hasta este punto, entonces, simplemente me gustaría enfocarme en el significado del término

---

[1] Lewellen, "Has Lordship Salvation", 65.

"Señor" en el NT y luego ir al libro de Romanos para un análisis más claro de su soteriología.

Kurios en el NT

Todo el debate sobre la "salvación por señorío" depende, en parte, sobre la presuposición concerniente al término "Señor". Todos en el campo de la salvación por señorío asumen (según este autor) que el término significa "el Soberano". Debido a esto se enseña que aceptar a Jesús como Salvador significa: 1) confiar en Él para salvar al pecador de sus pecados; y 2) someterse a Su control soberano. Entre los que enseñan acerca de un rendimiento total para asegurar nuestra salvación esta J. V. Dahms:

> Que el más destacado requisito para la salvación humana en la economía del AT sea el rendimiento total a Dios concuerda con el énfasis del NT sobre la primacía del arrepentimiento—es decir, sobre un "rendimiento total o un compromiso total a la voluntad de Dios"— si se ha de heredar la vida eterna (por ejemplo, Lucas 24:47; a través de Hechos; Ro. 2:4; 2 Co. 7:10; 2 P. 3:9; Ap. 16:9). De hecho, cuando se distingue el arrepentimiento de la fe salvífica siempre es mencionada primero (Mr. 1:15; Hch. 20:21; He.6:1).
>
> La prioridad del arrepentimiento con respecto a la salvación humana concuerda con el hecho de la preminencia otorgada al Señorío de Cristo al tratar el NT con lo que se requiere si uno ha de asegurar su salvación (Hch. 16:31; Ro. 10:9; compárese Hch2:36; 5:31; Ro. 10:13; 1 Co. 1:2; 2 Co. 4:5; Fil. 2:11; etc.).[2]

Se ha de observar que Hechos 2:36 se alude como prueba de la declaración de Dahams. Ya nos hemos referido a este pasaje anteriormente, pero de nuevo volvamos a verlo: "… es tanto Señor y Cristo". Esto parece probar lo propuesto por los adeptos a la salvación

---

[2] J. V. Dahms, "Dying With Christ", *The Journal of the Evangelical Theological Society* 36 (March 1993): 20.

por señorío. Desafortunadamente, ellos han perdido por completo el trasfondo del sermón de Pedro sustentado en el Salmo 110.

El Señor de David

El Salmo 110 es la porción del AT más citada en el NT (33 citas y/o alusiones). Fue usado por Jesús en su confrontación con los fariseos con el fin de silenciarlos. "¿Qué pensáis del Cristo?" les preguntó a sus oponentes. Les respondieron, "Es el Hijo de David". Pero Jesús quería saber, si el Mesías es el Hijo de David, como pudo David llamarle Señor. Los fariseos se fueron confundidos completamente, al grado que no le hicieron más preguntas.

La referencia a la cual Jesús se está refiriendo es el Salmo 110:1 que dice, "Jehová dijo a mi Señor: 'Siéntate a mi diestra, hasta que ponga a tus enemigos por estrado de tus pies.'" D. M. Hay dice que "esta perícopa puede ser la única en toda la tradición sinóptica que puede ser considerada como expresando directamente el entendimiento de Jesús sobre la mesianidad".[3] Los pasajes relacionados (Mt. 22:41-46; Mr. 12:35-37; y Lc. 20:41-44) subrayan tres puntos: (1) Los oponentes de Jesús no objetaron en cuanto a su uso del Salmo como una prueba bíblica del Mesías; (2) Jesús creía que David escribió o por lo menos habló el Salmo 110 por medio de la superintendencia del Espíritu Santo; y (3) Jesús creía ser el Mesías. ¿Qué fue lo que los dejó perplejos? ¿Por qué no dijeron simplemente, "Bueno, David pudo haber llamado fácilmente a Su propio hijo Señor debido a que Él era el Mesías, el Salvador del mundo"? Pero no dijeron tal cosa. ¿Por qué no?

Aun cuando existe diferencia en los trasfondos contextuales y variaciones ligeras en su empleo de la LXX, los tres escritores de los sinópticos parecen estar de acuerdo con estos tres puntos. Estos serán analizados en conjunto sirviendo Mateo como el punto de referencia y observando las variaciones en Marcos y Lucas durante el transcurso.

Mateo es el único en decir que Jesús interrogó a los fariseos en

---

[3] D. M. Hay, *Glory at the right Hand: Psalm 110 in Early Christianity*, Society of Biblical Literature Monograph Series, no. 18, ed. R. A. Kraft (New York: Abingdon, 19730, 111.

esta perícopa. En Marcos esto no es muy claro. Solo se especifica "una gran multitud", la cual pudo haber incluido a los fariseos y los herodianos (Mr. 12:13), los saduceos (Mr. 12:18), y a los escribas (Mr. 12:28). Lucas dice aún menos que Marcos, aun cuando sugiere que los escribas acaban de ser silenciados (Lc. 20:39-40).

La mención de Mateo acerca del Mesías (τοῦ Χριστοῦ) no parece haber sorprendido como una pregunta inusual a su audiencia. Ciertamente no era un tema común en Mateo. Además de las narraciones de la infancia (cinco referencias), solo dos pasajes (Mt. 11:2 y 16:16, 20) hacen referencia al Mesías antes que éste (en Marcos solo en 8:29 y 9:41; en Lucas solo en 3:15; 4:41; y 9:20). El tema sobre el mesianismo era debatido en el judaísmo. El número de textos mesiánicos en Qumran que de forma no ambigua apuntaban a un Mesías escatológico son 17, y quizá 21 si términos como "Príncipe", "Cetro", "Rama", y "Primogénito" pueden ser incluidos.[4] Eruditos anteriores como R. E. Brown reconocieron dos diferentes figuras mesiánicas en Qumran.[5] Pero más recientemente eruditos apocalípticos como J. J. Collins reconocen cuatro tipos de figuras

---

[4] R. Price, *Secretes of the Dean Sea Scrolls* (Eugene, OR; House, 1996), 302, 516: CD 2:12; 6:1, 12:23; 14:19; 19:10; 20:1; *1QS* 9:11; *Qsa* 2:12; 14:20; *1QM* 11:17; *1Q30* 1:2; *4Q252* 1 v.3; *4Q266* (Da) 18 iii. 12; *4Q267* (Db) 26; *4Q270* (De) 9 ii. 14; *4Q287* 10 13; *4Q375* 1 i. 9; 4Q376 1 i. 1; *4Q377* 2 ii. 5; *4Q381* 15 7; *4Q458* 2. 6; *4Q458* 2 ii. 6; *4Q521* 2 ii. 41; 89; 93; *6Q15* (D 34; *11 Qmel* 2:18; *1 Qsb* 5:20, 27; *4Q161* 5-6 3; *4Q174* 1:1; *4Q175* 12; *4Q285* 42, 53, 4; *4Q369*.

[5] Vea R. E. Brown, "The Messianism of Qumran", *Catholic Biblical Quarterly* 19 (January 1957): 53-82, para un análisis excelente sobre los dos Mesías, uno de la línea de Aarón y el otro de la línea de David. El Mesías de la línea de Aarón era dominante sobre el de la línea de David (ibid.). Pero Brown también encuentra evidencia de dos Mesías del AT (Ez. 34:24 y 37:25 para el Mesías Davídico y Ezequiel 44-45 para el sacerdotal). De la misma manera, el pseudoepigrafa revela la expectativa de dos Mesías (vea *The Testament of the Twelve Patriarchs*). En contra de esta perspectiva argumenta A. J. B. Higgins, "The Priest Messiah", *New Testament Studies* 13 (January 1967): 211-39, cuya perspectiva está fuertemente contingente en la reducción Cristiana de *Testaments of the Twelve Patriarchs.*

mesiánicas diferentes entre los rollos de Qumran: un rey, un sacerdote, un profeta, y una figura celestial.[6]

Aparentemente, esta pregunta no era tan debatida entre los fariseos. Ellos no respondieron a la pregunta de Jesús[7] acerca de quién sería hijo el Mesías al responder "¿Cual Mesías?" Con lo que parece ser una réplica ligera ellos admitieron que el Mesías había de ser del linaje de David.[8] La respuesta de Jesús dejó un obvio enigma. ¿Si el Mesías ha

---

[6] J. J. Collins, *The Scepter and the Star: The Messiah of the Dead Sea Scrolls and Other Ancient Literature*, The Anchor Bible Reference Library, ed. D. N. Freedman (New York: Doubleday, 1995), 11-12. Vea tambien L. H. Schiffman, "Messianic Figures and Ideas in the Qumran Scrolls", en *The Messiah*, ed. J. H. Charlesworth (Minneapolis: Fortress Press, 1992), 118-19 y S. Talmon "Waiting for the Messiah: The Scriptural Universe of the Qumran Covenanters", en *Judaism and Their Messiah at the Turn of the Christian Era*, J. Neusner, W. S. Green y E. S. Frerichs (Cambridge: Cambridge University Press, 1987), 111-37.

[7] En Marcos los escribas son los que enseñan que el Mesías es el Hijo de David. Lucas solo indica la tercera persona plural, "ellos" pero puede ser que él se refiere a los escribas que acaban de ser silenciados.

[8] Aun cuando la mención directa de *ho christos* no ocurre frecuentemente después de las narraciones de la infancia, hay, sin embargo, un gran número de referencias al Hijo de David (Mt. 1:1, 20; 9:27; 12:23; 15:22; 20:31-32; y 21:9), el cual enlaza a Jesús con una identidad mesiánica. Parecería que aun si dos Mesías eran esperados, y el Mesías sacerdotal fuera el prominente, durante el "Tiempo de los gentiles" había un gran enfoque sobre el Mesías político que podía liberarles de la tiranía extrajera. Sin embargo, Collins, 8–9, menciona que los rollos reflejan a cientos de escribas, y probablemente no había un cuarto de escritura en la colonia. Esto significa que la mayoría de los documentos se escribieron en otro lugar. Y Price (*Secrets,* 301) observa que la única referencia dual no ambigua al Mesías de Aarón y de Israel fue escrita por la secta de Qumran. Se puede inferir por esto que Qumran es el único lugar donde más de un Mesías era esperado. Price aun sugiere una perspectiva mesiánica que se desarrolló de múltiples Mesías a uno solo durante los dos siglos que la secta pudo haber estado en Qumran (ibid., 302). Sobre este asunto, vea también Emil Puesch, "Messianism, Resurrection, and Eschatology", in *The Community of the Renewed Covenant,* Christianity and Judaism in Antiquety Series, eds. E. Ulrich y J. VanderKam, no. 10 (Nortre Dame. IN: University of Notre Dame Press, 1993), 237-40.

de ser el hijo de David, como puede David (por el Espíritu[9] Santo) dirigirse al hijo como su Señor?[10] Para probar que David sí se dirigió a su hijo como Señor, Jesús cita el Salmo 110:1 de la LXX con solo un cambio menor.[11] El argumento incomodó a los fariseos, puesto que, según ellos, el Mesías era un ser humano simplemente.[12] El punto es este: su paradigma mesiánico *no incluía la divinidad* o algún otro tipo de figura mesiánica trascendente. Para David[13] dirigirse a su propio hijo como *Señor* sería una ruptura con el protocolo del cercano Oriente.

El dilema que enfrentaron los fariseos era este simplemente: por un lado, creían que el Mesías iba a venir del linaje de David y sería, por tanto, el "Hijo de David", y por otro lado, ellos creían que τῷ κυρίῳ μου ("mi Señor") en el Salmo 110:1 se refería al Mesías. *Con su concepto humano del Mesías, los fariseos estaban desconcertados.* Esta es la razón por qué la pregunta irrebatible de Jesús de cómo David pudo haber llamado al el Mesías Señor, y al mismo tiempo ser su hijo,

---

[9] El relato de Marcos incluye τῷ ἁγίῳ (cf. Mr. 12:36), dejando en claro que la referencia aquí es un dativo de medio en vez de esfera ("en el Espíritu/espíritu"). Y R. H. Gundry observa que si la intención era presentar a David como habiendo sido arrebatado al cielo para escuchar esta conversación entre Jehová y el Mesías, entonces ἐν τῷ πνεύματι hubiese sido acompañado por la mención de una visión o audición (Ez. 11:24 LXX; 37:1 LXX; Ap. 1:10; 4:2; 17:3; y 21:10) (R. H. Gundry, *Mark* [Grand Rapids: Eerdmans, 1993], 720).

[10] Como se ha mencionado en el capítulo anterior, la respuesta de los fariseos hubiese sido diferente si hubieran pensado que David no era el que estaba hablando (y probablemente el autor) y el Mesías el receptor del oráculo.

[11] Los tres sinópticos omiten el artículo antes de κύριος. Mateo y Marcos intercambian ὑποκάτω ("Bajo") por ὑποπόδιον ("estrado").

[12] L. Morris, *The Gospel According to Matthew* Grand Rapids: Eerdmans, 1992), 564-65; D. A. Hanger, *Mathew,* Word Bible Commentary, no. 35c, ed. R. P. Martin (Dallas: Word Books, 1993), 651; D. L. Bock, *Luke,* Baker Exegetical Commentary on the New Testament, vol. 3B, ed. M. Silva (Grand Rapids: Baker, 1996), 1639.

[13] Marcos lo dice muy enfático que es David el que "habló" (una vez con el aoristo εἶπεν y luego con el presente histórico: λέγει) en este Salmo. Dos veces usa αὐτὸς Δαυὶδ para enfatizar su entendimiento que David habló este Salmo.

los dejó callados.¹⁴ La única manera de salir del dilema era hacer un cambio paradigmático: ¹⁵ El Mesías debería de alguna manera ser divino, o por lo menos, superior a uno de los hombres reales de todos los tiempos (David). Esa sería la única razón por la cual el gran rey David pudiera haber llamado *Señor* a su propio hijo.¹⁶

Sin embargo, la revelación concedida a Pedro por el Padre Celestial de Jesús (Mt. 16:15-17) que el Mesías había de ser el "Hijo del Dios viviente" no fue dada a los fariseos. Estos no pudieron responderle, como deja Mateo en claro (Mt. 22:46) únicamente entre los sinópticos. Es más, los fariseos estaban tan avergonzados de no poder responder a este enigma bíblico, que ninguno de ellos se atrevió a hacerle más preguntas por temor a ser aún más avergonzados. Ellos esperaban dejar a Cristo perplejo, sin embargo, sucedió lo contrario.

En resumen, aun cuando existen diferencias leves entre los textos y los contextos, los sinópticos hacen las mismas observaciones: (1) Jesús creía que David habló el Salmo 110 por el Espíritu Santo; (2) Jesús creyó que τῷ κυρίῳ μου se refería al Mesías; (3) Jesús creía que el Mesías era tanto el hijo de David como el Señor de David; (4) David, por medio del Espíritu Santo, declaró que un día todos los enemigos del Mesías serían sometidos bajo sus pies;¹⁷ y (5) Los oyentes de Jesús

---

¹⁴ Algunos ven esto como una antinomia (Gundry, *Mark*, 721) y otros como un haggadah (Bock, *Luke*, 1630).

¹⁵ Como D. L. Bock observa (ibid.), Jesús "expresa una innovación en el pensamiento acerca de quién es el Mesías".

¹⁶ F. Neugebauer observa que en algunos sentidos los judíos veían al Mesías como al David reencarnado: "Pero este significado descansa en la continuidad entre el primer David y el hijo de David/Mesías, es decir, el hijo de David es el nuevo David, el ultimo David, si el David redivivus" (F. Neugebauer, "Die Davidssohnfrage (Macros xii. 35-7 Parr.) und der Menschensohn", *New Testament Studies* 21 [October 1974]: 91). Vea además Jeremías 30:9: "Sino que servirán al Señor su Dios, y a David su rey, a quien yo levantaré para ellos" (LBLA).

¹⁷ D. L. Bock dice que el primer versículo del Salmo 110 hace tres puntos: (1) el reconocimiento de autoridad que David, el autor-orador, da a esta figura por reconocerle como Señor, (2) el cuadro de este reinado en la figura de sentarse a la diestra, y (3) la declaración de la presencia de su reinado hasta que todos los enemigos sean removidos (Bock, *Luke*, 1638). Él continúa apoyando el concepto

no refutaron sus declaraciones que David era el autor/orador del Salmo 110 o que el Salmo tenía un carácter mesiánico.

No debe de ser pasado por alto la importancia de este pasaje. Los judíos del tiempo de Cristo carecían de un concepto del Mesías que incluyera la divinidad. Esta es precisamente la razón por la cual lo crucificaron, como lo indica la narración del juicio (Mt. 26:63-65).

La "blasfemia" de Jesús

Una vez más usando a Mateo como punto de referencia, la pregunta del sumo sacerdote es si Jesús era "el Cristo, el Hijo del Dios Viviente".[18] En Marcos la pregunta es si Él es hijo del Bendito, y en Lucas la pregunta es simplemente si Él es el Cristo o no. Por supuesto, que el común denominador de las tres preguntas es si Jesús era el Cristo, el Mesías o no. Es importante reconocer que el punto principal es la condición de Mesías, puesto que la referencia de Jesús y Su identificación con el Salmo 110:1 subraya aún más el hecho que

---

que el Mesías está ahora reinando a la diestra del Padre, pero reconoce que Lucas 20:41-44 no desarrolla este aspecto del Salmo 110:1. Si el Salmo enseña un reinado presente o no es uno de los asuntos de este estudio. Para determinar esto, ha de esperarse por una mayor ampliación de pasajes como 1 Co. 15:22-28 y los de Hebreos. Bock ve el reinado mesiánico empezando con la resurrección-ascensión y continuando hasta el fin del Milenio (ibid.). Otros pueden entender el reinado de Cristo empezando con la sujeción de sus enemigos en la Batalla del Armagedón y el establecimiento de su Reino. En este sentido Él reinaría *en medio* de sus enemigos hasta el fin del Milenio cuando todos sus enemigos serían destruidos.

[18] Esta pregunta es particularmente interesante a la luz de la respuesta de los fariseos a la pregunta con relación al 'hijo de David.' Si los Fariseos carecían de un concepto del Mesías divino, ¿cómo es que el sumo sacerdote estaría esperando a un Mesías que sería el 'Hijo de Dios?' R. Gundry observa que la filiación divina era atribuida a los reyes davídicos en 2 Samuel 7:14 y Salmo 2:7, y con respecto al pasaje de Samuel fue dado una interpretación judía mesiánica precristiana en 4QFlor 1:10-12 (Gundry, *Mark*, 908). Además, observa que "el Hijo de Dios" como se usa en 4QpsDan Aa = 4Q243 puede también ser una referencia precristiana al Mesías. Y, de acuerdo a M. Hengel, el entendimiento Judío del "Hijo de Dios" solo significaba su designio divino, no la *naturaleza* divina (M. Hengel, *The Son of God* [Philadelphia: Fortress, 1976], 21-56).

Él interpretaba el Salmo de forma mesiánica y se veía a Sí Mismo como el Mesías. Las variaciones en las preguntas entre los sinópticos y las respuestas de Jesús pueden ser explicadas debido a los distintos contextos de las interrogaciones ante los judíos. Varias opciones han sido propuestas con el intento de explicar estas diferencias, pero la propuesta por D. L. Bock será suficiente.[19] Él sugiere que hubo una averiguación inicial ante Anás que fue registrada por Lucas y Juan, seguida por un juicio en dos partes: un juicio por la tarde (Mateo y Marcos) y un juicio oficial por la mañana (Lucas). De modo que, las variaciones pueden ser explicadas por un juicio somero, seguido por dos juicios más detallados, (uno por la tarde y otro por la mañana).

En el juicio por la tarde registrado por Mateo y Marcos, Jesús está simplemente de acuerdo con la idea central de la pregunta como lo indica las palabras "Tú lo has dicho" o "Yo soy". Pero en el juicio de la mañana, se resigna al hecho de que ellos ya habían tomado su decisión. No sería de provecho alguno responder a sus preguntas o hacerles preguntas del mismo modo (Lc. 22:67b–68). Así que, en vez de interactuar con ellos vanamente, Jesús sella su destino por las referencias hechas al Salmo 110:1 y Daniel 7:13.

En los tres relatos Jesús combinó las dos referencias mesiánicas del AT. El Salmo 110:1 no menciona "al Hijo del Hombre", y Daniel 7:13 no hace mención de "sentado a la diestra". Sin embargo, cuando Jesús une ambos pasajes, el sumo sacerdote rasgó sus vestiduras y lo acusa de blasfemia tanto en el relato de Mateo como el de Marcos. Lucas omite esta respuesta del sumo sacerdote, pero, de nuevo, Mateo y Marcos pueden que estén cubriendo el juicio de la tarde, mientras que Lucas esté cubriendo la confrontación de la mañana.

¿Qué fue lo que Jesús dijo que el sumo sacerdote lo entendió como blasfemia? Como muchos señalan, el Mishná calificaba como blasfemia mencionar el santo tentagramaton (*Sanhedrin* 7.5).[20] Pero

---

[19] Bock, *Luke*, 1779-80.
[20] Morris, *Matthew*, 685. Pero vea, D. R. Catchpole, *The Trial of Jesus*, Studia Post-Biblica, no. 18, ed. J. C. H. Lebram (Leiden: E. J. Brill, 1971), 132-35, en cuanto a las razones por la que esta no era la blasfemia en cuestión.

aquí, la única vez que Jesús se aproxima a hacer algo como esto es cuando Él responde a su pregunta en cuanto si Él es el Mesías (Mr. 14:62) y dice "Yo soy". Pero eso sería muy oblicuo para considerarla una expresión de blasfemia, y si lo fuera, el sumo sacerdote hubiera rasgado sus vestiduras en ese momento, momento que precede a las referencias del Salmo 110:1 y Daniel 7:13. No, fueron estas referencias las que el sumo sacerdote invocó como acusación de blasfemia. Gundry concluye que lo que fue considerado blasfemia fue la auto-elevación a una posición igual a Jehová.[21]

De nuevo, tenemos que señalar que los judíos no tenían el concepto de un Mesías divino. ¿Quién lo tendría? En efecto, si el Mesías fuera del linaje de David sería un hombre. Pero nunca cruzó por sus mentes que sería también divino: un Dios-hombre. Una vez más, ¿qué faltaba? Era el aspecto del Mesías como Dios. No era ningún crimen afirmar ser el Mesías. Pero era penado por muerte afirmar ser divino. Este es el contexto del sermón de Pedro en Hechos 2, sin el cual, no podemos entender lo que está diciendo en Hechos 2:36.

---

[21] Gundry, *Mark*, 917: "Debemos mejor pensar que el sumo sacerdote y el resto del Sanedrín juzgan a Jesús de haber verbalmente robado a Dios de distinción y unidad al elevarse a sí mismo a un nivel de sobrehumano, al representarse a sí mismo como destinado a sentarse a la diestra de Dios y venir en la nubes del cielo...". Vea también Bock, *Luke*, 1798-800; D. L. Bock, *Proclamation from Prophecy and Pattern* (Sheffield: JSOT Press, 1987), 140-41, quien llega a la misma conclusión, aun cuando el curiosamente piensa que el relato de Lucas no hace referencia a Daniel 7:13 (Lc. 22:69–¿Hijo de Hombre?) y ve la imagen del Hijo del Hombre como la de un juez, mientras que el Juez está claramente presentado como el Anciano de Días que abre los libros en Daniel 7:9-10. M. Hengel, *Studies in Early Christology* (Edinburgh: T & T Clark, 1995), 182, escribe, "El que es 'semejante a un humano' y que viene en las nubes y se presenta ante el Anciano de Días *no aparece como juez* [énfasis añadido] sino más bien como el partido victorioso en una demanda". En lugar de un vínculo con juzgar, la referencia de Daniel para el Hijo del Hombre vincula a Jesús con un reino, un dominio que será eterno, que no pasará y no será destruido (Dn. 7:13-14).

Hechos 2:36

Justo a la mitad de este gran sermón Lucas usa el Salmo 110:1 para respaldar la afirmación de Pedro que Jesús era el Señor y el Mesías, Su exaltación presente a la diestra de Dios en cumplimiento parcial de las promesas mesiánicas dadas a David. Pero, así como Daniel 7:13 está aunado al Salmo 110:1 para suplir el elemento escatológico en los pasajes del juicio de Cristo, la yuxtaposición de Joel 2 con Salmo 110:1 añade al elemento autoritativo de la exaltación de Cristo a la diestra de Dios, concediéndole el derecho de dispensar el Espíritu Santo sobre toda la humanidad. Aunado a esto viene la autoridad y derecho de salvar a todos los que invocan Su nombre (Hch. 2:21). Estos ministerios son prerrogativas presentes no relacionadas a Su sacerdocio, sino más bien con Su Mesianidad, Su Señorío, y Su reinado.

Aunque, D. M. Hay piensa que Jesús es *kurios* mientras está sentado a la diestra de Dios,[22] considerándolo como un señorío *pasivo*, desde luego sin ninguna amenaza al Cesar, y de ninguna manera cosmológico. No obstante, H. Beitenhard contiende que "*Kurios* siempre contiene la idea de legalidad y autoridad".[23] Como dioses estos señores podían "intervenir en las vidas de los hombres para salvar, castigar o juzgar… Por tanto, eran llamados señores". Una de las funciones de un Señor era "salvar". Esto es algo que Jesús indudablemente está haciendo ahora. Beitenhard, apoyando aún más su contención, observa que los judíos hubiesen pronunciado el tentagrammaton como *kurios* en sus sinagogas al oralmente transmitir la LXX. Él Propone que los primeros escribas cristianos cambiaron el tentagrammaton en el texto de la LXX a *kurios*. Si es así, desde luego que nos ayuda a entender el significado de *Kurios* tal como lo entendieron los primeros cristianos. Era *un término que sustituía el término Dios*. Cuando la comunidad cristiana se sometía a Cristo como *kurios*, también entendían que Él era el rey del universo. Romanos 14:9 dice que Cristo murió y *volvió*

---

[22] Hay, *Glory*, 71-72.
[23] H. Beitenhard, "κύριος", en NIDNTT, 1986 ed., 2:510-15.

a vivir (ἔζησεν, un aoristo ingresivo) para poder κυριεύσῃ (reinar) sobre los vivos y los muertos. ¡Esto no parece ser un señorío *pasivo*![24]

---

[24] De hecho M. Saucy ("Exaltation Christology in Hebrews: What King of Reign?" *Trinity Journal* 14 [Spring 1993]: 61, n. 84), apela a este versículo para decir que no se aplica a "el señorío de Cristo hasta el momento del Juicio (cf. v. 10)". Pero el v. 10 no hace mención del tribunal de Cristo o del Señor. Más bien es el juicio de Dios. M. Hengel usa esta referencia del juicio de Dios y la referencia al Tribunal de Cristo en 2 co. 5:10 la usa para mostrar que tan intercambiables eran las funciones del Padre y del Hijo en el trono (Hengel, *Christology*, 189). Pero Saucy no puede disponer de las dos opciones. O Romanos 14:1-10 no es un contexto para que el señorío de Cristo sea postergado hasta el Tribunal de Cristo (siendo que Dios está en el trono aquí), o él debe de entender "Señor" como una alternativa para *Theos*. Si lo último es el caso aquí, entonces Cristo está reinando el día de hoy, siendo que Dios lo está haciendo. ¿Alguno querrá decir que Dios no está reinando en el día de hoy debido a que Sus enemigos no han sido completamente sujetados? Si uno no tiene cuidado aquí, la conclusión es que tanto el Padre y el Hijo están pasivos en el trono; es decir, el que está en control del universo es Satanás.

Beitenard ("κύριος", 514-15) afirma, "De acuerdo al pensamiento judío contemporáneo, las diferentes esferas del mundo en la naturaleza e historia eran gobernadas por poderes angelicales. Siendo que Cristo no ha sido exaltado a la posición de κύριος, todas las potestades han sido sujetadas a Él y deben servirle (Col. 2:6, 10; Ef. 1:20f.)... El Señorío del Mesías, Jesús, es una realidad presente. Él está ejerciendo de una forma encubierta la autoridad y Señorío de Dios sobre el mundo y la completará en un futuro escatológico". Y W. FOccidenter (("κύριος", en TDNT, 1984 ed., 3:1139-95) no puede concebir de un señorío pasivo. "En el concepto del Señor dos cosas están aunadas en una unidad orgánica: el ejercicio del poder como tal, y la naturaleza personal de su ejercicio, el cual alcanza más allá del impulso externo inmediato a la esfera moral y legal" (ibid., 1040). Él dice que su significado básico es "tener poder". Con relación a Jesús, Foerster asevera, "El nombre de κύριος implica una posición igual a la de Dios,» (ibid., 1089), y en cuanto al Salmo 110:1, "sentarse a la diestra de Dios significa un co-reinado... Él es el que ejerce la soberanía de Dios en relación a el mundo" (ibid., 1089-90).

M. Saucy ("Exaltation Christology", 59-61) procura mostrar que κύριος implica cierta pasividad de parte de Cristo en Hebreos. Él argumenta que el razonamiento que dice que κύριος superó al termino βασιλεύς debido a que este último era ofensivo a los Romanos es engañoso. Saucy puede o no tener razón, pero este argumento completamente erra en el punto más importante. Κύριος era una sustitución directa hecha por Jehová en la LXX. Si esto se hizo por los judíos mismos mucho antes de Cristo o por los primeros escribas cristianos esto

Por lo tanto, el uso de κύριος por parte de Pedro en Hechos 2:36 era el clímax de un sermón designado a convencer a los judíos que habían crucificado a Jesús que Él era más que un mero hombre afirmando ser el Mesías. Él era Dios verdaderamente. Era el κύριος. Aquí todo el énfasis está en la divinidad, no en la soberanía. Por supuesto, que Dios es soberano. Pero ese no es el punto. El punto es simplemente convencerlos de que Él era Dios. De modo que, el término "Señor" se usa de esta manera con referencia a Jesús. "Nuestro Señor y Salvador" es nuestro Dios y Salvador. Creer en el Señor Jesucristo no es un llamado a la sumisión. Es un llamado a creer, un llamado a creer

---

no importa. Lo que es importante es que κύριος era un substituto de algo más grande que βασιλεύς debido a que llegó a ser un substituto para el nombre de Dios. Este es el concepto de "más que un Mesías" sugerido por D. L. Bock, "The Reign of the Lord Christ", 37-67, en *Dispensationalism, Israel, and the Church*, ed, C. A. Blaising y D. L. Bock (Grand Rapids: Zondervan, 1992), 53.

Saucy continúa usando el trato de Cristo (o la falta del mismo) con Sus enemigos como una manera de determinar si Él está reinando hoy o no (¿Estará queriendo hacer el mismo argumento para Dios el Padre?). Él denomina el trato de Cristo con Sus enemigos como "algo pasivo" en Hebreos 1–2. Aunque esto pasa por alto Su trato con la muerte y el diablo (Sus dos más grandes enemigos) en Hebreos 2, ¿Es Su trato con Sus enemigos el árbitro final para determinar si está reinando o no? Debe de recomendarse que, de acuerdo a Beitenard, un señor era uno que podía intervenir en las vidas de los hombres para salvar, castigar y juzgar. Hebreos habla ciertamente en cuanto a las primeras dos funciones con relación a los hombres. Y los otros pasajes como 2 Pedro 3:9 aclaran el por qué Él ha demorado Su juicio, es decir, para que más hombres puedan ser salvos.

D. L. Bock ("Current Messianic Activity and OT Davidic Promise: Dispensationalsim, hermeneutics, and NT Fulfillment", *Trinity Journal* 15 [Spring 1994]: 64) dice, "el reinado activo y salvífico de Jesús es tan importante como cualquier reinado sobre los enemigos... Jesús no está reinando plenamente, siendo que habrá mucho más poder desplegado en el futuro; pero eso no quiere decir que Él esté reinando de cierta manera". Si el Señor Jesús está meramente reteniendo parcialmente a Sus enemigos en el día de hoy, es solo debido a que Él está retrasando la batalla final climática para dar a más hombres la oportunidad para arrepentirse y sean salvos. Y ese es el énfasis de Hebreos (la salvación de los hombres), como se discutirá más aún en el siguiente capítulo. La cuestión fundamental es esta: No por qué en la actualidad Jesús no *parezca* ser el Señor *de* todo, signifique esto de que no es Señor *de* nada.

que: 1) Jesús era Dios (Señor); 2) Él era el Salvador (Jesús); y 3) Él es el único Salvador, el Ungido, el Mesías (Cristo).

Y de la misma manera se puede entender Romanos 10:9 en adelante. "Invocar el nombre del Señor" no es una declaración de sumisión. Es exactamente lo que dice: invocar el nombre del Señor. ¿Cuál es Su nombre? Jesucristo, el Salvador Ungido. Y reconocer que Él es el Señor es reconocer que Él es Dios. El argumento de Romanos en su totalidad fortalece este análisis.

El argumento de Romanos

Prácticamente todos los expositores bíblicos están de acuerdo con la organización general de Romanos. Empieza con los incrédulos y termina con los siervos dedicados al Señor. De alguna manera, los pecadores son hechos santos, y los santos llegan a ser siervos dedicados. Un esquema típico adoptado por muchos es: el Pecado – la Salvación-Santificación – la Soberanía – el Servicio. A esto se le ha denominado "La saga de los santos santificados". Sin embargo, conforme leemos la sección denominada "Salvación" (un término aún más acertado sería "Justificación" debido a que este es el término usado en lugar de "salvación", este último jamás se usa en 3:21–4:25), el único sustantivo o verbo asociado con la justificación de una manera causativa es ya sea "la fe" o "el creer" (un total de 23 veces). Nunca se hace mención alguna del arrepentimiento, de la conversión, la dedicación, o el compromiso. Esto es raro, si en verdad algunas de las cosas mencionadas anteriormente fueran parte de la justificación.

Podríamos concluir que Pablo no tiene palabras en su vocabulario para expresar la dedicación y el compromiso. Eso pudiera explicar la falta de terminología para expresar este paso tan importante en el proceso de la salvación para los adeptos a la salvación por señorío. Sin embargo, este no es el caso. Pablo tiene mucho que decir sobre el compromiso. Pero lo que Pablo tiene que decir al respecto es dirigido a los que ya han sido justificados. Cuando llegamos al capítulo cinco, los creyentes en Roma han sido justificados (vea 5:1). Y todos concuerdan que al llegar a Romanos 6:1-10, el tema es como ser liberado del poder del pecado, y no de la pena del pecado. La pena del pecado ya fue tratada en el capítulo cuatro. Empero, para vivir plenamente "la Saga de los Santos Santificados", tiene que haber una liberación del poder del pecado. No es sorprendente, de que es aquí que encontramos el término que Pablo usa para la dedicación o el compromiso: *paristēmi*, que es traducido "presentéis" (RVR, LBLA) "ofrezcan" (NVI). Es interesante que la palabra se encuentre por primera vez en Romanos 6:13 donde los creyentes que han muerto y resucitado con Cristo (v. 8) son desafiados a no más *presentar* sus miembros a la Naturaleza Pecaminosa como instrumentos de injusticia, sino *presentarse* a sí mismos a Dios como vivos de entre los muertos, y sus miembros como instrumentos de justicia para Dios. En un contexto religioso, esta es la palabra usada para presentar sacrificios (vea BAGD, 628, 1d). Y cuando tiene que ver con uno mismo y su Dios, esta es la palabra para hacer un enorme esfuerzo, en rendirse, ceder, dedicarse o comprometerse al cien por ciento al Señorío de esa deidad.

El orden presentado en Romanos (la Justificación antes de la dedicación) es tan importante para entender la vida cristiana victoriosa, que me gustaría sugerir el siguiente aforismo:

"La Dedicación antes de la Emancipación es una Encarcelación".

Una de mis historias favoritas sobre la dedicación y la consagración a Cristo viene de los labios de un misionero pionero del nombre de Willard Clark. Estaba dejando su estación misionera en el África con el fin de visitar algunas de las aldeas de los nativos. Y según él y sus compañeros conducían por un camino estrecho, cuando escucharon un grito entre la maleza. Tomando su rifle, Clark empezó a abrirse camino por la maleza hasta que llegó a un lugar despejado. Allí se encontraba un pequeño joven africano sangrando profusamente debido a que acababa de ser herido por un león africano. El león estaba al otro lado del campo listo para saltar y atacar al joven cuando Clark levantó su rifle y disparó matando al león, justo cuando estaba por dar su último asalto.

Ellos tomaron al muchacho y lo llevaron al campamento

misionero para atenderlo. Después de varias semanas en enfermería, el muchacho estaba lo suficientemente fuerte como para regresar a su aldea. Algunos meses después, Clark estaba sentado en la entrada de su casa, meciéndose en su silla, disfrutando del atardecer y su brisa fresca. Pero al ver el camino que conducía a la misión, vio una procesión que se acercaba. Al estar cerca, vio que dirigiendo la precesión estaba el mismo joven. El joven se acercó al hogar de Clark, y le preguntó si se acordaba de él. El misionero le aseguró que sí. Luego le dijo el joven, "Señor, he venido para entregarme a usted este día para convertirme en su siervo por el resto de mi vida". El señor Clark le respondió diciendo, "No te estoy pidiendo que hagas esto. No tienes que hacer nada". Entonces el joven le dijo, "Señor, usted no entiende la ley de la selva. Esta es la ley de la selva. Si una persona nos ha salvado de la muerte, nuestra vida le pertenece al que nos salvó. Usted me salvó y de acuerdo a nuestra ley, mi vida le pertenece. He venido a entregarme a usted. Estos son mis amigos que están cargando todas mis posesiones". Y los amigos se acercaron y pusieron todas las posesiones del muchacho a los pies del misionero. Al terminar de relatar esta experiencia de su vida, el Señor Clark dijo, "allí por primera vez, creo que empecé a darme cuenta de lo que significa para Jesucristo que una persona se le entregue y todo lo que tiene al Él".

Ahora pues, esta es una historia hermosa sobre la dedicación. Pero la pregunta que quiero hacer es, ¿por qué? ¿Por qué el joven se entregó a sí mismo y todo lo que tenía al misionero? Usted responde, "Obviamente, debido a que el misionero le salvó la vida". Sí, eso es claro. ¿Pero fue por su aprecio y amor por el misionero? Estoy seguro que el muchacho tenía cierto aprecio por el misionero, o quizá mucho, pero esa no es la razón por la cual se hizo siervo del misionero para siempre. ¿Y debemos de suponernos que el muchacho tenía más amor por el misionero después de haberlo conocido brevemente que por sus padres, la gente y los amigos? No lo creo. Quizá, él solo quería irse y vivir en la estación misionera en vez de vivir entre los matorrales. ¿Pero como un siervo de otro hombre? Lo dudo. No, la razón sobre la cual se hizo esta dedicación de la vida fue la ley de la selva. De acuerdo a esta ley, la posición del muchacho era la propiedad del hombre que le salvó la vida. A pesar de la nostalgia del muchacho por su hogar, por sus propios padres, sus amigos, o el matorral, según la ley de la selva, su debida posición era al lado del misionero. Era una cuestión de principio. Su dedicación se basó en el principio de propiedad establecido por la ley de la selva.

Ahora, me pregunto cuál es la base del llamado que generalmente oímos cuando se nos dice que dediquemos nuestras vidas a Cristo. Los partidarios de la salvación por señorío nos dirían que este tipo de compromiso es parte de la verdadera fe salvífica. Sin este tipo de compromiso, nuestra fe es una profesión vacía y nos dejará anhelando a Dios en un abismo de incertidumbre. Pero aun aquellos que no son partidarios de la salvación por señorío, hacen un llamado tal como, "Él dio todo por ti; lo menos que puedes hacer es darte a Él totalmente". Generalmente, se hace el llamado inmediatamente después de haber presentado una historia emocional acerca del amor y sacrificio de Cristo por nosotros. Y luego, conforme el coro eleva la melodía de "Yo me rindo a Él", somos llamados al frente a dedicar o re-dedicar nuestras vidas e Él.

¿Por qué es que tales dedicaciones al parecer no permanecen? ¿Será porque están establecidas sobre un fundamento erróneo? No dudo de que el cristiano nacido de nuevo tiene un amor profundo y un aprecio por lo que Cristo ha hecho por él. Y en un momento emotivo él puede ser movido a dedicar su vida entera a Cristo. Pero desafortunadamente, el cristiano que ha dedicado recientemente su vida pronto descubre que el pecado aún mora en sus miembros. Y empieza a sentirse como un hipócrita. Se dice a sí mismo y a otros que él le pertenece a Cristo, le ha entregado su todo, pero luego se ve a sí mismo cometiendo y luchando contra los mismos pecados del pasado que habían sido su pesadilla por años. Rápidamente se da cuenta que su amor por Cristo, su gratitud a Él, aun cuando son motivos nobles, no son lo suficiente nobles para elevarlo sobre el mar del pecado en el cual se está ahogando diariamente. La tentación es, o darse por vencido o aun peor, dudar de su salvación.

¿Cuál es el error aquí? ¿Dónde está la falla? Simplemente, la misma se encuentra, probablemente, en el púlpito. Nosotros los maestros de Biblia somos muy explícitos en nuestra enseñanza de Romanos 1–5. Cautelosamente dibujamos el cuadro de ese terrible monstruo llamado el pecado, que ronda en los capítulos de Romanos 1-3. Luego abrimos la puerta de la esperanza en Romanos 4-5 donde encontramos la pared del santuario con placas conteniendo promesas concernientes a la justificación, redención, y propiciación. Todo esto es correcto y es bueno. Pero es aquí donde podemos cometer el más serio error. Habiendo conducido al nuevo creyente al reino, nos saltamos Romanos 6-11 y abrimos el libro de responsabilidad en Romanos 12-16. Ahora que el creyente conoce al Rey, le informamos de su responsabilidad para con el Rey, de *presentar* o *ceder* (*paristēmi*, 12:1; tal como en 6:13 y 19, es la siguiente ocasión que aparece esta palabra en Romanos; su última aparición en este sentido esta en 14:10 con referencia al Tribunal de Cristo) su cuerpo en sacrificio vivo, que es su culto racional. ¿Por qué es razonable? Debido a que Jesús lo pagó todo; todo le debo a Él. Y de esta manera, urgimos al creyente a que dedique su vida a Cristo por amor y gratitud debido a lo que Cristo ha hecho por él. La única enseñanza que pudiera ser peor que ésta sería decirle al incrédulo que tiene que presentar su cuerpo como un sacrificio vivo *para* ser justificado (esta es precisamente la posición de los adeptos a la salvación por señorío). Pero observe: nos saltamos toda la enseñanza de Romanos 6-11.

Me atrevo a decir, que muchos de los lectores de este libro han oído un sin fin de mensajes sobre la salvación y la dedicación, pero probablemente muy pocos han escuchado algún mensaje sobre la emancipación, que es el tema de Romanos 6-8. *La dedicación antes de la emancipación es una encarcelación.* Conduce al creyente a la prisión de la hipocresía. Nosotros, es decir, los maestros y predicadores, perjudicamos a las ovejas de Dios apelando a su dedicación, sin haber antes explicado su emancipación de la naturaleza pecaminosa. Hasta que no se entienda la emancipación, el creyente sincero no se da cuenta de lo que está dedicando al Señor. Él presenta al Viejo Hombre a Cristo, la vida gobernada por el hombre mismo, pensando que su amor por Cristo lo guiará a la santidad y a la santificación. No lo hará. Nuestro amor por Cristo no nos sustentará en servicio. ¿Por qué? Porque amamos más al pecado. ¿Nos espantamos de tal afirmación? Quizá, pero es la verdad. Y si alguna vez fuiste atrapado por el pecado, conoces de los que estoy hablando. El ser atrapados por el pecado, impide que nuestro amor por Cristo sea una motivación lo suficientemente poderosa para la victoria. Oh, sí, los pecados pequeños (¿pero existen los tales?) Pero estoy hablando del carcelero de la prisión del pecado. No importa cuánto sientes que amas a Cristo, hay ocasiones cuando tú y yo amamos más al pecado que a Cristo. No, nuestro amor y gratitud por Él jamás nos conducirán a tener una vida dedicada. Entonces, ¿que lo hará? ¿Cuál es la base de la dedicación? ¿Dónde puedo encontrar un fundamento sólido para la consagración? La respuesta, por supuesto, se encuentra en Romanos 6. De manera que, enfoquémonos en este punto de Romanos 6:12-14.

El tema de Romanos 6–8 es "la Santificación". El tema de Romanos 6 es "La libertad del Pecado". Hay cinco pasos ascendentes en Romanos 6 que conducen a la libertad del pecado: Conoce – Cree – Considera – Presenta – Obedece. Los primeros tres se encuentran en 6:1-11. Primero, tenemos que *conocer* los hechos relacionados a nuestra identidad con Cristo. Luego, tenemos que *confiar* en la verdad de nuestra identidad con Él. Tercero, tenemos que *apropiarnos* de la realidad de estas verdades de identificación. Necesitamos introducir estas verdades a nuestra cuenta crediticia espiritual, y entonces empezará a generar cheques. No es hasta que firmo mi nombre en uno de estos cheques, que realmente creo y me apropio del hecho que tengo dinero en el banco. Y no es hasta que viene la tentación a mi vida y mi naturaleza pecaminosa entra en celo como un ciervo macho enorme y digo, "ciervo, lo siento, pero estoy muerto al ámbito antiguo de mi vida donde tu reinabas. De acuerdo a mi cuenta espiritual, el Viejo Hombre que una vez fui ya no existe, y no tengo porque obedecerte debido a que tú no tienes autoridad en el ámbito nuevo donde vivo ahora. Mi Nuevo Hombre está libre de tu poder dominador. De modo que, piérdete". Eso es la apropiación de la verdad de nuestra posición en Cristo. Muerto en el ámbito donde la Naturaleza Pecaminosa es rey; vivo en el ámbito donde Cristo es Rey.

El cuarto paso el proceso a la libertad de la naturaleza es *paristēmi*: ceder, presentar, u ofrecer. Pero antes de entrar al tema, solo quiero decir una cosa más concerniente a "consideraos". Como usted puede ver, el tiempo de esta palabra está en el presente, que en ciertos contextos habla de una acción continua. Esto es contrario al tiempo aoristo, el cual ha sido usado una y otra vez para referirse a nuestra muerte y la de Cristo al pecado. Cristo murió en aquella cruz, una vez y para siempre. Y nosotros morimos con Él, es decir, nuestro Viejo Hombre murió de una vez y por todas. De modo que, hubo un momento, especialmente el momento que llegamos a ser creyentes, que nuestro Viejo Hombre fue crucificado y sepultado con Cristo. Desde ese momento en adelante, estuvimos y estamos muertos a esa vieja esfera donde vivía nuestro Viejo Hombre y la Naturaleza Pecaminosa reinaba. No obstante… deben de apropiarnos ese hecho continuamente—a diario. Es de esto lo que tienen que ver el tiempo presente en el presente contexto. Todos los días al despertar, debemos de considerar el hecho que nuestro Viejo Hombre está muerto. Se dice que un hombre bueno no se rinde. No sé si esto no se aplique también al hombre malo. Nuestro enemigo, el Diablo, quiere hacernos pensar que jamás hemos cambiado. Nos dice, "Eres el mismo que eras antes de conocer a Cristo. No eres una nueva creatura en Cristo. Eres el mismo Viejo Hombre que siempre has sido".

El Viejo Hombre es como una batería de carga de la marca Die Hard (Difícil de morir). Una vez compré una en la cadena Sears. Después de varios años de un buen servicio, llegué a pensar que era inmortal. Entonces un día… se descargó. Ni siquiera podía recargarla. Un amigo que sabía más de carros que yo, me dijo que la batería se había muerto. Me informó que no se podía cargar una batería muerta. ¿Muerta, mi batería Die Hard (Difícil de Morir) de Sears? No podía creerlo. Y en la misma situación nos encontramos con nuestro Viejo Hombre. Cristo nos ha otorgado una batería nueva con una carga ilimitada y con una garantía de por vida. Sin embargo, reusamos creer que nuestra vieja batería está muerta. Dios nos dice en Romanos 6 que nuestra vieja batería está muerta, pero después de todo, la hemos estado usando desde que nacimos y nos reusamos a creer que no es buena. Desde luego, se nos anima a usarla a través de la venta de diversas literaturas diciéndonos como descubrir el poder oculto en nuestra vieja batería. Pero Dios nos dice que nunca funcionará debido a que está muerta. Es verdad. No obstante, su automóvil se mantendrá allí estacionado hasta que usted crea lo que Él le ha dicho, y luego se apropie de su palabra, conectando los cables de la batería vieja a la nueva. No se deje engañar. Dios es el Mecánico por excelencia, dice que su batería de carga Die Hard está muerta. Diariamente, momento tras momento, según usted enfrente la tentación, aprópiese del hecho, crea en el hecho que el Viejo Hombre está muerto y sepultado. El Hombre Nuevo vive en un mundo nuevo (2 Co. 5:17). Hemos pasado de muerte a vida (Jn. 5:24). Hemos sido liberados del poder de las tinieblas y transferidos al reino de Su amado Hijo (Col. 1:13). En este nuevo mundo en el cual vivimos, en este reino del hijo amado, El Viejo Hombre no existe y la Naturaleza Pecaminosa no tiene autoridad. Estamos fuera de su jurisdicción.

Cuando conocemos, creemos, y contamos con estos hechos— entonces estamos listos para el Cuarto Paso: La dedicación (*paristēmi*, Ro. 6:13). He aquí, la razón por la cual 6:12 empieza (en el texto griego) "Por tanto". La palabra nos hace retroceder a 6:1-11. Esta dice, "Sobre la base de los hechos de nuestra posición en Cristo, nuestra identificación con Él, nuestra muerte en la esfera donde nuestra Naturaleza Pecaminosa tenía jurisdicción y nuestra trasferencia a la esfera donde Jesús reina—en base a estos hechos, y de tu conocimiento de los mismos, de la fe en, y la apropiación de estos hechos estás listo para presentarte o dedicarte a Cristo como el Señor de su vida. ¿Puede observar la base de la consagración (dedicación, presentación)? Romanos 6:1-11 nada enseña acerca de nuestro amor o gratitud para con Cristo por lo que Él ha hecho por nosotros. Existen motivos maravillosos, pero no son suficientes para una dedicación de por vida. Romanos 6:1-11 habla acerca de nuestra posición en Cristo. Y es nuestra posición en Cristo, nuestra libertad de la tiranía de la Naturaleza Pecaminosa, que llega a ser una base sana, y duradera para el servicio cristiano. Cuando el cristiano se presenta al servicio sobre cualquier otra base, está metiéndose en problemas, debido a que todavía está bajo la esclavitud de la Naturaleza Pecaminosa. Y en medio de su servicio cristiano se encontrará enojado respecto a su incapacidad de lidiar con su propia vida, mucho menos intentar ayudar la vida de otros. Él se encuentra en una prisión de hipocresía. *La dedicación antes de la emancipación es encarcelación.* Pero una vez que entendemos y nos apropiamos las verdades de la emancipación, entonces estamos preparados para la presentación o dedicación.

Romanos 6:12-14 presenta dos partes: 12-13a contiene la parte negativa, mientras que 13b-14 contiene la parte positiva. Tanto la parte negativa como la positiva tienen dos partes. Hay dos prohibiciones negativas en 12-13a, una general y otra particular. En general, "Dejen de permitir que el pecado reine en sus cuerpos mortales que como resultado obedezcan a sus concupiscencias" (mi traducción). Entonces, establezcamos el significado de algunas de estas palabras. La palabra pecado aquí es *hē hamartia*, refiriéndose a la Naturaleza Pecaminosa. Recuerden, que es del reinado de la Naturaleza Pecaminosa de la que hemos sido librados. Ella ha sido destronada. Sin embargo, la Naturaleza Pecaminosa no ha sido destruida o borrada. Está aún en nosotros esperando la oportunidad una vez más de tomar el control completo de nuestras vidas. La palabra "reine" es *basileuō*, y se refiere al reinado o gobierno del rey sobre su reino. De esta manera la Naturaleza Pecaminosa mira su cuerpo como su reino—desea sentarse en el trono y gobernar. Ahora, todos hemos visto el diagrama del ego versus Cristo sentado sobre el trono de nuestras vidas. En realidad, cuando Cristo es destronado es nuestra Naturaleza Pecaminosa la que ocupa el lugar como rey con el fin de reinar. De modo que, cuando sienta esa batalla dentro de usted, es una batalla para decidir quién va a reinar en su vida, quien se sentará en el trono de la misma, Cristo o su Naturaleza Pecaminosa.

¿Cómo sabrá quién está reinando? Lo sabrá por los resultados. El versículo 12b dice que el resultado de la Naturaleza Pecaminosa será la obediencia a nuestras concupiscencias. Newel, en su comentario, saca a relucir en este lugar un buen punto. Dice que la Naturaleza Pecaminosa reinará a través de las concupiscencias del cuerpo.[25] La palabra *epithumia* (concupiscencia) no se refiere siempre a tener un deseo negativo. El cuerpo tiene muchos deseos naturales y normales que son buenos y no dañinos. Sin embargo, la Naturaleza Pecaminosa puede tomar estos deseos y pervertirlos. El deseo por dormir, hacer ejercicio, el sexo, el beber–son todos deseos básicos no dañinos al cuerpo. Pero cuando la Naturaleza

---

[25] William R. Newell, Romans: Verse by Verse (Chicago: Moody Press, 1938), 228.

Pecaminosa está en control puede tomar cualquiera de estos deseos y pervertirnos para mal. Y cuando uno de estos nos tiene en su poder, entonces podemos estar seguros que la Naturaleza Pecaminosa está entronizada en nuestras vidas. Como rey malvado, nos acobarda y nos postra a una reverencia esclavizada a sus deseos y mandatos pervertidos.

Pero observe que no tenemos que permitirle que reine. ¿Por qué? Por todo lo que se ha dicho en 6:1-11. Cierto líder cristiano dijo, "No hay pecado conocido en la vida cristiana que no sea un pecado voluntario". A lo que yo respondo, "Oh no. Fue involuntario. Yo simplemente no pude evitarlo". Efectivamente, creo que no podías evitarlo. Pero Cristo sí. Como lo expresó cierta niña pequeña: "Cuando el pecado toque a tu puerta, envía a Cristo para que Él responda". Cristo murió una muerte substitutoria por nosotros. Si hemos nacido de nuevo, todos creemos eso. Pero en lo que erramos en reconocer es que Cristo desea vivir también una vida substitutoria en nosotros. La vida cristiana victoriosa es una vida substitutoria. Debemos substituir nuestra vida por la vida de Cristo. "Cuando el pecado toque a tu puerta, envía a Cristo para que Él responda". Cuando soy obediente a un deseo pecaminoso, es debido normalmente a que he decido hacerlo. Es porque he decidido hacerlo ansiosamente porque lo amo tanto, o es porque estoy intentando combatirlo con mi propia vida en vez de con la vida de Cristo.

Procurando ser más específicos, Pablo dijo, "ni tampoco presentéis vuestros miembros al pecado como instrumentos de iniquidad" (6:13ª). Elaborando aún más en el significado de esta palabra "ceder", "presentar", u "ofrecer", *paristēmi* significa literalmente "pararse al lado". Es como si Cristo o la Naturaleza Pecaminosa estuvieran pidiendo voluntarios que den un paso al frente. Si escojo a Cristo entonces me pongo al lado de Él. Es como dice el himno antiguo, "¿Quien está al lado del Señor? ¿Quién al Rey servirá? ¿Quién ayudará a sus asistentes, a otras vidas traer? ¿Quién dejará al mundo? ¿Quién al enemigo enfrentará? ¿Quién está al lado del Señor? ¿Quién irá por Él?" Y cuando una iglesia hace un llamado al altar, esto es lo que están pidiendo que uno haga. Pasar al frente y decir, "Yo estaré al lado del Señor. Presentaré mi cuerpo para Su batalla, Su servicio y a Su disposición". De modo que esta palabra significa poner una cosa a la disposición de otro.

Específicamente, Pablo dice, "No dispongan sus miembros (es decir los miembros del cuerpo) a la disposición de la Naturaleza Pecaminosa como instrumentos de injusticia". La palabra "instrumentos" *(hopla)* significa "armadura". Claramente tenemos aquí imágenes de combate. Repugnante, ¿no es así, al reconocer que nuestros cuerpos creados por Dios y llamados buenos pueden convertirse en instrumentos o armas de maldad cuando son presentados a un rey malvado como lo es la Naturaleza Pecaminosa? El estómago se puede convertir en un basurero para todo tipo de desecho. El ojo puede usarse como un satélite espía para invadir, y explorar el territorio virgen aun no captivado por el maligno. La mano puede convertirse en un ladrón para hurtar, un palo para golpear, un homicida para matar. Y la lengua puede manejarse como una bayoneta para herir o apuñalar, para azotar o herir a víctimas inocentes. Es preocupante, ¿no es así? ¿Reconocer lo que una cosa buena puede convertirse al estar a la disposición de un tirano malévolo como lo es la Naturaleza Pecaminosa? No obstante, no tenemos que hacer esto. ¿Por qué?

La conjunción "Pero" *(alla)* expresa un fuerte contraste para introducir el lado positivo (Ro. 6:13b-14): *Por el contrario,* debemos presentarnos a Dios, ¿Por qué debemos de dedicarle nuestras vidas? ¿Será porque le amamos tanto por lo que Él ha hecho por nosotros? No. Espero que sí le amemos por ello, pero la base de nuestra dedicación es nuestra libertad de la prisión donde la Naturaleza Pecaminosa era el carcelero. Hemos sido liberados. Es debido a nuestra *posición* en Cristo, y no por nuestro amor por Él que debemos ofrecernos a Él.

Supongamos que un barco se encontraba en el mar, y se descubrió que el capitán era un ladrón. La tripulación mete al capitán a la prisión. El primer oficial es puesto como capitán hasta llegar al puerto. Ahora, ¿a quién deben los miembros de la tripulación presentarse? ¿Al capitán anterior un ladrón que sigue exigiendo su lealtad, o al primer oficial, que actúa como el capitán? La tripulación bien pudo haber desarrollado una tremenda lealtad y amor por el capitán anterior. Aun cuando sin dudas tenía sus faltas, pero después de todo, era en muchas maneras una buena persona. Él paga bien, nos alimenta bien, aguanta bien el licor. ¿Por qué es que deben de presentarse al nuevo capitán? ¿Por qué? Usted sabe por qué. Es debido a que, por su posición, los miembros de la tripulación están bajo el empleo de los dueños del barco. Por su posición, los miembros de la tripulación deben de ser leales a quien está actuando como el representante de los dueños. El capitán anterior no estaba haciendo esto. Él era un ladrón. Entonces, la tripulación debe de presentarse como miembros leales al nuevo capitán, no porque lo aman más que el anterior, no porque el nuevo capitán les vaya a pagar mejor, sino debido a que, en su posición como empleados de los dueños del barco, ellos deben de servir al que esté representando a dichos dueños. La base de su presentación no es su gratitud, sino su posición.

Andrew Murray dice, "Un conocimiento superficial del plan de Dios conduce a la opinión que mientras la justificación es obra de Dios, por la fe en Cristo, la santificación (el crecimiento) es nuestra obra, llevada a cabo bajo la influencia de la gratitud que sentimos por la libertad que hemos experimentado y por la ayuda del Espíritu Santo. Pero el cristiano fervoroso pronto aprende que tan poca gratitud puede proporcionar el poder".[26] Murray continúa explicando que la santificación, así como la justificación, es por la fe en Cristo. Cristo es nuestra sustitución en la muerte y Cristo es nuestra sustitución en la vida. Predicar la muerte substitutoria sin la vida substitutoria es como dejar a tu niño recién nacido en la incubadora al salir del hospital. Miles Stanford escribe, "El motivo del amor por el cual vivir la vida cristiana es bueno, es alto, pero no es adecuado.... Como cristiano en crecimiento, es tiempo que veamos la necesidad de ir más allá del motivo de amor al motivo de la vida".[27] "Para mí el vivir es Cristo...". (Fil. 1:21). "Con Cristo estoy juntamente crucificado, y ya no vivo yo, mas Cristo vive en mí" (Gá. 2:20).

Es sobre esta base sólida, que debemos presentar, dedicar, ceder, o consagrarnos a Dios. Y es importante que entendamos lo que estamos presentando al Señor. Debemos presentarnos a nosotros mismos "como vivos de entre los muertos". Estas son palabras muy

---

[26] Andrew Murray, *Abide in Christ* (London: James Nisbet & Co., 1888), 65.
[27] Stanford, *Green Letters*, 52.

importantes. A menos que nos presentemos como los vivos de entre los muertos, estaremos presentando al hombre muerto, al Viejo Hombre. No lograremos nada para el Señor debido a que Dios no puede usar a un hombre muerto. El Viejo Hombre, con su vida egocéntrica no puede ofrecer cosa alguna a Cristo. Solamente encontrará el fracaso y la frustración. Será necesaria una mayor dedicación. Este hombre terminará re-dedicándose, pero ningún progreso se hará hasta que se presente a sí mismo como vivo de entre los muertos, en otras palabras, hasta que él conozca, crea, y considere su identificación con Cristo y presente al Nuevo Hombre, la Nueva Criatura en Cristo.

J. C. Matcalf observa tanto el problema como la respuesta al decir, "La enseñanza moderna de la consagración que es equivalente a la consagración del 'viejo hombre,' busca evitar la sentencia de muerte, y, por tanto, solo conduce a la frustración y al fracaso. Sin embargo, cuando usted y yo estamos preparados en humildad para hacer el hecho de nuestra muerte con Cristo nuestra base diaria de vida y servicio, no hay nada que pueda evitar el surgimiento y el fluir de la nueva vida, y atender la necesidad del alma sedienta a nuestro alrededor".[28]

Y H. Duncan hace resonar este pensar al escribir, "Dios nos pide que Le presentemos nuestros cuerpos como un sacrificio vivo (Ro. 12:1)....Observe que esta exhortación se hace después de Romanos 6. Hay una razón por este orden—la crucifixión viene antes de la consagración. El ser aun no crucificado se reúsa consagrarse. Esta es la razón por las cual muchas personas, con toda sinceridad pasan al frente una y otra vez, consagrando al ser no crucificado a Dios".[29] Duncan está en lo correcto al observar que una dedicación o consagración total se menciona en Romanos 12:1 y que esta exhortación importante viene mucho después de la verdad de Romanos 6:1-11. En realidad, Romanos 12:1 empieza con las palabras: "Así que, hermanos, os ruego por las misericordias de Dios, que presentéis vuestros cuerpos en sacrificio vivo".

Cada palabra es importante, sin embargo, observe que la

---

[28] J. C. Metcalf, citado en Stanford, *Green Letters*, 52-53.
[29] H. Duncan, citado por Stanford, *Green Letters*, 53-54.

La salvación por señorío

exhortación está dirigida a los hermanos. La verdad del compromiso es una verdad dirigida a los cristianos, no para los no cristianos. Es una verdad con relación al andar, no una verdad en cuanto al Camino. No es una verdad acerca del evangelismo; es una verdad acerca del discipulado. Y las palabras, "Así que" son también significativas. Nos están diciendo que es en base a todas las verdades que él ha presentado hasta al momento que hace la apelación. Esto incluye toda la verdad sobre la santificación en Romanos 6-8 así como la verdad sobre la seguridad eterna en Romanos 9-11. No es sino hasta que el creyente conoce cómo ser libre del *poder* de la Naturaleza Pecaminosa (Romanos 6-8) y de la seguridad que tiene en Cristo (Romanos 9-11) que está realmente listo para entregarse totalmente al servicio cristiano (Romanos 12-16).[30]

Y, por su puesto, que aquí en Romanos 12:1 encontramos de nuevo el siguiente uso de *paristēmi*. ¿Recuerda la última vez que se trató la palabra en Romanos 6:13 (Verdad sobre santificación) y luego la siguiente vez en Romanos 14:10 (Verdad sobre el servicio y el Tribunal de Cristo)? ¿No es interesante que el concepto de discipulado, o del compromiso total a Cristo, esté asociado con esta palabra *paristēmi* (dedicación, consagración, presentación, compromiso)? Nunca se asocia con el Juicio del Gran Trono Blanco de los incrédulos. Al creyente, que va al cielo, se le pregunta, "¿Qué hiciste con la vida, el regalo, las oportunidades que te di?" En otras palabras, "¿cuál fue tu compromiso?" Pero esa pregunta es para las personas que van al cielo. A los incrédulos nunca se les pregunta, "¿por qué nunca comprometiste tu vida entera a mí?" Los adeptos a la *salvación por señorío* lo tienen todo al revés. Pero eso no nos sorprende.

Como S. Lewis Johnson enseñó a sus estudiantes, "Si tú no eres acusado al presentar el evangelio de una gracia barata y antinomianismo, entonces, no estás presentando el evangelio de Pablo, puesto que él fue acusado precisamente de eso mismo (Ro. 6:1)". ¿Acusarías al que cree en la salvación por señorío de una gracia barata? Seriamente lo dudo. Sin embargo, eso no debe de ser la razón para regocijarse

---

[30] Vea *Portraits of Righteousness*, para una exposición exegética complete de Romanos 5-8. 30

de su parte. Debe de ser la razón para dudar seriamente si están presentando el evangelio de Pablo. Sea que el evangelio verdadero de la gracia gratuita sea presentado, siempre habrá aquellos que tienen problemas creyéndolo, simplemente porque va en contra de todo lo que tiene sentido a la mente carnal.

¿Cómo podemos exagerar la importancia de la verdad de Romanos 6? Algunos piensan que las verdades de identificación en Romanos 6 son tan profundas para que el cristiano nuevo pueda entenderlas, así como algunos piensan que la profecía también es tan profunda para poder entenderla. Pablo pasó tres semanas con los tesalonicenses, y durante esas tres semanas los estableció en los detalles de la profecía. ¿Por qué? Porque nuestra esperanza bendita es solo parte de la respuesta para resolver la miseria de nuestra condición en la tierra. Pero la otra parte tienen que ver con la verdad posicional. Si Pablo establecía a los nuevos cristianos en la verdad profética, puede usted estar seguro que los establecía en la verdad posicional. Esta es teología preventiva. Esta nos dice cómo podemos estar libres del dominio de la Naturaleza Pecaminosa. Todo gira alrededor de nuestra muerte, sepultura, y resurrección con Cristo—nuestra *posición* en Cristo. Estas son algunas de las primeras realidades que el nuevo cristiano debe de aprender. Si no lo hace, puede perderse años sin conocer esto, aun cuando la Naturaleza Pecaminosa está en su vida, él está libre de su dominio y no tiene por qué obedecerle. Cuando él reconoce y se apropia de esta verdad, entonces está listo para presentar, dedicar o consagrar su vida y sus miembros al Señor. Pero no antes. *La dedicación antes de la emancipación es encarcelación.*

Hemos visto cuatro de los cinco pasos en el proceso a la libertad de la Naturaleza Pecaminosa: Conocer – Creer – Considerar – Presentar. ¿Cuál es la base de nuestra presentación? No es nuestro amor por Dios. Amamos *más* al pecado en el instante que lo escogemos. No es nuestra gratitud con Cristo. Somos básicamente malagradecidos en respuesta a la gracia de Dios. Pero la base de nuestra dedicación de vida y cuerpo es nuestra posición en Él. La verdad posicional. Esa es la plataforma para todo crecimiento espiritual.

Martina Navratilova, un icono del tenis, se jubiló del circuito femenil, desertó de la Romania comunista para convertirse en una ciudadana estadounidense. Supongamos que en algún momento después de que su ciudadanía se oficializó, un agente encubierto se le acercara y le pidiera que sea una espía para la Madre Rumania. En ese momento Martina tendría que tomar una decisión. Vamos a suponer que toma su decisión. Ella no debe de permitir que ese gobierno anterior reine en su vida. Y la manera en que el gobierno rumano no reinará como rey en su vida será reusando poner su tiempo y talentos a la disposición de dicho gobierno.

Ahora la pregunta es, ¿por qué debe de espiar para Rumania? ¿Por qué debe de poner su tiempo y talentos a la disposición del gobierno de Rumania? Al hablar de la vida espiritual, la respuesta que normalmente daríamos en la mayoría de nuestros sectores el día de hoy es, "Por su amor por los Estados Unidos. Mira cuanto más dinero ella haría aquí. Ve la libertad de la cual goza". Sin embargo, la realidad es que puede que ella ame más a Rumania que Estados Unidos. Después de todo, allí creció y su familia aún se encuentra allí. Es su patria y aun habla rumano cuando quiere. Muy profundo en su corazón, existe la posibilidad que ame a Romania más que a Estados Unidos. Si el amor es la base de su decisión de ser una espía, entonces no podemos saber que va a pasar.

La base sobre la cual esta mujer debe de rechazar que Rumania reine y gobierne sobre su vida y no debe de poner sus talentos y tiempo a su disposición es su *posición*. Y su posición es de una ciudadana, una súbdita del Gobierno de los Estados Unidos. Es en la medida que ella reconozca su posición como ciudadana estadounidense, y acepte dicha posición que tienen que reusar el intento del gobierno rumano de gobernar y reinar en su vida y no debe poder su tiempo y talentos a su disposición.

Ahora, esa es exactamente la situación del creyente. Antes de llegar a ser un hijo de Dios, vivía en el reino de las tinieblas. El pecado gobernaba y reinaba en mi vida. Luego me convertí, nací de nuevo para el reino de Su Amado Hijo. Me convertí en un ciudadano del reino de Dios. Ahora aquí está la Naturaleza Pecaminosa, El rey anterior, aun busca gobernar y reinar en mi vida. La Naturaleza Pecaminosa no ha sido eliminada o erradicada. Todavía quiere gobernar y reinar en mi vida. Pero se me ha dicho en Romanos 6:12-14 que no debo dejar que la Naturaleza Pecaminosa, esa fuerza dominante del pasado, gobierne sobre mi vida y cuerpo. ¿Por qué no? No es debido a que no amo ciertos tipos de pecados. La base de mi rechazo de dejar que el rey anterior reine en mi vida es mi *posición* en Cristo. Ya no soy ciudadano del reino donde la Naturaleza Pecaminosa reina. Soy un ciudadano del reino donde Cristo reina. Es en base de mi nueva posición que debo decir, "No tengo que permitir que la Naturaleza Pecaminosa gobierne y reine en mi vida y, por tanto, no puede más someter mi vida y miembros a su disposición". Nuevamente, la base no ambigua para esta decisión es mi posición en Cristo.

La verdad posicional no es periférica; es fundamental. No es opcional; es esencial. Esta es una de las cosas que un nuevo cristiano tiene que aprender. *La dedicación antes que la emancipación es encarcelación.* Sin embargo, cuando esta verdad es conocida, creída, y reconocida como verdad, entonces el creyente está listo para cantar:

> Que mi vida entera esté
> Consagrada a ti, Señor;
> Que a mis manos pueda guiar
> El impulso de Tu amor,

Capítulo 13

Los infantes y los paganos

LOS INFANTES

Este es un tema que no podemos ignorar. Con el aborto, infanticidio, y la hambruna infantil tan desenfrenada en nuestro planeta, tenemos que preguntarnos qué es lo que sucede con estos niños después que mueren. Como ministros del evangelio, enfrentaremos esta pregunta. Por supuesto, que al mundo le gusta apuntar a la discrepancia aparente entre un Dios amoroso y todo el sufrimiento que existe en el mundo. No existe un sufrimiento más grande que se apodere del corazón que el sufrimiento de las personas inocentes, especialmente el de los niños. De modo que, ¿qué dice la Biblia?

La mayoría de los evangélicos se refugian en 2 de Samuel 12 donde David está sufriendo las consecuencias de su amorío con Betsabé. Ella ha dado a luz a su hijo, aunque el texto no menciona la edad del niño. Es de suponer, que el niño es muy pequeño, quizá un recién nacido. No hay motivos para pensar que el Señor esperaría un largo tiempo para enviar a Natán con su profecía disciplinaria. Natán explica la manera en la que los pecados de David provocaron a los enemigos del Señor a hablar mal de Él por causa del egoísmo de Su ungido con Betsabé. Sus pecados trajeron como resultado la muerte del esposo de

Betsabé, Urías el hitita. Debido a esto, Dios hirió al hijo, pero perdonó la vida de David.[1]

Cuando David dice que él irá con su difunto hijo, pero su hijo no regresará a él, muchos opinan que esto se refiere a la vida después de la muerte.[2] La implicación, entonces, es que ese niño está en el cielo. ¿Por qué? Porque todos creemos que David fue al cielo después de morir. Y si David dice que va a ir y estar con su difunto hijo, entonces su hijo debe de estar en el cielo también.

Por otro lado, este pasaje pudiera simplemente estarse diciendo que el hijo de David está muerto y ha sido sepultado. Algún día, David va a morir e ir al mismo lugar, no obstante, el pequeño no regresará de los muertos para reunirse con David en esta vida. Esta es la opinión expresada por E. Merrill, director del departamento del AT del Seminario Teológico de Dallas. Merrill lo expresó de la siguiente manera, "David atestiguó de la irrevocabilidad de la muerte—su finalidad rinde innecesaria más súplica. David dice, **Yo iré a él, pero él no vendrá a mí.** Esto refleja su convicción de que los muertos no pueden regresar a la vida que tenían. Por lo contrario, son los vivos que han de ir con los muertos".[3]

Otros señalan el contraste entre la reacción de David después de la muerte de Absalón y la de su pequeño. Puede ser que David continuó llorando por Absalón porque temía que su hijo no compartiría la vida eterna con él. Pero dejó de llorar cuando murió su pequeño porque estaba seguro que gozaría de la vida eterna con él.

Por supuesto, esto hace que surja la cuestión de Eclesiastés 12:7, donde dice que, al morir, este cuerpo vuelve al polvo de la tierra de donde fue tomado, y el espíritu regresará a Dios que lo dio. El

---

[1] Este pasaje tiene implicaciones interesantes para el tema de la disciplina divina. Todos podemos entender el merecido sufrimiento que vienen a nosotros debido a nuestros propios pecados. Tendría sentido que David muriera por causa de su adulterio y homicidio. Pero no, su hijo cosechó el juicio de los pecados de su padre.

[2] Por ejemplo, Demarest, *Cross and Salvation,* 305.

[3] E. Merrill, "2 Samuel", en *The Bible Knowledge Commentary,* ed. J. F. Walvoord y R. B. Zuck (Wheaton, IL: Victor, 1988), 468.

versículo describe la muerte de un creyente. Lo que David expresa, ¿tiene implicaciones para el destino final después de la muerte? Es difícil estar seguro. ¿Pero es este el único pasaje pertinente a esta pregunta? No lo es.

Existen otros pasajes que tratan el asunto de la salvación de los infantes. En Mateo 18, Jesús dice a sus discípulos que dejen a los niños venir a Él "porque de los tales es el reino de los cielos". Aun cuando esto puede simplemente referirse al hecho de que uno tiene que tener la fe como la de un niño para poder entrar al reino de los cielos (Mt. 18:1-5), también puede significar que debido a que hay tantos niños en el cielo, todo el lugar pudiera ser caracterizado como un lugar para ellos. Zane Hodges aun ha sugerido que después de la separación entre las ovejas y los cabritos, solo los niños son los que sobreviven (físicamente) para poblar el reino. "E irán éstos al castigo eterno, y los justos a la vida eterna" (Mt. 25:46). En otras palabras, si todos los creyentes y no creyentes ya no están, ¿quién queda entonces para poblar el milenio? Una posible respuesta sería, los niños que no han llegado a la edad de responsabilidad. Se dejan a los niños porque ellos aun han de tomar una decisión. ¿Pero cómo pueden hacer esto? No han llegado a una etapa de sus vidas donde el Señor los haga responsables por sus decisiones.

Otros pasajes que implican que hay una etapa en la vida de responsabilidad son Deuteronomio 1:39 y Números 14:29. Los dos pasajes se refieren a Israel cuando andaba errante en el desierto. Los niños no fueron considerados responsables por la falta de fe de sus padres. Por lo tanto, ellos fueron exentos del castigo de los padres: "Y vuestros niños, de los cuales dijisteis que servirían de botín, y vuestros hijos que no saben hoy lo bueno ni lo malo, ellos entrarán allá, y a ellos la daré, y ellos la heredarán" (Dt. 1:39). En aquel entonces, la edad de responsabilidad se consideraba a los veinte:

> En este desierto caerán vuestros cuerpos; todo el número de los que fueron contados de entre vosotros, de veinte años arriba, los cuales han murmurado contra mí. Vosotros a la verdad no entraréis en la tierra, por la cual alcé mi mano y juré que os haría habitar en ella; exceptuando a Caleb hijo de Jefone, y a Josué hijo de Nun. Pero a

vuestros niños, de los cuales dijisteis que serían por presa, yo los introduciré, y ellos conocerán la tierra que vosotros despreciasteis. En cuanto a vosotros, vuestros cuerpos caerán en este desierto" (Nm. 14:29-32).

Este concepto de responsabilidad además se establece en Jonás 4:11, en el último versículo del libro. El versículo habla de 120,000 personas que no sabían distinguir entre su mano derecha e izquierda. La implicación es que estas personas eran inocentes, debido a su incapacidad de poder distinguir entre lo bueno o malo. Pero, esto estaría en conflicto con pasajes como Romanos 1 y el Salmo 19 si decimos que toda una ciudad compuesta de adultos estaban espiritualmente exentos de toda responsabilidad por la revelación que habían recibido de Dios a través de la naturaleza. Entonces, la mejor interpretación aquí es que este número se refiere a los niños. Dios no quiere que ningún de ellos perezca (Mt. 18:14). En especial, Dios está interesando por las vidas inocentes. Podemos debatir sobre pasajes tales como 2 Samuel 12, Mateo 18-19, Números 14, y Jonás 4, pero la razón principal que encuentro en las Escrituras para creer que los niños que han muerto están en el cielo, se fundamenta en el carácter de Dios. Sabemos que Su naturaleza misma es amor (1 Jn. 4:8). Así como Dios no puede mentir debido a que Él es la verdad, Él no puede obrar con desamor porque Él es amor. Y amar es hacer lo que está en el mejor interés para el amado. Pero, además, sabemos que Dios es justo: "Porque todos sus caminos son rectitud; Dios de verdad, y sin ninguna iniquidad en él; Es justo y recto" (Dt. 32:4). Esto significa que Él hará lo que es *recto* para cada persona. ¿Es *justo* hacer responsable a una persona antes de llegar a la edad de responsabilidad, la cual varía dependiendo de cada niño? Obviamente no.

Este es el interés implícito de Pablo en Romanos 5:13-14 "aun en los que no pecaron a la manera de la transgresión de Adán" (énfasis añadido). Concluyo que los niños que han muerto *antes* que puedan responder a la luz que Dios les ha dado (Jn. 1:9) irán al cielo. ¿Será que esta salvación elude la sangre de Cristo? Claro que no. Estos niños *no* son responsables por *su pecado personal como lo fue Adán* (Ro. 3:19-20; 5:13-14), pero la sangre de Cristo *se* aplica a su *pecado original en Adán* (5:18). La obra de la cruz trasciende el tiempo y espacio.

Si tomas el punto de vista de Agustín de que estos niños nacen con *vitiam* (una naturaleza pecaminosa y la sentencia de muerte) y *reatus* (la culpabilidad y condenación que los enviaría al infierno), entonces la sangre de Cristo les es aplicada retrospectivamente. O, como mantengo en el presente, basado en la obra escrita por Ken Wilson (vea mi discusión previa sobre esto y su disertación), que los infantes nacen con *vitiam* pero no con *reatus* (con la muerte física y naturaleza pecaminosa pero no bajo condenación o culpabilidad), entonces estos infantes al morir antes de ser culpables del pecado personal y ser separados de Dios irían, por ende, a estar con su Creador. Si esta última posición te da dolor de estómago, entonces esto es una buena indicación de que tan profundamente arraigado está el agustianismo en el cristianismo del Occidente. Ninguno de los Padres de la Iglesia antes de Agustín sostenía esta posición. Y es increíble pensar que mucho de su apoyo vino de la observación de que los niños se retuercen al acercarse el bautisterio, indudablemente con esto mostrando que son culpables.

"Los Paganos"

¿Se aplica este mismo principio a los "paganos" que nunca han escuchado el mensaje? ¿Cómo puede un Dios amoroso enviar a las personas a la condenación eterna si nunca tuvieron la oportunidad de responder al evangelio? ¿Pudieran ser salvos como los santos del AT sin haber oído de Jesús (Vea Ro. 3:21-26)? A menudo escuchamos la reiteración de este tipo de preguntas. Al parecer, existe una tendencia hacia el inclusivismo, tanto en círculos protestantes[4] como católicos,[5] basándose en la simple presunción de que un Dios amoroso no

---

[4] Para una perspectiva Reformada vea N. Punt, *Unconditional Good News* (Grand Rapids: Eerdmans, 1980); y para una perspectiva Arminiana, vea C. Pinnock, "An Inclusivist View", en *More Than One Way?* Ed. Okholm y Phillips (Grand Rapids: Zondervan, 1995), 119. Esto ha sido republicado en *Four Views on Salvation In A Pluralistic World*, (Grand Rapids, Michigan, Zondervan, 1995).

[5] Para un perspective católica, vea K. Riesenhuber, "The Anonymous Christian According to Karl Rahner ", en *The Anonymous Christian,* ed. Anita Roper, trans. Joseph Donceel (New York: Sheed and Ward, 1966), 171.

crearía a una persona y la haría responsable por un mensaje que nunca escuchó ¿Qué dice la Biblia?

La luz recibida trae luz

Este principio básico es crucial para entender la pregunta con relación a los paganos. En Mateo 13 Jesús empieza su ministerio usando parábolas con Sus discípulos, inmediatamente después del pecado "imperdonable" de Mateo 12. En ese pasaje los fariseos acusaron a Jesús de sanar al paralítico por el poder de Beelzebú. En otras palabras, ellos atribuyen el milagro que Él hizo por el poder del Espíritu Santo al poder del diablo. El propósito de los milagros era dar testimonio a la persona y mensaje de Jesucristo. La estrategia estaba funcionando. Las personas comunes decían, "¿No es este el hijo de David"? Por lo que preguntaban, estaban llamando a Jesús el Mesías, pues era bien conocido que el Mesías sería el hijo de David (recuerde la respuesta de los fariseos cuando Jesús les preguntó quién sería el Mesías en Mateo 22). De manera que, ellos estaban preparados para recibirle. Pero los fariseos, que tenían el poder sobre las personas comunes, temían perder el mismo. De modo que, sembraron duda en las mentes de las personas. Diciendo que este milagro podía haber sido hecho por el poder del diablo. Como respuesta, Jesús los acusó de blasfemar contra el Espíritu Santo. Al procurar desacreditar Su milagro, los Fariseos estaban destruyendo Su credibilidad ante el pueblo. De modo que, éste es el momento cuando decide en Su ministerio emplear parábolas en vez de milagros.

Jesús conocía en su omnisciencia que la mayoría de los fariseos nunca confiarían en Él como su Salvador o Mesías. Como un acto de misericordia Jesús decidió continuar revelando la verdad a los que tenían oídos para oír y esconder la verdad de los que no los tenían. Los fariseos no tenían oídos para oír. De manera que, estas historias con la verdad velada prevenían a los fariseos incrédulos de recibir más luz por la cual serían responsables en el juicio. Por otro lado, Jesús continuaría revelando más luz a aquellos que sí creían en Él y tenían oídos para oír. Cuando se le preguntó, ¿por qué de repente enseñaba en parábolas?, Jesús respondió:

Porque a vosotros os es dado saber los misterios del reino de los cielos; mas a ellos no les es dado. Porque a cualquiera que tiene, se le dará, y tendrá más; pero al que no tiene, aun lo que tiene le será quitado. Por eso les hablo por parábolas: porque viendo no ven, y oyendo no oyen, ni entienden (Mt. 13:11-13).

¿Puedes ver como *la luz recibida trae más luz, pero la luz rechazada trae la obscuridad?* Con el fin de evitar que se aumentara el juicio contra los fariseos incrédulos, Jesús redujo el voltaje de Su luz (es que, habrá grados de sufrimiento en el lago de fuego), pero por medio de las parábolas Él podía continuar enseñando a sus discípulos— recibieron ellos más luz.

Luz para cada hombre

Jesús es la luz del mundo. Y Él es "Aquella luz verdadera, que alumbra a todo hombre, venía a este mundo" (Jn. 1:9). Esto está de acuerdo con el Salmo 19 y Romanos 1 donde aprendemos que solo el diseño y las huellas dactilares dejadas en la creación nos hablan de un Ser Supremo. Ésta es la razón por la cual los mesopotámicos empezaron la astrología. Según contemplaban en su mundo la llanura inundada concluyeron que su destino estaba en las manos del Dios del clima. Para ellos, todas las cosas dependían de los patrones del tiempo. Un diluvio podía destruir sus cosechas. La sequía podía hacer lo mismo. La vida y la muerte estaban fuera de su control. Todo era caótico. Ellos no podían controlar a la madre naturaleza. No había orden en su universo, con excepción de las estrellas mismas. A medida que veían las constelaciones manteniendo sus patrones y repitiendo sus posiciones en los cielos, veían que había orden, y diseño. Esto solo podía significar una cosa. Las estrellas mismas deben de ser seres supremos, es decir, dioses. Como resultado las adoraron. Sus zigurats eran sus iglesias. La Torre de Babel era un zigurat construida para adorar a las estrellas, y ofrecer en el último piso incienso a la diosa del sol (Ishtar).

Por supuesto, que los Mesopotámicos se quedaron a un paso corto. Contemplaron el diseño en el universo, pero fracasaron en reconocer que las estrellas que eran parte del diseño no eran divinas. Más bien, el Gran Diseñador puso las estrellas en su lugar. Las constelaciones apuntaban a un diseñador mucho más grande y más inteligente que los pequeños homos sapiens que vivieron y murieron por las vicisitudes del clima. Es esta revelación de Su mano en la creación, que es la luz dada a todo hombre o mujer después de la edad de responsabilidad. Esta luz habla de un Ser Supremo.

Pero una vez que el hombre recibe la luz, tiene que decidir qué hacer con ella. Recuerda el principio: la luz recibida trae más luz. Si este hombre ve la luz y la recibe, es decir, cree que un Ser Supremo debe de existir, el siguiente paso es "palpar". Con esto nos referimos a Hechos 17:27 donde dice que el hombre puede palpar para hallar a Dios. Si él puede palpar, entonces esto es una evidencia de responder positivamente a la luz que se le ha concedido. De modo que, Dios le da más luz. La luz recibida trae mayor luz.

¿Cuál es esta luz adicional? No sabemos. Pudiera ser cualquier número de cosas. Cornelio estaba palpando. Y Dios le envió a Pedro. Por lo menos podemos decir, que se le concederá mayor luz de algún tipo. Aceptamos que ningún hombre puede ejercer la fe salvífica sin el ministerio del Espíritu Santo de redargüir, llamar, y persuadir. Ningún hombre puede venir a Cristo a menos que el Padre lo traiga.

El nombre de Cristo

Desde Adán y Eva Dios ha prometido un Redentor, y todos los que confían en esta promesa son salvos. De una cosa podemos estar seguros el día de hoy: de que Su nombre es Jesús. Como sea que esta luz adicional fuere dada, en estos días, uno tiene que creer en este "llamado" el Mesías si la persona ha llegado a la etapa de ser consciente de sus actos. Hechos 4:12 nos dice que no hay otro nombre por el cual podemos ser salvos. Juan 14:6 nos dice que hay un solo camino. De modo que, ¿cómo podemos reconciliar esto con todas las personas que nunca han oído de Cristo?

Primero, aún en el día de hoy las personas pueden ser justificadas por la fe en el Mesías como Dios le ha revelado pero aún no se les ha dicho Su nombre. Esto bien pudiera ser el caso de Cornelio antes de que las visiones proveyeran más luz (Hch. 10). Aún más Apocalipsis 14:6-7 dice:

Vi volar por en medio del cielo a otro ángel, que tenía el evangelio eterno para predicarlo a los moradores de la tierra, a toda nación, tribu, lengua y pueblo, diciendo a gran voz: Temed a Dios, y dadle gloria, porque la hora de su juicio ha llegado; y adorad a aquel que hizo el cielo y la tierra, el mar y las fuentes de las aguas.

Este mensaje es dado al final del período de la Tribulación. Veamos dos aspectos importantes de este mensaje:

1. El mensaje va dirigido a toda nación, tribu, lengua, y pueblo: todos oyen el mensaje.
2. El mensaje se centra en la obra creativa de Dios.

Estos puntos son importantes para entender la cuestión de los paganos. En primer lugar, ninguno es excluido de oír. Dios se asegura que el mensaje llegue a todos. Todos tendrán que rendir cuentas. Y en segundo lugar, Él les llama la atención a lo que ellos ya han observado. Es un llamado a adorar "aquel que hizo el cielo y la tierra…". Los paganos han recibido la misma luz que todo hombre ha recibido: de un Ser Supremo que creó los cielos y la tierra. Ahora, son llamados por ese Ser Supremo a ser responsables delante de Él.

Pero este mensaje de responsabilidad es también llamado un "evangelio", es decir, "buenas nuevas". Son buenas noticias porque ahora son llamados a adorar al Dios de la creación. Ellos tienen una decisión que tomar. Si deciden adorarle, entonces han respondido a la luz que se les ha concedido. ¿Cuál es el resultado? Más luz, la luz de Jesús mismo. Solo unos versículos después estamos leyendo acerca del "cordero" y "la fe de Jesús".

Resumen Y Conclusión

Estos mismos principios pueden ser aplicados a nuestro tiempo antes de la Tribulación. Si alguno responde a la luz de Dios que se le ha concedido, entonces recibirán más luz. Esta puede llegar en la forma de un misionero, un ángel, Jesús, o probablemente de alguna otra manera de las cuales desconocemos.

Como pastor de jóvenes en la Iglesia Memorial de Scofield en los 70's, llevé a un grupo de jóvenes a la selva de México con el fin de visitar una misión dirigida por el Dr. Dale. Él es una de solo tres personas que conozco que tienen tres doctorados. Su padre había empezado esta misión, que servía a los indios aztecas. La sede de la misión se encontraba en el interior de la selva en una bifurcación en el rio—a un día de camino a pie atravesando tres aldeas aztecas. No había caballos para montar, siendo que los aztecas aun recordaban por las tradiciones orales las historias de Cortez y sus hombres cabalgando en sus caballos y asesinando a sus antepasados. Para llegar a las aldeas el Dr. Dale tenía que hacer lo mismo que todos los indios hacían—caminar.

El Dr. Dale nos contó cómo había iniciado la misión, con una historia similar, en muchos sentidos, con la de Cornelio. Su padre había empezado como misionero en la costa del Golfo de México. Un día, un indio azteca salió de la selva y contó una historia increíble. Dijo que en una tarde en su aldea apareció una luz muy brillante. Una persona habló en medio de la luz en su propio dialecto y les dijo a todos que enviaran a una persona a la costa donde encontrarían a un hombre blanco que les hablaría del Dios de los cielos y de la tierra. El padre del Dr. Dale guió a este hombre a Cristo y pasó seis meses enseñándole acerca del cristianismo. Luego lo envió de regreso para que le contara a su pueblo.

Un año después, el mismo hombre regresó a la costa. Y dijo que no podía explicar de forma adecuada su nueva fe a su pueblo. Quería que Dale regresara con él. Estando indispuesto a dejar su familia, Dale cambió todo su esfuerzo misionero al interior. Esta misión empezó con la luz dada a un hombre que posteriormente culminó en el nombre de Cristo, y las buenas nuevas se extendieron a todo un grupo de personas.

La salvación solo comienza con la justificación por la fe en Dios por su regalo gratuito de la vida, su redención prometida a través de la sangre. Aquellos que confían en la promesa pero mueren antes de oír el Nombre del Redentor en esta vida–tal como los santos del AT– serán juzgados por la luz que *han* recibido. Sin embargo, el Señorío de Jesucristo es consumado plenamente solo *después* de Su retorno a la tierra, y una posición completa de la salvación debe de incorporar esta verdad: La plenitud de nuestra salvación incluye una co-herencia con Jesús como Señor, y la plenitud de esa herencia depende a su vez de nuestra fidelidad continua a la luz recibida en esta vida.

Nuestro Dios no nos ha dejado sin testimonio respecto a su intención salvífica (Hch. 14:17); es con este fin que Dios ha hablado y todavía habla (Heb. 1: 1-2). Para ser salvados, cada persona que cumpla la edad de la responsabilidad debe recibir el regalo gratuito de Dios al confiar en su promesa de redención. Él ama a cada uno de los que ha creado. Y es justo; hará lo correcto por cada persona: la sangre de Cristo sirve como rescate por todo pecado. De modo que, si uno no responde a la luz que se le ha dado en la naturaleza del Ser Supremo, es inexcusable. Pero si responde a esta luz, Dios es fiel y le dará más luz. Si esta persona sigue respondiendo a la luz que Dios le trae, finalmente se encontrará cara a cara con el Señorío de Jesucristo, incluso si no se le hace consciente del nombre específico de Jesús antes de morir.

Capítulo 14

La soberanía de Dios y la responsabilidad humana

Hay pocos temas en el ámbito cristiano tan controversiales y divisivos como los son la soberanía de Dios y la responsabilidad humana. Habría un momento durante los años 60 que yo hubiese enlistado los temas carismáticos como los más divisivos dentro del cristianismo. Pero ya no. Algunos de los que desean promulgar las buenas nuevas de la soberanía la tratan de esa manera, como si fuera el evangelio.

No es trivial lo que está en juego. Tal vez, esa sea la razón por la cual gira la tormenta emocional alrededor de estos asuntos que se clasifica como un huracán de grado 5, destruyendo casas enteras y edificios, y teniendo como consecuencia pérdidas humanas. Como en la mayoría de temas divisivos, existen dos polos: 1) Aquellos que afirman que la soberanía de Dios es menoscabada si el hombre tiene alguna parte en el proceso de salvación; y 2) Aquellos que dicen que el hombre como persona es menoscabado al enfatizarse la soberanía a tal grado que la decisión del hombre es eliminada. De modo que, un grupo dice que la persona o atributos de Dios están en juego, mientras que otro grupo dice que la persona o los atributos del hombre están en juego. Sería bueno encontrar algún tipo de postura intermedia, pero es precisamente por esta razón que este asunto ha sido tan divisivo a través de los siglos. Es difícil encontrar tal postura intermedia.

Sin embargo, tenemos que llegar a algún tipo de solución al dilema que nos permita funcionar en el ministerio. Aunque tengamos que concluir que el tema es uno de los misterios que pertenecen a Dios (Dt. 29:29), necesitamos algún tipo de entendimiento que usemos como base funcional al compartir el evangelio, al confortar al afligido, al enseñar las Escrituras, y cuando animemos a nuestros misioneros. ¿Qué les podemos decir?

Determinismo Versus Indeterminismo

Para los creyentes en un Ser Supremo que ha conferido a nuestro mundo finito ciertos absolutos morales, el *indeterminismo* no es una opción viable. El indeterminismo afirma que no hay causas morales eficientes. Y así, todo lo que ocurre es producto de la casualidad. Esto es tanto la base como la ruina de la teoría de la evolución. Se argumenta que la vida empezó por la generación espontánea a través de la coalescencia fortuita de ciertos químicos necesarios para formar la cadena del ADN.

El Dr. Frank Salisbury, de la Universidad del Estado de Utah, en cierta ocasión calculó la posibilidad de formar una molécula específica de ADN. Para su cálculo asumió que la vida ya existía. Obviamente, la posibilidad de la generación espontánea de vida de material *inerte* es aún más remota. Él, además, asumió la existencia de 10^{20} planetas habitables como la tierra, que son muchos más planetas, habitables o inhabitables, que la mayoría de astrónomos piensan que existen. Permitió 4 mil millones de años para que esta molécula de ADN (ni siquiera una célula) pudiera llegar a existir. Su conclusión fue que la probabilidad para que una sola molécula llegara a existir en solo uno de estos planetas era uno en 10^{410} Incluso si el universo estuviera lleno de planetas habitables sin espacio entre ellos, las probabilidades son todavía de uno en 10. [1]

---

[1] Will Durant, "The Reformation", in The Story of Civilization, vol. 6 (New York: Simon & Schuster, 1957), 490, énfasis añadido.

Sin embargo, si alguno persiste en decir, "Bueno, siempre existe la posibilidad ...", considere la obra de Emile Borel, uno de los expertos mundiales sobre la probabilidad matemática. Él, de hecho, formuló una ley elemental de la probabilidad diciendo que el acontecimiento de cualquier evento en donde las posibilidades están por encima del uno en 10^{50} es un evento que podemos declarar con certidumbre que *nunca* sucederá—no importa cuánto tiempo se le dé, no importando cuantas oportunidades concebidas pudieran existir para que el evento sucediera. En otras palabras, el inicio de la vida sobre la tierra o cualquier otro lugar de forma fortuita es matemáticamente imposible.[2]

Carl Sagan fue un paso más allá.[3] El estimó la posibilidad de que la vida evolucionara solo en el planeta Tierra. Su conclusión fue que las posibilidades eran uno en $10^{2,000,000,000}$, un número tan enorme que tomaría 6,000 libros de tamaño medio para escribir dicho número de forma completa, mucha mayor de los límites de la ley de la probabilidad de Bordel. No obstante, cínicos tales como Sagan prefirieron poner su confianza en la teoría de la evolución en vez de en el Dios de la creación. George Wald, un biólogo ganador de un Nobel de Harvard, dijo, "Uno simplemente tiene que contemplar la magnitud de esta tarea para conceder que la generación espontánea de un organismo viviente es imposible. Sin embargo, aquí nos encontramos—como resultado yo creo, de la generación espontánea".[4] Por lo menos tuvo la honestidad de explicar su conclusión:

> La posición razonable era creer en la generación espontánea; la única alternativa, es creer en un solo acto primario de una creación sobrenatural. No existe una tercera posición. Debido a esta razón muchos científicos de hace un siglo decidieron creer en la generación espontánea como una necesidad filosófica.... La mayoría de los

---

[2] E. Borel, *Probabilities and Life* (New York: Dover, 1962), chapter 1, 3
[3] C. Sagan, ed., *Communication with Extra-Terrestrial Intelligence* (Boston: MIT Press, 1973), 46.
[4] G. Wald, "The Origin of Life", en *Physics and Chemistry of Life,* por los editores de *Scientific American* Simon & Schuster, 1955), 9.

biólogos actuales, habiendo visto con satisfacción la caída de la hipótesis de la generación espontánea, aun así, *indispuestos a aceptar la creencia alterna en la creación especial, quedan sin nada*.[5]

Por lo tanto, es importante reconocer que aquellos que creen en el indeterminismo hacen precisamente eso; *creen*. La posición de un mundo "fortuito" es una religión, una fe. Sin embargo, como ya se ha observado por algunos de sus propios adeptos, esta fe desafía la razón. La fe sin la razón es fanatismo. Conforme observamos el universo y vemos orden, diseño, y configuraciones definidas, nos damos cuenta que este acontecimiento no fue por la casualidad. ¿Por qué? Porque desafía a la segunda ley de la termodinámica, la cual afirma que todo se está reduciendo al desorden—al caos. El orden desafía al desorden; el diseño desafía al caos. Solo un Ser Supremo pudo haber traído orden del desorden. Solo un Diseñador Divino pudo invalidar la segunda ley de la termodinámica observable. La casualidad nunca lo puede hacer, no importa cuánto tiempo se le dé.[6]

De modo que, para una persona razonable el indeterminismo no es una opción estadísticamente viable. El determinismo es la única otra opción. El determinismo acepta causas eficientes. Hay una causa y un efecto en el universo. El diseño no ocurre al azar. El diseño es determinado por un Diseñador. Sin embargo, dentro del mundo del determinismo hay lo que llamamos un determinismo "duro" y un determinismo "suave"; o como alternativa, un determinismo "absoluto" y un determinismo "relativo". ¿Qué es lo que queremos decir por todo esto?

---

[5] Idem., "Innovation in Biology", *Scientific American* 99 (September 1958), 100, énfasis añadido.
[6] Vea, *Signs of Intelligence: understanding intelligent design*, eds. William A. Dembski and James M. Kushiner, (Grand Rapids, MI. Brazos pres. 2001) y Robert J. Spitzer, *New Proofs for the Existence of God: Contributions of Contemporary Physics and Philosophy*, (Grand Rapids MI., Eerdmans Pub. 2010)

UN DETERMINISMO DURO

Respecto al mal

El determinismo duro desconoce al hombre por completo. La soberanía de Dios se presenta de tal manera que Él es responsable de todo. Él causa todo; por ende, Él es responsable de todas las cosas. Él es la primera y la última causa eficiente de todo lo que ocurre. Aun que se hable con palabrería vacía de la decisión humana, no deja de ser solo eso—palabras vacías.

Jonathan Edwards argumentó: "Si cada evento tiene una causa, entonces también las decisiones humanas; Dios es la primera causa de todas las cosas; por lo tanto, Dios ha de ser la causa de nuestras decisiones libres".[7] En esencia, usó a Dios para eliminar la libertad. Aquí es donde precisamente el determinismo duro pierde los estribos. De acuerdo a esta posición, una persona no es la causa eficiente de sus acciones morales. Dios llega a ser la causa moral *eficiente* y el ser humano solo la causa moral instrumental. En otras palabras, el hombre se convierte en el instrumento de Dios para efectuar el mal en el mundo.

Tal posición debería de ser moralmente repugnante a cualquiera que no esté cegado. Esto convierte a Dios en un violador divino. Él es responsable directamente por todo el mal en el mundo. Encuentro irónico que aquellos cuya posición de la soberanía rechazan la elección humana consideren que es una blasfemia pensar que el hombre podría contribuir en algo al proceso de la salvación. Sin embargo, al mismo tiempo, ellos pueden hacer que Dios sea directamente responsable por el mal y el pecado. Eso es lo que yo llamo una verdadera blasfemia. Sí, Dios es soberano de manera absoluta. Pero también Él es luz; en Él no hay tiniebla alguna. Dios no podría producir o directamente causar el pecado si así le placiera, así como no puede mentir. Su ontología lo prohíbe. Simplemente esto no está en su constitución.

---

[7] J. Edwards, "Freedom of the Will", en *Jonathan Edwards*, eds. Clarence H. Faust and Thomas H. Johnson (New York: Hill and Wang, 1962), 305.

Otro serio problema que causa esta posición para los cristianos es que elimina completamente la responsabilidad humana. Después de todo, si el hombre es solo el agente, el instrumento, ¿cómo entonces, puede ser responsable? Cuando se ha cometido un asesinato no hacemos responsables al arma o al cuchillo usado. No sometemos a juicio a tales cosas. Debido a que no son las causas morales *eficientes*; son las causas morales *instrumentales*. Las armas y cuchillos pudieron haber sido usados para cometer maldad, pero solo eran los instrumentos. Los instrumentos no tenían opción en el asunto. Es el humano, que maneja la pistola o el cuchillo, el responsable. Por analogía, Dios en esta posición debe de ser la casusa moral eficiente del mal.[8]

En consiguiente, si el humano es solo el instrumento en el acto del mal, no puede ser considerado responsable. La causa eficiente usando el instrumento es responsable del mal. Por supuesto, que esta es la conclusión de los cínicos de este mundo al ver el concepto de un Dios amoroso en un mundo con muchos Hitlers, Stalins, y Mao Zedongs. Si un Dios como este está en control, entonces, o no es amoroso o Su poder es débil. Es preferible decir que no existe. O, si tal Dios existe, no queremos nada que ver con Él. Concluimos con Norman Geisler que el determinismo duro hace a Dios inmoral y al hombre amoral.[9]

---

[8] Como afirma Gordon Clark, "Deseo afirmar con franqueza y sinceridad que si un hombre se emborracha y dispara con arma de fuego a su familia, fue la voluntad de Dios que lo hiciera. . ." Continúa afirmando: "Que se diga inequívocamente que este punto de vista ciertamente hace a Dios la causa del pecado. Dios es la única causa final de todo. No hay absolutamente nada independiente de él. Él solo es el ser eterno. Solo él es omnipotente. Él solo es soberano. (Religion, Reason, and Revelation, [Philadelphia, PA: Presbyterian & Reformed, 1961], 221). También, "Dios decide que todas las cosas sucedan. . . Dios deseó que el hombre cayera en pecado. No estoy acusando a Dios de pecar; estoy sugiriendo que Dios creó el pecado " (R.C. Sproul, Almighty Over All [Grand Rapids: Baker Book House, 1999], 54)..

[9] N. Geisler, "God Knows All Things", en *Predestination and Free Will,* eds. D. Basiger and R. Basinger (Downers Grove, IL: InterVaristy, 1986), 75.

Respecto al amor

El determinismo duro también tiene implicaciones en cuanto al el amor de Dios. Mientras que el arminiano dice que Dios elige al hombre en *base* de Su presciencia, el determinista duro dice que Dios elige a los hombres *a pesar* de Su presciencia. En otras palabras, el primero cree que Dios ve a través del tiempo y sabe (presciencia) quien va a creer en Jesús. *Basándose* en esta presciencia, Él entonces elige a aquellos quienes han de creer en Jesús (1 P. 1:1-2). Uno de los problemas con esta posición es que hace la elección de Dios contingente en la decisión del hombre mientras que Juan 1:13 nos dice, que no fuimos engendrados por la voluntad del hombre. Más adelante aclararemos el rol que tiene de la voluntad de éste. Pero si la posición arminiana tiene sus problemas, me parece que los deterministas duros en su afán por guardar su posición de la soberanía de Dios han creado problemas mayores. Según ellos, Dios elige a los hombres *a pesar* de Su presciencia. En otras palabras, sin importar el deseo de la decisión del hombre, Dios elige algunos y reprueba a otros. Él hace esto *a pesar* de conocer de antemano que el elegido ni siquiera quiere conocerle. Los trae pateando y gritando al reino. Los obliga en contra de sus voluntades.

Aun cuando todos podemos relacionarnos en cierta manera con esta imagen, debido a que muchos de nosotros probablemente resistíamos neciamente el llamado de Dios por algún tiempo antes de confiar en Cristo, sin embargo, existe una gran diferencia entre la coerción y la persuasión. Ya hemos visto (pp. 244-45) como R. C. Sproul enseña que el significado de *helkuō* en Juan 6:44 es de "arrastrar" en vez de "atraer". También hemos visto como de forma equivocada se ha referido a Kittel con el fin de apoyar su posición, cuando, por el contrario, Kittel dice justo lo opuesto. La clave, como siempre, es el contexto. En un ambiente hostil tal como en una persecución, el verbo efectivamente significa arrastrar (como a un juzgado legal). No obstante, en un contexto de amor (como el amor de un padre o una madre por sus hijos o el de un amante por su amada) el verbo invariablemente significa atraer o enamorar.

C. S. Lewis en cierta ocasión describió su propia conversión en términos de haber sido traído "gritando y pateando al reino". Sin embargo, continuó en decir en *Cartas del diablo a su sobrino* que, "Lo irresistible y lo indisputable son las dos armas que la misma naturaleza del plan de operación [de Dios] le prohíben usar. Meramente pisotear la voluntad humana… sería para Él inútil. Él no puede forzar. Él solo puede enamorar".[10] Y de nuevo en *El gran divorcio*, Lewis aclara su entender: "Al final solo hay dos clases de personas: aquellos que le dicen a Dios: 'Hágase Tu voluntad,' y aquellos a quienes Dios dice, al final, 'Hágase tu voluntad.' Todos los que están en el infierno, lo han escogido. Sin esa *elección personal* no podría haber infierno".[11]

Aquí radica el problema. Arrastrarnos pateando y gritando a Su reino es una violación al principio del amor y convierte a Dios en un violador divino. Como dijo Lewis, "Él no puede forzar". Ni quiere hacerlo. Una de las razones por la cual Dios creó al hombre fue para que respondiera a la pregunta concerniente a Su carácter, "¿Es Dios digno de ser amado?" La única manera de responder a esa pregunta era *dándole al hombre la opción*. Esa es la razón por la cual vemos a Dios y Satanás contendiendo por la lealtad de Job. Cuando Lucifer se rebeló puso en juego tanto el aspecto del amor como la soberanía del carácter de Dios. En la genialidad de Dios ambas preguntas pueden ser respondidas con la misma respuesta: obediencia a Sus mandamientos. "El que tiene mis mandamientos, y los guarda, ése es el que me ama…" (Jn. 14:21). Deuteronomio 8:2 dice que Dios probó a los Israelitas en el desierto por 40 años para saber lo que había en sus corazones, es decir, para ver si habrían de guardar Sus mandamientos. Deuteronomio 11:1, 13, y 22 hacen el amar a Dios sinónimo con guardar Sus mandamientos. De modo que, el amor y la obediencia van de la mano. Pero lo mismo se puede decir de la soberanía y la obediencia. Cuando me someto a los mandamientos de Dios, yo estoy diciendo, "Si, Señor, Tu eres mi Señor, mi Rey, mi Maestro—Tu eres Soberano". Sin embargo, lo amamos porque Él nos amó primero—Él tomó la iniciativa (1 Jn. 4:10, 19).

A través del AT obtenemos una idea del celo y enojo de Dios contra Israel cuando decidió adorar a otros dioses. Si los israelitas

---

[10] C. S. Lewis, *The Screwtape Letters* (New York: Macmillan, 1961), 38.
[11] Idem., *The Great Divorce* (New York: Macmillan, 1945), 69, énfasis añadido.

no hubiesen sido agentes morales libres, este celo y enojo sería injustificado. Dios simplemente los forzaría para que hicieran lo que Él quisiera. Pero no, pues de esta manera Él nunca sabría si le aman. En ocasiones le pregunto a algún marido si él escogió a su esposa. Y a menudo con una sonrisa me responde, "No, ella me escogió". Lo que está diciendo es que su matrimonio fue una decisión recíproca nacida de un amor mutuo. Ningún hombre desea arrastrar a su novia gritando y pateando al altar. Si ella no le ama, él preferiría encontrar a otra que sí lo hiciera. Dios es de la misma manera. El verdadero amor no puede usar la fuerza. Amor forzado no es amor; es violación.

Alguna persona indudablemente objetará diciendo que si un niño es tan inmaduro que no se da cuenta que jugar con fuego lo lastimará, entonces, el padre amoroso lo sacará de tal situación de peligro aun en contra de su voluntad. Esto aún es amor. O el hombre que se está ahogando puede patear, gritar, y aun pelear en contra de su salvador, pero aun es amor sacarlo del agua por parte del salvador. Sin embargo, esto hace que surja otro problema. En el caso de la humanidad, no es un solo individuo que está en juego en este asunto de la elección. Es la raza humana entera con miles de millones y miles de millones de personas. La Escritura afirma que Dios amó al mundo *entero*. Aun Juan Calvino reconoció que "el mundo" significaba toda la humanidad.[12] Si un hombre va pasando por un lago y ve a una persona ahogándose, sin duda alguna, cuestionaríamos su amor si no hiciera lo posible por salvar a tal persona. Pero, si pasara por un lago y viera a cinco personas ahogándose, decidiendo salvar solo a dos y dejando al resto morir, cuando pudiera haber salvado a todos, entonces, también cuestionaríamos su amor. Puesto que, si puede sacar un número ilimitado de personas del lago en contra de sus voluntades, ve cinco ahogándose, pero solo saca a dos, entonces su omni-benevolencia (Él no hace acepción de personas, Ro. 2:11; y ama al mundo entero, Jn. 3:16) está en tela de duda.

Esta es la razón por la cual el determinista duro está obligado a interpretar "mundo" en los escritos de Juan como "el mundo [limitado]

---

[12] Vea de nuevo, *Instituciones* por Calvino, 3:1.1; *Commentaries,* 3.139; también vea sus comentarios de Juan 1:29, Romanos 5:15; y 1 Juan 2:2.

de los elegidos". Esto, debido a que no tiene una manera de tratar con el reprobado y mantener la omni-benevolencia de Dios. Dios no puede amar a todas las personas del mundo, de otra manera, salvaría a todos debido a que es omnipotente y puede hacer entrar a las personas al reino gritando y pateando. Por supuesto que la otra alternativa para un determinista duro es convertirse en un universalista. Esa sería la única manera de preservar el carácter del amor de Dios.

Vasos de ira

Pero el determinista duro puede objetar, ¿qué de Romanos 9:22-23, donde dice que Dios ha preparado vasos de ira para la destrucción en contraste a los vasos de misericordia que Él ha preparado para la gloria? Así pues, veamos el pasaje en contexto para ver como algunos traductores pudieran haber inadvertidamente complicado el mismo:

> 14 ¿Qué, pues, diremos? ¿Que hay injusticia en Dios? En ninguna manera. 15 Pues a Moisés dice: Tendré misericordia del que yo tenga misericordia, y me compadeceré del que yo me compadezca. 16 Así que no depende del que quiere, ni del que corre, sino de Dios que tiene misericordia. 17 Porque la Escritura dice a Faraón: Para esto mismo te he levantado, para mostrar en ti mi poder, y para que mi nombre sea anunciado por toda la tierra. 18 De manera que de quien quiere, tiene misericordia, y al que quiere endurecer, endurece. 19 Pero me dirás: ¿Por qué, pues, inculpa? porque ¿quién ha resistido a su voluntad? 20 Mas antes, oh hombre, ¿quién eres tú, para que alterques con Dios? ¿Dirá el vaso de barro al que lo formó: ¿Por qué me has hecho así? 21 ¿O no tiene potestad el alfarero sobre el barro, para hacer de la misma masa un vaso para honra y otro para deshonra? 22 ¿Y qué, si Dios, queriendo mostrar su ira y hacer notorio su poder, soportó con mucha paciencia los vasos de ira preparados para destrucción, 23 y para hacer notorias las riquezas de su gloria, las mostró para con los vasos de misericordia que él preparó de antemano para gloria, (…)

Antes de poder entender este pasaje en particular necesitamos ver el contexto en general. Al final de Romanos 8 Pablo afirmó que nada podía separar a uno de los hijos de Dios de Su amor en Cristo Jesús.

El oponente imaginario dice, "Esto no es correcto, mira a Israel. Fueron elegidos, pero ahora Dios los ha rechazado". De modo que, Romanos 9-11 intenta responder a esta objeción.[13] Este concluye diciendo, "Los dones y llamamiento de Dios son irrevocables" (Ro. 11:29). En Romanos 9, el enfoque está en la soberanía de Dios: El Pueblo de la Elección (1-5); El Principio de la Elección (6-13); y el Privilegio de la Elección (14-33).

Primeramente, tenemos que recordar que el énfasis en Romanos 9 está en la elección, no en la reprobación. El énfasis está en Su misericordia, no en Su justicia. Otra pregunta en la mente del oponente, además de lo que le ha sucedido a Israel es, "¿Cómo puede un Dios justo asociarse con estos gentiles asquerosos?" Así pues, después de proponer los privilegios increíbles del pueblo judío simplemente por ser parte de la nación escogida de Israel (el Pueblo de la Elección vv. 1-5), Pablo continua para discutir el Principio de la Elección (vv.6-13). La primera cosa que dice es que las promesas de Dios (Su Palabra) no se han perdido o desviado (*ekpiptō* se usa con relación a una nave desviarse de su curso). Él nunca intentó incluir a cada uno de los hijos de Abraham solo porque eran su simiente física. Con el fin de probar su punto hace referencia a Ismael y a Esaú, ambos de la simiente de Abraham, pero ninguno de ellos incluido en el programa del reino. Pablo está intentado establecer aquí el Principio de la Elección, y ese principio es que Dios elige (escoge a un pueblo para sí mismo por razones espirituales y no físicas). ¿Parece esto ser injusto? Pablo anticipó esa clase de reacción. De modo que, en 9:14-29 defiende el derecho de Dios a elegir a quien Él desee. Como el Creador, es su privilegio. Así pues, llamamos a esta sección el Privilegio de la Elección.

Hay dos objeciones hechas en contra del Principio de la Elección en Romanos 9:14-29. En 9:14, el oponente dice simplemente, "Dios es injusto". A lo cual Pablo responde, "De ninguna manera". De hecho, el punto es este, si Dios fuera solo justo y no misericordioso, todos nosotros seríamos destruidos. Puesto que no hay justo, ni aun

---

[13] Vea Arnold Fruchtenbaum, Israelology: The Missing Link in Systematic Theology, (Ariel Ministries Inc., 1989).

uno. Si obtuviéramos lo que merecemos, entonces Dios sería justo. En realidad, la única "injusticia" con Dios es su misericordia. Su misericordia detiene la guillotina de la justicia divina. "La misericordia triunfa sobre el juicio" (Stg. 2:13). La referencia a Su misericordia viene de Éxodo 33 (Monte Sinaí) después que Israel hiciera el becerro de oro. Todo Israel merecía ser destruido. Esto se refiere claramente a un juicio temporal y no a un destino eterno. Pero en cambio, Dios muestra misericordia. Y 9:16 deja bien en claro que ni la voluntad humana ni las obras pueden demandar la misericordia de Dios. Dios soberanamente confiere Su misericordia como Él quiere. Este es Su derecho, Su prerrogativa, y Su privilegio.

Dios tuvo misericordia de los israelitas, pero no de los egipcios. Él endureció el corazón de Faraón. El endurecimiento del corazón de Faraón es algo que quiero elaborar más, pero por el momento, simplemente podemos decir que en el caso de Faraón se hizo justicia. Faraón recibió lo que él merecía. Eso es justicia. En el caso de Moisés y de los israelitas que se les permitió vivir, ellos recibieron "injusticia"—recibieron misericordia, algo que no merecían.

Sin embargo, ahora tenemos la segunda objeción del oponente (9:10). En la primera objeción, dijo que Dios era injusto. Ahora, él hace a Dios responsable por el pecado. Su argumento va algo así:

> Si Dios endureció el corazón de Faraón, ¿cómo puede Dios entonces, responsabilizarlo por sus acciones e incredulidad en el juicio final? Dios es en realidad responsable. Debido que Él es la fuerza más poderosa en el universo, y ninguno puede oponerse a Su voluntad. Y si Dios quiere que mi mente sea endurecida entonces, Él es responsable, y no yo.

¿Te suena esto familiar? Se está acusando a Dios de ser un determinista "duro". Esto se parece exactamente a la posición de E. H. Palmer en su defensa del calvinismo dortiano (Los cinco puntos):

> La preordenación significa el plan soberano de Dios, por medio del cual Él decide todo lo que ha de pasar en el universo entero.... Él decide, y hace que todas las cosas que han de suceder, sucedan....

Él ha preordenado todo…: el movimiento de un dedo, el latido del corazón, el reír de una joven, el error de un mecanógrafo—aun el pecado.[14]

De modo que, si Dios así lo ha querido y Su voluntad es irresistible, entonces Dios es responsable por el pecado y por todo el mal en el mundo. Esta es la manera de pensar del oponente en el v. 19.

¿Cuál es la respuesta de Pablo? De hecho, la respuesta la da en el siguiente capítulo, pero por el momento, Pablo no responde al oponente. En cambio, le amonesta por su impetuosidad en hacer tal pregunta o por reducir a Dios a su mismo nivel. ¿Tiene un vaso de barro el derecho de preguntar porque la está formando así? El alfarero tiene el derecho soberano de hacer del vaso de barro como él quiera y lo puede usar para lo que él desee. Si él quiere usar un vaso para servir la comida al perro y otro, para servir la ensalada, ese es su privilegio. El vaso no tiene nada que decir al respecto (vv. 20-21).

Luego Pablo aplica la analogía a la relación entre Dios con los hombres. Algunos son preparados para gloria y otros para la destrucción. En pocas palabras, hay que dejar que Dios sea Dios. Es una blasfemia para nosotros desafiarle. En realidad, el hombre en el v. 19 está diciendo, "Nosotros los humanos tenemos un mejor sentido de justicia que Tú, Dios". Al decir esto, nos hemos puesto sobre Dios. Es el hombre realmente diciéndole a Dios, "Mira, Dios, desciende por un momento de ese trono. Tengo varias cosas que quiero decirte, varias preguntas que deseo hacer. Siéntate aquí—quiero interrogarte. Ahora, dime esto: ¿qué derecho tienes de hacerme de esta manera?"

La reacción inmediata de Pablo es semejante a la de un padre que acaba de ser reprendido por un hijo insolente e irrespetuoso. Desea agarrarlo del cuello y decir, "Escúchame, pequeño. Yo soy tu padre y tú eres solo un pequeñín. No tienes derecho de hablarme de esa manera". Por supuesto, que la comparación es inapropiada al compararla con a la criatura confrontando al Creador. Pablo concluye que no tenemos el derecho de cuestionar los designios de Dios con

---

[14] E. H. Palmer, *Five Points of Calvinism*, 25.

respecto a nosotros, mientras que Dios, por el otro lado, tiene todo el derecho de hacer con nosotros como Él desee.[15]

Y en 9:25-29, Pablo dice, "El hecho que Dios haya hecho a un lado a los judíos por los gentiles nada de esta situación, debe de sorprenderte. Fue todo claramente profetizado por Oseas e Isaías. De hecho, si Dios hubiera actuado con justicia (v. 29), los judíos hubieran sido borrados del mapa como lo fueron hace mucho Sodoma y Gomorra. Dios no debe nada a los judíos. Por supuesto, que es por la misericordia y la gracia que ellos existen". Eso es la conclusión de Isaías.

De modo que, al parecer tenemos aquí un determinismo "duro". ¿No es así? Pero debemos de mencionar una vez más, que el énfasis presente no está en el rechazo de Dios, sino en Su elección; no en Su reprobación, sino en Su misericordia. Él tiene misericordia de quien Él tiene misericordia, y tiene compasión del que Él se compadezca. Desde luego, ¿pero no está en lo correcto el oponente? ¿Cómo puede ser Faraón culpable si fue Dios quien endureció su corazón? ¿Cómo puede ser Esaú culpable si Dios lo rechazó aun antes de nacer?, ¿qué de estos vasos de ira preparados para la destrucción? ¿Cómo se armoniza esto con un Dios que afirma amar a todos sin distinciones de personas?

EL CORAZÓN DE FARAÓN

No podemos entender el endurecimiento del corazón de Faraón sin antes ver la historia del Éxodo. Lo que a menudo pasa por desapercibido en esta discusión es que en varias ocasiones en el Éxodo se nos dice que Faraón endureció su propio corazón (Ex. 8:15, 32; 9:34). Algunas veces solo dice que el corazón de Faraón se endureció (Ex. 7:13, 22; 8:19; 9:7, 35). Y luego dice que Dios endureció o iba a endurecer su corazón (Ex. 4:21; 7:3; 9:12; 10:1, 20, 27; 11:10; y 14:4, 8, 17). ¿Cómo podemos reconciliar estas declaraciones?

En primer lugar, debemos recordar que el Faraón conocía a Moisés y al Dios de los judíos, mucho antes de que iniciaran las plagas. El

---

[15] Vea el intercambio en el libro de Job. Dios le hace a Job 70 preguntas en 38:1-42:6, para revelar la ignorancia de Job y la sabiduría de Dios.

Faraón era un hombre que ya había rechazado muchas veces al Señor aun antes que Moisés le pidiera que dejara ir al pueblo.

Segundo, debemos de reconocer una ley moral que se aplica a todos los hombres, y no solo al Faraón. Esta ley dice que las convicciones morales, de no surtir efecto, se debilita más y más, hasta que finalmente el corazón del hombre se hace insensible. El NT habla de este proceso como "la cauterización de la conciencia", un proceso por el cual la conciencia, una faceta del corazón, se cubre con tejido cicatricial y se hace insensible. Es interesante leer el relato del Éxodo con el fin de ver cuántas veces dijo el Faraón, "He pecado... intercedan por mí... su Dios es justo". Leer que se convenció de su pecado, del poder de Dios para salvarle, y al parecer de arrepentirse sinceramente. Sin embargo, el Faraón era semejante a muchos otros creyentes que solo se arrepienten estando bajo presión. En cuanto pasó la crisis, se volvió a su trono. Y cada vez que el Faraón hacia esto, su corazón se iba endureciendo un poco más. Él endureció su propio corazón por sus acciones y decisiones.

Pero el texto también dice que Dios endureció el corazón del Faraón. ¿Cómo? Por medio de Su misericordia. Es que, Dios podía haber sido justo y dispensado con Faraón inmediatamente. No tenía por qué malgastar Su tiempo enviando 10 plagas. Sin embargo, en Su misericordia, dio al Faraón después de cada plaga una oportunidad para arrepentirse. Cada vez esperó del él un cambio radical sincero. Y eso es lo que esperamos del Dios que conocemos. Dio al Faraón una y otra oportunidad, pacientemente soportando su blasfemia y traición, como Romanos 9:22 dice, sin embargo, cada vez que el Faraón se arrepentía insinceramente su corazón endurecía aún más. "Por cuanto no se ejecuta luego sentencia sobre la mala obra, el *corazón* de los hijos de los hombres está en ellos *dispuesto* para hacer el mal" (Ec. 8:11). ¿Cómo es que Dios endureció su corazón? Solo indirectamente puesto que Dios endureció el corazón de Faraón por Su misericordia. En un lugar (Ex. 9:16), Dios le dice que Él le ha *permitido* permanecer para Su gloria. Dios pudiera haberlo eliminado mucho antes. De modo que, es solo por Su paciencia y misericordia que Dios permitió al corazón del Faraón endurecerse.

Antes de dejar el tema del Faraón, es necesario observar la palabra "levantado". Es el verbo *exgeira*, cuyo significado no es "crear" o "formar". Sanday y Headlam señalan que en este contexto significa que Dios levantó a Faraón a un estado prominente en la historia.[16] Este pasaje no dice nada con respecto a Dios habiendo creado al hombre para enviarlo al infierno.

En su determinismo duro Juan Calvino usó este pasaje para apoyar su posición de que los reprobados habían sido creados por Dios para ir al infierno. En sus comentarios sobre el v. 22 él dijo: "La segunda respuesta de Pablo muestra brevemente que, aun cuando el consejo de Dios es incomprensible con relación a la predestinación, sin embargo, su equidad intachable ha de ser vista tanto como en la destrucción del reprobado como en la salvación del elegido".[17] Y con el fin de enfatizar que Dios es la causa moral eficiente del mal y que los hombres son solo instrumentos, Calvino dice, "Pablo ha usado la palabra *vasos* en un sentido general para referirse a *instrumentos*.... puesto que Dios nos usa como instrumentos...".[18] Y para reforzar su entendimiento sobre la doble predestinación, él dice:

> Aun cuando Pablo es más explícito en esta segunda cláusula [v. 23] al decir que es Dios Quien prepara a los elegidos para la gloria, cuando antes [v. 22] Él simplemente había dicho que los reprobados eran vasos preparados para la destrucción, no hay duda que *la preparación de ambos* está dependiendo en el consejo secreto de Dios. De otra manera, Pablo hubiera dicho que los reprobados ceden o se arrojan a sí mismos a la destrucción. Ahora, sin embargo, él desea expresar que *su fin está ya designado antes de nacer*.[19]

---

[16] W. Sanday and A.C. Headlam, *A Critical and Exegetical Commentary of the Epistle to the Romans,* International Critical Commentary (Edinburgh: T. & T. Clark, 1902), 256.
[17] J. Calvino, *The Epistle of Paul to the Romans and Thessalonians,* Calvins' New Testament Commentaries, ed. D. W. Torrance and T. F. Torrance, trans. R. MacKenzie (Grand Rapids: Eerdmans, 1960), 210.
[18] Ibid., 211.
[19] Ibid., 212, énfasis añadido.

No es de sorprenderse que Will Durant resumió su perspectiva general de la doctrina de Juan Calvino sobre la doble predestinación al decir, "Siempre lo encontraremos difícil amar al hombre que ha obscurecido el alma humana con el más absurdo y blasfemo concepto de Dios en toda la larga y honrada historia del absurdo".[20] El determinismo de Calvino es tan duro que Dios es la única causa moral eficiente[21] en el universo. Todas las demás criaturas, incluyendo Satanás, son solo instrumentos en Su mano:

> Todas las circunstancias externas que contribuyen a la ceguera de los reprobados son los *instrumentos* de Su ira. *Satanás mismo*, quien obra internamente con poder persuasivo, *es el ministro* de tal manera que *él obra solo por Su mandato*... Pablo no nos informa que la ruina de los impíos es prevista por el Señor, sino que es ordenada por Su consejo y voluntad. Salomón también nos enseña que no solo la destrucción de los impíos fue conocida de antemano, sino que *los impíos mismos han sido creados para el propósito específico de perecer* (Pro. 16:4).[22]

Saday y Headlam son más quisquillosos con el texto. Corrigen a Calvino al escribir: "El Apóstol no dice nada acerca de la vida eterna

---

[20] Will Durant, "The Reformation", en *The Story of Civilization*, vol. 6 (New York: Simon & Schuster, 1957), 490, énfasis añadido.

[21] El sucesor de Calvino en Ginebra, Teodoro Beza hizo mejor o peor, dependiendo de la perspectiva propia. Él declaró a la elección como el epicentro. El decreto de Dios de elegir algunos y reprobar a otros precede Su decreto de crear al hombre en primer lugar. ¿Por qué habría Dios de crear a una persona que Él ya ha decidido condenar por la eternidad? Para demostrar Su justicia ante el universo, afirmaba Beza, reiterando la enseñanza de su mentor. Después de todo, ¿cómo podría probar realmente Su justicia si Él nunca sentenció alguno por el pecado? Vea Walter Kickel, *Vernunft and Offenbarung bei Theodor Beza*, en *Beiträge zur Geshichte und Lehre der REformierten Kirche*, 25 (Neukirchener Verlag des Erziehungsvereins GmbH Neukirchen-Vluyn, 1967), 100-67. Una gráfica del sistema de Beza ha sido traducida y adjuntada al final del Apéndice B.

[22] Ibid., 207-8, énfasis añadido. Observe como Calvino está realmente argumentando a favor del supralapsarianismo, como afirma Kickel (ibid., 148).

o la muerte… Él nunca dice o implica que Dios ha creado al hombre para el propósito de su destrucción".[23]

LA AUTO DESTRUICIÓN

Si hubiera un pasaje que pareciera enseñar la doble predestinación, sería este. Sin embargo, Calvino asume demasiado al declarar (vea lo anterior), "su suerte ya ha sido asignada…" El griego es muy iluminador: Mientras que varias traducciones en español usan el verbo "preparados" tanto en 9:22 y 23, en el original estos son dos verbos diferentes: *katērtismena* y *proēttoimasen*. Además, los dos verbos están en diferentes tiempos y voces, y solo el último tiene un prefijo preposicional (*pro-*) para indicar secuencia ("de antemano").

Una vez más, es de gran ayuda recordar que el énfasis del pasaje está en la misericordia de Dios, no en Su ira, y de ninguna manera en la reprobación. Permítame explicar cómo funciona esto en estos versículos. En el v. 23 Pablo habla de "los vasos de misericordia que Él preparó de antemano para gloria". En este caso, el verbo está tercera persona singular, indicativo, aoristo *activo*. Esto significa que el sujeto del verbo, Dios, estuvo activamente involucrado en esta preparación de los vasos de misericordia con anticipación. Él fue el agente directo, la causa eficiente. Por otro lado, en el v. 22, el verbo es completamente diferente—es plural, *medio/pasivo*, participio perfecto que concuerda con los "vasos". Está describiendo *el estado actual* (significado del tiempo perfecto) de estos vasos. La voz media/pasiva es muy significativa. En primer lugar, nos dice que Dios en ninguna manera estuvo directamente envuelto en este proceso.[24] Él no es el sujeto de este verbo, y el verbo no está en la voz activa. Evidentemente, no hay un agente externo actuando sobre los vasos hasta el siguiente versículo.

---

[23] Sanday and Headlam, *Romans*, 258.
[24] Si uno insistiera de que el participio es *pasivo*, indicado agencia, no necesariamente cambiaría el significado. A menudo la voz pasiva no tiene un agente *externo*. Si digo, "Soy azotado", eso es pasivo, sin embargo, no existe un agente externo. Lo pude haber hecho yo mismo.

Por el contrario, la voz media indica una acción hecha sobre sí mismo. En el español, el concepto más cercano que tenemos para ayudarnos a entender esto es hacerse algo o hacerlo para sí. Por ejemplo, si digo, "Me lavé las manos", eso sería un verbo en la voz media, siendo que la acción de lavar fue hecha por mí sobre mí mismo. Esto es lo que este versículo está diciendo. *Los vasos de ira mismos lo hicieron*. Al traducir el verbo "preparados", implica que Dios preparó los vasos de ira tal como lo hizo con los vasos de misericordia. ¡Esto no es así! Pero otro punto importante aquí es la falta de cualquier tipo de preposición indicando tiempo en relación a los vasos de ira. Considerando que los vasos de misericordia fueron preparados "de antemano", sin embargo no fue así con los vasos de ira. No se hizo nada en la eternidad pasada con relación al estado de estos vasos. Ellos hicieron esto a sí mismos dentro del marco del tiempo.

Dan Wallance[25] da varias razones por la cual piensa que κατηρτισμένα no está en la voz media. Estaremos discutiendo esto en unos momentos, pero primero tenemos que ver la persuasión teológica que Wallace a importado a su gramática en varios lugares, entre ellos está Ro. 9:22. Wallace hace evidente su determinismo duro al decir, "…esta posición [la voz media de κατηρτισμένα] ignora el contexto donde *la voluntad predeterminante de Dios es acertada para los dos tipos de vasos* (vv. 20-23)" (las itálicas son mías). Esto no es sino una doble predestinación, una conclusión que todos los deterministas duros tienen que concluir si son intelectualmente honestos. Por lo menos Thomas Schreiner sale y admite esto: "…no se puede evitar la doble predestinación".[26] Y anteriormente Wallace en su discusión afirmó: ¿"No está el *destino* de los vasos (un para honra y otro para deshonra) totalmente *determinado* por su Creador?" (Las itálicas son mías). Siendo que el predeterminismo fue importado al cristianismo vía Atenas y Agustín, quizá uno tiene que tener cuidado

---

[25] Daniel B. Wallace, Greek Grammar Beyond the Basics: An Exegetical Syntax of the New Testament (Grand Rapids, MI: Zondervan Publishing House, 1996), 417-18.

[26] Thomas R. Schreiner, Romans , ECNT (Grand Rapids: Baker Books, 1998), 522.

cuando la evidencia gramatical es presentada por uno que está promoviendo una posición teológica (recuerde la observación que hace Sanday y Headlam de que no hay nada en Romanos 9 que apunte a la eternidad,[27] una posición promovida, una vez más, por Agustín.) Encontrar tal entendimiento de Dios, (que afirma que Dios creó a la mayoría de los humanos para tortúralos eternamente en el infierno de modo que los vasos de misericordia pudieran apreciar mejor la misericordia de Dios hacia ellos) una posición tan repugnante que llevó al mismo John Stott a adoptar el aniquilacionismo. Stott escribió sobre este pasaje: "Indudablemente Dios nunca a 'preparado' alguno para la destrucción; ¿no será que ellos mismos se preparan para la misma por sus obras malas?"[28]

Con relación a la gramática, me recuerda al debate existente sobre la evolución donde los científicos competentes evalúan los mismos hechos y utilizan aquello que apoya la posición que ellos ya afirman aun antes que los hechos han sido analizados. Wallace dice que el medio directo (el uso reflexivo donde el sujeto de la oración actúa sobre si mismo—"En todo este asunto me lavo las manos") es raro encontrarlo en el NT (y por implicación, la probabilidad que κατηρτισμένα esté la voz media es realmente escasa). Aun así el distinguido A. T. Robertson dijo: "Algunas veces, realmente, es difícil saber si el verbo es voz media o pasiva. . ."[29] Como ya se ha dicho, en todos los tiempos del griego, salvo el aoristo y el futuro, siempre es una cuestión no resuelta si tenemos una voz media o pasiva. "En el mejor de los caso, la línea divisoria es muy fina".[30] Solo el contexto y la idea del verbo lo pueden decidir".[31] De modo que, como siempre, el contexto es rey. Wallace sería culpable de una transferencia total invalida (solo porque una palabra signifique tal cosa en cinco ocasiones quiere decir que tal cosa significará lo

---

[27] Romans, 258, aun cuando parecen contradecirse en 262.
[28] John Stott, Romans (Downers Grove, IL: InterVarsity Press, 1994), 272.
[29] A.T. Robertson, A Grammar of the Greek New Testament in the Light of Historical Research (Nashville, TN: Broadman Press, 1934), 816.
[30] Moulton, Prol., p. 162.
[31] Robertson, Grammar , ibid.

mismo en el siguiente uso). Es casi como decir que siendo que el modo optativo es raro en el NT consecuentemente, si llegamos a observar a uno este no ha de ser exegéticamente significativo. Este tipo de error exegético disminuye el contexto.

En cuanto a la voz media directa, Robertson hace una lista de ejemplos de una página entera.[32] Él aún incluye 1 Co. 14:8 παρασκευάσεται (se preparará), un uso sorprendente similar a lo que hayamos en Ro. 9:22, aun que sea un verbo distinto. Este uso mitigaría en contra del "argumento idiomático" de Wallace. Y en cuanto al segundo argumento de Wallace, de que no hay usos de la voz media en el tiempo perfecto en el NT, es otro ejemplo de una transferencia total inválida. Es similar al argumento de Sproul que cree que porque ἕλκω siempre significa "arrastrar o traer" en cada uso del mismo en el NT debe, por tanto, significar lo mismo en Juan 6:44. Otra vez, el contexto es menoscabado, como ya hemos demostrado en nuestro estudio de ἕλκω en el capítulo sobre la "Regeneración".

Luego Wallace dice a sus lectores que κατηρτισμένα en su tiempo perfecto sugiere un "asunto consumado". Eso sería cierto si el participio está siendo usado como un perfecto extensivo con el énfasis en una acción completada en el pasado. Sin embargo, siendo que este es un participio y no un verbo finito, es más probable que esté hablando de un estado de ser con el énfasis en los resultados presentes. Funciona como un adjetivo predicativo con el copulativo entendido: "los vasos de ira *que están listos* (κατηρτισμένα) para destrucción". Un buen número de comentaristas lo entiende de esta manera y lo traduce "maduros" o "listos" (cf. Weiss, Cranfield, Stott). Sin embargo, otros como Schreiner[33] están tan deseosos de sustentar su posición sobre la doble predestinación, que ignoran la forma verbal (medio/pasivo) y lo llaman "un pasivo divino ", significando con esto que es Dios el que los preparó para destrucción. Se olvida del hecho de que Dios está ausente en este versículo cuando, por el contrario, está presente en el v. 23 preparando los vasos de misericordia. De cualquier forma, todo el

---

[32] Robertson, Grammar, 807.
[33] Schreiner, Romans , 522

punto de Wallace sobre la matiz lexical de κατηρτισμένα y la acción completa de perfecto es, como muchas otras cosas, la opción del intérprete.

La última apelación de Wallace es al contexto. Regresa al v. 20 para apuntar a la soberana voluntad del alfarero en como hace Sus vasos. Él usa esto para apoyar su doble predestinación: ¿"No está el *destino* de los vasos. . . enteramente *predeterminado* por su Creador?" (las itálicas son mías). Luego procede a trasportar la idea del destino eterno de los vasos a las personas, completamente ignorando que la actividad de Dios en el v. 22 no es preparando vasos para destrucción; es soportar con mucha paciencia los vasos listos para destrucción. Ahora si Dios es el que está preparado estos vasos para la destrucción (presumiblemente durante algunos años), ¿por qué necesitaría soportar y tener paciencia? Después de todo, Él es el que está preparando estos vasos que ha destinado para una tortura eterna. Por otro lado, si los mismo vasos "se han preparado" para la destrucción debido a una vida impenitente y de pecado, entonces esto si requeriría soportar y tener paciencia, tal como Dios soportó el arrepentimiento insincero del Faraón una y otra vez. Así como el Faraón endureció su propio corazón directamente por su obstinación y engaño y así Dios indirectamente por soportarlo después de una plaga sobre otra (Ec. 8:11), de la misma manera Dios permite a los no elegidos crear su propio caldero de libertinaje y duplicidad.

Es interesante que en su discusión sobre el contexto, Wallace evita por completo el cambio obvio en los verbos de κατηρτισμένα a προητοίμασεν. El contraste ruega discusión. Mientras que el segundo verbo tiene el prefijo προ-, el primero no lo tiene. Esto sugiere que Dios estaba de una manera activo "antes que" que no lo estuvo en el primer verbo. Es evidente, que el segundo verbo esta en la voz activa mostrando que es Dios, el sujeto del verbo, el que actuó sobre los vasos de misericordia, los objetos directos. La forma del medio/pasivo de κατηρτισμένα remueve a Dios de alguna actividad directa en "la preparación" de los vasos de ira. Es más, es engañoso solo traducir κατηρτισμένα como "preparados". Esta apalabra se traduce "preparaste" solo una vez más (Heb. 10:5) de los trece usos que tiene, de modo que es posible tal traducción. Sin embargo, cuando el lector español ve la palabra "preparados" en versículos conectados con una καὶ (y) consecutiva, asume que la misma palabra griega está detrás de la del español, consecuentemente dirigiendo a la creencia de la doble predestinación. Pero esto es precisamente lo que Pablo no hace, es decir, no usa la misma palabra. ¿Por qué? ¿Podría ser que tiene en mente un contraste con respecto a los actores en el escenario; Un contraste entre los vasos de ira y los vasos de misericordia?

En conclusión, no encontramos persuasivos todos los argumentos de Wallace sobre la doble predestinación.

Esto de nuevo nos regresa al significado de "ira". Ya hemos visto que en Romanos esa ira no se refiere a la eternidad.[34] En Romanos 1:18 la ira de Dios *se está revelando* en contra de la impiedad e injusticia de los hombres que detienen con injusticia la verdad. Descubrimos que esta ira está definida por tres declaraciones hechas en los vv. 24, 26, y 28 donde "Dios los entregó" al control de sus naturalezas pecaminosas. Es de esta clase de ira que la vida de Cristo los salvará (vea 5:9) conforme ellos aprendan a dejar que Cristo viva Su vida sustitutoria en ellos. Estos ya han sido justificados (vea 5:1 y 9), pero no han sido aún salvados del poder de la naturaleza pecaminosa (ira) a una herencia completa. De modo que, los vasos en 9:22 han probado la paciencia de Dios con sus obstinaciones en el pecado. Habiéndoseles dado la oportunidad para arrepentirse, persisten en desafiar la verdad y por ende, finalmente entregados al control de sus naturalezas pecaminosas; Son vasos de ira debido a las obras pecaminosas de la carne. Charles Hodge dice, "Son aptos para la destrucción", envolviendo esto un castigo/muerte temporal o (para los creyentes) perdida de herencia.

Aun la palabra "destrucción" no significa categóricamente condenación eterna. Es la misma destrucción que la mayoría del mundo experimentará durante la última semana del período de la Gran Tribulación. En 1 Corintios 5:5, la misma palabra es usada respecto al hermano incestuoso que ha sido entregado a Satanás para la *destrucción* de su carne. No obstante, su espíritu será salvo, aunque

---

[34] Vea Romanos 13:4 sobre el aspecto temporal y humano de la ira en la tierra.

así por fuego. De modo que, aquí tenemos a un creyente que va al cielo y que sufrió destrucción temporal y perdida de recompensa. De la misma manera, leemos en 1 Tesalonicenses 5:2-3, "Porque vosotros sabéis perfectamente que el día del Señor vendrá así como ladrón en la noche; que cuando digan: Paz y seguridad, entonces vendrá sobre ellos *destrucción* repentina, como los dolores a la mujer en cinta, y no escaparán". De nuevo, esta es una destrucción temporal. Como siempre, el contexto es la clave (el uso de esta palabra en 2 Tesalonicenses 1:8-9 es eterno: "ni obedecen al evangelio de nuestro Señor Jesucristo; los cuales sufrirán pena de eterna perdición, excluidos de la presencia del Señor y la gloria de su poder", pero observe que bastante claro debido al contexto).

En cierta ocasión vi una buena ilustración de este versículo. Los ancianos de la iglesia y yo fuimos a un juego de exhibición de los Oilers-Cowboys en el Dome. Había cinco de los ancianos conmigo. Los primeros cuatro ancianos se habían sentado a la orilla de las gradas y allí estaba yo sentado en quinto lugar. A mi lado estaban varios hombres desconocidos. Me presenté a ellos, y me preguntaron por qué había venido. Me pareció una pregunta tonta, de modo que solo les contesté que había venido a ver a Landry y a los Cowboys (los Oilers no eran un gran equipo en ese tiempo). Uno de ellos orgullosamente me dijo que había venido para ver a las porristas de los Cowboys. Todo nos reímos. Bueno, después que empezó el juego, empezaron a ordenar cervezas. Era algo gracioso ver a los ancianos de la iglesia pasando las cervezas de un lado de las gradas a otro. Pero para el medio-tiempo del partido los hombres empezaron a embriagarse. Luego dos jóvenes bonitas llegaron y se sentaron al frente de nosotros en los dos asientos desocupados. Los muchachos rápidamente se presentaron. Cuando el juego reinició, continuaron ordenando cervezas. Para la tercera entrada del partido los hombres estaban totalmente embriagados. Entonces, empezaron a portarse groseros y odiosos con las muchachas que estaban enfrente de nosotros. Las personas de alrededor los miraban. ¡Todos pensaban lo mismo—estos hombres estaban aptos para la destrucción! Sin embargo, ellos habían acareado esto sobre sí mismos. ¡Todo lo que nosotros hicimos fue pasar la cerveza!

Conclusión

El determinismo duro puede ser aparente debido a un análisis superficial de la Escritura, pero, analizándolo más profundamente revela ser otra cosa. Dios es amor. Él quiere ser amado. Al impedir la capacidad de escoger por parte de Su creación, está llamando a robots, que no pueden voluntariamente escoger amar, a que le adoren. Téngalo por seguro, que esta es una posición viable de la soberanía. Al simple chasquido de sus dedos ellos cantan, "Gloria al Creador", y pudiéramos decir que su Creador es soberano sobre ellos.[35] ¿Pero existe aquí una relación de amor? No lo creo. El determinismo corporativo ofrece una más alta opinión de la soberanía.

EL DETERMINISMO SUAVE

Otro planteamiento que incorpora más de los datos bíblicos que los que incorpora el determinismo duro es lo que llamamos, determinismo *suave* o cooperativo. Esto no es arminianismo o pelagianismo. Esos sistemas pueden ser denominados "un auto-determinismo". En el determinismo suave el hombre se encuentra aún totalmente depravado. La gracia previniente no existe para compensar por los efectos de la caída de Adán. No hay una chispa de bondad en el hombre que pueda encender la justicia de la aceptación de Dios. Sin embargo, el determinismo suave no elimina totalmente al hombre de la ecuación de la salvación. Él aún tiene la capacidad de elegir, buscar, y palpar (Hch. 17). Hay una diferencia entre decir, "No hay quien busque a Dios", y "No hay quien pueda buscar a Dios". Pero al decir esto no significa que el hombre no puede encontrar a Dios o tomar una decisión por sí mismo a favor de Dios. Él necesita del poder persuasivo de Dios (Jn. 6:44). Es debido a esto que lo llamamos un determinismo cooperativo. En lugar de arrastrar al hombre

---

[35] Para una critica resiente del determinismo vea John C. Lennox, Determined to Believe? *The Sovereignty of God, Freedom, Faith & Human Responsibility* , (Grand Rapids, MI: Zondervan, 2017).

pateando y gritando al reino, el Espíritu Santo trae al reino a aquellos que responden a Su persuasión.

Podríamos usar una ilustración similar para explicar al determinismo suave. En esta posición de soberanía, el Creador crea a 10 personas (entidades con la capacidad de interactuar con Él, amarle, y obedecerle—capacidades que ningún animal puede tener). Él entonces podría revelarse a ellos como Su Creador y esperar sus lealtades. De hecho, Él pudiera aun pedirles que cantaran, "Gloria al Creador" en gratitud por el don de la vida. Algunos pudieran escoger hacerlo; el resto pudiera decir, "Oye, yo no pedí que naciera, y, por lo tanto, no cantaré ningún cántico de gratitud". Pero al marcharse estas criaturas rebeldes, el Creador puede ir detrás de ellas y revelárseles aún más. Después de que algunos de ellos aprendan más, se arrepienten de su ingratitud, regresan y adoran al Creador. Sin embargo, el Creador persiste en seguir aquellos que aún tienen que responderle de manera positiva. Después de una intensa persuasión, muchos de estos regresan de nuevo al Creador. Otros nunca lo hacen, pero no es debido a que el Creador no intentó revelarse a ellos. Aun así, en Su grandeza, el Creador puede usar las vidas de aquellos que se han rebelado contra Él para cumplir en la historia humana todo Su plan. Un Creador que es soberano sobre este tipo de criaturas, a mi parecer, es mucho más soberano *y* benéfico que uno que es simplemente un programador de computadora.

Pero esto todavía no responde una pregunta fundamental. ¿Cómo puede haber algún tipo de cooperación por parte del hombre cuando la elección de Dios se lleva a cabo antes de su nacimiento? Aun si admitiéramos que el asunto de Jacob y Esaú en Romanos 9 no tenía nada que ver con el destino eterno[36] (el asunto era quien iba a mediar los propósitos redentores de Dios), la Escritura enseña que Dios escogió un pueblo para Sí mismo (elección) antes de la fundación del mundo (Ef. 1:4). El texto incluso dice que fuimos *"escogidos en Él"*

---

[36] Como observa Sanday y Headlam, "La elección absoluta de Jacob—el amar a Jacob y aborrecer a Esaú—hace referencia simplemente a la elección del uno a mayores privilegios como cabeza de la raza escogida, que al otro. No tiene nada que ver con su salvación eterna.

antes de la fundación del mundo. ¿Cómo podemos estar "en Él" antes de estar "en Él"? El concepto de "en Él" es explicado a grandes rasgos en Romanos 6, y tiene que ver con nuestro bautismo en la muerte, sepultura, y resurrección de Cristo. Esto se obtiene por el bautismo (el sumergir) del Espíritu Santo, algo que solo empezó después del Pentecostés, 33 D.C. (o si prefiere 29). De modo que, ¿cómo podemos estar "en Él" antes de Su nacimiento, de la cruz, del bautismo del Espíritu Santo, y de nuestro propio nacimiento?

Una respuesta sugerida a este dilema y a las controversias alrededor de los decretos de Dios (supra-, infra-, etc.) puede ser en la ontología de Dios, su constitución. Él es tres, pero también uno. "Jehová nuestro Dios, Jehová uno es". Debido a que Él es uno, todos Sus atributos son parte de Su esencia indivisible. Por tanto, Su elección y presciencia son uno y coextensivo. Este puede ser muy bien el significado y la implicación de 1 Pedro 1:2, el cual dice, "elegidos *según* la presciencia de Dios Padre". Él no nos ha elegido *en base a* Su presciencia o *a pesar* de Su presciencia, sino *conforme* a Su presciencia. Comentando sobre este versículo, J. Walvoord escribió:

> La palabra "elegidos"…no enseña el orden lógico de la elección en relación a la presciencia, sino el hecho que éstas son coextensivas…. Todo el proceso del propósito divino, de la elección, y de la presciencia, son eternas…todos los aspectos del propósito eterno de Dios son igualmente atemporales.[37]

O como lo expresó N. Geisler:

> No hay una prioridad cronológica o lógica entre la elección y la presciencia. Todo lo que Él de antemano escogió no puede estar *basado en* lo Él de antemano conoció. Ni lo que conoció de antemano puede *estar basado* en lo que Él de antemano escogió. Ambas cosas deben de ser actos simultáneos y coordinados de Dios. De modo que, Dios conociendo determinó y determinadamente conoció por toda la

---

[37] L. S. Chafer and J. Walvoord, *Majopr Bible Themes* (Grand Rapids: Zondervan, 1980), 233.

eternidad todo cuanto había de acontecer, incluyendo todos los actos libres. Por tanto, son acciones libres genuinas, y Dios determinó que lo fueran. Dios, entonces, es totalmente soberano en el sentido de determinar realmente lo que ocurre, y aun así los humanos son libres y cabalmente responsables por lo que escogen.[38]

Podríamos haber dicho fácilmente que los creyentes fueron escogidos en Cristo desde la eternidad futura. Su omnisciencia permite a Dios contemplar el tiempo desde el principio, o final, todo a la vez. Él no está atado por nuestras dimensiones limitadas. Y Su omnipresencia le permite trascender el tiempo y el espacio, de modo que, Él está en el principio y en el final o en ambos simultáneamente. Gran parte de nuestra confusión sobre estas cosas surgen probablemente debido a nuestras limitaciones finitas. Incluso el concepto de la presciencia es un acomodo a nuestras limitaciones humanas. Podríamos de la misma manera también hablar del *post*-conocimiento de Dios. Él simplemente conoce *eternamente* y *simultáneamente* sin alguna necesidad de sucesión de pensamiento.

Conclusión

Hay que admitir, al final de cuentas, que las discusiones tocantes al *ordo salutis* son solo intentos de esclarecer la interfaz inescrutable entre criaturas pensantes limitadas, constreñidas por el espacio y tiempo, y el Creador que no tiene tales limitaciones.[39] Sin embargo, cuando intentamos someter a los actos eternos de Dios a nuestros parámetros de tiempo y lógica, convertimos algo que es misterioso en algo que no tiene sentido. No tiene sentido sostener un determinismo

---

[38] Geisler, "God Knows", 70-71. Norman Geisler, *Systematic Theology*, (Minneapolis, Minnesota, Bethany House, Pub. 2004) vol. 3, 86. Vea Tambien *Divine Foreknowledge Four Views*, eds. James K. Beilby & Paul R. Eddy, (Downers Grove, Ill. InterVaristy Press, 2001) y D.A. Carson, *Divine Sovereignty & Human responsibility Biblical Perspectives in Tension*, (Atlanta, Georgia. John Knox Press, 1981).

[39] Vea Hugh Ross, Beyond The Cosmos: the extra-dimensionality of God, (Colorado Springs, CO. Nav Press, 1996

duro y al mismo tiempo, hablar de la validez de la decisión humana. De acuerdo, es cierto que la yuxtaposición escritural de la soberanía divina y la responsabilidad humana es un misterio, pero como señala Geisler, un misterio puede ir más *allá* de la razón, pero un misterio no es *contrario* a la razón.[40] Lo que es *contrario* a la razón lo llamamos *contradicción*, no un misterio. Un misterio es incomprensible, pero no contradictorio. El determinismo suave permite a las dos verdades a coexistir compatiblemente o cooperativamente sin un resultado contradictorio.

---

[40] J. I. Packer, Evangelism and the Sovereignty of God (Chicago: Inter-Varsity Press, 1961), 18-24.

Capítulo 15

El universalismo

INTRODUCCIÓN

Desde que se publicó el libro de Rob Bell titulado, *Love Wins*[1](*El amor vence*) ha aumentado el interés sobre universalismo. Para tener una idea sobre lo que afirma el universalismo, se puede decir que el mismo afirma que todos los ángeles y hombres creados por Dios pasarán la eternidad con Él. Esto no eliminaría los animales o los peces, pero tampoco los incluye. Por otro lado, sí incluye a los ángeles y al diablo. Algunos universalistas excluirían a estos dos últimos. Sin embargo, con el fin de ser consecuentes con sus propios argumentos deberían incluir al diablo y sus ángeles caídos. Después de todo, si el amor vence al mal, entonces los originadores del mal (el diablo y sus ángeles) tienen que ser incluidos, de otra manera, vence el mal.[2]

---

[1] Robert H. Bell, Jr. *Love Wins* (New York, N.Y.: HarperCollins Publishers, 2011). Es importante considerar que ninguna de las ideas de *Love Wins (El amor vence)* son ideas originales de Bell. Las mismas pueden encontrarse en el libro por Thomas Talbott referido abajo y escritas más de 10 años antes de *Love Wins (el Amor Vence)*.

[2] Desde un principio deberíamos tener un problema con el universalismo si este va incluir al diablo y sus ángeles. ¿Por qué? Debido a que se hace bastante énfasis en el Nuevo Testamento acerca de la segunda persona de la Trinidad haciéndose hombre para proveer la salvación a los hombres. Un hombre tuvo que morir

Algo fundamental en esta discusión es por un lado, lo que uno piensa de Dios y por otro, si uno de Sus atributos está por encima de otro (por ejemplo, el amor sobre la justicia). En gran manera, el universalismo es una reacción en contra de la posición horrible de Dios expuesta por la doble predestinación de Agustín, Calvino, Beza, Perkins, La confesión de Westminister, y su clase (vea el apéndice sobre "Otro relato de las dos ciudades"). En su forma más repugnante, se dice que Dios ha elegido algunos para pasar la eternidad con Él y ha seleccionado a otros con el fin de torturarlos por la eternidad. Es difícil determinar el número de los que han sido elegidos, pero claramente son la minoría. Después de todo, muchos son los llamados y pocos los escogidos. De modo que, según esta forma de pensar, Dios torturará a la gran mayoría de las personas que Él ha creado por toda la eternidad, digamos el noventa y nueve por ciento. Y esta decisión de torturarlos fue tomada antes de crearlos y antes que hubiesen hecho lo malo (pecado) ante Él. Algunos, sin no es que la mayoría de agustinianos/calvinistas, objetarán a la palabra "tortura" debido a que mancilla a la imagen de Dios. Pero leemos en Apocalipsis 14:10-11, "y será atormentado con fuego y azufre delante de los santos ángeles y del Cordero; y el humo de su tormento sube por los siglos de los siglos…" Torturado o atormentado, ¿cuál es la diferencia?

Esta manera de pensar de Dios ha ahuyentado a muchos de la fe cristiana. Otros, simplemente han rechazado esta teología que ha creado un Dios tan desgarbado. Talbott dice que el Dios del agustinianismo/calvinismo le produce un agujero negro de depresión. Él mismo reconoció que sus propios padres fueron más omnibenevolentes que el Dios de Agustín. Pero si las enseñanzas del calvinismo le hicieron que contemplara el agujero negro, su investigación de los respetados padres de la iglesia y líderes de la Reforma, lo empujaron al agujero.

---

para pagar el castigo del hombre caído. Si los ángeles caídos han de ser salvos, entonces la segunda persona de la Trinidad se hubiese hecho un ángel (Un Dios-ángel) y muerto en su lugar. Pero el libro de Hebreos es bien claro en afirmar que Cristo moriría una sola vez. No hay una provisión alterna de un Dios-ángel que muera vicariamente por los ángeles caídos.

Salió del mismo solo hasta que empezó a leer las palabras George MacDonald.[3]

El universalista afirma que la Biblia presenta a Dios como un Dios de amor, misericordia, y de perdón. La misericordia triunfa sobre el juicio (Stg. 2:13). Un Dios así es absolutamente incapaz de engañar, de torturar a Su propia creación para siempre en el infierno o en el lago de fuego. Y si así no fuera, entonces Él no es el tipo de Dios al que deseamos adorar. Un ex–pastor, que afirmaba inclinarse hacia el universalismo, dijo que el concepto del universalismo le liberó de algunas de sus dudas concernientes al carácter de Dios y le permitió adorar a Dios de una manera fresca y libre. Posteriormente, dejó su ministerio de varios años por esta causa.

Este es un tema que escasamente era discutido hace 20 años atrás cuando escribí en Free Grace Society. Debido a su surgimiento, decidimos que sería bueno añadir este estudio. Nuestro proceder será igual a lo que hicimos en nuestros previos estudios. Primeramente, veremos el tema desde el punto de vista histórico. Luego, veremos las Escrituras: La Teología Histórica + La Teología Bíblica = la Teología Sistemática.

EL UNIVERSALISMO EN LA HISTORIA

Según Talbott, los primeros Padres de la Iglesia eran universalistas. Según él, fue Agustín, el que introdujo el exclusivismo con su énfasis en la doble predestinación y al separar a los elegidos de los no elegidos. Talbott piensa que Orígenes (d. 254) llegó a ser el teólogo más grande entre Pablo y Agustín, y él era universalista. Él se refiere a Clemente de Alejandría (d. 215), el mentor de Orígenes, y a Gregorio de Nisa (d. 395). De hecho, se podría encontrar un gran número de partidarios de la salvación de todos los hombres en los Padres post-apostólicos. Sin embargo, la teología de Orígenes no fue declarada herética sino hasta el quinto concilio ecuménico en 553.[4]

---

[3] Thomas Talbott, *The Inescapable Love of God* (Universal Publishers/uPUBLISH.com, 1999), 12-15.
[4] http://www.theopedia.com/universalism#note-0, accesado el 6 de Junio, 2017.

Agustín mismo admitió que muchos, tal vez la mayoría, de los primeros padres eran universalistas: "Hay muchos (*imo quam plurimi*, que puede ser traducido "la mayoría") que aun cuando no niegan las Sagradas Escrituras, no creen en el tormento eterno".[5] Haciendo un análisis general de los cristianos universalistas más influyentes, según el erudito de patrística Ilaria Ramelli, ciertamente refuerza la admisión de Agustín:

> Los partidarios patrísticos principales de la teoría de la *apokatastasis* [restauración], tales como Bardesanes, Clemente, Orígenes, Dídimo, San Antonio, San Pánfilo Mártir, Metodio, San Macrina, San Gregorio de Nisa (y probablemente los otros dos a Capadocios), San Evágrio Póntico, Diodoro de Tarso, Teodoro de Mopsuestia, San Juan de Jerusalén, Rufino, San Jerónimo y San Agustín (por lo menos al comienzo) ... Cassiano, San Isaac de Nínive, San Juan de Dalyatha, Ps. Dionisio Areopagita, probablemente San Máximo el Confesor, hasta Juan Escoto Erígena, y muchos otros, fundamentaron su doctrina cristiana de la *apokatastasis* en primer lugar en la Biblia.— Ramelli, *Christian Doctrine*, 11.[6]

No hay nada en el Credo niceno posterior (381) que haya excluido la posibilidad que todos serán salvos. No es sino hasta el Credo de Atanasio (500), que la frase "Aquellos que han hecho lo malo, al fuego eterno" fue introducida en el credo.

Aun cuando eruditos más calificados que yo pudieran debatir sobre lo anteriormente mencionado, tenemos que admitir que un gran número de los primeros padres de la iglesia creyeron en el universalismo. Sin embargo, se enfrentaron a una barrera sólida en la persona de Agustín. Con un cambio en su teología alrededor del 412, él introdujo el determinismo a su filosofía soteriológica. Digo filosofía

---

[5] Augustine, *Enchiria, ad Laurent*.
[6] Matthew Distefano, "Indeed Very Many: Universalism in the Early Church", 10 de abril, 2017, consultado el 6 de junio, 2017, http://www.patheos.com/blogs/unfundamentalistchristians/2017/04/indeed-many-universalism-early-church/.

debido a que su determinismo vino de los paganos: los estoicos, los neoplatonistas, y los maniqueos. Esta no vino de la Biblia. Con su opinión de la doble predestinación, Dios dividió a la humanidad en dos grupos: los elegidos y los no elegidos. Según su entendimiento la mayoría de las personas irán al infierno. Aun cuando Orígenes murió en el siglo tercero, como ya hemos observado, no fue considerado hereje sino hasta el siglo sexto. Lentamente, el entendimiento determinista de Agustín se apoderó del Occidente.

Siendo bíblico o no, el entendimiento de Agustín cayó en las manos de los poderes civiles (los papas y reyes). Es muy fácil manipular a las masas cuando sus almas están por caer en las garras del infierno. De esta manera, la mayoría de los cristianos en el Occidente desde Agustín han sido motivados por el temor en vez del amor. La Cruzada Estudiantil para Cristo ayudó a iniciar un gran avivamiento en Estados Unidos en los 60. Su folleto evangelístico, "Las cuatro leyes espirituales", llegó de la costa oeste al este como una lluvia refrescante. ¿Por qué? Porque la primera ley afirmaba, "Dios te ama y tiene un plan maravilloso para tu vida". Antes de esto, el evangelista yendo de casa en casa solía iniciar su presentación del evangelio diciendo al dueño de la casa, ¿"Sabías que eres un pecador miserable con destino al infierno?" No es de extrañar que muchos les cerraban las puertas en sus caras. Se dice a menudo que el sermón más famoso predicado en Estados Unidos fue el de Jonathan Edwards, titulado "Pecadores en las manos de un Dios airado". Aquí tenemos una porción del sermón:

> El Dios que te sostiene sobre el abismo del infierno, tal como uno sostiene a una araña, o a un insecto sobre el fuego, te repugna, y es terriblemente provocado: su ira contra ti se enciende como fuego; te ve como no mereciendo alguna otra cosa, sino el ser arrojado al fuego; eres 10 mil veces más abominable ante sus ojos, que la serpiente venenosa más odiada ante los nuestros.[7]

---

[7] Jonathan Edwards, "Sinners in the Hands of an Angry God", reimpreso en Ola Elizabeth Winslow, *Jonathan Edwards: Basic Writings* (New York: The New American Library, Inc.), 159.

Es fácil entender la razón por la cual el entendimiento de Agustín de un Dios cruel ha creado un ambiente propicio para que el mensaje positivo del universalismo pueda florecer. Pero solo por el hecho de reaccionar contra los errores de Agustín no hace al universalismo verdad. ¿Pudiera ser que el universalista ha movido el péndulo de un extremo a otro, y por ende, ambas posiciones erran en tener un balance bíblico entre el amor y la justicia? Creemos que sí. De modo que, veamos ahora un poco de Teología Bíblica.

EL UNIVERSALISMO EN LA BIBLIA

Para empezar esta discusión, nos gustaría presentar un principio hermenéutico: el de procede de lo claro a lo obscuro. En otras palabras, si podemos encontrar un pasaje claro que enseña una doctrina, entonces es mejor empezar con dicho pasaje e interpretar los pasajes menos claros a la luz de ese. Algunos llaman a esto la analogía de la fe. Un ejemplo sería el pasaje de advertencia en Hebreos 10:26-39. Aquellos que se acercan a Hebreos bajo un entendimiento reformado nos dicen[8] que el lenguaje del pasaje es tan fuerte que se debe de estar refiriendo a la condenación eterna. Ellos dicen que el pasaje es la prueba decisiva para comparar los otros pasajes de advertencias en Hebreos. Si este pasaje está enseñando claramente la condenación eterna, entonces los otros pasajes similares a este deben ser interpretados a la luz de este más claro. La analogía de la fe indicaría que todos los pasajes de advertencia tratan contra la amenaza de la condenación eterna.

Otro ejemplo sería Efesios 2:8-9, que los eruditos protestantes generalmente concuerdan que enseña que la salvación es por la fe solamente sin obra meritoria alguna. A la luz de este pasaje claro sirviendo como referencia, se deben interpretar otros pasajes como Romanos 2:6-11, que parecería enseñar una salvación por obras. Se presupone que si ambos libros son de Dios y aun más tienen al mismo autor humano, entonces Dios no se contradeciría. Por lo

---

[8] Scot McKnight, "The Warning Passages of Hebrews: A Formal Analysis and Theological Conclusions", Trinity Journal 13 (Spring 1992):22-59.

tanto, empezamos con un pasaje claro e interpretamos los pasajes no tan claros a la luz de este como referencia. Siendo así, vayamos a los pasajes claros que mitigan contra el universalismo.

Apocalipsis 20:10

> [10] Y el diablo que los engañaba fue lanzado en el lago de fuego y azufre, donde estaban la bestia y el falso profeta; y serán atormentados día y noche por los siglos de los siglos.

La importancia de este pasaje no se puede exagerar. Aquí se nos dice que el diablo es arrojado al lago de fuego con la bestia y el falso profeta. Como en la mayoría de los pasajes, el contexto es rey. Las preguntas con las cuales debemos empezar son, ¿cuándo fueron la bestia y el falso profeta lanzados al lago de fuego? y ¿cuánto tiempo han permanecido allí? En Apocalipsis 19:20 se nos informa que la bestia y el falso profeta serán arrojados al lago de fuego al final de la Batalla del Armagedón. Esto responde al cuándo. Ahora, ¿cuánto tiempo han estado allí antes de llevarse a cabo el juicio del Gran Trono Blanco de Apocalipsis 20? Apocalipsis 20 nos dice que después de ganar la batalla del Armagedón, el Mesías establece su residencia en Jerusalén y reina por mil años.

Aun cuando los amilenialistas no entienden los mil años literalmente, tienen que reconocer que se hace referencia a los mil años seis veces en Apocalipsis 20:1-6. Jamás algún número ha sido repetido tantas veces en la Biblia en un mismo contexto y ha sido tomado figurativamente; el uso es siempre literal. En Apocalipsis 20:10 el juicio final ha llegado, y se le llama en el v. 11 el juicio "del Gran Trono Blanco". Este juicio se lleva acabo mil años después de que la bestia y el falso profeta fueron arrojados al lago de fuego. Si esto es así, podemos deducir varias cosas. Primero, siendo que el falso profeta y la bestia son entendidos en Apocalipsis como personajes reales, entonces el aniquilacionismo[9] no es real, por lo menos para

---

[9] John Stott se convirtió en un creyente de la aniquilación al final de su vida por las mismas razones que las personas se convierten al universalismo. Vea la

ellos, debido a que han estado allí mil años y no han sido consumidos por las llamas.

La segunda deducción que podemos hacer, es en referencia a que tanto tiempo estos estarán en el lago de fuego. El versículo dice "por los siglos de los siglos". Para que el universalismo sea cierto, "Por los siglos de los siglos" no puede significar para siempre en el sentido de tiempo lineal extendiéndose hasta el futuro. El punto del universalismo es que un Dios totalmente amoroso no puede torturar a Su creación por una eternidad. Entonces, se esfuerzan en demostrar que la palabra *aiōn* no significa eternidad.[10] Argumentan que significa "un período de tiempo". Si bien la palabra *aiōn*, por si misma, pude referirse a un período de tiempo y no a la eternidad, la frase *aiōnas tōn aiōn* (por los siglos de los siglos) sin excepción significa tiempo lineal en el futuro para siempre. Esta es la razón por la cual los traductores en las versiones de inglés traducen *aiōnas tōn aiōn* "para siempre", cuando literalmente las palabras son "por los siglos de los siglos".

De modo que, estamos sugiriendo que el universalista se encuentra en un callejón sin salida, pues el texto es tan claro que tienen que hacer cosas creativas para evitar el significado obvio. ¿Qué es lo que hacen? Dicen que la bestia y el falso profeta no son personas reales. Entonces, si no son personas reales, el caso estaría cerrado. Por tanto, afirman que la bestia y el falso profeta representan instituciones y que estas serían eliminadas. Una de ellas es el sistema político de un solo gobierno mundial que es destruido por Jesús cuando Él venza al anticristo. El segundo es el sistema religioso dirigido por el falso profeta, que podría ser mundial.[11] Hay serios problemas en hacer esto:

1. El texto usa pronombres personales para la bestia y el falso profeta, tales como "ella", "su", y "estos" (19:20).

---

defensa que él hace en "John Stott's Response to Chapter 6", in David L. Edwards with John Stott, *Essentials: A Liberal-Evangelical Dialogue* (London: Hodder & Stoughton, 1988), 306-31.

[10] Talbott, 86-90.

[11] Gregory MacDonald, *The Evangelical Universalist* (Eugene, OR: Cascade Books, 2006), 129.

2. Se dice que el falso profeta hace milagros para engañar a las personas. Los sistemas religiosos no hacen milagros. Eso es ridículo. Ni un niño de 12 años que leyera el texto concluiría tal cosa.

3. Se dice que la bestia erige su imagen para que la gente la adore. Las personas no adoran sistemas políticos. En 2 Tesalonicenses 2:4 la bestia se hace pasar por Dios. Aun en la era romana cuando se esperaba que las personas llamaran al César "Señor", no se dirigían al Imperio Romano como Señor.

4. En 19:20 se nos informa que el falso profeta y la bestia fueron lanzados "vivos" al lago de fuego. No solemos hablar de sistemas políticos o religiosos como estando "vivos".

5. En 2 Tesalonicenses 2:3 la bestia de Apocalipsis es llamada "el hombre de pecado" y "el hijo de perdición". ¿Como es posible que esto sea entendido como un sistema político? Claramente se refiere a un individuo.

6. Jesús habló de la bestia de Apocalipsis como la "abominación desoladora mencionada por Daniel. Daniel predijo dos abominaciones, la primea siendo un tipo y sombra de la segunda. La primera era una persona real, Antíoco Epifanes (circ. 169 BC). Sus actos blasfemos fueron predichos por Daniel y cumplidos al pie de la letra. De hecho, el cumplimiento fue tan acertado, que los críticos afirman que Daniel tuvo que haber sido escrito después del evento, una profecía *ex evento,* o ser una profecía que no es en sí profecía; es historia. Pero los que creen en la Biblia entienden que Daniel es un profeta. Si no lo era, entonces Jesús estaba equivocado porque Él le llamó profeta (Mt. 24:15).[12] Y si Jesús estaba equivocado, entonces no es Dios. Y si Él no es Dios, tampoco es nuestro Salvador. Pero Daniel además dijo que Antíoco Epifanes era solo un tipo y sombra de la abominación desoladora final que cometería sacrilegio en el lugar de adoración del pueblo

---

[12] O Mateo está equivocado acerca de lo que Jesús dijo. De cualquier manera tenemos un problema.

judíos durante la Tribulación. Antíoco Epífanes fue una personal real tipificando la abominación desoladora final. Que yo sepa no hay reglas hermenéuticas que digan que la segunda abominación desoladora no era una persona real.

Pudiéramos continuar dando más y más argumentos en contra de la idea de que la bestia y el falso maestro son meras instituciones. El punto es, que si son personajes reales, entonces estos fueron lanzados al lago de fuego y no aniquilados. Apocalipsis 20:10 nos dice que han estado allí por mil años y lo estarán por toda la eternidad.

Este pasaje tan claro y por si solo, sería suficiente para desechar al universalismo. Y no hago esto con ligereza. Puesto que no encuentro placer alguno cuando pienso en las personas que pasarán la eternidad separadas de su Creador con todo el tormento, angustia y sufrimiento que eso ha de envolver, un sufrimiento que estoy seguro que todos podríamos imaginarnos. Esa es la razón por la cual cuando Juan escribió el Apocalipsis llamó al destino final de los incrédulos, un lago de fuego. El fuego no es tanto una amenaza contra un cuerpo inmortal (los incrédulos existen para siempre, de modo que sus cuerpos no han de ser corruptibles). Por tanto, el lago de fuego debe ser simplemente un símbolo del peor tipo de sufrimiento que Juan pudo imaginarse.[13]

Cuando leo la historia de la ejecución a la estaca de Servet por Calvino en Ginebra, se me revuelve el estómago. Lo quemaron vivo con leña verde para prolongar su agonía. Tomó tres horas[14] para que finalmente su cuerpo expirara. Este es el fruto del enfoque de Agustín sobre la elección. Y, ¿cómo podemos olvidar y aun imaginar la tortura en Inglaterra cuando las personas eran quemadas vivas por poseer una Biblia en inglés? Una mujer inglesa estaba embarazada y el tormento del fuego era tan intenso que dio a luz en el momento de ser quemada. Un espectador se lanzó al fuego para salvar al niño, pero el alguacil, encargado del evento, arrebató al niño y lo lanzó de

---

[13] Vea, "The Metaphorical View" by William Crockett in, Four Views of Hell , ed. William Crockett, Grand Rapids, MI. Zondervan Publishing, 1992) 43-77
[14] Talbott, 25.

nuevo al fuego.[15] Es difícil imaginarse algo peor, pero eso era lo que Juan estaba intentando hacer al hablar sobre el lago de fuego.

Efesios 1:10 y Colosenses 1:19-20

[10] de reunir todas las cosas en Cristo, en la dispensación del cumplimiento de los tiempos, así las que están en los cielos, como las que están en la tierra.

[19] por cuanto agradó al Padre que en él habitase toda plenitud, [20] y por medio de él reconciliar consigo todas las cosas, así las que están en la tierra como las que están en los cielos, haciendo la paz mediante la sangre de su cruz.

El asunto en cuanto a estos dos pasajes, que fueron casi escritos durante el mismo tiempo y el mismo lugar, es que tratan de la reconciliación de todas las cosas en el cielo o en la tierra ya sea en Cristo o con Él mismo. Se argumenta que "todas las cosas" o significan "todas las cosas", o no significa nada. ¿Cómo puede "todas las cosas" significar "algunas cosas", o "casi todas las cosas"? De modo que, si "todas las cosas" significa "todas las cosas", entonces esto ha de incluir a los humanos incrédulos, a los ángeles caídos, y al diablo.

Pero si Apocalipsis 19:20 nos dice que dos seres humanos, la bestia y el falso profeta, fueron lanzados al lago de fuego y no fueron aniquilados y sufrirían por toda la eternidad (Ap. 20:9-10), entonces aquí tenemos a dos personas que no están incluidas entre "todas las cosas". También se nos habla del "fuego eterno preparado para el diablo y sus ángeles" (Mt.25:41). Es difícil imaginarse que otro fuego eterno esté preparado para el diablo además del lago de fuego donde él será arrojado de acuerdo a Apocalipsis, de modo que el fuego eterno y el lago de fuego deben de ser lo mismo. Pero este fuego contendrá no solo al diablo, la bestia y el falso profeta, sino también a los ángeles del diablo. Ahora tenemos más personas (humanos +

---

[15] Michael Farris, *From Tyndale to Madison* (Nashville, TN: B&H Publishing Group, 2007), 59-60.

ángeles) que no están incluidas en "todas las cosas" de las que han de ser reconciliadas. Consecuentemente, podemos concluir que "todas las cosas" en Efesios 1 y Colosenses 1 no significa realmente "todas las cosas". Y aun cuando se pudiera argumentar que Pablo no es claro en lo quiere decir por "todas las cosas", sin embargo, no se puede decir lo mismo de lo que Juan dijo en cuanto al diablo y el falso profeta. De modo que hacemos lo menos claro más claro por medio de lo que es claro.

1 Corintios 15:22

²² Porque así como en Adán todos mueren, también en Cristo todos serán vivificados.

Aquí el argumento gira alrededor del paralelismo ente "en Adán todos mueren" y "en Cristo todos serán vivificados". Si los "todos" afectados por Adán se refieren a toda la humanidad, entonces los todos afectados por Cristo deberá referirse también a toda la humanidad. Al parecer esto es muy obvio. Sin embargo, "en Cristo" es una frase paulina para referirse a creyentes "en Cristo". En 1 Corintios 12:13 dice, "Porque por un solo Espíritu fuimos todos bautizados en un cuerpo". El cuerpo se refiere al cuerpo de creyentes, o como Efesios 1:22-23 se refiere a la iglesia. Leemos en 1 Corintios 1:2, "a la iglesia de Dios que está en Corinto, a los santificados en Cristo Jesús". La posición de los incrédulos, de acuerdo a Efesios 2:1 es "muertos en vuestros delitos y pecados". Pero una vez que creen, su nueva posición en los lugares celestiales es "en Cristo". Entonces, en Cristo es una frase técnica para referirse a los creyentes que han sido bautizados por el Espíritu Santo en el cuerpo de Cristo, la iglesia. No se refiere a toda la humanidad.

Otra manera de entender "todos serán vivificados" es similar a Daniel 12:2 donde dice todos los que duermen en el polvo de la tierra "serán despertados". Entre los que serán despertados hay tanto creyentes como incrédulos: "unos para vida eterna, y otros para vergüenza y confusión perpetua". En otras palabras, "serán despertados" se refiere a la resurrección tanto de los creyentes como de los incrédulos. La frase en 1 Corintios 15:22 "serán vivificados" puede leerse de la misma manera: la resurrección final de creyentes e incrédulos, o de toda la humanidad.[16]

1 Pedro 3:18-20

> [18] Porque también Cristo padeció una sola vez por los pecados, el justo por los injustos, para llevarnos a Dios, siendo a la verdad muerto en la carne, pero vivificado en espíritu; [19] en el cual también fue y predicó a los espíritus encarcelados, [20] los que en otro tiempo desobedecieron, cuando una vez esperaba la paciencia de Dios en los días de Noé, mientras se preparaba el arca, en la cual pocas personas, es decir, ocho, fueron salvadas por agua

Aquí el argumento es que los incrédulos recibirán una segunda oportunidad para recibir a Cristo después de la muerte.[17] Después de todo, Cristo fue y predicó a los que estaban en prisión. ¿Qué les estaba predicando si no era la oportunidad de salir de la prisión? Y entonces, si a estas personas se les dio una segunda oportunidad, así también será con todo aquel que ha rechazado o rechazará a Cristo en esta vida. ¿Y quién en su sano juicio rechazaría a Cristo una vez que ha experimentado la separación de Dios y los sufrimientos extremos del infierno, como fuere que sean estos? Entonces, según los que así argumentan, todos los hombres y los ángeles serán reconciliados con Dios. Pero, ¿dónde radica el problema aquí? Radica en la frase "en el cual" al principio del versículo 19. Y, ¿cuál es el antecedente más cercano de "el cual"? Por supuesto que es "el Espíritu". Es por medio de la operación del Espíritu Santo que Jesús predicó a los espíritus encarcelados. Sin embargo, no hay nada en el texto que nos diga que hay proclamación fuera de esta vida. El encarcelamiento puede simplemente referirse al estado de estos incrédulos en el momento en que Pedro estaba escribiendo. Noé fue un predicador de justicia. Probablemente durante la construcción del arca, él estaba predicando

---

[16] Vea Juan 5:28-29 para este concepto inclusivo.
[17] Bradley Jersak, *Her Gates Will Never Be Shut*, (Eugene, OR: Wipf & Stock, 2009), 17. El autor afirma que el griego hace esto bien claro. En realidad es todo lo contrario.

porque indudablemente la gente le solía preguntar por qué estaba construyendo un barco tan alejado del mar y cuando jamás había llovido. El Espíritu Santo, es decir, el Espíritu de Cristo, tal como lo hace hoy, predica a los hombres por medio de otros hombres. El hombre Noé, predicó a los hombres y a las mujeres de su generación. Debido a que no le oyeron, murieron y sus espíritus fueron al infierno. La predicación no fue dirigida a ellos después de la muerte y mientras estaban en el infierno. No, fue dirigida a los que estaban vivos mientras Noé construía el arca.

Es por esto que el texto habla de "cuando una vez esperaba la paciencia de Dios en los días de Noé, mientras se preparaba el arca". La paciencia de Dios podría referirse a Su tristeza por la pecaminosidad de la humanidad, impacientemente esperando hasta que Noé terminara el arca para derramar el diluvio universal. Pero, por otra parte, podría referirse a la paciencia de Dios mientras Noé les predicaba, concediéndoles todas las oportunidades para responder al mensaje. La palabra paciencia es una palabra compuesta en el griego: makrō + thumia, largo + (calor, ira, furia). De modo que, otra manera de decir esto es decir que Dios era lento para airarse y soportó muchísimo. Entonces, la pecaminosidad del hombre durante los días de Noé hizo a Dios airarse, y Su ira estaba por derramarse, pero Dios soportó 120 años.

El universalismo no es hinduismo, pero tienen algo en común. En cierta ocasión pregunté a una persona que había sido hinduista en cuanto a qué era lo que le apelaba del hinduismo. Me contestó que es el sistema máximo donde no hay rendición de cuentas. En otras palabras, con el karma y la reencarnación una persona siempre obtiene otra oportunidad. Así que, ambos sistemas ofrecen, por lo menos, una oportunidad más para la salvación después de la muerte física. Pero la Biblia dice, "Está establecido para los hombres que mueran una sola vez, y después de esto el juicio" (He. 9:27).

Romanos 5:18

[8] Así que, como por la transgresión de uno vino *la condenación* a todos los hombres, de la misma manera por la justicia de uno vino a todos los hombres la justificación de vida.

El universalismo

Aquí tenemos otro pasaje donde los universalistas les gusta hablar de la palabra "todos". Thomas Talbott cubre varias páginas entretejiendo este pasaje con 1 Corintios 15:22 (vea lo anterior) para mostrar que "todos" significa "todos". Ya hemos explicado que el hecho de haber arrojado al diablo al lago de fuego para siempre, al falso profeta y a la bestia, destruye a todos estos argumentos que se basan en la palabra "todos", a menos que usted niegue que esta trinidad impía se refiera a personas reales.

Por otro lado, Talbott no ha hecho su tarea de investigar la palabra traducida "condenación" en Romanos 5:18. Si lo hubiera hecho, hubiera descubierto que la palabra no significa condenación eterna. Tampoco esta "condenación" ni lo opuesto a esta "la justificación para vida" se refieren a *un veredicto de carácter legal*.

La palabra que Pablo usa para referirse a un juicio o veredicto legal es *krima* (5:16a), pero la palabra que él usa aquí es **katakrima**. Observe que esas cuatro letras (*"kata"*) prefijadas a *krima* nos *remueve* de nuestra Posición *a* nuestra Condición, haciendo que la palabra signifique *la sentencia de muerte dada*. .... (**kata**krima, 5:16ª, 18ª) *después de nuestro veredicto de culpables* (*krima*, 5:16a). Nos referimos por "la sentencia de muerte" no solo a la muerte física (5:12) sino también a la vida que heredamos de Adán: *esclavizados por el pecado*, resultando en una derrota moral, miseria, y desesperación para el creyente que decide vivir dependiendo de la carne. Es una vida en la cual el *comportamiento es indistinguible* del no creyente "en Adán".

De la misma manera, *dikaiōsin zōēs* (la justicia de vida), el término que es paralelo a *katakrima* en 5:18, *también* significa Condición, y no Posición; y la preposición *eis* (con la mira de) antes de *dikaiōsin zōēs* indica que "la justicia de vida" es la meta intencionada de la justificación.[18] Entonces, el cambio asegurado para nosotros por la obra de Cristo en 5:18 nos conduce a *la meta intencionada* de la

---

[18] La frase *dikaiōsin zōēs* ("exoneración de vida") es probablemente un *genitivo de resultado*. Vea J. H. Moulton and G. Milligan, *Vocabulary of the Greek New Testament* (Peabody, MA: Hendrickson, 1997), 328 [de aquí en adelante MM], donde es definido como "el proceso de absolución, llevando consigo vida".

santificación: una vida *recta* para los creyentes que maximizarán su gloria para Dios. Sin embargo, el siguiente versículo demuestra que esta Condición prevalecerá sobre la Vieja Identidad en Adán ("pecadores", 5:19a; vea 5:12c) *solo hasta que* la Nueva Identidad en Cristo sea *realizada plenamente* ("los justos", 5:19b) en "los muchos" que *reciben* la *abundancia* del regalo gratuito de la gracia y la justicia (5:15, 17) *por la fe* (1:17; 3:22). Por tanto, las conjunciones secuenciales en 5:18-21 trazan la *secuencia lógica* de la obra de Adán y de Cristo, respectivamente, para mostrar como la nueva Condición puede ser vivida *a pesar del hecho que los creyentes en esta vida aun llevan con ellos las ataduras pecaminosas de su vieja identidad en Adán.*[19]

El punto es que Romanos 5:18 ni siquiera está hablando acerca de la condenación eterna o de la justificación posicional. Pablo dejó de hablar de esto en Romanos 4. "Por tanto, habiendo sido justificados …" (5:1) lleva al lector del tema de la justificación (Ro. 4) al tema de la santificación (Ro. 5-8).

Mateo 25:46

[46] Y éstos irán al castigo eterno, pero los justos a la vida eterna.

Antes de comenzar a discutir esto, debemos apuntar que la palabra "eterno y "eterna" son la misma palabra griega: *aiōn*. Al parecer, esta es una parábola clara apuntando al castigo eterno de los cabritos y a la vida eterna de las ovejas. De nuevo, siguiendo el principio de ir de lo claro a lo no claro, la mayoría de los intérpretes piensan que el significado de "la vida eterna" es obvio: la vida eterna con Dios es en el tiempo lineal futuro. Si eso es lo que la vida eterna significa, entonces el castigo eterno ha de referirse a un castigo sin Dios en el tiempo lineal futuro. Sin embargo, algunos quieren nuevamente ver la palabra "eterno" (*aiōn*), y argumentar que solo significa una era o período de tiempo. Repito, el contexto de un pasaje es rey. Cuando

---

[19] Vea *Portraits of Righteousness* para una discusión complete de esta perícopa (Ro. 5:12-21) y su significado para la santificación.

vemos en Juan 3:16 esta palabra "eterna", debe de referirse a un tiempo lineal avanzando hacia el futuro para siempre puesto que se contrasta con las palabras "no perezca".

Pero también discuten sobre el significado de la palabra usada para castigo, la cual es *kōlasis*. Talbott cita a William Barclay, que dice, que *kōlasis* nunca se usa de ninguna manera más que el de un castigo remedial en toda la literatura griega secular.[20] Pero luego continúa explicando que en la etimología de la palabra significaba podar los árboles para hacerlos crecer mejor. Si bien, Barclay se refiere a esto, pero dicha información vino realmente de Moulton y Milligan y los papiros griegos.[21] Sin embargo, ellos no dicen que la palabra signifique podar árboles sino que significa "restricción", especialmente en 1 Juan 4:18, el único otro uso de la palabra en el NT. De nuevo, Talbott no está haciendo su tarea debidamente.

Por supuesto que, lo mismo que los universalistas deben de hacer con el tiempo de castigo después de la muerte, los católicos han hecho tradicionalmente con el purgatorio.[22] Los católicos dicen que es un lugar donde los elegidos que no han sido perfeccionados en el amor de Cristo van con el fin de purgar sus pecados para hacerlos aptos para el cielo. La gran diferencia sería que los católicos dicen que el purgatorio es para los creyentes, mientras que los universalistas dicen que su purgatorio es para los no creyentes, para el diablo, y sus ángeles caídos. Se sugiere que las llamas del infierno y/o el lago de fuego están allí para purgar o limpiar. Otros van tan lejos en decir que el Señor mismo es fuego consumidor y por tanto estas personas son purgadas por la misma presencia de Dios.[23] Lo dejo al criterio del lector entender como esto se armoniza con la idea de la muerte

---

[20] Talbott, 91.
[21] "κόλασιν", Moulton and Milligan, *The Vocabulary of the Greek Testament* (London: Hodder and Stoughton, 1963), 352.
[22] Reconocemos que el Papa Benedicto II cambió el significado del purgatorio para referirse más que nada a un sufrimiento interno. Pero, de forma extraña, mantuvo la idea de las indulgencies para sacar a las personas del purgatorio una vez al año. (Jersak, 138).
[23] Ibid., 139.

espiritual como la separación del espíritu humano de Dios, mientras, al mismo tiempo, el incrédulo es purgado de cualquier vestigio de pecado por la presencia del Señor.

En una entrevista que tuve cara a cara con Thomas Talbott, me explicó que no hay nada respecto al infierno, al lago de fuego, o las tinieblas de afuera que fuese punitivo. Todo tiene que ver con sanidad. El infierno, el lago de fuego y las tinieblas de afuera son tres lugares diferentes donde los sufrimientos progresivamente se empeoran según sus métodos remediales. Cada uno tiene el propósito de llevar al incrédulo al arrepentimiento para poder recibir la salvación de Jesús. Si el incrédulo endurece su corazón en el infierno, entonces él será arrojado al lago de fuego. Si continúa endureciendo su corazón en el lago de fuego, será arrojado a las tinieblas de afuera. El aumento de sufrimiento en cada uno de estos lugares tiene la finalidad de quebrantar la voluntad de la persona o ángel impenitente. Pero ahora Talbott se encuentra en un enigma. Según él, el incrédulo usa su libre albedrio para resistir a Dios. Pero si se mantiene resistiendo mientras aún se encuentra en las tinieblas de afuera, entonces Dios intervendrá y coaccionará su voluntad para producir arrepentimiento. ¡Ah! A fin de cuentas, Talbott está condonando el mismo sistema que se propuso resistir, es decir, un Dios que obliga a las personas a entrar al reino en contra de sus voluntades, o como R. C. Sproul lo ha expresado, Dios los arrastra pateando y gritando al reino.[24] En otras palabras, Talbott termina donde empezó, con un Dios determinista, solo que en su caso, Dios ha determinado que todas sus criaturas (humanas y angelicales) serán reconciliadas con Él, aun si es necesario coaccionar a los renuentes.[25]

---

[24] R. C. Sproul, *Chosen by God* (Tyndale, 1994), 69-72.

[25] Una entrevista personal con Thomas Talbott el 1 de agosto, 2017. A todo esto, no tuvo respuesta al problema de proveer un plan de salvación para los ángeles por medio de un segundo *kenosis* (despojo) de Cristo para hacerse Dios-ángel con el fin de morir en lugar de los ángeles. Ni siquiera había pensado sobre el asunto.

Daniel 12:2

Y muchos de los que duermen en el polvo de la tierra serán despertados, unos para vida eterna, y otros para vergüenza y confusión perpetua.

La palabra "eterna" en hebreo es *ôlām*. Y es obvio, que el contexto del pasaje es escatológico. Para un dispensacionalista, esto tiene que ver con la resurrección de los creyentes del Antiguo Testamento después del período de la Tribulación (12:1), un período como el mundo nunca ha visto antes. Como a menudo encontramos en la profecía, vemos un par de picos de montaña sin ver el valle entre ellos. De acuerdo a Apocalipsis 20:11-15, todos los creyentes son levantados al mismo tiempo, después del Milenio. Se presentan ante el gran trono blanco donde los libros son abiertos y son juzgados conforme a sus obras. Pero eso tiene que ver con el segundo pico de la montaña. El primero fue la resurrección de los creyentes del Antiguo Testamento para ser recompensados conforme a sus obras con el fin de entrar al milenio a servir al Señor junto con los santos del Nuevo Testamento que han salido del arrebatamiento y de los santos martirizados durante la Tribulación. Pero, en el presente estudio estamos interesados con el significado de la palabra eterna, *ôlām*. Una vez más, los universalistas argumentan que *ôlām* solo se refiere a una era, a un período de tiempo, tal como suelen argumentar en el NT de la palabra *aiōn*.

Según los universalistas que he leído, hay un problema aquí que no ha sido abordado por ellos. Esta palabra eterna, (*ôlām*) es usada en Daniel 7:14 y 7:27 y se refiere al reino de Dios; se dice que es un reino eterno (*ôlām*). Casi todos los intérpretes concuerdan que este reino es el estado eterno. Cuando se relaciona con Apocalipsis 21 y 22, se refiere a la vida en la Nueva Jerusalén por la eternidad. El reino de Dios durará por lo siglos de los siglos; es un reino eterno. Pero no puedes ser inconsequente: la palabra *ôlām* no puede significar eterna en Daniel 7 y solo un período de tiempo en Daniel 12. Aún más, es evidente que la palabra *ôlām* se usa en paralelo en Daniel 12:2. ¿Alguno querrá decir realmente que aquellos que fueron levantados para vida eterna no vivirán con Dios para siempre? Bueno, si eterno quiere decir para siempre en 12:2b, entonces tienen que significar lo mismo en 12:2c. De otra manera, Daniel estaría escribiendo insensateces.

Otro asunto a observar, es el hecho que algunos universalistas desean usar Daniel 12:2 con su uso paralelo de *ôlām* para ayudarles a interpretar Mareo 25:46 y los usos paralelos de *aiōn*.[26] En otra palabras, si *ôlām* significa "la era venidera" en los dos usos en Daniel 12:2, entonces dicen que esto apoya que *aiōn* significa "la era venidera" en los dos usos de Mateo 25:46. De nuevo, el significado de "la era venidera" simplemente no concuerda con *ôlām* en Daniel 7, algo que han errado en notar o errado en discutir. En cualquier caso, Daniel 12:2 realmente dice todo lo contrario de lo que los universalistas están intentando afirmar de Mateo 25:46. Las cuatro palabras (*ôlām* . . . *ôlām*; *aiōn* . . . *aiōn*) significan un tiempo eterno en el sentido de tiempo lineal avanzando eternamente.

Por supuesto que uno tiene que preguntarse qué es lo que el universalista tiene en mente al hablar de "la era venidera". Siendo que son amilenialistas, la era venidera para ellos debe de ser el estado eterno de la Nueva Jerusalén. Indudablemente creen que el estado eterno es para siempre. La única manera de salir de esto sería argumentar que *aiōn* en Mateo 25:46a se refiere a un "período de tiempo" durante el cual el condenado será purgado de sus pecados por la presencia del Señor. El paralelismo de 25a y 25b demandaría entonces, que las ovejas gozaran de la vida por un "período de tiempo". ¿Realmente desean decir esto? No lo creo.

Isaías 60 y Apocalipsis 22

Aquí el argumento es que el Espíritu y la Novia están al final de Apocalipsis 22 invitando a los no creyentes que se encuentran fuera de la Nueva Jerusalén a venir y beber del agua de vida gratuitamente. Ellos asemejan a estas personas a todas las naciones viniendo a la ciudad en Isaías 60. Sin embargo, los dispensacionalistas entenderían Isaías 60:1-18 como refiriéndose al período del milenio. Hay muchos

---

[26] Nik Ansell, "Hell: the Nemesis of Hope?" en *Her Gates Will Never Be Shut* by Bradley Jersak (Eugene, OR: Wipf & Stock, 2009), 203, nota 43.

incrédulos durante el milenio. Estos se rebelarán contra Cristo al final del mismo. Pero en Apocalipsis 22 la invitación que el Espíritu y la Novia hacen, viene después de que Jesús ha dicho que viene pronto. Nos encontramos al final del libro. Estas visiones han sido dadas para despertar a los lectores del libro. El hecho de que esta programación de eventos es inminente se hace un llamado a los incrédulos de cada generación a recibir el don gratuito de la vida eterna. Aplicar esta invitación a los incrédulos que han muerto y resucitado encontrándose fuera de las puertas del cielo quebranta totalmente el orden del texto.

Bradley Jersak escribió todo un libro intentando establecer una salvación de los incrédulos post-mortem (*Gates*, vea la nota a pie de pagina 15). Él cubre varias páginas de paralelos entre Isaías 60 y Apocalipsis 21-22. Como amilenialista entiende todos los capítulos de Isaías 60-66 como refiriéndose al estado eterno de la Nueva Jerusalén. Es interesante, entonces, leer su comentario de Isaías 65:20:

> No habrá más allí niño que *muera de pocos* días,
> ni viejo que sus días no cumpla;
> porque el niño morirá de cien años,
> y el pecador de cien años será maldito.

Si este es el estado eterno, ¿cómo es que hay reproducción (niños) y muerte (el niño morirá)? Jersak comenta: "Isaías 65:20 es un verdadero problema".[27] En el círculo hermenéutico las partes deben de sumar el todo. Y cuando tienes el todo, esto ayudará a explicar las partes. Pero sin una parte no sincroniza con el todo entonces quizá no tienes el todo, y debes de empezar de nuevo.[28] Isaías 65:20 no tiene sentido alguno entendiéndose como el estado eterno, pero sí lo tendría, entendiéndolo como el milenio donde tienes tanto niños como muerte.

---

[27] Ibid., 174.
[28] Vea E. D. Hirsch, Jr., *Validity in Interpretation* (Yale University Press, 1967). Vea su discusión sobre el genero heurístico versus el genero intrínseco.

Otro evangelio

Con respecto a esto, los católicos romanos y los universalistas tienen algo en común: el sufrimiento antes de la gloria. Los protestantes también ven el sufrimiento antes de la gloria (1 P.1:3-12), pero el sufrimiento es para los creyentes en la Tierra, los cuales entonces serán recompensados en la vida venidera (gloria) conforme a su repuesta al sufrimiento mientras estaban vivos en esta Tierra (vea Ro. 8:17 en adelante). Pero para los católicos romanos y los universalistas hay sufrimiento en esta vida y en la venidera para la mayoría de las personas que han sido creadas.

Los creyentes católicos romanos que no han sido perfeccionados en el amor de Cristo van al morir físicamente al purgatorio a sufrir un tiempo apropiado con el fin de purgar los vestigios del pecado en sus vidas. Los universalistas ven a los incrédulos yendo a un lugar de sufrimiento también con el fin de ser purgados de sus pecados e incredulidad. En ambos casos, estas personas según sus respectivos purgatorios no entran al cielo, a la Nueva Jerusalén, sino hasta que hayan sufrido por sus pecados.[29] Los católicos romanos que están sufriendo ya han creído, pero su evangelio es Creer + Sufrimiento = Salvación (Los pocos que han sido perfeccionados en el amor de Cristo aun viviendo en la carne van directo al cielo). Creyeron mientras estaban vivos en la Tierra, pero aun así es parte de la ecuación de la salvación. El evangelio de los universalistas es el mismo: Creer + Sufrimiento = Salvación. En su caso, el creer se realiza en la otra vida. Pero es el mismo evangelio de los católicos: Creer + Sufrimiento = Salvación. Si no me equivoco, ese es un evangelio distinto al que Pablo predicó a los gálatas y a todos los demás. Este está lejos de ser solo por la fe en Cristo solamente.

Silogismos

La mayoría de mis referencias han sido de Thomas Talbott y Gregory McDonald debido a que fueron los dos autores más convincentes

---

[29] La suposición es que ninguna persona es tan mala como para ir al infierno o tan buena como para ir directamente al cielo.

entre los universalistas que leí. Gregory McDonald es un seudónimo parecido al nombre George McDonald, este último fue un teólogo escocés expulsado que abrió los ojos de Talbott al universalismo. Tanto McDonald como Talbott son primeramente filósofos cristianos y exegetas en segundo lugar. Como filósofos aman los silogismos.

Los silogismos llegaron a ser populares entre los teólogos durante los días de Teodoro de Beza en la Academia de Ginebra como una manera de adaptar a la teología la lógica aristotélica.[30] Algunas veces los silogismos eran usados para dar certeza de su salvación a las personas: Premisa mayor: Todo el que cree en Cristo Jesús tendrá vida eterna; Premisa menor: Yo creo en Cristo Jesús; Conclusión: Por tanto, tengo la vida eterna. La lógica del silogismo es ineludible; sin embargo, las conclusiones no son siempre aceptables. En tales casos, normalmente puedes encontrar un error fatal en una de sus premisas.

Talbott afirma que él fue introducido al razonamiento silogístico en el "argumento del mal" usado en contra de la existencia de Dios cursando su primer año de estudio en la universidad. Su profesor de filosofía dijo: Premisa mayor, Dios es todopoderoso. Por tanto, tiene el poder de deshacerse del mal en el mundo. Existe solo una conclusión: Debido a que existe el mal en el mundo, un Dios todopoderoso y todo amoroso no existe. Einstein usó el mismo tipo de razonamiento para argumentar que Dios existe como un Supremo inteligente, pero no es un Dios personal. ¿Por qué? Porque existe mucho sufrimiento y mal en el mundo para que un Dios todopoderoso y todo amoroso existiera.

Nos desviamos de nuestro tema principal solo para responder a este "argumento del mal" porque ha sido usado como una herramienta para reclutar al ateísmo. Hay problemas con este silogismo en por lo menos dos niveles. Primero, efectivamente, creemos que Dios es omnipotente, o todopoderoso. Pero algunas veces el poder de Dios es limitado por Su propósito. Un ejemplo de esto es Sadrac, Mesac, y

---

[30] Vea Walter Kickel, *Vernunft und Offenbarung bei Theodor Beza*, Beiträge zur Geshichte und Lehre der Reformierten Kirche 25 (Lemgo, Germany: Neukirchener Verlag des Erziehungsvereins GmbH Neukirchen-Vluyn, 1967), 61-66.

Abed-nego. Cuando se les pidió doblar rodillas ante Nabucodonosor, se reusaron y su respuesta fue:

> No es necesario que te respondamos sobre este asunto. **17** He aquí nuestro Dios a quien servimos puede librarnos del horno de fuego ardiendo; y de tu mano, oh rey, nos librará. **18** Y si no, sepas, oh rey, que no serviremos a tus dioses, ni tampoco adoraremos la estatua que has levantado.

Estos siervos de Dios no cuestionan el poder de Dios (Dios... puede). Pero no están seguros de Su propósito, de modo que están dispuestos a morir si es necesario para cumplir el propósito providencial para sus vidas. En este lugar el hebreo es de gran ayuda. La versión Reina-Valera traduce el hebreo como si Sadrac, Mesac, y Abed-nego estuvieran convencidos que Dios los librará (nos librará). Si es así, entonces el versículo 18 no tiene sentido. Sin embargo, la *waw* que inicia la cláusula "**Y** de tu mano, oh rey, nos librará" puede fácilmente ser traducida "entonces", lo cual sugiero que tiene mucho más sentido. Dios puede. Si sirve a Su propósito liberarnos, *entonces* lo hará. Pero si no, entonces estamos dispuestos a morir antes de cometer idolatría. No cuestionamos el poder de Dios, pero algunas veces desconocemos Su propósito. Lo segundo limitó lo primero. Esto no debería ser difícil de entender. Existen todo tipo de limitaciones sobe la omnipotencia de Dios. Él no puede mentir. Él no puede hacer círculos cuadrados. Y Él no puede socavar Sus propios propósitos.

Segundo, el ateo o deísta cuestionan si Dios es todo amoroso. Pero tienen un entendimiento limitado del amor. Es precisamente porque Dios es todo amoroso que el mal existe en el mundo. Y es que, un Dios lleno de amor quiere amar y ser amado. Eso es parte de la realización del amor. Sugerimos que uno de los grandes propósitos (una metanarrativa) para la raza humana es responder a la cuestión surgida por la rebelión de Lucifer en cuanto que si Dios es digno de ser amado. Esa es la razón por la cual muchos han sugerido que la Biblia es una gran historia de amor. Y es por eso que el lenguaje del amor de Dios es la obediencia. Pero, para demostrar el amor uno tiene que tener la capacidad de decidir no amar. El deseo de Dios de ser amado nunca podría ser satisfecho por robots. Solo personas creadas a Su imagen con libre albedrío para obedecer o no hacerlo podrían demostrar su amor por Él. Pero el conceder a las personas el libre albedrío para obedecer o no obedecer también abre las puertas al mal. Dios solo podía eliminar el mal eliminando el libre albedrío o destruyendo a este mundo y todos sus habitantes. Entonces, un Dios todo amoroso y la existencia del mal no son una contradicción.

Ahora, como un filósofo cristiano, Talbott ha creado su propio tipo de razonamiento silogístico para ayudar a explicar diferentes planteamientos a la naturaleza de Dios:

1. El propósito redentor de Dios para el mundo (y por tanto Su voluntad) es reconciliar a todos los pecadores con Él;
2. Dios tiene el poder para lograr Su propósito redentor con el mundo.
3. Algunos pecadores nunca serán reconciliados con Dios, y Dios, por tanto, los consignará a un lugar de tormento eterno, del cual no hay escape, o los aniquilará.

Obviamente no todas estas tres proposiciones pueden ser verdad, y aun así, cada una parece tener apoyo bíblico. Diferentes planteamientos a la teología adoptarán dos de las proposiciones y desecharán aquella que no se acomode a su esquema. Aquí está el resumen de Talbott de estas diferentes posiciones:

> Los agustinianos, debido a que creen fuertemente en la soberanía de la voluntad de Dios (la proposición 2) y en la doctrina del castigo eterno (proposición 3), al final rechazan la idea que la voluntad de Dios es la salvación de todos (proposición 1); Los arminianos... rechazan la proposición 2; y los universalistas, debido a que rechazan la uno y la dos, al final rechazan la proposición tres.[31]

---

[31] Talbott, 43-47.

De acuerdo a Talbott, todo teólogo tiene que rechazar una de estas tres proposiciones. Gran parte de lo que él piensa del cristianismo está basado en esta afirmación.

Sin embargo, ¿qué si una de las proposiciones simplemente no es correcta? Eso podría cambiar las cosas considerablemente. Observe que no dije "falsa". Talbott ya ha argumentado que las tres proposiciones no todas pueden ser verdad; una tiene que ser falsa. Pero, ¿qué si una de estas es simplemente incorrecta? Entonces, toda la discusión es incierta. Yo diría que su primera proposición es incorrecta. Él afirma que el plan redentor de Dios y Su voluntad son lo mismo. Aún más, él dice que es la voluntad de Dios reconciliar a todos los pecadores consigo mismo. Pero es aquí donde él comete el error clásico hecho por muchos teólogos al no distinguir entre la voluntad providencial de Dios y la voluntad preferencial de Dios. Hay una distinción en el lenguaje griego entre la palabra *boulēma* y *thelēma*. La primera se refiere a los deseos propios mientras que la última habla de la decisión predeterminada de uno, dependiendo, por supuesto, del contexto.

Por ejemplo, en el jardín del Getsemaní Jesús ora "no se haga mi voluntad sino la tuya". Un examen del texto muestra que cuando los traductores tradujeron la palabra "voluntad" usada por Jesús con referencia a su propia voluntad, es la palabra griega *thelēma* (Lucas 22:42). Esto significa lo que Él deseó. Sin embargo, cedió a la *boulēma* de Su Padre (Lucas 22:42), la cual fue la decisión predeterminada de sacrificar a Su Hijo. Jesús, tanto como Dios y hombre no quería ser separado de Su Padre con el cual había tenido desde la eternidad pasada una comunión perfecta. Sin embargo, Él subyugó Su deseo a la decisión predeterminada del Padre.[32]

---

[32] Otro uso interesante del verbo *boulomai* que a los universalistas les gusta usar para apoyar su punto de vista, es 2 Pedro 3:9, "El Señor no retarda su promesa, según algunos la tienen por tardanza, sino que es paciente para con nosotros, no queriendo que ninguno perezca, sino que todos procedan al arrepentimiento". La palabra "desea" es el participio *boulomenos*, significando que no es la decisión predeterminada de Dios que alguno perezca. Esto puede ser muy importante en cuanto a la doble predestinación según ha sido enseñado por los agustinianos.

El texto principal apoyando la primera proposición de que es la voluntad de Dios de redimir a toda la humanidad es 1 Timoteo 2:4, que dice que Dios desea que todos los hombres sean salvos. ¿Qué palabra piensas que se usa aquí, *boulēma* o *thelēma*? Es la palabra *thelēma*. No es la voluntad predeterminada de Dios o Su decisión la de salvar a todos los hombres; es Su deseo. Cambiar Su deseo a Su voluntad predeterminada requeriría de la fuerza. Debido a que ha creado agentes morales libres, a lo cuales no forzará, los deseos de Dios no son siempre satisfechos. Otro ejemplo, estoy seguro que era el deseo de Dios que Adán y Eva no comieran del árbol del bien y del mal. Pero por su propio libre albedrío decidieron hacerlo. Dios no los iba a forzar a hacer lo correcto. Un principio: los deseos de Dios pueden ser frustrados por el libre albedrío del hombre. Por lo tanto, la primera proposición de Talbott de que es el propósito de Dios y por tanto Su voluntad que todos los hombres sean salvos es simplemente incorrecta. Si esto es así, entonces mucho de su filosofía cristiana es igualmente incorrecta.

Conclusión

Aunque simpatizamos con el deseo de los universalistas de exaltar el amor de Dios sobre todas las otras de Sus virtudes, no obstante, generalmente resultan todo tipo de problemas de un enfoque tan desequilibrado (la exaltación de los calvinistas de la soberanía de Dios sobre todos los demás atributos como ejemplo). Pero incluso el acercamiento de los universalistas al amor de Dios reduce su comprensión a una que negaría la existencia del mal en el universo. *Au contraire*, es su amor lo que permite el mal en el universo. Si no hubiese permitido que sus criaturas tuvieran volición, o la capacidad de elegir, nunca hubiesen experimentado el amor. Los robots no aman. Un microgerente divino del universo solo puede ser soberano sobre robots.

También encontramos a los universalistas errando debido a una falta de exégesis adecuada. Deben convertir a las personas en instituciones y asignar significados inconsecuentes a ciertos términos clave. Y, como es de esperarse, su amilenialismo los obliga a interpretar pasajes escatológicos de forma contradictoria. Además, por haber eliminado el Milenio, no pueden escapar de la terrible posición de la doble predestinación que asigna al 90 por ciento o más de la población al tormento eterno. Puede que haya más personas que nazcan durante el Milenio que las que han vivido a lo largo de la historia humana hasta el momento. Con Cristo sentado en su trono en Jerusalén durante esos mil años, es difícil ver que más del 10 por ciento de la humanidad se rebela contra él.

Por estas razones y muchas más, lamentablemente debemos rechazar el universalismo como una opción viable para la soteriología bíblica.

Apéndice A

Sōzō y el Círculo Hermenéutico

Al iniciar el estudio de la Teología Sistemática, es importante entender su tensión con la Teología Bíblica. Ésta última toma un libro de la Biblia e intenta determinar su teología a la luz del mismo, mientras que la primera, estudia una doctrina en particular a la luz de lo que el todo de las Sagradas Escrituras enseñan. Se podría decir que la Teología Bíblica es "la perspectiva del gusano" y la Teología Sistemática, "la perspectiva del ave". Ahora bien, es indudable que ningún sistema puede ser construido sin un debido entendimiento de la teología de cada libro. Sin embargo, el problema es, que ninguna persona vive lo suficiente como para adquirir un conocimiento absoluto del contenido teológico de cada uno de los libros de la Biblia. Como resultado, se construyen sistemas teológicos antes de haberse hecho una debida investigación. Ningún sistema está exento de problemas en alguna parte. Por un lado, esto pudiera desalentar y desilusionar al estudiante, por otro lado, estas palabras son alentadoras. Si la humanidad pudiera sistematizar la teología sistemática, eso sería otra manera de decir, que la humanidad puede encajonar a Dios, que lo finito puede entender absolutamente lo infinito, y que los caminos de Dios después de todo, no son un misterio.

Sin embargo, debe emprenderse algún intento de sistematización teológica, de lo contrario, el entendimiento espiritual del ministro de Dios estaría flotando en un mar turbulento y sería movido fácilmente por todo viento de doctrina. Por lo tanto, debemos procurar un sistema que responda lo mejor posible a nuestras preguntas. Éste nunca será infalible, pero esperamos poder llegar a un mejor sistema que responda a nuestras preguntas. Si lo encontramos, y fuera diferente al que actualmente abrazamos, deberíamos estar dispuestos a cambiarlo.

Los términos

En el presente estudio estamos explorando "la salvación". El término soteriología describe lo que vamos a estudiar. Pero antes que podamos abordar el tema necesitamos entender la terminología ¿Qué términos se usan en el NT y cuáles son sus significados? La palabra griega para "salvación" es σωτηρία or sōtēria. La palabra griega para "salvar" es σωζω o sōzō. Es importante estudiar estas palabras en sus respectivos contextos para que podamos formular un entendimiento de ellas antes de importarlas al sistema teológico.

Sōzō

La manera de iniciar este tipo de estudio es utilizando la concordancia y convertirnos en lexicógrafos, es decir, redactores de diccionarios. Por lo menos, procuraremos serlo al analizar estas dos palabras. Lo haremos categorizando las palabras en cuestión según su contexto. Tomemos como ejemplo *sōzō*. Su primer uso lo encontramos en Mateo 1:21 donde se dice que Jesús "salvará a Su pueblo de sus pecados". Podríamos categorizar el uso de la palabra bajo "la salvación espiritual". Pero en su uso subsecuente la palabra no tiene nada que ver con este tipo de salvación. En Mateo 8:25 encontramos a los discípulos en medio de una gran tempestad en el mar de Galilea gritando: "¡Señor, sálvanos, que perecemos!" Es obvio, que esta salvación no es espiritual sino física. De modo que tenemos una segunda categoría: salvación física. Si incluyéramos la palabra en un diccionario, tendríamos hasta el momento dos categorías generales: la salvación espiritual y la física. Pero, ¿qué del tercer uso encontrado en Mt. 9:21? En el pasaje leemos acerca de la mujer con flujo de sangre. Literalmente ella se decía, "Si tocare solamente su manto, seré *salva*". ¿Estaba ella pensando en su salvación espiritual? No lo creo.

El contexto demanda un tipo de salvación física, pero probablemente no de la muerte física como tal, más bien, de una sanidad física por su enfermedad. Por esta razón La Biblia de las Américas traduce correctamente: "sanaré". ¿Pero cómo deberíamos categorizar este uso? Dentro de nuestras categorías generales, estaría bajo la salvación física. Sin embargo, debido a que no se refiere a la salvación de la muerte física, debería formarse una segunda subcategoría bajo la categoría general. En otras palabras, la categoría general de la salvación física ahora tiene dos subcategorías: 1) la enfermedad física; y 2) la muerte física.

Continuando con nuestro estudio de la palabra σωζω según la concordancia, nos damos cuenta en Mateo 9 que existen otros usos similares a los de la mujer en necesidad de sanidad. Sin embargo, cuando llegamos a Mt. 10:22 encontramos un uso más complicado. En el contexto se está hablando de persecución. Solo aquellos que perseveran hasta el fin serán salvos. ¿Significará esto que solo los que tienen la voluntad y capacidad de mantenerse en su fe, en medio de la persecución y del martirio, son verdaderos creyentes e irán al cielo? O, ¿pudiera estar refiriéndose a la persecución de creyentes antes del regreso de Cristo para establecer el reino milenial? Es aquí donde las presuposiciones teológicas impuestas al texto tienen su mayor influencia. Si alguno tiene una perspectiva teológica reformada, puede que opte por un significado espiritual, es decir, solo aquellos que perseveran hasta el fin irán al cielo. Pero si alguno es de persuasión premilenialista, diría que esto se refiere a la salvación física del período de tribulación o de la liberación en el tribunal de Cristo.

Hasta el momento, hemos visto cuatro usos distintos. En Mt. 14:30 Pedro clama al Señor que lo salve de perecer ahogado. De modo que, llegamos a apreciar un nuevo uso que pondríamos bajo la categoría de salvación de la muerte física. Y así sucesivamente. Cada vez que encontremos el uso de una palabra que previamente hemos analizado, la pondremos en la categoría específica que corresponda. Cuando encontramos usos que no podemos categorizar, tal como hemos hecho con anterioridad, entonces establecemos una nueva categoría o subcategoría. Un ejemplo de esto es Mt. 16:25. Este pasaje es tan importante para nuestro estudio que lo estudiaremos más adelante. Por el momento, podemos apreciar cuantas veces la palabra σωζω se usa para presentar significados tan diferentes a los de una salvación espiritual que abre las puertas del cielo y que perdona el pecador.

Sōtēria

¿Podemos decir lo mismo de la palabra salvación, σωτηρία? Al parecer sí. En Lucas 1:69-71, encontramos dos usos de la palabra "salvación" que hacen referencia definitiva a la vida eterna. Por otro lado, en Hechos 7:25, la palabra "salvación" se refiere a la liberación de los judíos de la esclavitud en Egipto. Lucas vuelve a usar esa palabra (el sustantivo, anteriormente usó el verbo para referirse a la salvación física en v. 31) en Hechos 27:34, para referirse a la salvación física de las 276 personas en la nave, que necesitaban sustento alimenticio para sobrevivir. Y al parecer Pablo usa la palabra en diferentes maneras en Filipenses que no se refieren al hecho de recibir la vida eterna. Por ejemplo, Filipenses 2:12 exhorta a sus lectores a ocuparse de su salvación con temor y temblor. La mayoría de intérpretes prefieren no relacionar este uso a la recepción de la vida eterna por su obvia conexión con las obras, aunque algunos argumentarían que éstas son simplemente evidencias de poseer la vida eterna. Los dispensacionalistas entienden la salvación mencionada en 1 de Tesalonicenses 5:9 como la salvación del período de la tribulación. ¿Y qué de la salvación en 1 de Pedro 1:5 y 9? La palabra para "nacer de nuevo" (αναγενναω /anegennaō) se usa en el NT solo tres veces, y dos de ellas ocurren en contexto aquí en 1Pedro 1:3 y 23. Los tiempos verbales (el aoristo y el perfecto respectivamente) dejan ver claramente que los lectores de Pedro ya habían nacido de nuevo para el tiempo en que recibieron su carta. Esto ya no es materia de discusión. ¿Qué podemos decir, entonces, del significado en este contexto de la "salvación"? Cualquiera que sea su significado, no cabe dentro de la categoría de recibir la vida eterna.

¿Y qué de Santiago? En 1:16-18, Santiago se dirige a personas a quienes llama "amados hermanos". Éstos ya habían nacido por la palabra de verdad. Sin duda, se está refiriendo a personas que ya habían recibido la vida eterna. Luego en Stg. 1:19, vuelve a dirigirse al mismo grupo ("amados hermanos") y les dice que si se purifican y reciben la Palabra implantada pueden obtener la "salvación". ¿Ésta se refiere a la vida eterna? Al parecer ya la habían recibido. O quizá llega a obtenerse, solo para los que guardan la buena dádiva recibida a través de una vida de buenas obras. Esto es lo que precisamente enseñan y creen muchos grupos. Otros, intentando evitar el problema, sugieren que Santiago está hablando de tener una buena vida como evidencia de que uno posee la vida eterna y no solo profesa tenerla. Esto suena conveniente, ¿pero es eso lo que el texto está diciendo? Al parecer, tanto la palabra σωτηρία como el verbo σωζω, se usan en diferentes maneras en el NT.

Es muy importante que en nuestro estudio de "salvación" usemos nuestra teología bíblica para apoyar nuestra teología sistemática. De no hacerlo, seremos culpables de imponer nuestros pensamientos teológicos sobre el texto dejando así que nuestra teología sistemática invalide nuestra teología bíblica. En una buena exégesis, las partes deben de sumar el todo, y luego el todo nos ayudará a entender las partes (esto se conoce como el círculo hermenéutico). Pero si una parte no corresponde al todo, entonces nuestro entendimiento del todo es defectuoso. Siempre debemos de estar dispuestos a ajustar nuestro entendimiento del todo, para que corresponda y complemente nuestro entendimiento de las partes. Estos dos se están *informando mutuamente*.

Sōzō y el Círculo Hermenéutico en Romanos 10:9-10

Tomemos otro texto clásico como ilustración: Ro. 10:10. Aquí se nos dice que con el corazón se cree para justicia y con la boca se confiesa para salvación. La palabra "para" es *eis*, y usualmente tiene en mente una meta, esto es, "con el fin de". De manera que el texto está diciendo que uno confiesa con la boca "con el fin de" o "con la meta en mente" de salvación. Esto nos deja con el siguiente dilema: ¿Qué si uno no hace tal confesión con su boca? ¿Podrá aun ir al cielo? Si uno es honesto con el texto, tendrá que admitir que para ser salvo uno tiene que confesar con su boca. Intentar explicar el dilema solo como "evidencia de salvación" es simplemente evadir el problema.[1] De acuerdo a Ro. 10:10, uno tiene que confesar absolutamente con su boca para ser salvo. El hecho de entender el texto de esta manera, ha llevado a la mayoría de evangelistas a declarar que hombres y mujeres deben responder a una invitación pasando al frente y confesando a Cristo, verbalmente, si desean ir al cielo.

Para los que tienen la capacidad de desligarse de las ataduras del pensamiento tradicional, para explorar nuevas soluciones a viejos problemas, la confesión con la boca es ciertamente una obra. Pablo identificó la circuncisión como una obra. ¿Cuáles son algunas de las características de ésta? Una obra es observable; producida por medios físicos; producida por un agente humano. Todas estas características son tan reales en la circuncisión como los son en la confesión con la boca. Si la circuncisión es una obra, entonces también lo es la confesión. Pero esto significaría que tendríamos que hacer una obra para poder ser salvos, y siendo que no creemos en una salvación por obras (Ef. 2:8-10), entonces tiene que haber otra explicación. Ahora bien, si la confesión con la boca no es una obra entonces pudiera ser que la salvación a la cual Pablo se está refiriendo en este pasaje no tiene que ver con la vida eterna. Tal vez, su significado está dentro de una de las categorías que ya hemos observado donde el sentido no es el de la salvación espiritual, o es posible que sea una nueva categoría que no hemos visto hasta ahora.

Una de las formas para investigar esto, es recurriendo de nuevo a nuestra concordancia para descubrir otros significados de σωζω en Romanos (Teología Bíblica). En Ro. 5:9 encontramos por primera vez el uso del verbo σωζω. También se usa en el versículo que le sigue. En ambos versos, encontramos que los lectores ya han sido justificados (v. 9) y reconciliados (v. 10), pero todavía no habían sido "salvos" (vv. 9 y 10). En ambos versículos, tanto la justificación como la reconciliación están en el pasado. El tiempo pasado (participio aoristo) establece las acciones de estos verbos antes de las acciones de los verbos principales—"será salvo". Estos dos verbos están en el

---

[1] Wallace, Greek Grammar Beyond the Basics, 686.

tiempo futuro. Las personas han sido justificadas y reconciliadas, pero aún no han sido salvadas. Si ellos hubiesen muerto antes de recibir el libro de Romanos, hubiesen ido al cielo porque han sido justificados y reconciliados. Pero aun así no serían "salvos". De esta manera, nos enfrentamos de nuevo con toda la probabilidad de que, así como en Romanos 10:10, la palabra "salvos" en Romanos 5:9-10 pueda significar algo diferente de la salvación que lleva a una persona al cielo cuando muera. ¿Cuál puede ser su significado?

Necesitamos ver más de cerca este asunto. Tal vez sería de gran ayuda preguntarnos, ¿de qué serían salvados los romanos? Se nos da la respuesta exacta a esta pregunta: es la ira (*orgē*) en Romanos 5:9. ¿Pero qué significa esto? ¿Se referirá por la ira, al juicio eterno de Dios sobre los incrédulos? De acuerdo al léxico esto es posible, pero el punto aquí es establecer el significado de la "ira" en Romanos. De nuevo, usamos la concordancia para encontrar el uso primario de la palabra, para ver si nos arroja luz sobre su significado. Y sí lo hace. Su primer uso lo encontramos en Romanos 1:18. Allí se nos dice que la "ira" de Dios "se revela" desde el cielo contra toda impiedad e injusticia de los hombres que detienen con injusticia la verdad. Un punto importante a observar es el tiempo presente de "se revela" (*apokaluptetai*). Esta ira está, en el presente, siendo revelada desde el cielo contra toda impiedad e injusticia de la humanidad. El versículo no se está refiriendo a algo que ocurrirá en el Juicio del Gran Trono Blanco (es más, en el NT la palabra *orgē* nunca se relaciona directamente con este juicio). La palabra no se refiere al juicio eterno, sino a un juicio en el tiempo presente.

La ira, de manera específica, se define en el resto del capítulo 1 del libro de Romanos como una degradación moral en tres etapas, en la cual Dios entrega al hombre al control de su propia naturaleza pecaminosa. La frase *paredōken autos ho theos* (Dios los entregó), define estas tres etapas en vv. 24, 26, y 28. La etapa más baja de la degradación es cuando se tiene una mente *adokimos*, es decir "reprobada" o "incapaz de juzgar lo bueno de lo malo". Es estar bajo el control total de la naturaleza pecaminosa. Tal es el significado de ira en Romanos 1:18. Entonces, apliquemos este significado a

Romanos 5:9 para ver si tiene sentido. "Pues mucho más, estando ya justificados en su sangre, por él seremos salvos de la ira [del control de la naturaleza pecaminosa]. ¿Tiene esto sentido? Quizá. ¿Se conforma tal sentido al resto del contexto? En Romanos 5:10, dice que fuimos reconciliados (tiempo pasado) por la muerte de Su Hijo, pero seremos salvos (tiempo futuro) por su vida. Si nos apegamos al significado de ira en Romanos 5:9, entonces la salvación en este pasaje, significa ser salvo de la tiranía de la naturaleza pecaminosa en nuestras vidas. Esto sí tiene más sentido. Fuimos salvos de la pena del pecado por Su muerte, pero seremos salvos del poder del pecado por Su vida. Obtuvimos la vida eterna cuando fue nuestro substituto en la muerte, pero gozaremos la vida abundante cuando sea nuestro substituto en la vida. "Con Cristo estoy juntamente crucificado, y ya no vivo yo, mas Cristo vive en mí..." (Gal. 2:20). Una de las cosas más difíciles de creer para un no-cristiano, es en la *muerte* substitutoria de Cristo, pero para el cristiano lo más difícil es creer en Su *vida* substitutoria. Romanos 5:10 tiene que ver con esto último. En esta "sección" de Romanos, el autor está cambiando su enfoque de la justificación de la pena del pecado, a la salvación del poder del pecado. Aquí ser salvo es ser liberado de la tiranía de la naturaleza pecaminosa en su propia vida (la ira de Romanos 1:18).

¿Pudiera la palabra "salvar" tener el mismo significado en Romanos 10? En Romanos 5, ser salvos era un avance en la vida cristiana más allá de la justificación. El ser justificado lo libera a uno de la pena del pecado; el ser salvado lo libera del poder del pecado. ¿Pudieran estas definiciones funcionar en Romanos 10? Probablemente sí. Si uno ve al v. 9 como una ecuación, se vería así: Creer + Confesión = Salvación. El verso también deja en claro que el creer es un asunto del corazón, mientras que la confesión es un asunto de la boca. Uno es interno, mientras que el otro es externo. Uno es espiritual, el otro es físico. Sin embargo, el v. 10 explica que es la transacción interna de creer lo que resulta en justicia. Es la misma justicia que le fue otorgada a Abraham en Romanos 4:3 (Gen. 5:6), *dikaiosunē*. "Creyó Abraham a Dios, y le fue contado [imputada = *elogisthē*, el tiempo aoristo de *logizomai*] por justicia". Pablo ha establecido que la justicia imputada es el resultado directo de la fe y solo la fe. La forma verbal para todo esto es "justificar" (*dikaioō*— ¿se da cuenta que es de la misma raíz de *dikaosunē*?). Por la fe y solamente por la fe, uno es justificado o acreditado con la justicia de Cristo. Todo esto tiene que ver con el corazón.

Pero con la boca se hace confesión "con la meta de" salvación. Una vez más suspendamos por el momento nuestras presuposiciones de que la salvación o ser salvo es igual a ser justificado o la transacción que nos llevaría al cielo si muriésemos. Pensemos por el momento que la salvación es un paso más allá de la justificación tal como lo era en Romanos 5:9-10. Adoptemos la misma definición que descubrimos en el contexto de Romanos 5, ésta era que ser salvos significaba ser liberado de la ira, de la tiranía de la naturaleza pecaminosa en nuestra vida (Romanos 1:18 en adelante). Si esto es verdad, obviamente el ser liberado de la pena del pecado es un prerrequisito para ser liberado del poder del pecado. En otras palabras, la justificación debe de preceder a la santificación. Nadie puede ser santificado si no ha sido previamente justificado. Entendiéndolo así, entonces Romanos 10:9-10 nos está diciendo que uno cree con el corazón para ser justificado—liberado de la pena del pecado—y confiesa con su boca para ser santificado, salvado o liberado del poder de la naturaleza pecaminosa en su vida. Creemos que, entendiendo el versículo de esta manera, no solo tiene mejor sentido, sino que se conforma mejor a al contexto.

Pablo desea probar este punto y apela a las Escrituras para lograrlo. Para él, "invocar el nombre del Señor", era igual a confesar con la boca. Sabemos esto por el sentido común que si A = B y B = C, entonces A = C. En el v. 10 dijo que "la confesión con la boca" (A) lleva a la salvación (B), y en el v. 13 dice que "ser salvo" (B) viene al invocar el nombre del Señor" (C); Por tanto, A = B, B = C, y A = C: La confesión con la boca = a invocar el Nombre del Señor.

Ahora, observe que en el progreso de los vv.14-15, que el invocar el nombre del Señor es algo aparte, distinto, y es un acto subsecuente a estar creyendo. Esto es evidente si seguimos la siguiente progresión: 1) Después del envío viene el predicar; 2) después del predicar viene el oír; 3) después del oír viene el creer; y 4) después del creer viene el invocar. Los actos aquí son secuenciales. Invocar y creer no son iguales ni concomitantes. Después de que uno cree, puede invocar el Nombre del Señor (confesar con su boca al Señor Jesucristo). Pero esto nos deja con la pregunta, ¿puede uno creer y no invocar el nombre del Señor?

Para responder a esta pregunta, recurrimos de nuevo a nuestra concordancia, para encontrar otros usos de la frase "invocar el Nombre del Señor". Pronto descubrimos a la luz de Hechos 7:59; 9:14, 21; 1 Corintios 1:2, y 2 de Timoteo 2:22, que "invocar el Nombre del Señor" era abiertamente y públicamente identificarse con Él o adorarle. Saulo de Tarso podía encontrar a los creyentes porque sabía el lugar donde se reunían. Se le informaba que ellos "invocaban el nombre del Señor" en la casa de Festo. De esta manera, los descubría y perseguía. Lo que entendemos entonces, a la luz de Romanos 10:9-10, es que "invocar el Nombre del Señor" (confesar con la boca al Señor Jesús) es una identificación abierta y pública con Cristo como su Señor y Salvador personal. Y Pablo explícitamente afirma que este es un paso integral en la liberación de la ira, o del poder de la naturaleza pecaminosa en su propia vida. El poder de Satanás está en las tinieblas. Pero cuando uno viene a la luz (Ef. 5:11-14), la obscuridad se disipa, y el poder del enemigo y su cómplice (nuestra naturaleza pecaminosa) es vencido. Empleando los términos usados en Romanos 5:9 y 10:9-10, el creyente justificado es entonces "salvado".

El propósito de todo este ejercicio ha sido expandir nuestro entendimiento de los términos *sōzō* y *sōtēria*. Esto lo hemos logrado estudiando cada término en su contexto inmediato. Además, hemos aplicado a nuestro estudio el círculo hermenéutico. Si cualquier parte del texto no armoniza con el entendimiento del todo, entonces debemos revisar el todo hasta que todas las partes concuerden. Si queremos acertar en nuestra soteriología, es decir, el estudio de la *sōtēria*, entonces estamos constreñidos a ser precisos en nuestro entendimiento de los diferentes significados de la palabra en el NT. Nuestra meta es llegar a una teología sistemática armonizada con los resultados de nuestra teología bíblica. Lo que vamos a describir es, que la maravillosa salvación revelada en el NT, es mucho más grande de lo que jamás imaginamos. Esta salvación tiene el poder de liberar a las personas del pecado y la muerte en esta vida y llevarlos a una herencia plena en la venidera.

Sōzō y el Círculo Hermenéutico en Santiago 2:14-26

Uno de los textos que fue difícil de entender para los reformadores como Martín Lutero es Santiago 2:14-26. Lutero estaba tan emocionado con la salvación por la fe, que había descubierto al traducir Romanos del griego, que los escritos de Santiago le perturbaron. Nunca los aceptó (la llamaba epístola de paja) como parte del canon de las Escrituras, pues en su mente Santiago enseñaba una salvación por obras. Y no es difícil entender por qué adoptó esta posición respecto a este texto. Después de todo, en el primer uso de *sōzō* (Stg. 1:21) en el libro, pareciera que las obras eran el camino al cielo – el texto dice que si "nos limpiamos" (haciendo a un lado todo exceso de maldad – *reparian* realmente se refiere a la cerilla del oído) y llegamos a ser estudiantes de la Palabra, podemos salvar nuestras almas. Debemos desechar todo lo malo en nuestras vidas. Solo así recibiremos la Palabra con la debida actitud; y entonces podrán nuestras almas ser salvas. ¿Acaso esto no es sino una salvación por obras? Claro que sí.

El siguiente uso de *sōzō* (2:14) parece apoyar esta idea. La situación es la de un hombre que dice tener fe, pero no tiene ninguna obra que acompañe dicha fe. ¿Puede su fe salvarle (la pregunta se hace usando en el griego la interrogación *mē*, esperando una respuesta negativa)? El resto del capítulo dos pareciera indicar que el hombre es justificado tanto por la fe como por las obras. Aún más, pareciera implicar que su fe está incompleta sin las obras. Para Lutero esta enseñanza era tan obvia que concluyó que Pablo (Romanos 4) y Santiago (Santiago 2) no podían estar enseñando lo mismo, por tanto, optó por desechar a Santiago. Pero los concilios que se reunieron después de Lutero no concordaron con él. Santiago fue finalmente añadido al canon. Implicando que, de alguna manera, estas dos perspectivas podían armonizarse. En la mayoría de los círculos evangélicos, Santiago 2:14-26 se explica como si enseñara sobre las "evidencias de la fe". En otras palabras, si uno tiene fe *realmente*, tendrá también obras. Si alguno no tiene obras, es que nunca tuvo fe. Es un mero profesante del cristianismo, pero no realmente un cristiano. De la misma manera en que se espera que un árbol vivo lleve fruto, también el verdadero creyente deberá producir fruto si su fe es real.[2] De otra manera, su fe es una falsa profesión. En *La Biblia de Estudio de Ryrie*, en una nota a pie de página sobre Santiago 2:14, él identifica este tipo de fe como "espuria", significando falsa. Y, como hemos visto, la mayoría de evangélicos están cómodos con este entendimiento del pasaje.

¿Pero qué del círculo hermenéutico? ¿El todo explica cada una de sus partes? ¿Todas las partes suman el todo? La presuposición que la mayoría de intérpretes traen a este texto es que "salvar" significa ir al cielo. Con ese entendimiento impuesto sobre Santiago. 2:14, la enseñanza del texto significaría, ya sea, que necesitamos añadir obras a nuestra fe para poder ir al cielo (lo que Lutero entendía que el pasaje estaba diciendo), o que el texto tiene que estar hablando de la fe genuina versus la falsa fe (como Ryrie lo explica). Pero, ¿existen ciertos detalles en este texto que no están en acorde con el todo? Creo que sí. Por ejemplo, tomemos la palabra "muerta" en el v. 17. Imagínense que un guía de turismo los llevara al museo de cera de los presidentes en el Mundo de Disney, y al entrar, los mirara y les dijera, "Muy bien, vean a cada uno de los presidentes muertos". ¿Tendría sentido lo que estoy diciendo? No debería tenerlo. ¿Por qué? Simplemente porque estos presidentes nunca estuvieron vivos. No usamos la palabra "muerte" para referirnos a cosas que nunca estuvieron vivas, que son falsas, o espurias. La usamos con cosas o personas que estuvieron vivas, pero que ya han muerto. Por otro lado, si le llevara a una morgue, y le dijera, "miren a todos los muertos", usted entendería lo que he dicho. Tendría sentido. ¿Por qué? Porque éstas son personas reales que en un tiempo estuvieron vivas. Este es el punto principal de nuestro pasaje, y la propuesta que plantea una fe falsa versus la genuina no tiene sentido. Sin embargo, como veremos, esta interpretación armoniza con la fe que estuvo viva pero que ahora está muerta.

Si descubrimos un detalle que no se conforma con el todo de lo propuesto, entonces el círculo hermenéutico requiere que busquemos

---

[2] Ibid., 219.

de nuevo el significado de todo el pasaje. Tenemos que seguir buscando una explicación del todo que satisfaga todas las partes. Como vimos en Romanos 10:9-10, para esto la concordancia es nuestra mejor amiga. Entonces, usémosla para ver dónde más podemos encontrar la palabra *sōzō*. Ya hemos visto dos de estos usos (1:21; 2:14). Pero la palabra también aparece en Santiago 4:12; 5:15; y 5:20. En cada uno de sus cinco usos, se está dirigiendo a los "hermanos". Y debido a que las tres reglas más importantes del estudio bíblico son "contexto, contexto y contexto", es muy importante saber que la palabra en sus cinco usos se encuentra en un contexto de admonición a los "hermanos". Si, como algunos sugieren, la audiencia a la cual Santiago escribe consiste en cristianos y no-cristianos—todos a los cuales llama hermanos, siendo que quizá no pueda distinguir los genuinos de los falsos— entonces no hay ningún significado especial en que Santiago se dirija a hermanos en estos cinco pasajes. Pero, por otra parte, si se pudiera demostrar que en solo uno de estos cinco usos de *sōzō* se está dirigiendo a creyentes solamente, eso pudiera ser muy significativo para la interpretación de sus otros usos. Y este es el caso de Santiago 1:16-21.

Santiago está escribiendo a sus "amados hermanos" y hablándoles además del Padre de las luces que solamente da dones perfectos. El Padre ya los ha *hecho* renacer por la Palabra de verdad. De hecho, Santiago se incluye entre los que han recibido ese glorioso regalo cuando dice "nos". De esta manera, no hay duda alguna que los "amados hermanos" de Santiago 1:16 han "nacido de nuevo". Han recibido un nacimiento espiritual. En el v. 19, el autor vuelve a dirigirse al mismo grupo. Esta vez, les dice que no solo tienen que ser prontos para oír, tardos para hablar, tardos para airarse, sino además limpiar sus vidas y recibir con mansedumbre la Palabra implantada. ¿Por qué? Porque esta Palabra tiene el potencial de salvar sus *psychas*. Sea cual sea lo que esto signifique, no se ha de referir ir al cielo siendo que estas personas ya han recibido el nacimiento espiritual (Santiago 1:18). Por el momento, suspenderemos nuestra investigación de lo que esta palabra griega pueda significar. Simplemente vamos a concurrir y decir que es imposible referirse ir al cielo por dos razones: 1) Estas personas ya han nacido de nuevo, de esta manera no tienen que hacer nada para recibir ese regalo; 2) otras partes de Las Escrituras enseñan que no podemos ganarnos nuestra entrada al cielo.

A la luz de nuestra observación del uso de *sōzō* en Santiago, nos damos cuenta de otra palabra similar a la usada en Santiago 1:21, y en una frase similar: σώσει ψυχήν αυτο (*sōsei psychēn autou*), "salvará su_____" (Stg. 5:20). Ostensiblemente, este pasaje parecería relacionarse con evangelismo, siendo que la Versión Reina-Valera, y otras traducen esta palabra *psychēn* como "alma". Pero el contexto no apoya tal interpretación, esto es, si es verdad que no podemos ganar nuestra entrada al cielo o perder el boleto para entrar una vez que se ha recibido. ¿Por qué? Porque el pasaje está dirigido a los "hermanos" (v. 19). En el mismo se habla de uno de estos hermanos que se ha descarriado. No hay razón alguna para pensar que ellos no sean parte de los mismos hermanos mencionados en el capítulo 1. De modo que podemos encontrar aquí un uso de *sōzō* muy similar al de Santiago 1:21. Y aun si existiera una variedad de matices, deberíamos estar de acuerdo en que el pasaje no está tratando el evangelismo.

Si nos vamos a la parte final del libro de Santiago 5:15, encontramos de nuevo el verbo *sōzō*. Esta vez, los traductores tradujeron el verbo "restaurar" o "sanar" para expresar su sentido. ¿Por qué no lo tradujeron "salvar"? Porque entienden de nuevo que el pasaje está dirigido a los hermanos y que uno de los miembros de la iglesia, que está enfermo, está llamando a los ancianos para que oren por su sanidad. El pasaje no tiene nada que ver con el evangelismo o con cómo ir al cielo.

Además de Santiago 2:14, solo nos queda Santiago 4:12 para interpretar el uso de *sōzō*. El versículo dice uno solo es el dador de la ley, que puede "salvar o perder". Aun cuando se pudiera interpretar el verbo, como refiriéndose al hecho de que solo Dios tiene el poder de enviar a las personas al cielo o el infierno, diría que tal interpretación no hace nada para avanzar el argumento del pasaje en su contexto. De nuevo, el pasaje está dirigido a los *hermanos*. Y se les está mandando a no juzgarse el uno a otro. Hacerlo, es tomar el lugar de Dios, y hacerse jueces de la ley, y por ende ponerse por encima de la misma. Hay solo un Legislador. Como se ha indicado, el autor está instruyéndoles a que dejen de juzgarse el uno al otro, entonces, ¿cómo pudiera estar motivando a hermanos, quienes ya han recibido el don de la vida eterna, a decirles que no juzguen a otros hermanos porque Dios puede enviar algunos al cielo y otros al infierno? Esto tendría sentido solo si creyésemos que la salvación se pudiera perder. Por otro lado, si uno cree en la seguridad eterna, entonces estas palabras, aun como una adición parentética, serían innecesarias. Pero llegará el día cuando los hermanos serán juzgados por el Juez. En aquel día, examinará sus obras y determinará cuales de estas perdurarán por la eternidad y cuáles no. Aquellas obras que no pasen la prueba del fuego serán "destruidas". Aquellas que duren para siempre serán "preservadas" o "salvadas". Esto ahora sí tiene más sentido. Se conforma mejor al argumento del texto al recordar a los hermanos que no deben juzgar las obras de otros puesto que no podrán hacer que estas obras permanezcan en la prueba de fuego. Solo Dios puede hacerlo, y lo hará—en el tribunal de Jesucristo. Sin embargo, por ahora, dejemos de estar juzgándonos unos a otros. Creo que tiene mejor sentido entender el texto de esta manera. Empero, aun si tuviese otro significado aquí, Santiago está dirigiéndose a hermanos, de modo que, es improbable que los esté motivando a recordar acerca del cielo y del infierno.

Esto nos obliga a regresar a Santiago 2:14, pero antes de continuar, hagamos un repaso de lo que hemos visto en Santiago acerca del uso de *sōzō*. Hasta ahora, en los cuatro usos observados, el autor se ha estado dirigiendo a los hermanos/creyentes. Esto nos ha llevado a concluir, que lo que está en juego en esta exhortación no es cómo ir al cielo. Cualquiera que sea el significado de *sōzō* en estos cuatro usos, lo que todos tienen en común es que no nos están instruyendo en cómo ir a cielo. Ahora bien, existe un último uso del verbo sozo, ¿qué posibilidad hay de que el mismo se esté refiriendo a cómo ser salvo? Realmente, es muy escasa.

El siguiente paso importante para determinar el significado de Santiago 2:14 es... ¿lo sabe?... *el contexto*. Es sorprendente observar las pocas veces que oímos a alguien dar una clara explicación del contexto al interpretar este pasaje; y en este caso, tanto los contextos inmediatos como remotos son extremadamente importantes. Empezando con el contexto remoto, observemos el aspecto central del libro en general. A partir del prólogo (1:2-18), el aspecto central parece ser el valor de las pruebas en la vida del cristiano. El libro es un manual que tienen que ver con el *caminar* del creyente y no con el *camino* en sí. Santiago quiere que sus lectores conozcan como triunfar en la vida cristiana en medio de sus pruebas. Después de afirmar en el prólogo el valor que tienen tales problemas, ofrece una declaración temática para la carta en Santiago 1:19—sea pronto para oír, tardo para hablar, y tardo para airarse. Si uno ha de cosechar el valor multifacético que las pruebas pueden ofrecer al creyente, estas tres cualidades son las virtudes requeridas en su vida. El cuerpo de la carta está diseñado para instruir al cristiano sobre estas tres cualidades: 1) Pronto para oír (1:20-2:26); Tardo para hablar (3:1-18); y 3) Lento para airarse (4:1-5:6).[3] De esta manera, el pasaje en cuestión (2:14) aparece en medio de la sección que trata de como uno debe de ser pronto para oír la quieta y suave voz de Dios en medio de sus tribulaciones. El creyente tiene que aprender a ser un buen oidor. Para Santiago, ser un buen oidor es más que simplemente escuchar la Palabra; es además, ser un hacedor de la Palabra. Cuando uno está deprimido por los problemas que han azotado su vida, es tiempo de ir y *hacer algo*. Específicamente, Santiago sugiere visitar a las viudas y a los huérfanos en sus tribulaciones. Es *haciendo algo* que encontraremos la felicidad (ουτος μακάριος ἐν τῇ ποιήσει αὐτῦ ἔσται, "éste será bienaventurado en lo que hace", 1:25). Procure encontrar una persona que le ha ido peor que usted, quizá una viuda o huérfano. De forma irónica, es cuando usted ayuda a estas personas en sus tribulaciones, que usted encontrará la manera perseverar en medio de sus propias pruebas.

De modo que, es importante reconocer que Santiago, en esta sección de ser pronto para oír en medio de las pruebas, ya ha establecido el hacer buenas obras mucho antes de llegar a 2:14. Y cuando enseña sobre el tema de las obras, de ninguna manera insinúa que éstas nos ayudarán a ir al cielo. Por el contrario, para aquellos que ya tienen una nueva vida (1:18) sugiere que estas obras les ayudarán a "producir la justicia de Dios" (1:20) durante la misma.

---

[3] Vea, Zane C. Hodges, "Light on James 2 from Textual Criticism", *Bibliotheca Sacra* 120 (1963): 341-50

Al llegar al capítulo dos, Santiago no ha cambiado aun su tema. Él continúa enseñándoles, esta vez refiriéndose al hecho de ser buenos oidores en medio de sus pruebas para poder oír la voz de Dios. Sin embargo, hay una imperfección común en la asamblea cristiana que puede privarles de llegar a ser buenos oidores. ¿Cuál es esa imperfección? Es el hacer acepción de personas (προσωπολημψίαις/ *prosōpolēmpsiais*. Esta palabra significa literalmente, según su composición, "aceptar o recibir una cara", y así llegó a significar "recibir o tomar algo en serio", una palabra encontrada en círculos religiosos en toda la literatura griega). Los creyentes se estaban juzgando (κριταί διαλογισμῶν πονηρῶν, "jueces con malos pensamientos", (Stg. 2:4)). Santiago da varias razones del porqué no debemos de hacer esto, pero llega al clímax de su argumento al final de la sección (vv. 12-13). En dichos versículos les dice cómo deben de hablar y obrar, esto es: como los que *han de ser juzgados* por la ley de la libertad. Ahora bien, ¿cuándo acontecerá esto?

Bueno, el resto del libro nos ayudará responder esta pregunta. En Santiago 4:11-12, él vuelve a exhortarles a dejar de juzgarse. Su razón es que Dios mismo, un día, juzgará a Su familia. ¿Pero cuándo? El autor bíblico nos dice en 5:8, que la venida del Señor está cerca. Por ende, debido a Su inminente vendida, los creyentes no deben murmurar o quejarse unos contra otros; porque el juez esta delante de la puerta (5:9). Aquí Santiago está sirviendo como un lictor romano, es decir, como la persona cuyo trabajo era anunciar la entrada del juez. Imaginémonos la situación que el autor nos presenta. El contexto es el de un tribunal donde los demandantes están ante sus litigantes. En medio de esa situación, de repente el lictor entra al salón y grita, "¡Silencio! ¡He aquí, el juez esta delante de la puerta! ¡El juez está por entrar al salón y empezar a juzgar los casos! De modo que, ¡guarden silencio!" Es obvio, que Santiago está usando una imagen que era común en su tiempo para referirse al Juez, el Señor Jesucristo, que está por venir a juzgar a los suyos. Entonces, ¿qué es lo que Santiago quiso decir en 2:12-13 cuando expresó que los creyentes no debían de juzgarse debido a que estaban por ser juzgados por la ley de la libertad? Se refería al juicio del Señor mismo, que está delante de la puerta. En Su regreso, los creyentes serán juzgados. Por tanto, ante el inminente tribunal de Cristo, no debemos de estar juzgándonos unos a otros durante este tiempo.

Santiago continúa diciendo algo más acerca de este juicio inminente en 2:13. Enseña que se hará juicio sin misericordia contra aquellos que no hicieron misericordia. Es lo mismo que enseñó el Señor en los Evangelios cuando dijo que si no perdonamos en la tierra, no seremos perdonados en el cielo (Mt. 18). Esto no es una declaración acerca de nuestra posición en Cristo, sino de nuestra condición. Somos sus siervos y no podemos perder nuestro estado eterno con Él. En cambio, si durante nuestro servicio juzgamos y no perdonamos a nuestros consiervos, entonces Él no nos perdonará. Aun si no analizásemos los pasajes de los evangelios que hacen referencia al perdón, los mismos enseñan que mucho de nuestro servicio para Dios será negado por Él. Con respecto a la oportunidad de acumular obras que le glorifiquen, todo se perderá si lo hicimos con una actitud condenatoria o farisaica. Aun si ministramos Su Palabra, la cual no regresará vacía, nuestro servicio no le glorificará. Y todo esto será revelado en el Tribunal de Cristo.[4]

De modo que, todo esto está en el contexto cercano a Santiago 2:14, justo en los dos versículos anteriores al pasaje en cuestión. Pero antes de abordarlo, tenemos que decir algo de Santiago 3:1. Una vez más, el tema del juicio reaparece. La sección tiene que ver con el hecho de aprender a ser tardos para hablar y con el control de la lengua. ¿Cómo podemos oír la voz de Dios si en medio de los problemas estamos hablando? Santiago comienza esta sección advirtiendo a los supuestos maestros en la congregación. En una asamblea donde diferentes personas (1 Co. 14) podían pararse a hablar, les advierte en contra de la competencia. En particular, les advierte en cuanto a enseñar. Esto es algo que no debe tomarse con ligereza. ¿Por qué? Porque los maestros recibirán una mayor condenación—siendo que reciben mayor luz y serán responsables por la luz que han recibido (Juan 15:22). Pero la pregunta que hago es "¿cuándo?" ¿Cuándo serán juzgados? Algunos dirían que en este tiempo por otros creyentes. Probablemente esto es

---

[4] Vea 1 Corintios 3-4, 9:24-27, 2 Corintios 5:9-10, Romanos 14:10, y 1 Juan 2:28.

cierto, pero es precisamente contra esto que Santiago ha exhortado a los creyentes en su libro. No debemos de juzgarnos los unos a los otros. También existe el problema de la auto-condenación, que viene sobre el maestro que no ha vivido conforme al estándar que enseña. Sin embargo, a la luz de todos los demás pasajes que hablan de un juicio en este libro, el juicio al que se está refiriendo aquí es al juicio de Dios. Volvemos a hacer la misma pregunta, ¿cuándo serán juzgados los maestros? Serán juzgados en el Tribunal de Cristo. De esta manera, es interesante observar que los dos versículos que anteceden a Santiago 2:14-26, hablan del Tribunal de Jesucristo, al igual que el versículo que inmediatamente le siguen. ¿No sería lógico pensar que el tema tratado entre estos versículos también tiene que ver con el Tribunal de Cristo? A mi ver, esto es exactamente lo que Santiago tiene en mente. Ahora sí estamos listos para ver el pasaje.

Es importante que observemos la palabra ὄφελος/*ophelos* en Santiago 2:14. Es la palabra que normalmente se traduce "aprovechará". La palabra, como veremos, se encuentra en otro pasaje estratégico para la soteriología. En Mateo 16:26, se hace la pregunta, "¿de qué aprovechará al hombre, si ganare todo el mundo, y perdiese su alma?" Se espera que cuando el Señor regrese por los suyos, y éstos tengan que rendirle cuenta por lo que han hecho con sus vidas, dones, y talentos, haya una ganancia por Su inversión. En Mateo 25, aquellos siervos que fueron fieles invirtieron lo que su Señor les había dado, de tal manera, que le entregaron ganancias cuando él regresó. En contraste, al siervo infiel su Señor le dijo que el talento encomendado debió, por lo menos, haber sido dado a los banqueros para cuando él regresara recogiera lo suyo con intereses. ¿Sería abusar del texto sugiriendo que esto es el significado de la palabra "aprovechará" en Santiago 2:14? Debemos recordar que Santiago tiene en mente el Tribunal de Cristo. El que no tenga obras que añadir a su fe, será de poco provecho para los que le rodean (el hermano y la hermana con necesidades cotidianas, las viudas, los huérfanos), y será de poco provecho para él en el Tribunal de Cristo.[5] Y lo que sugerimos en

---

[5] Para los que argumentan que Santiago no podía haberse referido al Tribunal de Cristo, debido que su carta se escribió antes de 1 o 2 de Corintios y Romanos en

Santiago 2:14-26 es que la fe si no tiene obras será de poco provecho para el Señor también.

Asumamos por el momento, que lo que Santiago tiene en mente en este pasaje es el Tribunal de Cristo. ¿Si esto corresponde al todo, acaso las partes del pasaje suman el todo? ¿Habrá algo que no concuerde? Como hemos indicado, el planteamiento de algunos respecto a que el pasaje está comparando la fe genuina con la fe falsa, no está acorde con los detalles del texto. Por lo tanto, esa interpretación está equivocada— su entendimiento del todo es incorrecta. Entonces, intentemos de nuevo. Procuremos entender el pasaje como refiriéndose al Tribunal de Jesucristo. Para empezar, es preciso señalar que si alguno está presente en este tribunal es porque tiene fe; de lo contrario no podría estar allí. Pero está presente y el Señor juzgará los hechos/intenciones de su vida, en otras palabras, sus obras y sus motivaciones. Pero si una persona viera al Señor y le dijera: "Tengo fe, pero no tengo ni una sola obra". ¿Puede ese tipo de fe salvarle? Bien, si el pasaje no está usando la palabra "salvar" en el sentido de ir al cielo, entonces la confusión de entrar al cielo por una orientación de obras desparece. Pero 1 de Corintios 3 habla de nuestras obras siendo probadas por fuego en el Tribunal de Cristo. Aquellas obras hechas para la gloria de Cristo son preservadas como el oro, plata, y piedras preciosas. En otras palabras, estas obras se preservan para la eternidad. Por el otro lado, las obras hechas para nuestra propia gloria serán quemadas como la madera, heno, y la paja. Serán quemadas, tal como hemos inferido en Santiago 4:11-12. Y de esta manera, si un hombre no ha hecho nada para la gloria de Cristo, entonces ninguna de las obras de su vida serán salvadas para la eternidad. Aunque estará en el cielo, y llegará allí por

---

donde hasta entonces se revela el juicio, les respondemos recordándoles todos los versículos en donde Santiago hace mención del tema en su libro. Santiago 5:8-9 habla del juicio inminente del Señor (*kurios*). El hecho de que no use la frase exacta βήματος τοῦ Χριστοῦ (el Tribunal de Cristo, 2 de Co. 5:10) esto no significa que no tenga el concepto en mente. Tampoco en 1 de Corintios 3 se encuentra la frase, sin embargo, la mayoría de los dispensacionalistas creen que el Tribunal de Cristo se enseña allí.

la fe. Sin embargo, sin obras, nada será preservado (como provecho) con el fin de traer gloria a Cristo en Su reino.

Pero ante la posición que entiende que el autor está haciendo un contraste entre la fe genuina y la fe falsa, ¿cómo es que esta posición explica mejor la frase, "la fe sin obras está muerta"? Bueno, recordemos lo que hemos venido proponiendo. Las cosas que están muertas estuvieron vivas. Proponemos que el problema que los lectores del libro estaban enfrentando era que la parcialidad, materialismo, y que el desprecio de otros había erosionado su fe.[6] Se encontraban en un estado de parálisis concerniente a las buenas obras. El hecho de estar en este estado hacía que aumentase día a día su egocentrismo y complacencia. Pudiéramos describir su fe como "muerta". Esto no significa que no tenían ninguna fe. Ni que su fe era falsa. Simplemente habían perdido su fuego o fervor por Cristo.

Si asistiéramos a una reunión de jóvenes cristianos y despidiéndonos les dijera, "Oye, el grupo de jóvenes está muerto". ¿Cómo entenderían lo que le he dicho? Estaré diciendo que en el grupo, hay jóvenes que no han nacido de nuevo? No creo. Lo que quiero decir es que el grupo no está en fuego por Cristo. Están muertos, apagados, inactivos. Para incrementar el fuego de su fe, necesitan estar nuevamente activos. En otras palabras, necesitan añadir obras a su fe. Veamos si esta interpretación tiene sentido según analizamos el texto. Para hacer esto, dejemos a lado por el momento la objeción de los demonios[7] y

---

[6] El contexto de 2:14-26 es 2:1-13 donde Santiago está exhortando a sus hermanos por mostrar parcialidad. Además, confirma que sus hermanos tienen una fe como la de él, en nuestro Glorioso Señor Jesucristo.

[7] Si hacemos a un lado el entendimiento de que el pasaje se refiere al cielo o infierno, entonces hay otra forma más verosímil para entender la mención de los demonios. El pasaje se explica mejor recordando la pregunta inicial de Santiago del valor de decir tener fe sin obras. El objetor imaginario a lo que Santiago está enseñando acerca de la relación entre la fe y las obras, está diciendo que las obras no importan. "Yo tengo fe, y eso es todo lo que cuenta". A lo que Santiago responde, "¡No!" Los demonios tienen una forma de teología ortodoxa; creen en la existencia de un solo Dios, así como también ustedes creyentes creen con una fe-muerta. Pero aun su fe muestra tener más vida que las de ustedes. Ellos por lo menos tiemblan. Una fe saludable tendrá obras. Las obras sí importan.

retomemos nuestro análisis de "la fe sin las obras está muerta" según se relaciona con Abraham y Rahab.

El texto indica claramente como Abraham fue justificado por las obras. Éste es el significado obvio y pleno del texto. Ésta fue otra de las razones por la cual Martín Lutero descartó este libro. Pablo dice que somos justificados por fe sin las obras, pero Santiago dice que somos justificados por la fe más las obras. Para entender el texto, tenemos que observar que hay dos puntos de referencia en el texto que corresponde a la vida de Abraham. Uno se encuentra en Génesis 15, mientras que el otro está en Génesis 22. En Génesis 15:6, Abraham creyó y le fue contado por justicia. Éste es el mismo pasaje al cual Pablo se refirió en Romanos 4:3 para probar que Abraham fue justificado por Dios sin mérito alguno. Fue su fe la que le fue contada por justicia. Pudiera argumentarse que, para ese entonces, Abraham ya tenía una relación personal con Yahveh. Sin embargo, todos los intérpretes concuerdan que tuvo una relación después de este encuentro con Dios. Aun así, el relato de Génesis 22 llega aproximadamente 25 años después. Y después de Génesis 22 ya no se dice mucho más acerca de Abraham. Su disposición de sacrificar a Isaac ocupa el lugar más importante de su fe. Ya no leemos más acerca de los tipos de fracasos que tuvo con Faraón, Agar, y Abimelec. Y el énfasis que Santiago pone al evento en Génesis 22 está en la obra de Abraham, y no en su fe. Cuando Santiago quiere referirse a la fe de Abraham, regresa a Génesis 15. Pero aquí Santiago está diciendo que la disposición de Abraham de sacrificar a su hijo fue una obra que le condujo a la justificación y a una fe madura (ἐκ τῶν ἔργων ἡ πίστις ἐτελειώθη, "la fe se perfeccionó por las obras" –el verbo griego *teleioō* no se refiere tanto de la perfección sino a llegar a ser completo o maduro).[8]

Cualquiera que tenga fe solamente, tiene una fe enferma. La fe de los demonios esta más saludable que las de ustedes en el sentido de que esta muestra tener más vida que las suyas.

[8] Es necesario recordar que este término en su forma verbal o adjetival ha sido usado muchas veces en este libro. El uso más notable ha sido en la introducción (1:3-4), y marca la pauta del libro entero. De nuevo, este libro no tiene nada que ver con el camino que conduce al cielo, sino con el diario caminar del creyente.

La justificación a la cual Santiago se refiere no vino sino hasta que Abraham subió al Monte Horeb con Isaac. Pero Pablo dice que Abraham fue justificado 25 años antes cuando simplemente creyó. Santiago nos da otra pista en cuanto a lo que quiere decir. Esta la encontramos al final v. 23 cuando dice que Abraham fue llamado amigo de Dios. La palabra amigo (*filos*) expresa un amor emocional. De esta manera no es sorprendente que Abraham sea llamado el amigo de Dios. Él puso su amor a Dios por encima del de su propio hijo. Y es interesante que tres de las religiones más grandes del mundo—el judaísmo, cristianismo, y el islamismo—llaman a Abraham el amigo de Dios. ¿Cómo nos ayuda esto a resolver el problema tocante la justificación? Debemos recordar que "justificar" significa *declarar justo*. Cuando estas tres religiones del mundo llaman a Abraham el amigo de Dios, lo están declarando justo. Están diciendo, "este hombre ha de ser un creyente en Dios porque su amor por Él es muy visible, al grado de estar dispuesto a sacrificar a su propio hijo". ¿Pero quién es el que está declarando a Abraham justo después del incidente con Isaac? ¿Es Dios? No. Son los hombres. Hay que recordar que como hombres solo podemos ver el fruto; Dios puede ver la raíz. Dios declaró a Abraham justo en Génesis 15 porque podía ver la fe en su corazón. Los hombres no pueden ver el corazón. No fue sino hasta que vieron las obras de Abraham que pudieron declararlo justo.

Entonces, lo que tenemos aquí son dos niveles de justificación: uno delante de Dios por la fe, y otro delante de los hombres por obras. Dios puede declararnos justos al ver nuestra fe; los hombres nos declaran justos cuando ven nuestras obras. ¿Armoniza esto con las enseñanzas de Pablo? Claro que sí. Si vemos atentamente Romanos 4:2, podremos ver el tipo de justificación de la cual Santiago mencionó. Dice que, si Abraham fue justificado por las obras, y en efecto lo fue, tiene de que gloriarse, pero no para con Dios. Pablo usa, en este versículo, la construcción condicional de primera clase para indicar la realidad

---

Es un libro acerca de la fe que es probada por medio de las pruebas. Conforme soportamos estas pruebas nuestra fe madura y se completa. Claramente, es a esto que Santiago se refiere por la vida de Abraham.

de la justificación por las obras, pero deja bien en claro que esta justificación no es para con Dios. No, solo puede ser para con los hombres. La justificación para con Dios es por la fe y solo por la fe, como Pablo lo desarrolla en el resto de Romanos 4.

Santiago escribe sobre el tipo de fe que persevera en medio de los problemas. Este tipo de fe no es la que poseen los bebés en Cristo. Es la fe de los cristianos maduros. Y es solo después de haber perseverado en buenas obras, y perseverado en medio de pruebas en la vida cristiana, que nuestra fe puede ser declarada madura. Nuestras obras cooperan con nuestra fe en este sentido: para desarrollar y llevarla a la madurez.

¿Y qué tiene Rahab que ver con todo esto? De todas las personas, ¿por qué incluirla? El contraste es muy obvio. Abraham era el padre de los judíos, varón y moral. Pero Rahab era mujer, gentil e inmoral. Es un merismo, una figura del lenguaje donde los opuestos son mencionados con el efecto de incluir el todo (noche y día, de la cabeza a la punta del pie, cielo y tierra, etc.). Si el principio que Santiago está enseñando se aplica a estos opuestos, Abraham y Rahab, entonces se puede aplicar también a *toda la humanidad*.

La mejor manera de conocer a Rahab es comparar lo que Santiago y Hebreos 11 dicen acerca de ella. En Hebreos 11, el énfasis está en la fe. Y debemos recordar que el énfasis de Santiago está en las obras. En Hebreos 11:31 Rahab *recibió* a los espías por la fe, pero en Santiago 2:25, "los envió por otro camino". En Hebreos 11:31 solo Dios pudo ver la fe de Rahab. Los espías probablemente estaban aterrorizados preguntándose si ella les había creído. ¿Cómo podían saberlo? La Gestapo toca a la puerta de Rahab y le pregunta si los espías están en su casa. Los espías están ocultos en el techo, pero pueden oír a la mujer interactuando con la Gestapo. ¿Qué les dirá?, se preguntan. ¿Será que han sido traicionados? ¿Está Rahab a favor de ellos o en su contra? Solo pudieron saber las respuestas a estas preguntas cuando Rahab guió a la Gestapo por otro rumbo. Entonces descendieron y después de darle un abrazo, informaron a Josué que había una creyente en Jericó que los había protegido. Ella merecía vivir. Se convencieron que era una creyente en su mensaje por su obra, es decir, por haber enviado al enemigo por otro rumbo. Y de esta manera declararon su justificación. Fue justificada delante de los hombres por sus obras.[9] En resumen, solo Dios podía ver su fe cuando recibió a los espías. En ese mismo instante, Dios pudo hacer lo que ningún hombre podía, declararla justificada. Sin embargo, cuando envió la Gestapo por otro rumbo, los espías pudieron declararla justificada delante de Josué en base a lo que habían visto: su obra.

Santiago da una última ilustración para concluir. Desea usar una ilustración donde pueda mostrar la relación entre la fe y las obras. Escoge al ser humano con su cuerpo y espíritu, su parte material, que es visible, y la inmaterial, que es invisible. Los predicadores suelen buscar buenas ilustraciones y al parecer Santiago la ha encontrado. Las obras son visibles; la fe es invisible. ¿Cuál pues es el paralelo? Por supuesto que el paralelo que hacemos es relacionar lo visible con lo visible y lo invisible con lo invisible; el cuerpo con las obras y el espíritu con la fe. ¿No es así? Esto no debe de ser. Santiago hace precisamente lo contrario, y si vamos entender lo que intenta enseñar con relación a la fe y las obras, será importante hacer esta observación.

Santiago dice que el cuerpo sin el espíritu está muerto. En otras palabras, si separamos al espíritu del cuerpo, el cuerpo muere. Si queremos que el cuerpo tenga alguna señal de vida, tenemos que regresar el espíritu al cuerpo, tal como Dios lo hizo cuando sopló el espíritu de vida en el cuerpo de Adán. ¿Cómo ilustra esto la relación entre la fe y las obras? Santiago hace un paralelo entre nuestra fe y el cuerpo, y nuestras obras con el cuerpo. En otras palabras, si separamos las obras de nuestra fe, esta vendrá a estar sin vida e inerte. Estará muerta. Si deseamos reavivar nuestra fe, necesitamos añadirle obras. Las obras le son como una inyección de adrenalina. La enciende. Le dan energía y vigor. Le devuelven la vida. En este pasaje no se está enseñando acerca de lo que es genuino y lo que es falso. Toda la ilustración de un cuerpo recobrando vida por el espíritu, viene a carecer de sentido si se está hablando de una fe falsa llegando a ser genuina al añadírsele buenas obras. Eso sería herejía.

A la luz de lo discutido sobre los usos de los términos sōzō y sōtēria

---

[9] Observe también que su fe que obró salvó las vidas físicas de los espías y de Israel.

dentro del círculo hermenéutico, podemos ver que el contexto es el rey cuando se trata de entender el significado de la salvación en la Biblia. Debemos tener cuidado de no introducir en el texto nuestras nociones preconcebidas del significado de estas palabras teológicas importantes.

Apendice B

Otro "relato de las dos ciudades"

Introducción

Eran los mejores momentos y a la vez los peores. Los mejores momentos en Atenas, pero los perores momentos en Jerusalén. Alejandro Magno se encontró sin mundos que conquistar, empero cuando sus cuatro generales dividieron su reino, los seleucidas en Siria y los ptolomeos en Egipto, usaron Palestina como su centro para controlar el mundo del Mediterráneo. La Era de Oro de la filosofía había florecido en Atenas, por más de 200 años cuando Antíoco Epífanes invadió a Jerusalén y cometió la abominación desoladora original mencionada por el profeta Daniel. Aun con la deportación babilónica Nabucodonosor no había profanado el templo santo de los judíos a tal grado. Efectivamente, era el mejor momento para Atenas, pero el peor para Jerusalén.

El sueño de Alejandro Magno, que había estudiado a los pies de Aristóteles por tres años, era "helenizar" al mundo conocido. Él estaba tan convencido de la superioridad del pensamiento filosófico griego que llevaba consigo copias de *La Odisea y La Ilíada* al invadir el Imperio Medo-Persa en un paso increíble. Deseaba que cada uno de sus países conquistados experimentara la sabiduría de Atenas. El griego se convirtió en la *lingua franca* de su reino. El Oriente se unió al Occidente, y el resultado de tal unión fue un matrimonio que tuvo más impacto en la civilización del Occidente que el descubrimiento newtoniano de las leyes del movimiento. De lo que estamos hablando es del efecto que tuvieron los dos pensadores de Atenas al caer sus filosofías en el mar del pensamiento judeo-cristiano como dos meteoros en el Mediterráneo. Tales pensadores eran Platón y Aristóteles. El cristiano filósofo, Ralph Stob, ha observado: "Este elemento del espíritu griego tuvo grande influencia en... el movimiento cristiano de los primeros tres siglos. Al mismo tiempo fue el factor que operó en el fondo de algunas de las herejías que surgieron".[1] O como los expresó Marvin Wilson, "Los occidentales se han encontrado a menudo en la situación confusa de intentar entender un libro judío a través de los ojos de la cultura griega".[2] Dom Gregory Dix ha dicho que la miscegenación del cristianismo primitivo con la filosofía griega ha conducido "en el proceso una esquizofrenia espiritual".[3]

Lo que deseamos hacer en este estudio es describir los puntos más destacados de las filosofías de Platón y Aristóteles que influyeron en el cristianismo occidental, y luego, ilustrar estas influencias, especialmente por medio de la doble predestinación.

Platón (347 A.C.)

Platón adoptó la filosofía dualista de los persas (Zoroastro), los cuales reconocían una lucha continua entre las fuerzas impersonales del bien y el mal. Sin embargo, el giro que le dio Platón fue relegar todo lo bueno al mundo espiritual. Todo lo malo se encontraba en el mundo material. Solo en el mundo espiritual podíamos encontrar los ideales perfectos de las cuales las réplicas materiales e inferiores habían sido formadas. Y en este mundo espiritual encontramos también almas inmortales que preexisten su unión con cuerpos materiales.

---

[1] Ralph Stob, *Christianity and Classical Civilization* Grand Rapids: Eerdmans, 1950), 49.
[2] Marvin Wilson, *Our Father Abraham* (Grand Rapids: Eerdmans, 1989), 167.
[3] Dom Gregory Dix, *Jew and Greek* (London: Dacre, 1953), 14.

Cuando un alma inmortal entra en un cuerpo material, el bien se mezcla con el mal, y empieza el sufrimiento del alma inmortal. La meta de la vida se convierte en liberar esta alma encarcelada para que regrese al mundo de los ideales, al mundo espiritual perfecto y bueno. De modo que, así como su dualismo (el bien versus el mal) es una meta-narrativa[4] para el universo entero, de la misma manera lo es para el hombre. El cuerpo del hombre es una prisión para su alma. Esta alma está encarcelada en un vaso de barro que se desmorona. La salvación no es algo que se obtiene sino hasta la muerte, cuando el alma es liberada y sube al ámbito celestial del bien y la perfección. Este entendimiento dualista del hombre es el fundamento mismo de la doctrina salvífica del cristianismo occidental.

Werner Jaeger va tan lejos en decir que "el hecho más importante en la historia de la doctrina cristiana era que el padre de la teología cristiana, Orígenes, fue un filósofo platónico en la escuela de Alejandría. Introdujo en la doctrina cristiana todo el drama cósmico del alma, el cual tomó de Platón, y aun cuando los padres cristianos posteriormente decidieron que él había tomado demasiado, lo que retuvieron era en esencia una filosofía platónica del alma".[5]

La soteriología de Platón estaba lejos, muy lejos, de lo que enseñaba el AT. La mayoría de los lectores del AT tienen que esforzarse en pensar en una promesa de salvación para el alma del hombre después de la muerte (allí se encuentra, sin embargo, la mayoría de las personas no sabe en dónde). El énfasis de la salvación en el AT era la longevidad en la Tierra. La comunión con Dios y Sus bendiciones eran algo

---

[4] Una manera de explicar el propósito y el fluir de la historia humana. Vea Stanley J. Grenz, *A Primer on Postmodernism* (Grand Rapids: Eerdmans, 1996), 44-46. Grenz explica la meta-narrativa como un sistema de mitos (narraciones) que, aun cuando son improbables, ejercen una fuerza y ofrecen los medios principales por los cuales una sociedad humana individual o una sociedad en su totalidad pueden explicar su existencia.

[5] Werner Jaeger, "The Greek Ideas of Immortality", *Harvard Theological Review* 52 (July, 1959): 146.

añoradas y gozadas dentro del marco histórico de este mundo. Como lo indica Wilson,

> Sin duda alguna, los piadosos del Antiguo Testamento nunca se hubieran atrevido a cantar palabras tan extrañas y heterodoxas como las siguientes, que se pueden oír en ciertas iglesias el día de hoy: "Este mundo no es mi hogar, solo estoy de pasada", o "Un día alegre dejaré este mundo, volaré", o "Cuando todos mis labores y tribulaciones se acaben, y esté seguro en la bella costa". Para cualquier hebreo de tiempos bíblicos este tipo de lenguaje sería irreal e irresponsable, una excusa, procurando abandonar el mundo presente y material, enfocándose en los deleites del "verdadero" mundo espiritual venidero.[6]

Ahora, a pesar de lo afirmado por Jaeger que Orígenes de Alejandría era responsable de inculcar el platonismo al cristianismo, este autor, cree que el Obispo de Hipona tuvo mayor influencia que Orígenes. Sin embargo, Agustín no adoptó su platonismo por Orígenes. Esto vino por la influencia de Plotino y el neo-platonismo. Por consiguiente, para trazar la influencia de Atenas sobre Jerusalén, el siguiente eslabón en la cadena es Plotino.

Plotino (270 D.C.)

Este hombre brillante y místico, es considerado por algunos como el más influyente en el cristianismo occidental desde los Apóstoles. Se le conoce como el padre del neoplatonismo. Después de crecer y estudiar filosofía en Alejandría y Persia, vivió en Roma, en donde empezó una escuela. Se dice que era un hombre sin enemigos, amado grandemente por su sabiduría divina. Él mismo no procuró perpetuar su sabiduría, pero Porfirio, su discípulo y biógrafo, editó y

---

[6] Wilson, *Abraham*, 168-69. Debe observarse que Wilson se está refiriendo a los creyentes del AT. Obviamente, existe algún énfasis en el NT con las pruebas temporales de este mundo en contraste con la gloria que se revelará en los hijos de Dios cuando Cristo regrese (cf.Ro. 8:17ff).

organizó todas sus cátedras que estaban desperdigadas. Estas llegaron a ser conocidas como *Las enéadas,* las cuales fueron traducidas por Mario Victorino y estudiadas diligentemente por Agustín. Agustín realmente acredita a Plotino por conducirlo en el camino de la verdad y, eventualmente, a su conversión a la Iglesia ortodoxa.[7] Dice Michael Azkoul:

> En el caso de Agustín... su atracción al platonismo—especialmente a Plotino de Licópolis (204-270) y su escuela (neo-platonismo) fue algo muy serio, y quizá fatal. Él hizo más que meramente complementar su teología con la de él. Más que de ninguno otro, es de este filósofo griego y sus Enéadas, que Agustín tomó los principios para desarrollar su versión cristiana de filosofía griega.[8]

Se ha dicho que Agustín fue el primer escritor de introspección, como lo indica sus *Confesiones*. Quizá, pero fue el misticismo de Plotino y su elevación de la contemplación al estatus de un principio productivo que fue la inspiración de Agustín en sus *Confesiones*. Agustín incluso comparó los escritos de Plotino con las Escrituras.[9] Tanto parafraseó, citó copiosamente de él y tan influyente fue Plotino que W. R. Ingle afirma:

> Plotino dio un ímpeto a esta fusión [la coalescencia de la filosofía griega al sistema teocéntrico de disciplina religiosa], puesto que la victoria de su filosofía fue tan rápida y abrumadora que absorbió a las otras escuelas, y cuando el neoplatonismo capturó la filosofía platónica en Atenas,...reinó casi sin rival hasta que Justiniano cerró las escuelas de Atenas en 529 D.C.

---

[7] En las *Confessions,* VII, Agustín aclara su dependencia en Plotino y *Las Enéadas*.

[8] Michael Azkoul, *The Influence of Augustine of hippo on the Orthodox Church,* Texts and studies in Religion 56 (Lewiston, NT: Mellen, 1990), 129.

[9] Apud Platonicos me interim, quod sacris nostris non repugnet, reperturnum esse confideo (*Contra Acad.* III, xx, 43 PL 32, 957).

> ... Incluso Agustín reconocía que las diferencias entre los platonistas y los cristianos eran mínimas, y la iglesia gradualmente absorbió casi en su totalidad el neoplatonismo [sic].... no es ninguna paradoja decir con Eucken que el pagano Plotino había dejado una huella profunda sobre el pensamiento cristiano más que cualquier otro hombre.[10]

Aun cuando Inge indudablemente exagera su caso, no obstante, debemos desechar con ligereza sus declaraciones. Pues muchos atribuirían tan radical influencia a Agustín, y si la fuente principal de Agustín fue Plotino, entonces las implicaciones son obvias.

De acuerdo a Plotino, el Ser Supremo es la fuente de la vida entera, y es, por tanto, causalidad absoluta. Este Ser Supremo es además, el Bien, en tanto que todas las cosas finitas tienen su propósito en él, y deben de fluir de regreso a él. Las almas humanas que, han descendido a la corporalidad son, aquellas que han permitido ser atrapadas por la sensualidad y dominadas por la lujuria. Ellas deben de regresar a su estado previo; y siendo que no han perdido su libertad, la conversión es además posible. Es aquí, donde nos adentramos en los aspectos prácticos de su filosofía.

A lo largo del mismo camino por el que descendió, el alma debe volver sobre sus pasos hacia el Bien Supremo. En primer lugar, debe de regresar a sí misma. Esto se logra por la práctica de la virtud, que tiene como meta la semejanza a Dios, y conduce a Dios. En la ética de Plotino, todos los antiguos esquemas de virtud son tomados y arreglados en series graduales. La etapa más baja es el de las virtudes civiles; luego le siguen las purificantes; y por último las virtudes divinas. Las virtudes civiles meramente adornan la vida, sin elevar el alma. Esto último es el propósito de las virtudes purificadoras, por la cual el alma es liberada de la sensualidad y conducida de regreso a sí misma, y luego, al Ser Supremo. Por medio de las observaciones ascéticas el hombre vuelve otra vez a ser un ser espiritual y perdurable, libre de todo pecado.

---

[10] W. R. Inge, "Plotinus", *Encyclopedia Britannica* 18 (Chicago: Encyclopedia Britannica, 1955), 81.

Pero existe todavía un logro más alto; no es suficiente estar sin pecado, uno tiene que llegar a ser "Dios". Esto se logra a través de la contemplación del Ser Supremo, el que en otras palabras, por medio de un enfoque estático, el alma pude llegar a ser uno con Dios, la fuente de vida, la fuente del ser, el origen de todo el bien, la raíz del alma. En ese momento, goza del más alto e indescriptible éxtasis; es como si fuera consumida por la divinidad, bañado en la luz de la eternidad. Policarpo nos informa que, en cuatro ocasiones durante sus seis años de correspondencia, Plotino logró esta unión estática con Dios.

Porfirio se propuso popularizar las enseñanzas de Plotino, y enfatizar el lado religioso del neo-platonismo. El objeto de la filosofía, de acuerdo a Porfirio, es la salvación del alma. El origen y la causa del mal no radican en el cuerpo, sino en el deseo del alma. De modo que, se demanda el más estricto ascetismo (abstención de la carne, vino, y relaciones sexuales) además que el conocimiento de Dios. Por su escrito *En contra de los cristianos*, Porfirio se convirtió en un enemigo del cristianismo. Aquí no ataca a Cristo, sin embargo, denuncia la práctica del cristianismo en su época. En el 448 D.C. sus obras fueron condenadas.

Agustín (Muerte 430 D.C.)

Los platonistas

Al empezar Agustín a leer *Las Enéadas,* al final del siglo cuarto, estas abrieron sus ojos a las "cosas invisibles" (*Confesiones,* VII, 20). En cuanto a los principios platónicos, se debe mencionar que Agustín sostuvo que la filosofía cristiana era la más alta de las filosofías, siendo que descansaba en la fe, mientras que las filosofías griegas dependían de la razón. Pero también entendió estas como una preparación para la llegada del cristianismo. Una vez que llegaron, el filósofo cristiano podía "arruinar a los egipcios" tal como Moisés lo hizo cuando dejó la esclavitud en Egipto. La investigación racional debía ser procurada para comprender vía la razón lo que ya se mantenía por la fe. El platonismo era "el siervo de la fe". Por consiguiente, Agustín no procuró conocer para creer, sino más bien creyó para poder conocer (la fe busca razón).[11] Había ciertos asuntos en los cuales la razón podía preceder a la fe (*ipsa ratio antecedit fidem*—la razón misma precede a la fe), tal como en la física y las matemáticas.

Para Agustín, Dios era el Bien Platónico. Para Él, el mundo material era una copia imperfecta del Mundo de las Ideas, el mundo espiritual. En efecto, todo fenómeno no es sino ektipos contingente (ek = "fuera de" o "de" en griego) de las Ideas eternas. De nuevo, siendo que hay algunas cosas materiales y creadas superiores a otras y algunas cosas de abajo que se asemejan mucho más a las cosas de arriba, el universo de Agustín es una jerarquía o gradación de seres conduciendo al quien es el Ser Supremo. El ascenso a Dios empieza "volviéndose" a Él, un "volverse" que envuelve necesariamente una iluminación divina. Por supuesto, que las limitaciones de nuestro ascenso no son solo las limitaciones de nuestra naturaleza creada, sino también el resultado de nuestra condición moral y espiritual.

Es en este punto que Agustín introdujo su versión de la memoria platónica. De acuerdo a Agustín, la memoria es la habilidad del alma de recordar el pasado, y de traer al presente lo que ha sido guardado en nuestro ser. La memoria es el almacén del conocimiento que, junto con las categorías *a priori* del intelecto, trae las verdades del mundo externo a sí misma. La memoria es el *sine qua non* de todo el conocimiento, sea intelectual o sensorial. El intelecto, a diferencia del sentido, es alimentado por dos fuentes: por el alma e, indirectamente, por el mundo de lo fenomenal. El intelecto, estampado o impresionado con las ideas divinas, nos llama a contemplar el alma y el ámbito celestial al cual es afín. Cuando el intelecto o la razón se inquieta a sí misma con el mundo físico, se produce "ciencia" (*scientia);* pero cuando busca el ámbito del espíritu, descubre "sabiduría" *(sapientia).* En vista de que tanto la *scientia* y la *sapientia* comprenden algún aspecto de

---

[11] Agustín anticipó la idea de Anselmo "fides quaerens intellectum" (la fe busca el entendimiento), y citó a Isaías con el fin de sustentar su proposición—"fides quaerit, intellectus invenit; propter quod aut propheta: Nisi credideritis non intelligentis (Is. 7:9): "La fe busca; la razón encuentra; debido a la cual los profetas *dicen*: Si vosotros no creyereis, de cierto no entenderéis". La cita de Isaías es de su traducción al latín de la Septuaginta. Esta no es de la Vulgata.

la verdad, ambas, a cierto grado, requieren de la iluminación. Entre más alto ascendamos en la escala del ser, más grande será la "luz" impartida al alma.

Ahora, debemos de preguntarnos, ¿dónde en Las Escrituras aparecen estos conceptos? Lamentablemente, no se encuentran en las mismas. Sin embargo, los brazos extensos de Platón se han extendido a través de los siglos y por su resurgimiento discípulos como Plotino, han abrazado al Obispo de Hipona. En realidad, esta nueva línea de platonismo en la iglesia era tan evidente en Agustín que Michael Azkoul afirma,

> La religión filosófica [de Agustín] es una perversión de la revelación cristina. Él además es responsable, en gran parte, por la división entre el Oriente y el Occidente; y, aún, por la pérdida occidental del espíritu patrístico…. Hay una buena razón por la cual la ortodoxia nunca lo ha reconocido como un Padre de la iglesia—a pesar de aquellos que abogaron por su causa; y, ciertamente no fue un "super padre", como se le ha reconocido en el Occidente desde el período carolingio. Indudablemente él no es uno de los más grandes de la tradición patrística; en realidad, fue el iniciador de algo nuevo.[12]

Agustín procuraba experimentar en su vida la unión mística como resultado de la visión beatífica del Bien, tal como Plotino afirmó haber logrado. Plotino estaba convencido que durante este estado místico nosotros realmente tenemos una experiencia de intuición amorfa. Esta ascensión mística al parecer es, a los que pasan por ella, una eliminación progresiva de todo lo que es extraño a la naturaleza pura del alma, la cual no puede entrar al lugar Santísimo mientras existan residuos terrenales en ella. Él describe esta ascensión santa como "el vuelo del solo al Solo".

Plotino reconoció que tal ascensión era una experiencia verdaderamente rara. Es la consumación de una búsqueda permanente de lo más alto, adquirida por una contemplación intensa, y una auto

---

[12] Azkoul, *Influence of Augustine*, ii-iii.

disciplina incesante. De ahí, la necesidad del ascetismo. Agustín como Obispo de Hipona, estableció una escuela para jóvenes aspirantes, que estuvieran dispuestos a mortificar sus cuerpos para el premio de la meta del ascenso santo. Agustín mismo nunca experimentó la unión mística descrita por Plotino, aun cuando la añoró durante toda su vida cristiana.

Para ser justos, es incorrecto concluir que Agustín se empapó de toda la filosofía platónica. E. Portalíe enumera las teorías platónicas que el obispo de Hipona rechazó: la eternidad del mundo, emanacionismo, panteísmo, autosoterísmo, la preexistencia y la trasmigración del alma, y el politeísmo.[13] Pero también enlistó aquellas doctrinas de Platón que Agustín aprobó y apropió: la filosofía como *amor sapientiae* (el amor a la sabiduría), con Dios y el alma como su objeto; la idea del Bien, la doctrina de la "iluminación" y la distinción entre intelección (conocimiento de las cosas eterna) y "ciencia" (el conocimiento de las cosas temporales), correspondiendo a una realidad en dos niveles según Platón; y, por supuesto, la teoría de ideas eternas o formas que Agustín colocó en la esencia de Dios.

A. H. Armstrong llamó a Agustín "el primer pensador cristiano que podemos establecer entre los grandes filósofos".[14] Agustín el filósofo creía que la verdad venía por medio de la investigación racional, pero Agustín el teólogo también creía que la fe certifica los descubrimientos de la razón. Otra manera de expresar esto, es decir, que la fe conduce al entendimiento, o el cristianismo suple la "fe" y el platonismo satisface la razón. La confianza que él puso en Platón, Aristóteles, Plotino, Porfirio y otros, no fue compartida por los primeros Padres. Estos pudieron haber adoptado ciertos elementos, pero nunca principios de los griegos. En lo mejor de los casos, ciertos elementos de los filósofos podían decorar al templo de la verdad, pero nunca formar su fundamento.

La dependencia de Agustín de la razón explica la causa por las

---

[13] E. Portalíe, "Augustine", en *Dictionnaire de Théologie Catholique* I (Paris: n.p., 1909): 2268-2472.

[14] A. H. Armstrong, "St. Augustine and the Eastern Tradition", *Eastern Churches Quarterly* V, 7-8 (1963): 161.

cuales sus escritos conducen a callejones sin salida alejados de la revelación de Dios. Es extraño poder entender como aquel que tanto creyó en la depravación total del hombre y en la corrupción de la razón humana, fuera al mismo tiempo, a depender cabalmente en su propia razón para verificar la verdad. Fueron siglos después de la muerte de Agustín que se convirtió en el maestro teológico del Occidente.[15] Tuvo tanto impacto en el cristianismo del Occidente que, como observó Hermann Reuter, el agustinianismo preparó la división de Occidente con el Oriente.[16] B. B. Warfield estuvo de acuperdo, diciendo, "Pero fue Agustín quien imprimió en la sección occidental de la Iglesia un carácter tan especifico que naturalmente produjo la separación de la iglesia".[17] Y como Armstrong observa, el *sine qua non* del agustinianismo es el neo platonismo.[18]

Pretender trazar toda o gran parte de la influencia de Agustín sobre el Occidente sería ir más allá del enfoque de este estudio, sin embargo, examinaremos una de sus doctrinas principales, la doble predestinación. Veremos que detrás de esta doctrina difícil, sin exagerar, radica un elitismo implícito en la teología de Agustín, un elitismo que encuentra su identidad en los elegidos.

La doble predestinación

En la mente de Agustín, doctrinas tales como del "pecado original", "la gracia irresistible", y "la doble predestinación" estaban orgánicamente enlazadas. Hemos escrito sobre su doctrina de la

---

[15] Vea H. Leibscheutz, "Development of Thought in the Carolingian Empire", *The Cambridge History of Later Greek and Early Medieval Philosophy*, ed. A. H. Armstrong (Cambridge: n.p., 1967), 571-86.

[16] Hermann Reuter afirma: "Augustin hat die Trennung de Occidents und des Orient verbereits, eine bahnbrechende Wirkung und den ersteren ausgeuebt" (Agustín prepare a fondo el cisma entre el Occidente y el Oriente; fue el pionero inicial y el más influyente en este desarrollo) en *Augustinische Studien* (Gotha: n.p., 1887), 229.

[17] B. B. Warfield, *Calvin and Augustine* (Philadelphia: n.p., 1956), 307.

[18] Armstrong, "St. Augustine", 161, 167.

"gracia irresistible" en un artículo previo.[19] La gracia a la cual se refiere Agustín y que es irresistible, no es la gracia de la regeneración, la cual él creía que se confería en el agua bautismal, ni la gracia del llamamiento eficaz, sino la gracia (el don) de la perseverancia. Esta gracia era la que Dios impuso en los elegidos, de modo que para ellos, la apostasía era imposible. Claro que era imposible, debido a que Agustín definió a los elegidos como aquellos que perseveran en su lealtad a Cristo hasta el final de sus vidas (à la Mt. 24:13). Debido a que las Escrituras fueron refractadas por Agustín por el prisma de los platonistas, la luz de Dios fue inclinada a los de la élite. Y por su énfasis en la vida contemplativa (misticismo) y la auto negación (ascetismo) como dos motores similares que empoderan la salida del alma de su prisión corpórea a la presciencia del Bien Supremo, el "cielo" estaba inaccesible a las masas. Después de todo, ¿cómo podían las personas analfabetas (las masas) tener la esperanza de gozar de una vida de estudio y contemplación (la razón más la revelación)? Y aun entre los contemplativos una minoría podían calificar para el cielo basado en el requerimiento austero del ascetismo (todo sexo = al pecado, sea venial o mortal). Agustín permitió como un mal necesario la relación sexual entre un esposo y su esposa con fines de la propagación de la raza, pero su trasfondo maniqueo nunca lo dejo en esta área. Para los maniqueos, el sexo fue siempre algo malo. De la misma manera lo fue para Agustín. Plotino mismo aborreció tanto su cuerpo que nunca se bañó para así evitar rendir a su cuerpo algún tipo de honor y atención, y al mismo tiempo haciéndolo aún más repugnante (de olor desagradable). El punto aquí es que el neo platonismo fomentó un elitismo que se manifestó a sí mismo en Agustín a través de su entendimiento de los elegidos.

Aun cuando todos los bautizados fueran regenerados por el Espíritu Santo, solo aquellos que perseveran hasta el final de sus vidas probarán que son de los elegidos, de los pocos. De nuevo citamos de

---

[19] David R. Anderson, "The Soteriological Impact of Augustine's Change from Premillennialism to Amillennialism", *Journal if the Grace Evangelical Society* 15 (Spring-Autumn, 2002).

Azkoul, quien fue un estudiante del Colegio de Calvino hasta que empezó sus estudios del agustinianismo:

> Además, la predestinación es inseparable de la doctrina agustiniana de la gracia irresistible. Para él, la gracia era divina pero una fuerza creadora, por la cual Dios compela a la voluntad del hombre del mal al bien y niega las consecuencias del "pecado original" en aquellos que han sido bautizados. La gracia del sacramento del bautismo es dada a "muchos", mientras que en los "pocos", es impuesta irresistiblemente, "la gracia de la perseverancia" la cual impide la apostasía a los elegidos. La gracia salvífica es obligatoria, porque, si fuese dada gratuitamente, la naturaleza malvada del hombre la rechazaría. La Reforma adaptará la charitología de Agustín como propia.[20]

Los "elegidos" se convierten en el punto central de la teología Agustiniana. Para entender esto sería bueno recordar los pasajes de Agustín, desde los maniqueos hasta los académicos, y desde los platonistas hasta el cristianismo. Agustín pasó nueve años como "oyente" (*auditor*) en la filosofía maniquea, una combinación de zoroastrianismo, budismo y cristianismo. Los maniqueos hacían distinción entre los "hijos del misterio" y "los hijos de tinieblas", estos últimos quedando excluidos obviamente del ámbito del alumbramiento maniqueo. Sin embargo, dentro de los rangos de sus propios miembros, los "hijos del misterio" fueron divididos entre los "elegidos" y los "oyentes". Mani proclamó la salvación vía el conocimiento (*gnosis*), la cual se lograba a través de las prácticas ascéticas. Los elegidos eran sellados con un triple preservativo: 1) La pureza de la boca—abstención de la carne y del alcohol; 2) La pureza de la vida—renunciando a la propiedad material y al trabajo físico; y 3) La pureza del corazón—abandonando la actividad sexual.

Muy pocos de nosotros podemos deshacernos de las malas experiencias de nuestro pasado. Estas distinciones maniqueas son

---

[20] Azkoul, *Influence of Augustine*, 181.

fácilmente transferidas al mundo del cristianismo, especialmente siendo que la palabra "elegido" es un término bíblico. Pero la distinción entre el regenerado (el bautizado) y el elegido (aquellos que son obligados por el don de la perseverancia) es una creación de Agustín. No hay duda que su trasfondo ascético se originó del maniqueísmo y fue perpetuado por Plotino y Porfirio. Esta salvación es solo para unos "pocos", los "elegidos", quienes de forma lenta pero segura, se distanciaron de las cosas materiales. Es por la gracia, es decir, la gracia/el don de la perseverancia, que los elegidos escapan de la esclavitud de la carne.

Estrechamente vinculada a la elección y la perseverancia está la predestinación. Ferdinard Prat[21] afirmó que Agustín cambió su exégesis de Romanos 9 en el año 397 D.C. Empezó a ver a Jacobo y a Esaú como tipos de dos grupos diferentes de personas, los elegidos y los reprobados. Por haber adoptado la hermenéutica de Ticonio,[22] quien utilizó extensivamente la tipología en vez de la alegoría, Agustín empezó a encontrar tipos por toda la Biblia. Independientemente del hecho que Romanos 9 nunca hace mención del infierno, el hades, el cielo, el juicio eterno, la condenación, o algo semejante. Sin embargo, Agustín introdujo la felicidad y la condenación eterna al pasaje.

Y en Romanos 8 Agustín igualó el conocimiento de Dios con la voluntad de Dios, es decir, la presciencia de Dios era equivalente a la predeterminación. Por tanto, se determinó desde antes de la fundación del mundo que aquellos que Dios eligió (los elegidos) pasarían la eternidad con Él y aquello que Él omitió (los reprobados) pasarían la eternidad sin Él. Por supuesto, que Agustín tiene el mismo dilema que los reformadores habían de heredar al adoptar su sistema: ¿Cómo exonera a Dios del mal la idea de Agustín sobre la doble predestinación? Toda la sofistería de Agustín no podía responder a este dilema, ni al de los reformadores. Lamentablemente, la omnibenevolencia de Dios es el talón de Aquiles en la doble predestinación. Como veremos, Teodoro de Beza descansó en la idea

---

[21] Ferdinard Prat, *The Theology of St. Paul*, trans. J. L. Stoddard 1 (Westminister, 1952), 450.
[22] Anderson, "Soteriological Impact", 4.

de la omnibenevolencia. Elevó el odio de Dios al mismo nivel que el amor de Dios, llamando a ambas virtudes, y evocando la misma gloria a Dios por ellas.

La influencia en el Occidente

Si bien Agustín fue alabado por el Papa Celestino por ser un hombre letrado, y un doctor de la Fe, no obstante, Agustín aún continuó en las sombras de los Padres. San Jerónimo no lo menciona en *De viris illustribus*. San Genadio de Marsella muestra conocer muy poco de lo que Agustín escribió. Sulpicio Severo ignoró del todo a Agustín en su biografía de San Martín de Tours, pero, por el otro lado, en la misma obra mostró una gran apreciación por las obras de Cipriano, Ambrosio, Jerónimo, Paulino y Juan Casiano. Tampoco Nicetas de Remisiana, Valeriano de Cimiez, Pedro Crisólogo de Ravenna, mostraron algún indicio de influencia agustiniana en sus escritos.

Aquellos que se oponían a las enseñanzas de Agustín eran formidables, como lo eran San Juan Casiano, Vicente de Lerins, Hilario de Arlés, Honorato y Genadio de Marsella, Fausto de Riez y Arnobio el Joven. Casiano fue su contemporáneo más poderoso, quien aseveró que las opiniones nuevas y peligrosas de Agustín eran desconocidas por los Padres y en conflicto con la interpretación aceptada de las Escrituras. Casiano, en reacción las doctrinas de la gracia irresistible y la doble predestinación de Agustín, lo acusó de transponer la gracia y la libertad—realidades del orden espiritual—al plano racional, donde la gracia y libertad son transformadas en dos conceptos mutuamente exclusivos. La voz de Casiano fue ahogada por el alboroto de la controversia entre Pelagio y Agustín, pero la de San Fausto de Riez no lo fue.

Fausto se opuso tanto al autosoterismo (puedes salvarte a ti mismo) de Pelagio como a la doble predestinación de Agustín. Predicó la doctrina de *meritum de congruo et condigno*, es decir, la gracia es impartida comúnmente pero no impuesta. Además, entendió la predestinación como una parodia de la noción pagana del destino. Bajo su liderazgo, el Concilio de Arlés condenó al predestinacionismo. Y en el año 530 el Concilio de Valencia rechazó la doble predestinación.

Sin embargo, durante el llamado "Renacimiento carolingio" la estrella de Agustín empezó a surgir. Entre los intelectuales franquistas, Agustín se convirtió en el más grande de los Padres (*doctor super omnes*). Carlomagno dormía con una copia de *La ciudad de Dios* debajo de su almohada. En el Monasterio Benedictino de Corbie (cerca de Amiens), Ratramno afirmó la doble predestinación y además concluyó que la Eucaristía era simplemente un memorial (basado en la metafísica de Agustín, que separaba la entidades materiales e inmateriales). Uno de sus discípulos, Gottschalk de Mainz (murió en 869) afirmó ser el verdadero heredero de Agustín. Defendió la doble predestinación, y fue condenado en el Concilio de Mainz (848), posteriormente fue vindicado en Valencia (855), y finalmente se le opuso de nuevo en 856 hasta que se llegó a un "arreglo extenuante" en el Concilio de Douzy.

Desde este momento en adelante, existieron desacuerdos en lo que Agustín quería decir, pero en el Occidente no hubo desacuerdos que él era el más grandes de los Padres. Anselmo, Aquino, Bonaventura, y los reformadores se vestirían con el manto de Agustín. Y, como hemos visto, Agustín fue tremendamente influenciado por Platón. Pero, antes de pasar de la doble predestinación de Agustín a los reformadores, necesitamos detenernos los suficientemente como para ver la influencia de Aristóteles sobre la teología histórica del cristianismo occidental. Aristóteles fue presentado a la iglesia por Tomás de Aquino, y fueron los principios de la lógica enseñada por Aristóteles que los reformadores utilizaron para procurar justificar la doble predestinación.

Aristóteles

Aristóteles fue el hijo de un doctor de la corte del rey de Macedón. A la edad de 17 asistió a la Academia de Platón en Atenas, donde permaneció por 20 años como estudiante y posteriormente, como maestro. Después de la muerte de Platón pasó los siguientes 12 años alejado de Atenas, sirviendo tres de estos años como el tutor del hijo de Felipe II de Macedón, Alejandro Magno. En el año 335 regresó a Atenas con el fin de abrir una nueva escuela llamada Liceo, y allí enseñó el resto de los doce años. Al morir Alejandro, los sentimientos anti macedonios amenazaron a la escuela, obligando a Aristóteles a huir a Eubea, donde poco después murió.[23]

Aunque Aristóteles fue un estudiante de Platón, no obstante, reaccionó al concepto que el mundo invisible de ideas fuera más real que el mundo de los cinco sentidos. La realidad para él era lo que podía observar frente a él. El mundo invisible requeriría revelación para validación. Empero, con el mundo empírico de la naturaleza no era así. La razón y la lógica podían minar los campos de diamantes de la naturaleza. Algunas veces se le ha llamado el Padre del Método Científico, y fue el primero en clasificar el mundo físico en campos específicos de la biología, zoología, y la física. También se le conoce como el fundador de la lógica, y su razonamiento silogístico y "cuatro causas" fueron utilizadas grandemente por los Reformadores para reforzar su planteamiento a la predestinación.

Un silogismo contiene una Premisa Mayor, una Premisa Menor y una Conclusión. El conocimiento pude ser *deducido* por un razonamiento silogístico como es descrito en *Primeros analíticos*. Los Reformadores descansaban bastante en este tipo de razonamiento para poder dar certeza de la elección a los miembros de la iglesia: Premisa Mayor—Cree en el Señor Jesucristo y serás salvo; Premisa Menor—He creído en el Señor Jesucristo; Conclusión—Soy salvo.

Las "cuatro causas" de Aristóteles fueron usadas por él para explicar el cambio en la naturaleza: 1) La Causa Material—la materia de donde algo se ha desarrollado; 2) La Causa Formal—aquello que da forma y estructura a lo que está cambiando; 3) La Causa Eficiente—aquello que impuso la forma a la materia; y 4) La Causa Final—el fin a la cual esa substancia emerge y que requiere que la causa eficiente actué de una manera determinada. Estas serán afiladas y aplicadas por Teodoro de Beza a la teología para sustentar su supralapsarianismo (Dios decretó elegir algunos y reprobar a todos los demás antes de la creación y caída del hombre) y la doble predestinación para la gloria de Dios. Y al hacerlo usó tanto lo lógica inductiva como deductiva de Aristóteles.

---

[23] Paul D. Feinberg, "Aristotle", *Evangelical Dictionary of Theology*, ed. Walter A. Elwell (Grand Rapids: Baker, 1984), 75-78.

Los escritos de Aristóteles se perdieron por siglos después de la caída de Roma para los pensadores del Occidente. Pero durante el siglo 12 los eruditos encontraron una buena cantidad en España. En las librerías de Toledo, Lisboa, Segovia, y Córdoba fueron encontrados traducciones árabes de libros acerca de los cuales los europeos habían hablado por mucho tiempo, pero nunca leído. Libros como *Almagesto* de Ptolomeo, la llave perdida de la astronomía y astrología; *Sobre el arte de la sanidad* y *Procedimientos anatómicos*, de Galeno, los primeros libros de texto científicos de medicina; *Elementos de la geometría* de Euclides; los tratados sobre la ingeniería mecánica; y mejor que todos, los tratados literarios vastos de Aristóteles—*La metafísica, La física, Sobre los cielos, La historia de los animales, Acerca de la generación* y *La corrupción, Acerca del alma* (el famoso tratado de Aristóteles sobre el alma) *Ética nicomaquea, y La política*. Se encontraron además dos obras atribuidas a Aristóteles, si bien se supo posteriormente que estas pertenecían a los neoplatonistas: *La teología de Aristóteles* y el *Libro de las causas*. En conjunto, estos libros fueron el más grande descubrimiento en la historia intelectual del Occidente.[24] Fue el trabajo común de los eruditos de Europa y África (cristianos, judíos y musulmanes) en traducir estos libros al latín. Aquí está un extracto de lo que leyeron después de la traducción al inglés:

> La evidencia de los sentidos corrobora aún más [la esfera de la tierra]. ¿Cómo entonces, los eclipses de la luna mostrarían segmentos formados tal como los vemos? Tal como es ahora, las formas que muestran la luna cada mes son diferentes …pero en los eclipses el contorno es curvado siempre; y siendo que es la interposición de la tierra que hace el eclipse, la forma de esta línea será hecha por la forma de la superficie de la tierra, la cual es esférica ….Por ende no deberíamos estar tan seguros de la increíble posición de aquellos que conciben que hay una continuidad entre las partes de los pilares de

---

[24] Richard E. Rubenstein, *Aristotle's Children* (New York: Harcourt Books, 2003), 16.

Hércules [El Estrecho de Gibraltar] y las partes de la India, y que de esta manera los océanos son uno.[25]

No es de extrañar que estos hombres se maravillaron ante este tesoro de conocimiento. La iglesia estaba en conmoción. Desde el inicio de las universidades europeas, la Reina de las Ciencias ha sido la teología. Pero con el *redivivus* de Aristóteles surgió un nuevo interés en el mundo físico. Junto con esta información vino el reconocimiento que Aristóteles acumuló la abundancia de su conocimiento sin la asistencia de la iglesia o la Biblia, usando solo la lógica humana, la razón, y la observación como su guía. En esto, la iglesia no era una autoridad. Esto no era un asunto de menor importancia, debido que para este tiempo la iglesia gozaba de una posición de poder y autoridad incuestionable, dominando el pensamiento europeo y la cultura.

Algunos reconocieron esta nueva fuente de sabiduría. Pedro Abelardo (murió en 1142) fue tan lejos en implicar que lo que no podía ser probado por la lógica era considerado falso. Desafortunadamente, cuando uno descansa solo en la razón e independientemente de la revelación, y convierte a la razón como el árbitro máximo de la verdad, algo extraño empieza a suceder: la razón decide excluir a la revelación del todo. Esto es lo que paulatinamente aconteció en Europa entre 1200 a 1700.

Tomás de Aquino (muere en 1274)

Alrededor de los años 1200 Tomás de Aquino (murió en 1274) buscó integrar las obras de Aristóteles a la iglesia y lograr que ambas coexistieran bajo la bendición de la autoridad eclesiástica. Su obra, conocida como el escolasticismo tomista, tuvo inicialmente resistencia de parte de la iglesia por su dependencia en Aristóteles. En el año 1277 varias de sus proposiciones fueron condenadas en Paris y Oxford, sin embargo, en 1323 fue

---

[25] Aristotle, *on the Heavens (De Caelo)*, J. L. Stocks, trans., in *Works*, 1 (Chicago: Encyclopedia Britannica, 1952), 2.14, 297b.24-298a.20.

canonizado. En el siglo 16 el tomismo era la luz principal de la Iglesia católica romana. Aquino fue hecho doctor de la iglesia en 1567; y en 1579 el Papa Leo XIII encomió su obra para el estudio. Es por su influencia sobre los reformadores y en particular, que estos adoptaron el razonamiento silogístico de Aristóteles y sus "cuatro causas", que incluimos a Tomás de Aquino en nuestra discusión.

Aquino procuró unir de una manera nueva y totalmente aceptable, el pensamiento tanto fundamentado en la razón como en la revelación. Hizo esto dividiendo la vida en dos esferas diferentes: la esfera de la naturaleza y la de la gracia. En la esfera inferior de la naturaleza (que incluía la ciencia, la lógica, y las cosas que tenían que ver con el mundo natural y temporal) el intelecto del hombre y la razón independiente operan muy bien por sí solas. La razón fue contemplada en esta esfera como una guía confiable a la verdad. Por otro lado, la revelación era necesaria para entender la esfera superior de la gracia, que incluía cosas como la teología, la oración, la adoración, Dios, los ángeles, y las cosas pertenecientes al mundo eterno y sobrenatural.

Aquino no pensó que la esfera de la naturaleza y la esfera de la gracia estuvieran en oposición. Creyó que la esfera de la naturaleza debía de estar sujeta a la autoridad de la iglesia. Sin embargo, por haber colocado al mundo material en una categoría propia, si bien conectada inicialmente a la esfera de la gracia, con el tiempo la distinción se hizo tan grande en las mentes de las personas que la conexión desapareció totalmente.

El "Alumbramiento" fue una celebración de la razón humana, y surgió como una bestia del mar del "Oscurantismo", una era en que la revelación reinó de forma suprema. La celebración de la razón humana es la piedra angular del modernismo, donde hay un desdén descarado en contra de la revelación y un gran respeto por la razón; donde la razón es la inteligencia del universo, única e impersonal que guía; donde la Palabra de Dios es considerada tan relevante como lo es la palabra de Zeus; donde la razón humana es el estándar único de la ética, la moralidad, y la libertad. A pesar de las protestas del postmodernismo en contra de la omnipotencia de la razón humana, el poder de la razón sobre la revelación divina sigue teniendo poder.[26]

Ahora estamos preparados para proceder al tiempo de los reformadores, con el fin de ver como la influencia de Platón y Aristóteles convergieron en la Academia de Ginebra, debido a su dependencia en la lógica de Agustín y Aristóteles.

Los reformadores

Juan Calvino (murió en 1564)

Aun cuando se ha considerado que Juan Calvino fue álter ego de Agustín, lo cierto es que la mayoría de los Reformadores eran Agustinianos en su formación. Por ejemplo, Martin Lutero, era un monje Agustiniano. Juan Calvino siguió a Agustín casi exclusivamente en su dependencia tipológica de Romanos 9 para sustentar su doble predestinación. Pero como observan Sanday y Headlam, el amor a Jacob y el odio a Esaú "hace referencia simplemente a la elección de uno para obtener privilegios superiores como cabeza de la raza humana, que al otro. No tiene nada que ver con su salvación eterna".[27] Y de nuevo, "El apóstol no dice nada respecto a la vida eterna o la muerte. No dice nada respecto a los principios sobre los cuales Dios actúa;... Nunca dice o implica que Dios ha creado al hombre para su condenación".[28] Tanto Calvino como muchos de sus seguidores nunca consideraron que el significado inicial de "la ira" en Romanos ocurre en Romanos 1:18 y que este tiene que ver con el enojo de Dios en contra del pecado del hombre en el momento actual en lugar de la eternidad. Esto bien puede ser el significado en todo Romanos, incluyendo 9:22 ("vasos de ira").

Debería ser evidente que este procedimiento hermenéutico

---

[26] Vea Christian Overman, *Assumptions That Affect our Lives* (Louisiana, MO: Micah Publishing, 1996), 106-07.
[27] William Sanday and Arthur Headlam, *The Epistle to the Romans*, ICC (Edinburgh: T. & T. Clark, 1968), 245.
[28] Ibid., 258.

aplicado a Romanos vino directamente de Agustín. Calvino, como muchos otros de sus contemporáneos, había estado estudiando a Agustín por un tiempo antes de dedicar sus talentos a la teología cristiana. Solo tenía cuatro años de haber sido creyente cuando publicó la primera edición de sus *Institutos* (1536). Calvino declaró que su teología era cabalmente agustiniana. Por supuesto, que difirió de Agustín en su entendimiento de la justificación y los sacramentos, pero con respecto a la predestinación y su preocupación por los elegidos y por conducir la vida de uno al cielo, adoptó casi totalmente a Agustín. Enseñó una clara doble predestinación y supralapsarianismo.[29] Dijo que Dios causó la caída de Adán y la "acomodó" en Su decreto de la predestinación "según Su propio beneplácito".[30] De la misma manera lo hicieron los sucesores de la Academia de Ginebra.

Teodoro de Beza (murió en 1605)

Beza reemplazó a Calvino en Ginebra. Su supralapsarianismo enfatizó que Cristo murió solo por los elegidos. Si bien Calvino estaba de acuerdo con la doble predestinación de Agustín, Beza, sin embargo, la hizo prominente en su teología. Él inclusive desarrolló una tabla donde elevó el odio de Dios al mismo nivel que Su amor, haciendo a ambos atributos de Dios co-iguales, trayendo una misma gloria a Él. Como veremos, utilizó las "cuatro causas" de Aristóteles para llegar a su conclusión, pero las raíces de su doble predestinación venían de Agustín y el neo-platonismo. De modo que, por medio de Beza, Platón y su estudiante Aristóteles se reunieron nuevamente en la Academia de Ginebra.

Para la época de Beza, la preocupación de la iglesia reformada era saber si eran o no miembros del grupo élite, los elegidos. La

---

[29] Calvin, *Institutes*, III, 21, 5.
[30] Ibid., III, 23, 7. Observe como apela a Agustín para su apoyo. Compare Opuscules, SP. 2054: "Cependant je recognoy ceste doctrine pour mienne, qu'Adam est tombé non seulement par la permission de Dieu, mais aussi *par le secret conseil d'iceluy* ...". (Adán cayó no solo por el permiso de Dios, sino también por el consejo secreto de Su voluntad) [el énfasis es mío].

certidumbre estaba separada de la fe de modo que uno no podía encontrar la certeza de su salvación viendo a Cristo, siendo que Cristo solo murió por los elegidos, y la persona en cuestión bien pudiera ser uno de los reprobados. Esto inició la gran industria de la inspección de frutos de la iglesia reformada.

A la luz de la tabla en el Apéndice podemos observar que el Dios justo y misericordioso decretó elegir a algunos y reprobar a otros antes de la creación y la caída del hombre. Esto se conoce como el supralapsarianismo. La expiación limitada es un corolario del supralasarianismo deducida del decreto de la elección y la reprobación antes de la creación del hombre. Si, se razona, que el primer decreto de Dios fue la elección y la predestinación, entonces la muerte de Cristo solo pudo haberse hecho por los elegidos. A esta posición se le conoce como la expiación limitada. Esta no se encuentra en la Escrituras; sino procede de la razón y la lógica. Moisés Amyraut, quien estudió en la Academia de Ginebra bajo Beza, pasó su vida intentado convencer a los calvinistas dortianos que Calvino no enseñó la expiación limitada.[31]

De hecho, Beza, al parecer, se perdió en el laberinto de la lógica y del razonamiento humano. Construyendo sobre una base platónica, *a la* Agustín, con el fin de determinar quienes pudieran ser los elegidos, incorporó la lógica de Aristóteles para ayudarle a determinar esto. Empleó el razonamiento silogístico y dialectico, así como la lógica inductiva y deductiva. Toma las "cuatro causas" aristotélicas (materiales, formales, eficientes, y finales) y crea subcausas[32] para salvaguardar a Dios de convertirse en el autor del mal.

---

[31] Bian Armstrong, *Calvinism and the Amyraut Heresy* (Madison, WI: University of Wisconsin, 1969), 210-14.

[32] Vea Walter Kickel, *Vernuft und Offenbarung bei Theodor Beza,* Beiträge zur Geshichte und lehre der Reformierten Kirche 25 (Lemgo, Germany: Neukirchener Verlag des Erziehungsvereins GmbH Neukirchen-Vluyn, 1967), para una discusión completa de la dependencia de Beza en la lógica aristotélica, así como sus propias elaboraciones además de la "cuatro causas": 61-68, 159-66. Hay *causa prima* y *causa secunda;* causa directas e indirectas (tres tipos); *causa efficiens* y *cuasa deficiens* (*permissio volens*, la voluntad permisiva) y *causa finalis.*

Beza reconoce que no solo está en peligro de convertir a Dios en el autor del mal, pero su planteamiento supralapsario (las personas son condenadas antes de ser creadas) potencialmente presenta un concepto repugnante del Creador. Por ende, se esfuerza en hacer al hombre la causa eficiente del pecado, mientras que Dios es la causa deficiente (la voluntad permisiva). Trabaja deductivamente, empezando con los atributos de Dios (Él es misericordioso y justo) y extrapolando de allí, que todos conducen a la gloria máxima de Dios. La gloria de Dios tiene que ver con la manifestación abierta y publica de Sus atributos. Si Su justicia ha de ser manifestada, Él tiene que hacer algo justo que pueda ser observado. De modo que, escoge condenar justamente al reprobado.[33]

Indudablemente, la justicia demanda el juicio contra el pecado y la condenación de los incrédulos. El problema está en Su decreto de condenar al reprobado antes de crearlo. Beza reconoció que este decreto realizado antes de la creación presenta un problema para la imagen de Dios, pero es un dilema del cual el mismo no se pudo librar. Ni sus seguidores, como William Perkins. Arminio lo intentaría, sin embargo, él solo movió el péndulo hacia al otro extremo.

William Perkins

Perkins defendió su teología en un libro titulado *Una cadena de oro*. Siendo educado por Beza en la Academia de Ginebra, el subtítulo de su libro no debe de sorprendernos:

> "*UNA CADENA DE ORO*: o, LA DESCRIPCION DE LA TEOLOGIA: La Condenación, de acuerdo a la palabra de Dios". Una posición que puede observarse en la tabla anexada. A continuación, se encuentra el orden que M. Teodoro Beza usó al confrontar las conciencias afligidas".

---

[33] Kickel observa correctamente, "dass das ganze System Bezas hinfällig ware, wenn zugegeben warden müsste, dass Gott seine Vorsätze ändern kann" (que el sistema entero de Beza era débil, siendo que se debe permitirse que Dios cambie su decreto), 166. Argumenta que la inmutabilidad de Dios descarta que cambie lo que Él ha decretado.

Semejante a la teología de su predecesor, el distintivo más obvio de *Una cadena de oro* es la centralidad de la doctrina de la doble predestinación.[34] Perkins define la predestinación como "aquello por lo cual Él ha ordenado a todos los hombres a un estado incuestionable y eterno: es decir, ya sea a la salvación o la condenación, para su propia gloria".[35] Perkins cita a Agustín unas 588 veces y a Crisóstomo, estando en segundo lugar, unas 129 referencias.[36] Él completamente malinterpreta Romanos 9:22 al decir, "Aun más, cada hombre (…) es ante Dios, como una masa de barro en las manos del alfarero: y consecuentemente, Dios conforme a Su suprema autoridad 'hace vasos de ira…'".[37]

Perkins habla de cuatro grados del amor de Dios: el llamamiento eficaz, la justificación, la santificación, y la glorificación.[38] Observe que convenientemente introduce la santificación a este grupo, mientras que en Romanos 8:30 omite claramente la santificación de su "cadena de oro". De hecho, esto se hace evidente por su omisión. Quizá Dios no garantiza la santificación progresiva en Mateo 24:13 como lo presumen los defensores de la interpretación amilenial. Kendall observó, "El horror de horrores para un discípulo de Perkins es pensar que puede ser un reprobado".[39] El hombre reprobado viene al mundo condenado, sin importar lo que hace durante su vida. De nada le sirve asegurar su llamamiento y elección; su suerte está establecida y decretada inalterablemente por Dios, Él cual tiene el derecho de tomar de la masa de barro de donde el hombre ha de ser creado y "hacerlo un vaso de deshonra". Todas estas interpretaciones de Romanos 9:22 erran en no observar que el verbo que continúan traduciendo como activo (*katērtismena*) en realidad no lo está, sino que es un participio en la voz media/pasiva. De ninguna manera está

---

[34] R. T. Kendall, *Calvin and English Calvinism to 1649* (Oxford: Oxford University Press, 1979), 55.
[35] Ibid.
[36] Ibid., 54.
[37] Perkins, *Works*, 2:694.
[38] Ibid., 2:78
[39] Kendall, *Calvin*, 67.

actuando Dios en estas personas. En cambio, en el versículo siguiente, Dios sí está actuando en los vasos de misericordia preparándolos para la gloria.

Jacobo Arminio (murió en 1609)

Aun cuando Arminio estudió bajo Teodoro de Beza y fue un admirador de William Perkins, es sorprendente que él nunca estuvo de acuerdo con ellos respecto a los decretos de Dios ni sus conclusiones de la doble predestinación. La contención de Arminio fue que Dios solo predestina a los creyentes. Pudieran decir que él eliminó todo el lado derecho de la tabla de Beza sobre la predestinación. Arminio entendió cuatro decretos:

1. Dios designó a Jesucristo para ser nuestro Mediador y Redentor;
2. Dios decretó recibir en Su favor a quienes se arrepintiesen y creyesen y dejar en el pecado a todos los incrédulos;
3. Dios decretó administrar de una manera suficiente y eficaz todos los medios que eran necesarios para el arrepentimiento y la fe;
4. Dios decretó salvar aquellos que Él conoció desde la eternidad que iban a creer y perseverar y condenar aquellos que de la misma manera conoció que no habían de creer y perseverar.[40]

Arminio permaneció consecuente con su tesis que "la elección de gracia es solo de creyentes",[41] puesto que la predestinación "es el decreto del beneplácito bueno de Dios en Cristo, por el cual determinó en sí mismo desde toda la eternidad justificar a los creyentes".[42] Si una persona creía y perseveraba, era entonces, elegido; Si no creía y perseveraba, no era elegido. Por lo ya mencionado, se puede ver que tanto la línea principal de los reformadores como la de los arminianos

---

[40] Jacobus Arminius, *Works of Arminius,* i., 589f.
[41] Ibid., iii, 583.
[42] Ibid., ii., 392.

hicieron la perseverancia un requisito de la elección. La diferencia era que los calvinistas decían que la falta de perseverancia probaba que el cristiano profesante, después de todo, no era un elegido, a pesar de tener una fe temporal, mientras que Arminio decía que la falta de perseverancia pudiera hacer que un creyente perdiera su salvación. En cualquier caso, el que no perseveraba hasta el final (Mt. 24:13) no era elegido.

Se puede argumentar que la posición tomada por Arminio es más bíblica debido a que uno no puede encontrar apoyo bíblico en que la palabra "predestinación" se use en conexión con los incrédulos. Sin embargo, su entendimiento en cuanto a la fe difiere muy poco a la de los calvinistas.[43]

El Sínodo de Dort (1618-1619)

En los años después de la muerte de Arminio sus seguidores preservaron sus enseñanzas en los Remonstrantes de 1610. Sus cinco puntos eran:

1. Dios ha decretado a Jesucristo como el Redentor de los hombres y decretó salvar a todos los que creen en Él;

2. Cristo murió por todos, pero solo los creyentes gozan del perdón de los pecados;

3. El hombre debe de ser regenerado por el Espíritu;

4. La gracia no es irresistible;

5. La perseverancia es concedida por medio de la asistencia de la gracia del Espíritu Santo, pero de que uno pueda separarse de la vida de Cristo, ese es un asunto que permanece abierto.[44]

---

[43] Vea Kendall, *Calvin*, 141-150, para una discusión más amplia sobre esto.
[44] El texto completo de los Cinco artículos de los Remonstrantes (también los Cánones de Dort) es presentado por Peter Y. DeJong (ed.), *Crisis in the Reformed Churches: Essay in commencement of the great Synod of Dort, 1618-19* (Grand Rapids: 1968), 207ff.

En noviembre de 1618 el Sínodo de Dort empozó las primeras 163 sesiones, que resultó en lo que se conoce como los Cinco puntos del calvinismo. Si bien no en el mismo orden del acróstico TULIP en inglés, aquí está la respuesta del Sínodo a los Remonstrantes:

1. El decreto eterno de la predestinación de Dios es la causa de la elección y la reprobación, y que este decreto no está basado en una fe prevista;
2. Cristo murió por los elegidos solamente;
3. Los hombres por naturaleza son incapaces de buscar a Dios separados del Espíritu.
4. La gracia es irresistible;[45]
5. Los elegidos perseveraran indudablemente en la fe hasta el final.[46]

Aun cuando la discusión entre los arminianos y los calvinistas continuará probablemente sin cesar hasta la venida de Cristo, el asunto aquí es la doble predestinación y su perseverancia en los anales de la historia de la iglesia, especialmente en el cristianismo del Occidente. La posición superlapsaria de Beza (Dios decretó la doble predestinación antes de la creación y la caída) desde luego fue mantenida por el Sínodo de Dort.

Las asambleas de Westminister (1643-49)

El enfoque principal aquí no era soteriológico sino eclesiástico. No obstante, hubo una discusión significante sobre el orden de

---

[45] Es interesante que los exponentes actuales de estos cinco puntos explican la gracia irresistible como una extensión del llamamiento eficaz de Dios: "Además del llamamiento general a la salvación que se hace a todos los que escuchan el evangelio, el Espíritu Santo extiende a los elegidos un llamamiento interno especial que inevitablemente los conduce a la salvación" [David N. Steele and Curtis C. Thomas, *The Five Points of Calvinism* (Philadelphia: Presbyterian & Reformed, 1975), 18]. Agustín enlazaba lo "irresistible" al don de la perseverancia.
[46] DeJong, *Crisis in the Reformed Church*, 229-62.

los decretos y la expiación limitada e ilimitada. Al final del día venció la expiación limitada, y la formulación concerniente a los decretos fue tal, que tanto los supralapsarios y los infralapsarios podían aceptarlos.[47]

Concerniente a la doble predestinación, en su *Confesión de fe* (III. iii, 9) dice que algunos son "predestinados a la vida eterna, y otros son preordenados a la muerte eterna". Aquellos que no son elegidos a la vida eterna fueron pasados por alto y ordenados a la deshora y a la ira para alabanza de la gloriosa justica de Dios. El número de tanto los elegidos y los reprobados "es tan seguro y definitivo, que no puede ser ni incrementado, o reducido".

Resumen

Por lo anteriormente visto, podemos ver que los reformadores capitalizaron en tanto la revelación como la razón. Siguiendo la dirección de Agustín, combinaron la revelación de las Escrituras con la razón de los filósofos griegos, particularmente Platón y Aristóteles. Como indica Alister McGrath, "La teología se entendía que estaba fundamentada en la filosofía aristotélica, y particularmente ideas aristotélicas con relación a la naturaleza del método; escritores reformados posteriores son más bien descritos como teólogos filosóficos, en vez de bíblicos".[48] En busca de los elegidos de Agustín, los reformadores refinaron la doctrina de la doble predestinación con el razonamiento silogístico y la causalidad de Agustín. En esta travesía han eliminado toda posibilidad de la certeza de la salvación antes de la muerte física, debido a que uno tiene que perseverar en la fe hasta el final de su vida ya sea para saber (calvinismo) o determinar (arminianismo) si uno es de los elegidos o no.

---

[47] B. B. Warfield, *The Westminister Assembly and its Work* (1931), 56.
[48] Alister E. McGrath, *Christian Theology: An Introduction,* 2nd ed. (Malden, MA: Blackwell, 1997), 74.

La doble predestinación de Beza[49]

Misericordia	Dios	Justicia
Elección	Decreto	Reprobado
	Creación	
El amor de Dios en Cristo	La caída	El odio hacia Dios transmitido por Adán
Llamamiento eficaz La fe La justificación		Llamamiento ineficaz Endurecimiento Condenación
	Juicio	
La glorificación de los elegidos	La gloria de Dios	La condenación de los reprobados

---

[49] En *Summa Totius Christianismi*, Quellenverzeichnis Nr. 6. Mi traducción.

Otras lecturas: Bibliografía seleccionada

Libros

Anderson, David R., and James S. Reitman. Portraits of Righteousness: Free Grace Sanctification in Romans 5–8. Liberty University Press, proximamente.

Badger, Anthony B., Confronting Calvinism: A Free Grace Refutation and Biblical Resolution of Radical Reformed Soteriology, Lancaster, PA: Createspace, 2013.

Baird, S. J. The First Adam and the Second: The Elohim Revealed in the Creation and Redemption of Man. Philadelphia: Lindsay and Blakiston, 1860.

Baltzer, K. Das Bundesformular. Neukirchen: Neukirchen Verlag, 1964.

Barrett, C. K. From First Adam to Last: A Study in Pauline Theology. New York: Charles Scribner & Sons, 1962.

Bock, D. L. "A Theology of Luke-Acts". In A Biblical Theology of the New Testament, eds. R. B. Zuck and D. L. Bock, 87-166. Chicago: Moody Press, 1994.

Brown, C., ed. The New International Dictionary of New Testament Theology. Grand Rapids: Zondervan, 1975; Exeter: Pasternoster Press, 1975. S.v. "Death", by W. Schmithals; and "Life", by H.-G. Link.

Calderstone, P. J. Dynastic Oracle and Suzerainty Treaty: II Samuel 7, 8-16. Loyola House of Studies, 1966.

Carson, D. A. Exegetical Fallacies. 2d ed. Grand Rapids: Baker Books, 1996.

Chamberlain, W. D. The Meaning of Repentance. Grand Rapids: Eerdmans, 1943.

Clements, R. E. Abraham and David. Naperville, Ill.: Alec R. Allenson, Inc., 1967.

──────. Abraham and David: Genesis 15 and Its Meaning for Israelite Tradition. Studies in Biblical Theology, 2d. no. 5. London: SCM Press, 1967.

Craigie, P. C. The Book of Deuteronomy. The New International Commentary on the Old Testament. Grand Rapids: Eerdmans, 1976.

Demarest, B. The Cross and Salvation. Wheaton: Crossway Books, 1997.

Dillow, Joseph. Reign of the Servant Kings. Hayesville, NC: Schoettle, 2002.

Driver, S. R. A Critical and Exegetical Commentary on Deuteronomy. Edinburgh: T. & T. Clark, 1895.

Eichrodt, W. Theology of the Old Testament. 2 volumes. The Old Testament Library. Translated by J. A. Baker. Philadelphia: The Westminster Press, 1961.

Elwell, W., ed. Evangelical Dictionary of Theology. Grand Rapids: Baker Book House, 1984. S.v. "Federal Theology", by G. N. M. Collins and "Imputation", by R. K. Johnston.

Farris, T. V. Mighty to Save: A Study in Old Testament Soteriology. Nashville: Broadman, 1993.

Feinberg, J. S. "Salvation in the Old Testament". In Tradition and Testament: Essays in Honor of Charles Lee Feinberg, 39-77. Edited by J. S. Feinberg and P. D. Feinberg. Chicago: Moody Press, 1981.

Fensham, F. C. "Father and Son as Terminology for Treaty and Covenant". In Near Eastern Studies in Honor of W. F. Albright, 121-35. Edited by K. Goedicke. Baltimore: Johns Hopkins Press, 1971.

──────. "Ordeal by Battle in the Ancient Near East and the Old Testament". In Festschrift for Eduardo Volterra.

Frankena, R. "The Vassal-Treaties of Esarhaddon and the Dating of Deuteronomy". In Oudtestamentische Studien. Edited by P. A. H. De Boer. Leiden: E. J. Brill, 1965.

Güterbock, H. G. Siegel aus Bogask.y. Berlin: Im Selbstverlage des Herausgebers, 1940.

Hillers, D. R. Treaty Curses and the Old Testament Prophets. Biblica at Orientalia 16. Rome: Pontifical Biblical Institute, 1964.
Hoffner, H. A., Jr. "Propaganda and Political Justification in Hittite Historiography". In Unity and Diversity, 49-64. Edited by Hans Goedicke and J. J. M. Roberts. Baltimore and London: The Johns Hopkins University Press, 1975.
Hodges, Z. C. Absolutely Free! Grand Rapids: Zondervan, 1989.
Hughes, P. E. The True Image: The Origin and Destiny of Man in Christ. Grand Rapids: Eerdmans, 1989.
Kaiser, W. C., Jr. Toward an Old Testament Theology. Grand Rapids: Zondervan, 1978.
Keil, C. F. and Delitzsch, F. The Books of Samuel, 2 volumes. Translated by J. Martin, Commentary on the Old Testament, 10 volumes. N.p.; reprint, Grand Rapids: Eerdmans, 1982.
Kitchen, K. A. Ancient Orient and Old Testament. Downers Grove: InterVarsity, 1966.
Kline, M. The Structure of Biblical Authority. Revised ed., Grand Rapids: Eerdmans, 1975.
Kline, M. Treaty of the Great King. Grand Rapids: Eerdmans, 1963.
Korosec, V. Hethitische Staatsvertr.ge: Ein Beitrag zu ihrer juristischen Wertung. Leipzigerrechts wissenschaftliche Studien, 60. Leipzig: Verlag von Theodreicher, 1931.
Luther, M. What Luther Says. St. Louis: Concordia, 1959.
MacArthur, J. F. The Gospel According to Jesus. Grand Rapids: Academie Books, 1988.
McCarthy, D. J. Old Testament Covenant: A Survey of Current Opinions. Richmond, VA: John Knox Press, 1972.
McCarthy, D. J. Treaty and Covenant: A Study in Form in the Ancient Oriental Documents and in the Old Testament. Analecta Biblica, 21. Rome: Pontifical Biblical Institute, 1963.
Noth, M. "God, King, and Nation in the Old Testament". In The Laws in the Pentateuch and Other Studies, 145-78. Translated by D. R. Ap-Thomas. Edinburgh and London: Oliver and Boyd, 1966.
Pentecost, J. D. Things to Come. Grand Rapids, MI: Zondervan, 1969.
Postgate, J. N. Neo-Assyrian Royal Grants and Decrees. Rome: Pontifical Biblical Institute, 1969.

Price, R. Secrets of the Dead Sea Scrolls. Eugene, OR: Harvest House Publishers, 1966.

Pritchard, J. B., ed. Ancient Near Eastern Texts relating to the Old Testament. 3d ed., wiThsupplement. Princeton University press, 1969.

Quek, S.-H. "Adam and Christ According to Paul". In Pauline Studies. Edited by D. A. Hagner and M. J. Harris, 67-79. Exeter: The Paternoster Press, 1980; Grand Rapids: Eerdmans, 1980.

Quell, G. "κύριος, The Old Testament Name for God". In Theological Dictionary of the New Testament, 1984, edition.

Sailhamer, J. H. "Is There a 'Biblical Jesus' of the Pentateuch"; and "The Theme of Salvation in the Pentateuch". In Sailhamer, J. H. The Meaning of the Pentateuch, 460-536; 562-601. Downers Grove, IL: InterVarsity, 2009.

Schaff, P. History of the Christian Church. 5Thed. Vol. 2, Ante-Nicene Christianity. N.p.: Charles Scribner's Sons, 1910; reprint, Grand Rapids: Eerdmans, 1967.

Scroggs, R. The Last Adam: A Study in Pauline Anthropology. Philadelphia: Fortress Press, 1966.

Shank, R. Elect in the Son. Springfield, MO: Westcott, 1970.

——— . Life in the Son. Springfield, MO: Westcott, 1961.

Spurgeon, C. H. Spurgeon's Expository Encyclopedia. Vol. 7. Grand Rapids: Baker, 1978.

Steinmetzer, F. X. Die babylonischen Kudurru (Grenzsteine) als Urkudnenform. Paderborn: Verlag von Ferdinand Sch.ningh, 1922.

Thompson, J. A. Deuteronomy: An Introduction and Commentary. Tyndale Old Testament Commentaries. InterVarsity, 1974.

Thompson, J. A. The Ancient Near Eastern Treaties and the Old Testament. London: Tyndale, 1964.

Tozer, A. W. I Call It Heresy! Harrisburg, PA: Christian Publications, 1974.

Weinfeld, M. Deuteronomy and the Deuteronomic School. Oxford: Clarendon Press, 1972.

Wiseman, D. J. The Alalakh Tablets. London: The British Institute of Archaeology at Ankara, 1953.

Woolf, B. L. Reformation Writings of Martin Luther. London: Lutterworth Press, 1952.

Wright, G. E. "The Lawsuit of God: A Form-Critical Study of Deuteronomy 32". In Israel's Prophetic Heritage. Edited by B. W. Anderson and W.Harrelson. New York: Harper and Row , 1962.

Publicaciones periódicas

Allis, O. T. "Thy Throne, O God, is for Ever and Ever". Princeton Theological Review 21 (1923): 237-39.

Barrosse, T. "DeaThand Sin in Saint Paul's Epistle to the Romans". Catholic Biblical Quarterly 15 (1953): 438-59.

Ben-Barak, Z. "Meribaal and the System of Land Grants in Ancient Israel", Biblica 62 (January 1981): 73-91.

Best, E. "Dead in Trespasses and Sins (Eph. 2.1)". Journal for the Study of the New Testament 13 (1981): 9-25.

Black, C. C. II. "Pauline Perspectives on DeaThin Romans 5-8". Journal of Biblical Literature 103 (1984): 413-33.

Braswell, J. P. "The Blessing of Abraham versus the Curse of the Law: Another Look at Gal 3:10-13". Westminster Theological Journal 53 (1991): 73-91.

Clines, D. J. A. "The Psalms and the King". Theological Student's Fellowship Bulletin 71 (Spring 1975): 1-6.

Combrink, H. J. B. "Some Thoughts on the Old Testament Citations in the Epistle to the Hebrews". Neotestamentica 5 (1971): 22-36.

Cooke, G. "The Israelite King as Son of God". Zeitschrift für die alttestamentiche Wissenschaft 73 (161): 202-25.

Daniel Lee. "A Reassessment of the Meaning of the Abrahamic Covenant for Evangelical Theology". Ouodibet Journal vol. 6 no.3 (July – September 2014).

Danker, F. W. "Romans 5:12: Sin Under Law". New Testament Studies 14 (1968): 424-39.

Dorsey, D. A. "The Law of Moses and the Christian: A Compromise". Journal of the Evangelical Theological Society 34 (September 1991); 321- 34.

Fensham, F. C. "Common Trends in Curses of the Near Eastern Treaties and Kudurru Inscriptions compared wiThMaledictions of Amos and Isaiah". Zeitshcrift für die alttestamentliche Wissenschaft 75 (1963): 155-75.

———. "Maledictions and Benediction in Ancient Near Eastern Vassal-Treaties and the Old Testament". Zeitschrift für die alttestamentliche Wissenschaft 74 (1962): 1-9.

Fitzmyer J. "ἐφ' ᾧ in Romans 5.12", New Testament Studies 39 (1993): 321-39.

Gordis, R. "The 'Begotten' Messiah in the Qumran Scrolls". Vetus Testamentum 7 (1957): 191-94.

Gerstenberger, E. "Covenant and Commandment". Journal of Biblical Literature 84 (1965): 33-51.

Harner, P. B. "Exodus, Sinai, and Hittite Prologues". Journal of Biblical Literature 85 (1966): 233-36.

Hill, A. E. "The Ebal Ceremony as Hebrew Land Grant?" Journal of the Evangelical Theological Society 31 (December 1988): 399-406.

Hooker, M. D. "Adam in Romans 1". New Testament Studies 6 (1960): 297-306.

Huffmon, H. B. "The Treaty Background of Hebrew YADA'". Bulletin of the American Schools of Oriental Research 181 (1966): 31-37.

Johnson, S. L. Jr. "Romans 5:12—An Exercise in Exegesis and Theology" In New Dimensions in New Testament Study, ed. R. N. Longenecker and M.C. Tenney, 298-316. Grand Rapids: Zondervan, 1974.

Jones, B. W. "Acts 13:33-37: A Pesher on II Samuel 7". Journal of Biblical Literature 87 (Spring 1987): 321-27.

Kaiser, W. C., Jr. "The Old Promise and the New Covenant: Jeremiah 31:31-34". Journal of the Evangelical Theological Society 15 (1972): 11-23.

Katz, P. "The Quotations from Deuteronomy in Hebrews". Zeitschrift für die neutestamentliche Wissenschaft 49 (1958): 213-23.

Kaufman, S. A. "The Structure of the Deuteronomic Law". Maarav 1/2 (1978-79): 105-58.

Korosec, V. "The Warfare of the Hittites—From the Legal Point of View". Iraq 25 (1963): 159-66.

Loewenstamm, S. E. "The Divine Grants of Land to the Patriarchs". Journal of the American Oriental Society 91.4 (1971): 509-10.

Lopez, Rene, "Israelite Covenants in the Light of Ancient Near Eastern Covenants", CTS Journal 9 (Fall 2003): 93.

McCarthy, D. J. "Covenant in the Old Testament: Present State of Inquiry". Catholic Biblical Quarterly 27 (1965): 217-41.

———. "Notes on the Love of God in Deutronomy and the Father-Son Relationship Between Yahweh and Israel". Catholic Biblical Quarterly 27 (1965): 144-47.

———. "Three Covenants in Genesis". Catholic Biblical Quarterly 26 (1964): 179-89.

Mendenhall, G. E. "Ancient Oriental and Biblical Law". Biblical Archaeologist 17 (May 1954): 50-76.

———. "Covenant Forms in Israelite Tradition". Biblical Archaeologist 17 (September 1954): 50-76.

Milne, D. J. W. "Genesis 3 in the Letter to the Romans". Reformed Theological Review 39 (1980): 10-18.

Muilenburg, J. "The Form and Structure of the Covenantal Formulations". Essays In Honor of Miller Burrows, reprinted from Vetus Testamentum 13 (1963): 380-89.

Parunak, H. V. "A Semantic Survey of niham". Biblica 56 (1975): 512-32.

Thompson, J. A. "Covenant Patterns in the Ancient Near East and Their Significance for Biblical Studies". Reformed Theological Review 18.3 (October 1959): 65-75.

———. "The Significance of the Near Eastern Treaty Pattern". Tyndale House Bulletin (1963): 1-6.

Tucker, G. M. "Covenant Forms and Contract Forms". Vetus Testamentum 15 (1965): 487-503.

Weaver, D. "The Exegesis of Romans 5:12 among the Greek Fathers and Its Implication for the Doctrine of Original Sin: The 5th-12th Centuries (Part 2)". St. Vladimir's Theological Quarterly 29 (1985): 133-59.

———. "The Exegesis of Romans 5:12 among the Greek Fathers and Its Implication for the Doctrine of Original Sin: The 5th-12th Centuries (Part 3)". St. Vladimir's Theological Quarterly 29 (1985): 231-57.

Wedderburn, A. J. M. "The Theological Structure of Romans 5:12". New Testament Studies 19 (1973): 332-54.

Weinfeld, M. "Berit-Covenant vs. Obligation". Biblica 56 (1975): 120-28.

———. "Covenant Terminology in the Ancient Near East and Its Influence on the West". Journal of the American Oriental Society 93 (1973): 190-99.

———. "Deuteronomy—The Present State of Inquiry". Journal of Biblical Literature 86 (1967): 249-62.

———. "The Covenant of Grant in the Old Testament and the Ancient Near East". Journal of the American Oriental Society 90 (1970): 184-203.

Wiseman, D. J. "Abban and Alalah". Journal of Cuneiform Studies 12 (1958): 124-29.

———. "The Vassal-Treaties of Esarhaddon". Iraq 20 (1958): 1-99 + 53 (plates).

Yadin, Y. "A Midrash on 2 Sam. vii and Ps. 1-11 (4QFlorilegium)". Israel Exploration Journal 9 (1959): 95-98.

Materiales no publicados

Merrill, E. H., entrevista por el autor, 15 de marzo de 1994, Dallas Theological Seminary, Dallas.

Shank, R., entrevista por el autor, 7 de abril de 1976, Conroe, Texas.

Weinfeld, M., entrevista por el autor, 24 de febrero de 1998, Hebrew University, Jerusalem.

Wilkin, R. N. "Repentance as a Condition for Salvation in the New Testament". Th.D. diss., Dallas Theological Seminary, 1985.

Indice de Escritura

El Antiguo Testamento
Génesis
1-11 63
1 5
2:17 205
3:15 .... 64, 65, 66
3:14-19 38
5:6 386
12 161
12:3 66
12:7 67
12:1-3 .... 66, 161
13:15 161
15 .... 68, 400, 401
15:1 160
15:6 .... 68, 400
17:1 161
17:7-8 161
18:18 66
22 400
22:16 161
22:18 .... 66, 161
26 163
26:4 66
26:5 161
28:14 66
31:3 163
41:8 38
1-11 63

Éxodo
4:21 335
7:3 335
7:13 335
7:22 335
8:15 335
8:19 335
8:32 335
9:7 335
9:12 335
9:16 336
9:34 335
9:35 335
10:1 335
10:20 335
10:27 335
11:10 335
12 81
12:27 81
14:4, 8, 17 335
20:12 75

25:17-20 84
33 333
34 164
Levitico **71**
Números
14 314
14:29 313
14:29-32 314
15:27-31 41
Deuteronomio
1:39 313
1:6-18 70
4 29
4:24 29
4:23-31 .... 162, 166, 176
7:9-12 161
8:2 329
11:1 329
11:13 329
11:22 329
25:1 120
29:29 323
30 29
30:1-10 .... 163, 167
32 30
32:4 314
32:35-36 30
Rut **63**
1 Samuel
2:6 76
8:14 160
2 Samuel
7 .... 79, 163
7:14 288
12 .... 311, 314
15:4 120

1 Reyes
3:6 161
8:23 161
9:4 16
11:4 161
11:11 161
11:35 161
14:8 161
15:3 161
17:17 76
2 Reyes
4:32 76
Job
19:25-27 76
42:6 165
70 335
Salmos
2 .... 78, 79
2:7 288
16:9-11 76
19 .... 314, 317
19:1-4 50
51:5 42
72 78
90:4 5
110 .... 78, 79, 283,
286, 287
110:1 .... 77, 283, 286, 288,
289, 290, 291, 292
Proverbios
16:4 338
23:7 92
Eclesiastés
8:11 .... 336, 343
12:7 312
12:1-8 75

Isaías
- 6:10 155
- 6:9-10 154
- 7:9 412
- 26:19 77
- 40 172
- 53:6-7 80
- 60 370
- 60:1-18 370
- 64:6 54
- 65:20 371
- 60-66 371

Jeremías
- 5:7-9 85
- 8:6 165
- 30:9 287
- 31:3 .... 56, 166, 275
- 31:9 166
- 31:19 165

Ezequiel
- 11:24 286
- 28:17 40
- 34:24 284
- 36:25-27 173
- 44-45 284

Daniel
- 7 .... 369, 370
- 7:9-10 290
- 7:13 .... 289, 290, 291
- 7:14 369
- 7:13-14 290
- 9:24 169
- 9:26 79
- 9:27 169
- 12 369
- 12:2 .... 362, 369, 370
- 12:2-3 77

Oseas
- 11:1-8 84
- 11:8-9 85

Joel
- 2 122
- 2:38 122

Jonás
- 3:5 148
- 3:5-10 165
- 4 314
- 4:11 314

Habacuc
- 2:4 68

Zacarías
- 1:14-18 170

Malaquías
- 3:1 173
- 4:1 29
- 4:1-5 173

El Nuevo Testamento
Mateo
- 1:1 285
- 1:20 285
- 1:21 380
- 3:2 .... 152, 157
- 3:7 .... 157, 171
- 3:8 157
- 3:9 176
- 3:10 173
- 4:17 .... 152, 157
- 7 .... 20, 191, 230
- 8:25 380
- 9 381
- 9:13 146
- 9:21 380
- 9:27 285

10:22	381	24:6	26
11:2	284	24:13	10, 11, 13, 15, 19, 24, 25, 26, 28, 31, 32, 33, 227, 230, 251, 279, 416, 430, 431
11:28-32	223		
12	316		
12:23	285		
12:33	261	24:14	13
12:41	147	24:15	359
12:36-37	122	24:21	13
13	316	24:60	13
13:15	154	25	398
13:11-13	317	25:3	219
14:13	25	25:31	170
14:30	381	25:41	361
15:22	285	25:46	313, 366, 370
16:15	287	26:63-65	288
16:15-17	287	18-19	314
16:16	284		

Marcos

1:15	146, 177, 282
2:17	146
4:12	154
8:29	284
9:41	284
9:42	181
10:45	87
12:13	284
12:18	284
12:28	284
12:35-37	283
12:36	286
14:24	236
14:34	36
14:62	290

16:20	284
16:25	381
16:26	397
16:27	170
18	313, 396
18:6	181
18:14	314
18:1-5	313
19:16	150
19:28	263
19:27-30	219
20:31-32	285
22	316
22:46	287
22:41-46	283
23	171, 172, 176
23:33	171
23:35-36	172
24:2	172
24:3	13, 26

Lucas

1:15	261
1:69-71	382
2:25	177
3:15	284

4:41	284
5:32	146
9:20	284
10	150
10:25	150
11:32	147
14	218, 278
14:23	218
15	135, 148, 149
15:4-7	148
17:3-4	151
20:39-40	284
20:41-44	283, 288
22:42	376
22:67	289
22:68	289
22:69	290
24:47	137, 146, 282
24:44-47	137

Juan

1:7	146, 177
1:9	314, 317
1:12	192, 196, 197, 276
1:13	266, 267, 272, 328
1:29	80, 236, 331
1:33	267
1:1-2	96
1:12-13	189
1:13	266, 272, 328
1:25-33	172
2:1-2	104
2:2	83, 99
2:11	181
2:23	195, 197, 203, 204
2:25	204
2:23-25	195, 198, 200
3:3	261
3:5	252
3:16	10, 52, 99, 103, 104, 105, 330, 367
3:18	197
3:3-8	266
3:36	170
4:8	314
4:10	xii, 83, 329
4:19	329
5:1	267, 268
5:13	xiv
5:24	245, 301
5:34	146
5:35	146
5:28-29	364
5:35-40	192
5:36-47	146
6	199, 200
6:26	198
6:44	55, 56, 57, 274, 275, 328, 342, 346
6:65	57
6:29-47	177
6:60-66	199
8:56	67
10:29	213
10:37-38	201
12	200
12:32	275
12:40	154
12:42	203, 204
13:8	222
14:6	318
14:21	61, 202, 329
14:16-17	215
15:6	219
15:14	203

15:15	203
15:22	397
16:7-11	52
16:8-11	53
17	202
17:6	105
17:9	105
17:11	215
17:20	181
18:10	275
19:38-39	204
20:29	201
20:31	181, 197, 201
20:30	201
21:6	275
21:7	275
1-12	200, 202
13-16	202

Hechos

1	388
2	154, 173, 177, 282
2:21	291
2:36	173, 282, 290, 291, 293
2:37	178
2:38	277
2:39	261
2:40	174
2:41	178
2:44	177, 178
2:47	178
2:26-35	77
2:39	261
3	174, 178
3:17	178
3:19	137, 155, 175, 178
3:19-20	174
4:4	177, 178
4:6	168
4:12	177, 318
4:32	177
5:31	282
7:2	66
7:3	161
7:25	382
7:59	388
7:2-3	160
8	175
8:2	177
8:13	205
8:15-17	128
9:14	388
9:21	388
10	158, 319
10:43	175, 177
11:21	137, 175
13:39	178
14:15	137
14:17	321
15:19	137
16:19	55, 274
16:31	136, 190, 191, 282
17	346
17:27	56, 318
17:30	147
19	175
20:21	147, 282
21:30	55, 274
27:34	382
28:27	154
2,8,9,19	175

Romanos

1:5	171, 190
1:15-17	40
1:16	40, 169

1:16-5:21	40
1:17	69, 169, 366
1:18	40, 169, 170, 171, 344, 385, 386, 387, 426
1:28	50
1:18-20	51, 54
1:18-3:20	40
1:18-32	53
1-5	297, 332
2	282
2:4	282
2:5	170
2:11	330
2:13	122
2:14-16	50
2:5-10	170
2:6-11	356
3	54
3:9-12	54
3:11	56
3:20	40
3:21	40, 56, 294
3:24	88
3:26	121
3:28	186
3:10-18	207
3:19-20	314
3:21-26	315
3:21-4:25	40
3:24-25	84
3:25-26	102
3:9-12	54
3-8	10
4	15, 298, 366, 389, 390, 402
4:2	401, 402
4:3	68, 125, 386, 400
4:16	68
4:21	213
4:24	190
4:25	40
4:4-6	272
5	ix, xii, 39, 387
5:1	122, 294, 344, 366
5:6, 8, 10	89
5:8	213
5:9	122, 171, 214, 344, 384, 385, 386, 388
5:9-10	170, 385, 387, 388
5:10	384, 386
5:12	ix, 40, 41, 44, 95, 365, 366
5:15	41, 193, 331
5:17	xii
5:18	44, 186, 314, 364, 365, 366
5:19	41, 44, 124, 366
5:1-11	89
5:12-13	44
5:13-14	314
5:12-14	40
5:12-21	40, 44, 366
5:13-14	314
5:15-16	220
5:15-21	44
5:18-21	40
5:9-10	385, 387
5-8	366
6	299, 307, 308, 348
6:1	307
6:10	210
6:13	295, 301, 304, 307
6:23	206
6:1-10	92, 125, 294

6:1-11	301, 303, 306
6:12-14	299, 302, 309
6-11	298
6-8	298, 307
8	213, 217, 331, 418
8:2	156
8:8	57
8:17	220, 372, 409
8:30	430
8:31	213
8:33	122
8:33-34	124
8:38-39	213
9	307, 332, 336, 347, 418, 419, 426
9:10	333
9:11	164, 307, 332
9:14	332
9:14-23	131
9:14-29	332
9:22	171, 336, 340, 342, 343, 344, 425, 429
9:22-23	331
9-11	164, 332
10	386
10:9	282, 294
10:10	383, 384, 385, 386, 387
10:13	282
10:14	187
10:14-15	387
10:17	69
10:9-10	204, 383, 387, 388, 391
11:29	220, 306, 332
12	298, 307
12:1	306, 307, 365, 366
13:4	344
13:13-14	47
14:9	291
14:10	307, 396
14:1-10	292
15:18	186
16:19	186
16:26	190
24:13	429

1 Corintios

1:2	91, 217, 282, 362, 388
1:30	88
2:14	x, 51
2:15	51
2:10-11	51, 52
2:10 - 3:4	51
3:13	219
3:1-3	51
3-4	396
5:5	344
5:7	81
5:11	156
6:11	119, 122
6:19-20	105
7:14	261
7:22-23	105
9:24-27	396
9:27	219
9:26-27	235
10:12	13, 245
12:13	362
13:2	190
14:8	342
15:3	80
15:22	362, 363, 365
15:22-28	288
3-4,9:24-27	396

2 Corintios
3:14 53
3:16 154
3:18 .... 125, 218
3-4 53
4:3-6 53
4:5 282
5:10 .... 122, 292, 398
5:17 301
5:18-20 90
5:21 .... 125, 208
5:9-10 .... 219, 396

Gálatas
2:16 121
2:20 .... 150, 305, 386
3:2 277
3:3 221
3:8 66
3:11 .... 69, 121
3:13 87
3:16 67
4:4-5 87
4:7 150
5:1 223
5:4 221
5:6 190
5:21 218

Efesios
1 362
1:3 .... 92, 217
1:4 347
1:6 223
1:7 88
1:10 361
1:14 216
1:20 292
1:22-23 362
2:1 .... 38, 362
2:6 92
2:9 xii
2:10 150
2:12 39
2:13-18 90
2:8-10 .... xi, xii, 224, 384
2:8-9 .... 10, 58, 272, 356
3:7 xii
4 215
4:18 39
4:30 215
4:17-19 53
5:5 218
5:11-14 388
5:18-21 269

Filipenses
1:6 223
1:21 305
1:27 36
2:11 282
2:12 382
2:13 .... 223, 259
2:12-13 .... 14, 47, 108, 116

Colosenses
1 362
1:13 301
1:14 88
1:19-20 361
1-2 93
2 246
2:5 190
2:6 292
2:10 292
3 .... 93, 218
3:1 92
3:24-25 219

3-4	93
4:14	246
3-4	93

1 Tesalonicenses

1:3	190
1:10	170, 171
2:16	170
4	3
4:13-18	171
5:23	35, 36
5:2-3	345
5:9	170, 171, 382

2 Tesalonicenses

1:8-9	345
2:3	359
2:4	359

1 Timoteo

2:4	377
2:6	88
2:14	41

2 Timoteo

2:12	220
2:13	220
2:22	388
4:10	246

Tito

1:1	20
2:14	88, 190, 191
3:5	20, 127, 252, 263, 264
3:7	119
3:8	190, 191

Filemón

24	246

Hebreos

1 - 2	293
1:1-2	321
1:13-2:14	92
2	293
2:1-4	219
2:10	150
2:17	82
3:7 - 4:16	219
4:1	221
4:9	223
6	20, 221, 230, 231
6:1	147
6:4-5	20, 230
6:4-6	221
7:3	210
7:25	214
9-10	73
10	29, 176, 209, 210, 211, 214
10:1	210
10:4	210
10:5	344
10:10	90, 91, 210, 217
10:11	211
10:12	210
10:14	91, 103, 210, 211
10:26	28, 30
10:26-39	29, 176, 219, 356
10:30	30
10:38	69
10:39	29, 150
10:10-14	211
10:26-39	176, 356
10:39	29, 150
11	402
11:7	126
11:8	68
11:19	67, 76
11:26	79
11:31	402

12:3-29	219
12:5-11	219

Santiago

1:3-4	400
1:2-18	393
1:16	391
1:18	264, 265, 391, 394
1:19	383, 391, 392, 394
1:21	389, 392
1:16-18	153, 382
1:16-21	391
2	126, 195, 205, 389
2:1-13	399
2:4	395
2:5	219
2:6	55, 274
2:10	91
2:12-13	395
2:13	333, 353, 396
2:14	91, 389, 390, 391, 392, 393, 394, 396, 397, 367, 368
2:14-26	195, 389, 390, 397, 398
2:17	390
2:20	194
2:22	91
2:23	401
2:25	402
3:1	396
3:1-18	394
4:1-5:6	394
4:12	391, 392, 393
4:11-12	395, 399
5:8	395
5:9	395
5:15	391, 392
5:19	392
5:20	154, 391, 392
5:19-20	153
5:8-9	398

1 Pedro

1:1-2	328
1:2	348
1:3	264, 265, 266, 382
1:3-12	372
1:4-5	150
1:5	382
1:9	150, 382
1:16	218
1:18-19	81, 88
1:23	264, 265, 382
3:18-20	363

2 Pedro

1:3	93
1:10	237
2:1	105, 106
2:4	105
2:18-22	105
2:20-22	220
3:8	5
3:9	61, 147, 282, 293, 376

1 Juan

1:1-2:11	96
1:1-2	96, 104
1:3	217
1:9	217
1:1-4	243
1-2	104
1:3	217
1:1, 3, 9	217
1:5-10	244
1:9	217
2:1	104

2:2 .... 83, 194, 330	14:3 105
2:28 .... 396, 397	14:4 105
2:1-2 .... 104, 214	14:10 171
3:36 170	14:10-11 352
3:19-21 53	14:6-7 318
4:8 314	16:9 282
4:10 .... 83, 329	17:3 286
4:18 367	19 169
4:19 329	19:20 .... 357, 358, 359,361
5:1 .... x, 267, 268, 270, 271	20 .... 5, 7, 357
5:1-12 243	20:10 .... 122, 357, 360
5:9-13 244	20:11-15 369
5:13 .... xiv, 241, 243, 245	20:1-6 357
Judas	20:4-6 122
9 28	20:9-10 361
24 213	21 .... 369, 370
Apocalipsis	21:6 xii
1:10 286	21:7 219
2 148	22 .... 369, 370,371
3 148	22:17 .... xii, 192
3:19 148	22:19 222
4:2 286	21-22 371
5:9 105	6-19 169
6:17 169	**Apócrifo**
6:16-17 .... 170, 171	**4 Macabeos**
9:20-21 152	14:13 275
12:4 40	15:11 275
14 215	

Scripture Indexing Tool: https://www.gracelife.org/resources/bibletools/

www.ingramcontent.com/pod-product-compliance
Lightning Source LLC
Chambersburg PA
CBHW031305150426
43191CB00005B/87